"十二五"职业教育国家规划教材
经全国职业教育教材审定委员会审定
全国高职高专会计专业工作过程导向系列教材

企业经济业务核算

QIYE JINGJI YEWU HESUAN

(第3版)

主　编　马　红　岳秀敏
　　　　孙　琳　谢芬芬

中国财经出版传媒集团
中国财政经济出版社

图书在版编目（CIP）数据

企业经济业务核算／马红等主编．--3版．--北京：中国财政经济出版社，2020.6（2023.1重印）

“十二五”职业教育国家规划教材　全国高职高专会计专业工作过程导向系列教材

ISBN 978-7-5095-9794-1

Ⅰ.①企…　Ⅱ.①马…　Ⅲ.①企业经济-经济核算-高等职业教育-教材　Ⅳ.①F275.2

中国版本图书馆CIP数据核字（2020）第075680号

责任编辑：田明晖　　　　责任校对：徐艳丽

封面设计：陈宇琰

中国财政经济出版社出版

URL：http：//www.cfeph.cn

E-mail：cfeph@cfeph.cn

社址：北京市海淀区阜成路甲28号　邮政编码：100142

营销中心电话：010-88191537　编辑部门电话：010-88190670

中煤（北京）印务有限公司印刷　各地新华书店经销

787×1092毫米　16开　25.5印张　595 000字

2020年9月第3版　2023年1月北京第3次印刷

定价：49.00元

ISBN 978-7-5095-9794-1

（图书出现印装问题，本社负责调换）

本社质量投诉电话：010-88190744

打击盗版举报热线：010-88191661　QQ：2242791300

第3版 前言

“企业会计实务”课程的前置专业课程是“会计基础”，该课程的开设还为“成本核算与分析”“企业财务管理”“会计电算化”“ 会计报表编制与分析”和“审计基础与实务”等后续课程的学习奠定基础。通过学习本课程，使学生在熟悉会计基础理论的基础上，学习企业会计实务的基本理论和技能，掌握企业经济业务的核算的知识和技能，能胜任企业对“企业会计实务”核算岗位的要求，为企业管理层提供及时可靠的财务核算资料。

《企业经济业务核算》教材与其他版本教材的重要区别在于：本教材的内容是在与企业从事会计工作的专家进行了多次探讨的基础上确定的，符合企业的需求；按照财务工作过程和会计岗位的设置安排了教学和实训内容，实训与理论学习同步完成。力求达到学以致用、学以会用的目的，努力实现学用零距离。这种改革预期的好处在于：学习的内容尽可能接近工作的内容，尽量减少空洞的理论说教；通过学习不仅掌握的是知识，更重要的还有对不同企业业务的适应，在处理基本业务的基础上，学会分析和应用。学生可以在学习中了解和熟悉将来的工作过程和内容，将理论学习和实践完全融合在一起，尽可能减少理论与实践的界限，充分地体现了职业教育的特色。本教材不仅可供职业院校在校学生学习，也可供其他人员自学。

本教材由四川财经职业学院在二十余家企业调研的基础上开发，参与编写和修订的情况是：学习情境一货币资金的核算，学习情境二往来款项的核算，学习情境五无形资产与其他资产的核算以及学习情境一至学习情境五的习题内容由谢芬芬老师编写和修订；学习情境三存货的核算，学习情境十筹集资金的核算，学习情境十一会计报表的编制由孙琳老师编写和修订；学习情境四固定资产和投资性房地产的核算，学习情境七职工薪酬的核算以及学习情境六至学习情境十一的习题内容由马红老师编写和修订；学习情境六对外投资的核算，学习情境八税费的核算，学习情境九销售的核算由岳秀敏老师编写和修订。全书由马红老师总纂和审核。

第 3 版教材，是依据会计准则和税法的变化进行的修订，同时由于会计专业改革在不断推进，每个人对会计准则有关知识点的理解角度可能不同，实际工作中每个单位都有自己的特色和需求，加之职业教育中的许多问题也在探索之中，难免出现疏漏或问题，在此敬请广大读者和同仁们不吝赐教，以便修改、完善。

编　者

2020 年 6 月

目录

1 学习情境一 货币资金的核算

情境学习目标

■ 能正确判断库存现金、银行存款和其他货币资金核算的范畴；

■ 能充分了解企业库存现金的内部控制和管理制度；理解企业银行账户的管理和银行支付结算办法；能对银行存款进行期末清查，并编制银行存款余额调节表；

■ 能正确编制和审核货币资金业务会计凭证；

■ 能完成现金日记账、总账，银行存款日记账和总账，以及其他货币资金总账和明细账的建立；

■ 能完成货币资金有关账簿的登记；

■ 能了解货币资金账务处理结果提供的会计信息。

情境关键术语

■ 库存现金

■ 银行存款

■ 其他货币资金

情境有关参考资料

■ 《企业会计准则》

■ 《初级会计实务》——全国会计专业技术初级资格考试辅导用书

学习子情境一
库存现金的核算

科目设置

为了总括地反映企业库存现金的收入、支出和结存情况，企业应当设置“库存现金”科目。该科目属于资产类科目，借方反映库存现金的增加，贷方反映库存现金的减少，余额在借方，反映企业实际持有的库存现金。企业内部各部门周转使用的备用金，可以单独设置“备用金”科目进行核算。

为了反映企业库存现金的收入、付出和结存的详细情况，企业除进行库存现金总分类核算外，还应当设置“库存现金日记账”，由出纳人员根据收付款凭证，按照业务发生顺序逐日逐笔登记。每日终了，应当计算当日的现金收入合计额、现金支出合计额和结余额，将结余额与实际库存额核对，做到“日清月结”。

核算内容

一、库存现金概述

（一）库存现金的概念

库存现金通常是指存放在企业财会部门，由出纳员保管的主要用于企业日常零星开支的货币，包括人民币和外币。库存现金是企业流动性最强的资产，企业应当严格遵守国家有关现金的管理制度，并正确核算企业库存现金的收支情况。

（二）现金的使用范围

（1）职工的工资、津贴。

（2）个人劳务报酬。

（3）根据国家规定发给个人的科学技术、文化艺术、体育等各种奖金。

（4）各种劳保、福利费用以及国家规定的对个人的其他支出。

（5）向个人收购农副产品和其他物资的价款。

（6）出差人员必须随身携带的差旅费。

（7）结算起点（1 000 元）以下的零星支出。

（8）中国人民银行确定需要支付现金的其他支出。

不属于上述现金使用范围的其他款项支付，一律通过银行进行转账结算。

（三）现金的库存限额

由开户银行根据企业的实际需要核定，一般按照企业3～5天日常零星开支的需要确定；边远地区和交通不便地区开户企业的库存限额，可按多于5天但不超过15天的日常零星开支的需要确定。库存限额不足时应及时补足，超出限额的现金应及时送存银行。

（四）现金的收支规定

企业在办理有关现金收支业务时，应遵守以下规定：

（1）企业的现金收入应于当日送存开户银行，当日送存确有困难的，由开户银行确定送存时间。

（2）企业不得从本单位的现金收入中直接支付现金，即不得“坐支”现金。

（3）企业签发现金支票从开户银行提取现金时，应如实写明提取现金的用途，由本单位财会部门负责人签字盖章，并经开户银行审查批准后，予以支付现金。

（4）不准用不符合国家统一会计制度的凭证顶替库存现金，即不得“白条抵库”；不准用企业银行账户代其他单位和个人存入或支取现金；不准保留账外公款，即不得“公款私存”，不得设置“小金库”等。

二、库存现金的核算

（一）现金收付的核算

企业收到现金时，借记“库存现金”科目，贷记有关科目；付出现金时，借记有关科目，贷记“库存现金”科目。

（二）现金清查的核算

为了加强对企业库存现金的监督，保证企业库存现金的安全和完整，企业应采用实地盘点法定期或不定期对库存现金进行清查。对于清查中发现的现金短缺或现金溢余，在查明原因前，应先记入“待处理财产损溢”科目，并同时调整“库存现金”科目的账面余额，做到账实相符。待查明原因，按管理权限报经批准后，从“待处理财产损溢”科目转出，分别下列情况处理：

（1）若为现金短缺，属于应由保险公司赔偿或应由责任人赔偿的部分，记入“其他应收款”科目；属于无法查明原因的部分，记入“管理费用”科目。

（2）若为现金溢余，属于应支付给有关单位或人员的，记入“其他应付款”科目；属于无法查明原因的部分，记入“营业外收入”科目。

典型案例

一、预借、报销差旅费

（一）非定额备用金：按需支付，用后报销，一次结清。

案例1-1:

(1) 2019年6月3日，华美装饰材料有限责任公司采购部王刚出差借支差旅费3 500元，以现金付讫。

借：其他应收款——王刚　　3 500

　　贷：库存现金　　3 500

(2) 2019年6月9日，华美装饰材料有限责任公司采购部王刚出差归来，报销差旅费3 400元，余款退回。

借：管理费用　　3 400

　　库存现金　　100

　　贷：其他应收款——王刚　　3 500

(二) 定额备用金制度：按定额拨付，定期报销，报销时补足定额。

案例1-2:

(1) 2019年7月1日，华美装饰材料有限责任公司对总务部实行定额备用金制度，首次核定的定额为20 000元，以现金付讫。

借：其他应收款——总务部　　20 000

　　贷：库存现金　　20 000

(2) 2019年7月31日，当月总务部凭单据报销备用金3 000元。

借：管理费用　　3 000

　　贷：库存现金　　3 000

二、其他现金收支业务

案例1-3: 2019年8月5日，华美装饰材料有限责任公司销售部购买办公用品600元，取得增值税普通发票，货款以现金付讫。

借：销售费用　　600

　　贷：库存现金　　600

案例1-4: 2019年8月10日，华美装饰材料有限责任公司用现金发放职工工资58 000元，代扣水费9 000元。

借：应付职工薪酬——工资　　67 000

　　贷：库存现金　　58 000

　　　　其他应付款——自来水公司　　9 000

案例1-5: 2019年8月12日，华美装饰材料有限责任公司出售部分多余材料取得现金226元（含税），并开出增值税专用发票，增值税税率13%。

借：库存现金　　226

　　贷：其他业务收入　　200

　　　　应交税费——应交增值税（销项税额）　　26

三、现金盘盈业务

案例1-6: 2019年8月31日华美装饰材料有限责任公司进行库存现

金盘点，盘盈现金100元，报批后查明其中有80元属于应支付给有关人员或单位的款项，其余20元属于无法查明原因的现金溢余，转作营业外收入处理。

（1）现金盘盈时：

借：库存现金　100

　　贷：待处理财产损溢——待处理流动资产损溢　100

（2）报批后：

借：待处理财产损溢——待处理流动资产损溢　100

　　贷：营业外收入　20

　　　　其他应付款——有关人员或单位　80

四、现金盘亏业务

案例1-7：2019年9月3日，华美装饰材料有限责任公司盘亏现金80元，报批后查明其中有50元属于应由责任人赔偿的款项，其余30元属于无法查明原因的现金短款，作为管理费用处理。

（1）现金盘亏时：

借：待处理财产损溢——待处理流动资产损溢　80

　　贷：库存现金　80

（2）报批后：

借：管理费用　30

　　其他应收款——相关责任人　50

　　贷：待处理财产损溢——待处理流动资产损溢　80

情境演练1-1

龙都公司2012年7月设立，主营家用电器的制造、销售。2019年5月至8月有关库存现金的业务如下：

业务1：2019年5月12日，财务部购买办公用品800元，未取得增值税专用发票，货款以现金付讫。

业务2：2019年5月23日，公司出售多余原材料取得现金113元（含增值税），开出了增值税专用发票，增值税税率13%。

业务3：2019年5月27日，采购员王琳出差前到财务部预借差旅费5 000元，出纳员以现金付讫。

业务4：2019年6月8日，采购员王琳出差归来，报销差旅费4 800元，余款退回。

业务5：2019年7月29日，财务部在清查库存现金时发现溢余200元，原因待查。

业务6：2019年7月30日，经查业务5中的溢余现金，有160元系应付给司机刘强的油费，剩余部分原因不明。

业务7：2019年8月15日，财务部进行库存现金清查时，发现现金短缺3 000元，原因待查。

业务8：2019年8月20日，经查业务7中的短缺现金中，有800元系出纳员黄茜工作疏忽所致，应责令其赔偿，其余无法查明原因。

要求：（1）查找资料，了解上述业务完成的过程以及涉及的部门；

（2）确认上述业务发生或完成时应取得的单据；

（3）编制上述业务的会计分录。

学习子情境二 银行存款的核算

☞ 科目设置

企业通过设置“银行存款”科目，核算银行存款资金的增减变动。该科目借方登记银行存款的增加，贷方登记银行存款的减少，期末余额在借方，反映企业拥有的银行存款数额。

为了及时核算银行存款的收、付和结存情况，加强对银行存款的管理，企业除进行银行存款总账核算外，还应根据企业开户行和币种设置“银行存款日记账”，进行序时核算。出纳人员应按经济业务发生的时间顺序，逐日逐笔顺序记录银行存款的增减变动，并且每日终了应当结出余额（不必每日结计发生额）。

▣ 核算内容

一、银行存款概述

（一）银行存款的管理

银行存款是指企业存放在银行或其他金融机构的货币资金，包括人民币存款和外币存款。银行存款管理的具体要求如下：

1. 严格执行银行账户管理办法的规定

实行独立核算的企业，必须在银行开设账户，以办理银行存款的存入、付出和转账业务。企业在银行开户，必须送存单位及有关人员的印鉴，签发各种结算凭证时，盖有留存银行印鉴的印章方为有效。

企业在银行开立存款账户，必须遵守相应的《银行账户管理办法》的各项规定。银行存款账户可以分为基本存款账户、一般存款账户、临时存款账户和专用存款账户四种。

(1) 基本存款账户。基本存款账户是企业办理日常转账结算和现金收付的账户。一个企业只能在一家银行的一个分支机构开立一个基本存款账户。该账户既可提现，也可办理转账结算；企业的工资、奖金等现金支取必须通过该账户办理。

(2) 一般存款账户。一般存款账户是企业在基本存款账户以外的银行借款转存、与基本存款账户的企业不在同一地点的附属非独立核算单位开立的账户，或根据其资金管理需要开立的账户。一个企业可以开立多个一般存款账户。该账户只能办理转账结算和现金缴存，不能提现。

(3) 临时存款账户。临时存款账户是企业因临时经营活动需要开立的账户。该账户既可办理转账结算，也可根据国家现金管理的规定办理现金收付。

(4) 专用存款账户。专用存款账户是企业因特定用途需要开立的账户。该账户既可提现，也可办理转账结算，但资金用途必须是企业制定的专门项目，如基建资金，新产品开发资金等。

企业在银行开立的存款账户，只办理本企业经营业务范围内的资金收付企业，不得出租和转让给其他单位或个人使用。银行存款账户必须有足够的资金保证支付，不准签发空头和远期的付款凭证。

2. 银行存款收付业务必须使用银行统一规定的结算凭证

企业向银行存入款项时，要填制“送款单”或“进账单”，将现金或转账支票送存银行，或由银行按支付结算办法规定划转存入企业存款账户，企业根据“送款单”或“进账单”回单联或银行收账通知单入账。

企业从银行提取现金或支付款项时，应签发支票或其他结算凭证，或由银行根据支付结算办法的规定主动将款项从企业存款户中划出，企业根据银行盖章的付款通知联入账。企业填写的各项收付款结算凭证，必须如实填明款项来源或用途，不得弄虚作假以套取银行信用。

3. 定期与银行核对账目

企业收入的一切款项，除国家另有规定的外，都必须及时送存银行；一切支出，除规定可用库存现金支付的外，都应按照支付结算办法的有关规定，通过银行办理转账结算。因此，企业要定期与银行核对账目，发现不符的账项要及时与银行联系，查明原因，进行账项调整。

(二) 银行支付结算办法

根据中国人民银行有关支付结算办法规定，目前企业发生的货币资金收付业务，可以采用支票、银行本票、银行汇票、商业汇票、托收承付、委托收款、汇兑、信用卡等结算方式，通过银行办理转账结算。

按照支付结算适用的区域不同，以上结算方式可分为同城结算方式、异地结算方式和同城异地通用结算方式三种。其中，同城结算方式是指在同一城镇或同一票据交换地区进行的结算方式，主要包括银行本票结算方式；异地结算方式是指在全国范围内的不同城镇或交换地区进行的结算，包括汇兑、银行汇票和托收承付三种结算方式；同城异地通用结算方式是指同城、异地均可使用的结算方式，包括支票、委托收款、商业汇票和信用卡四种结算方式。

办理各种银行转账结算业务时要遵守《票据法》《票据管理实施办法》《支付结算办法》等法规的有关规定。企业应当加强与货币资金相关的票据的管理，明确各种票据的购买、保管、领用、背书转让、注销等环节的职责权限和程序，并专设登记簿进行记录，防止空白票据的遗失和被盗用。

1. 支票

支票是指由出票人签发，委托办理支票业务的银行在见票时无条件支付确定金额给持票人的一种票据，如图1－1和图1－2所示。

现金支票（正面）

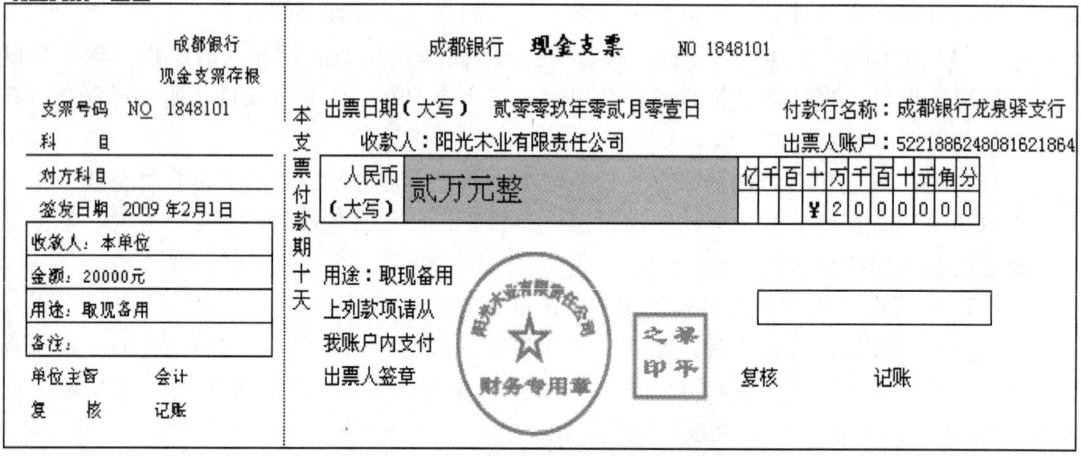
成都银行
现金支票存根
支票号码 NO 1848101
科 目
对方科目
签发日期 2009年2月1日
收款人：本单位
金额：20000元
用途：取现备用
备注：
单位主管 会计
复 核 记账

成都银行 现金支票 NO 1848101
本支票付款期十天
出票日期（大写） 贰零零玖年零贰月零壹日 付款行名称：成都银行龙泉驿支行
收款人：阳光木业有限责任公司 出票人账户：5221886248081621864

人民币（大写）	亿	千	百	十	万	千	百	十	元	角	分
贰万元整				¥	2	0	0	0	0	0	0

用途：取现备用
上列款项请从
我账户内支付
出票人签章

复核 记账

图1－1 现金支票

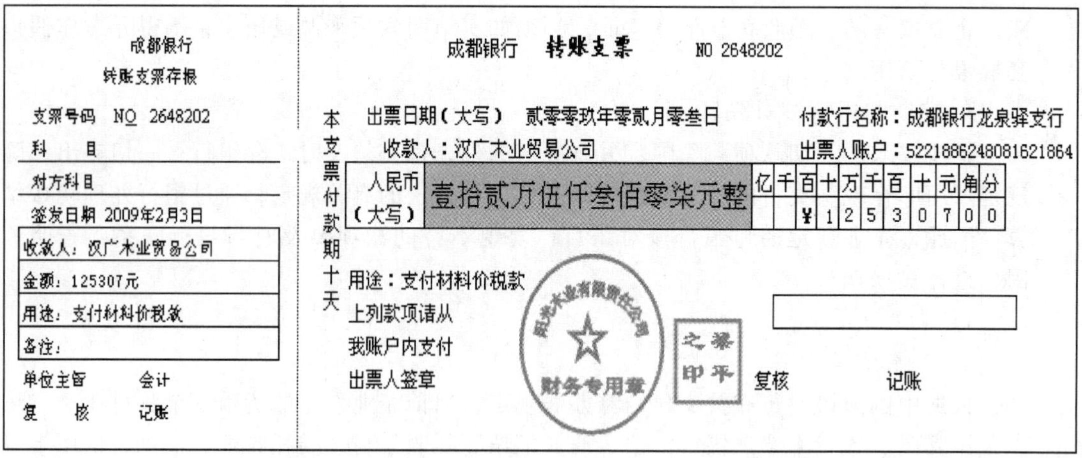
成都银行
转账支票存根
支票号码 NO 2648202
科 目
对方科目
签发日期 2009年2月3日
收款人：汉广木业贸易公司
金额：125307元
用途：支付材料价税款
备注：
单位主管 会计
复 核 记账

成都银行 转账支票 NO 2648202
本支票付款期十天
出票日期（大写） 贰零零玖年零贰月零叁日 付款行名称：成都银行龙泉驿支行
收款人：汉广木业贸易公司 出票人账户：5221886248081621864

人民币（大写）	亿	千	百	十	万	千	百	十	元	角	分
壹拾贰万伍仟叁佰零柒元整			¥	1	2	5	3	0	7	0	0

用途：支付材料价税款
上列款项请从
我账户内支付
出票人签章

复核 记账

图1－2 转账支票

（1）支票的结算程序如图1－3所示。

（2）有关规定。

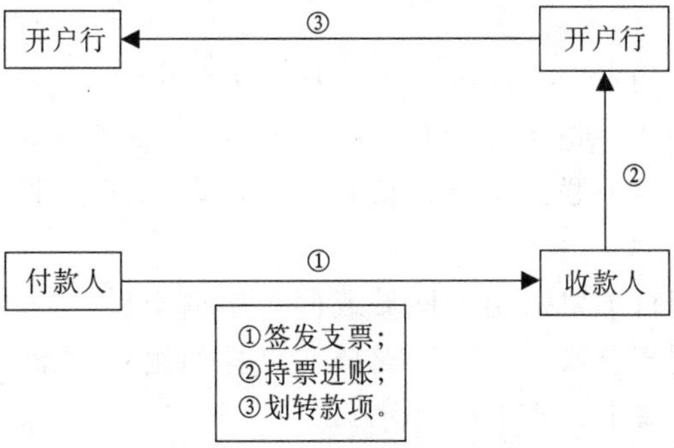

图1－3　支票的结算程序

①支票种类：按照支付票款的方式，支票分为现金支票、转账支票、普通支票。

支票上印有“现金”字样的为现金支票，现金支票只能用于支取现金。支票上印有“转账”字样的为转账支票，转账支票只能用于转账。支票上未印有“现金”或“转账”字样的为普通支票，普通支票可以用于支取现金，也可以用于转账。在普通支票左上角画两条平行线的，为划线支票，划线支票只能用于转账，不得支取现金。

②适用范围：支票适用于同城或异地的单位、个人各种款项的结算。支票一律记名，起点金额为100元。

③提示付款期：10天（从签发的次日算起，到期日遇节假日顺延）。

④支票签发规定：不准签发空头支票。签发支票必须使用墨汁或碳素墨水填写，支票上各项内容要填写齐全，数字要标准，大小写金额要一致。现在大多数商业银行要求采用支票打印机或支票打印软件填制支票各项内容，以提高支票填写的规范性及支票的安全性。

签发日期应填写实际出票日期，支票正联出票日期必须使用中文大写，支票存根部分出票日期可以用阿拉伯数字书写；收款单位名称应填写全称，并与预留银行印鉴中单位名称保持一致；大写金额应紧接“人民币”书写，不得留有空白，以防加填；大小写金额要对应，并按规定书写；小写金额前面，均应填写人民币符号“￥”；在签发人签章处按预留银行印鉴（财务专用章、法人印章）签章，不能缺漏；支票签发后，将支票从存根联与正联之间骑缝线剪开，正联交给收款人办理转账，存根联留下作为记账依据。

2. 银行本票

银行本票是申请人将款项交存银行，由银行签发的，给申请人据以办理转账结算或支取现金的一种票据。

（1）银行本票结算程序如图1－4所示：

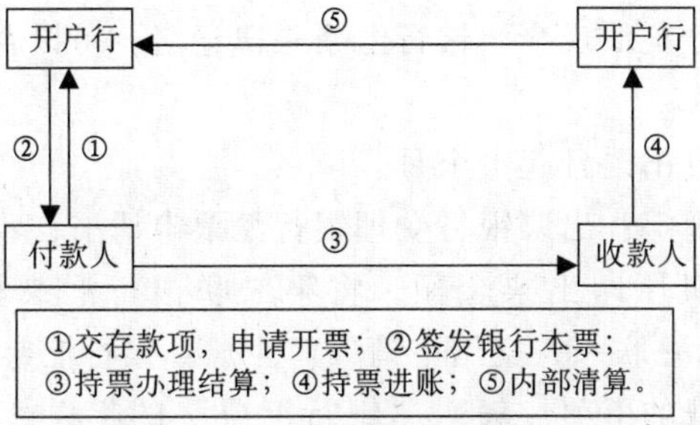

图1－4　银行支票的结算程序

(2) 有关规定。

①种类：按金额的不同，银行本票分为定额本票和不定额本票。

定额本票面额为1 000元、5 000元、10 000元和50 000元。不定额本票一式两联，在结清本票时，第一联由出票行留存，作借方凭证附件，第二联由出票行作借方凭证。

②适用范围：银行本票适用于同城或同一票据交换区的单位、个人各种款项的结算。银行本票可以用于转账，注明“现金”字样的银行本票可以用于支取现金。银行本票一律记名，允许背书，不予挂失。

③提示付款期：自出票日起最长不得超过2个月。

④银行本票签发规定：出票银行受理银行本票申请书，收妥款项签发银行本票。不定额银行本票用压数机压印出票金额。出票银行在银行本票上签章后将银行本票第二联和银行本票申请书第一联交给申请人。

银行本票必须记载的事项：表明“银行本票”的字样；无条件支付的承诺；确定的金额；收款人名称；出票日期；出票人签章。欠缺记载上列事项之一的，银行本票无效。

3. 银行汇票

银行汇票是汇款人将款项交存当地银行，由银行签发的，委托办理银行汇票业务的银行在见票时按实际结算金额支付确定金额给持票人的一种票据。

(1) 银行汇票结算程序如图1-5所示：

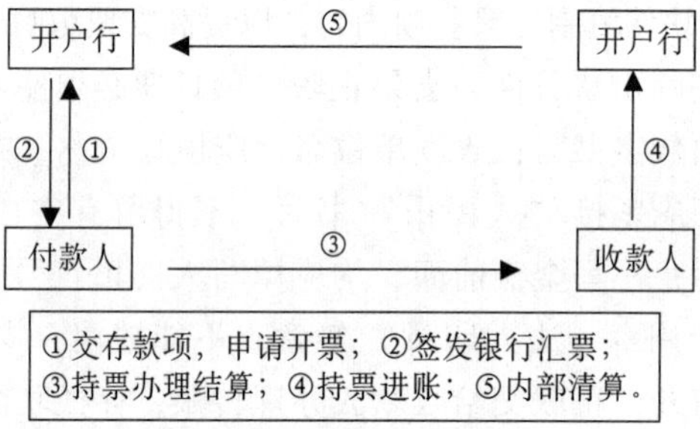

图1-5 银行汇票结算程序

(2) 有关规定。

①适用范围：银行汇票适用于异地单位和个人之间各种款项的结算，特别适用于企业先收款后发货或钱货两清的商品交易。银行汇票可以用于转账，填明“现金”字样的银行汇票也可以用于支取现金。银行汇票一律记名，可以背书转让，汇款金额起点为500元。

②提示付款期：自出票日起1个月。

③银行汇票签发规定：出票银行受理银行汇票申请书，收妥款项后签发一式四联的银行汇票，并用压数机压印出票金额，将第二联银行汇票和第三联解讫通知，连同“银行汇票申请书”第一联一并交给申请人。注意：银行汇票的日期应为大写。

银行汇票必须记载的事项：表明“银行汇票”的字样；无条件支付的承诺；出票金额；付款人名称；收款人名称；出票日期；出票人签章。欠缺记载上列事项之一的，银行汇票无效。

4. 商业汇票

商业汇票是指由出票人签发，承兑人承兑，委托付款人在指定日期无条件支付确定金额给收款人的票据。按承兑人不同分为商业承兑汇票（图 1－6）和银行承兑汇票（图 1－7）。前者的承兑人是付款人，后者的承兑人是付款人的开户银行。

商业承兑汇票（卡片）　1

出票日期（大写）　贰零零玖年零贰月壹拾肆日　　汇票号码7889638

出票人	全　称	阳光木业有限责任公司	收款人	全　称	重庆江陵建材厂
	账　号	5221886248081621864		账　号	2520931558430045
	汇出地点	成都银行龙泉驿支行		汇入地点	工行南坪东路支行
出票金额	人民币（大写）	叁万叁仟零陆拾肆元贰角零分			千 百 十 万 千 百 十 元 角 分 　　¥ 3 3 0 6 4 2 0
汇票到期日（大写）	贰零零玖年零陆月壹拾肆日		付款人开户行	行号	6210
交易合同号码				地址	成都市龙泉建设路18号
阳光木业有限责任公司 财务专用章　平棠之印　出票人签章			备注：		

此联承兑人留存

图 1－6　商业承兑汇票

银行承兑汇票（卡片）　1

汇票号码6889735

出票日期（大写）贰零零玖年零贰月壹拾肆日

出票人	全　称	阳光木业有限责任公司	收款人	全　称	重庆江陵建材厂	
	账　号	5221886248081621864		账　号	2520931558430045	
	汇出地点	成都银行龙泉驿支行		汇入地点	工行南坪东路支行	
出票金额	人民币（大写）	叁万叁仟零陆拾肆元贰角零分			千 百 十 万 千 百 十 元 角 分 　　¥ 3 3 0 6 4 2 0	
汇票到期日（大写）	贰零零玖年零陆月壹拾肆日		付款人开户行	行号	6210	
承兑协议编号	2009-107			地址	成都市龙泉建设路18号	
本汇票请你行承兑，此项汇票款我单位按承兑协议于到期日前足额交存你行，到期请予以支付。 阳光木业有限责任公司 财务专用章　平棠之印　出票人签章			备注：		复核　　记账	

此联承兑行存查，到期支付票款时作借方凭证附件

图 1－7　银行承兑汇票

(1) 商业承兑汇票结算程序如图1-8所示。

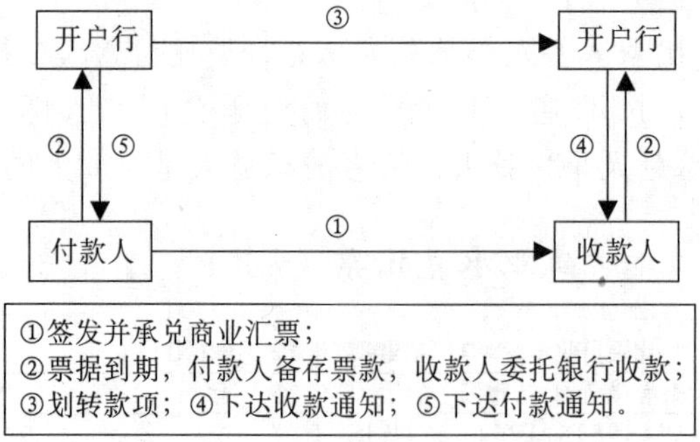

图1-8 商业承兑汇票结算程序

(2) 银行承兑汇票的结算程序如图1-9所示。

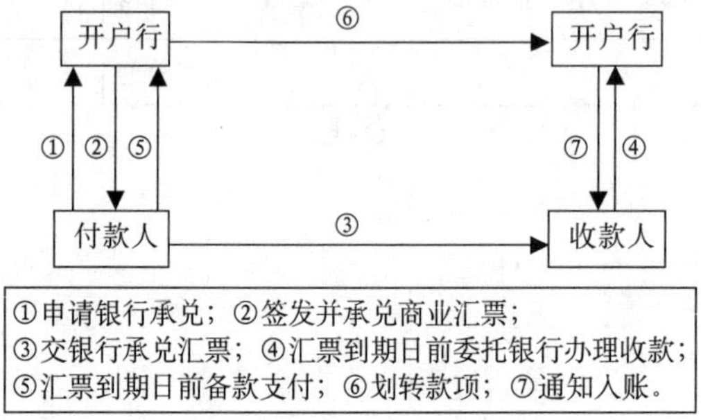

图1-9 银行承兑汇票结算程序

(3) 有关规定。

①适用范围:商业汇票适用于在银行开立账户的法人之间根据购销合同先发货后收款或延期付款的商品交易。同城或异地均可使用。商业汇票一律记名,可以背书转让,也可以贴现。

②承兑期限:由交易双方商定,最长不得超过6个月。若分期付款应一次签发若干张不同期限的汇票。

③银行汇票必须记载的事项:表明"商业承兑汇票"或"银行承兑汇票"的字样;确定的金额(大写);付款人名称、账号、开户银行及行号;收款人名称、账号、开户银行及行号;出票日期(大写)、汇票到期日为交易双方约定的付款日(大写);银行承兑汇票的"承兑协议编号"为付款人与承兑银行签订的"承兑协议"的编号;出票人在汇票的第一、二联签单位财务专用章和单位法人代表章。欠缺记载上列事项之一的,商业汇票无效。

商业承兑汇票一般一式三联。第一联卡片,由承兑人(付款人)留存;第二联商业承兑汇票,交收款人(或持票人),是持票人开户行随托收凭证寄付款人开户行作借方凭证附件;第三联存根由出票人存查。

银行承兑汇票一般一式三联。第一联卡片,由承兑银行留存备查作为到期支付票款时作借方凭证附件;第二联银行承兑汇票,交收款人(或持票人),是收款人开户行随托收凭证寄付款人开户行作借方凭证附件；第三联存根由出票人存查。

5. 汇兑

汇兑是指汇款人委托银行将款项汇给异地收款人的一种结算方法，即俗称的“汇款”，如图 1－10 所示。

中国建设银行　电汇凭证　　1

年　月　日

汇款方式	□普通　□加急					
汇款人	全称		收款人	全称		
	账号或住址			账号或住址		
	汇出地点	汇出行全称		汇入地点	汇入行全称	
金额	人民币（大写）			亿 千 百 十 万 千 百 十 元 角 分		
汇款用途：			此汇款支付给收款人			
会计主管　授权　复核　录入			客户签章			

第一联　银行记账凭证

图 1－10　电汇凭证

（1）汇兑结算程序如图 1－11 所示：

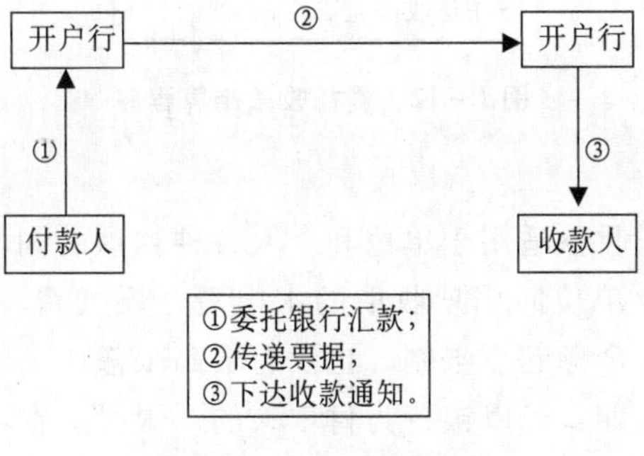

图 1－11　汇兑结算程序

（2）有关规定。

①种类：汇兑分为信汇（邮寄凭证）或电汇（拍发电报），由汇款人根据对汇款快慢的要求选择使用。

②适用范围：汇兑适用于单位和个人各种款项的异地结算。汇兑结算没有起点限制，就汇款人来说，无论是否在银行开立账户，只要需要就可办理。

③汇兑凭证填写规定：表明“电汇”或“信汇”的字样；无条件支付的委托；确定的金额；收款人名称；汇款人名称；汇入地点、汇入行名称；汇出地点、汇出行名

称；委托日期；汇款人签章。汇兑凭证上欠缺上列记载事项之一的，银行不予受理。汇兑凭证记载的汇款人名称、收款人名称，其在银行开立存款账户的，必须记载其账号。欠缺记载的，银行不予受理。

汇款人以电汇方式汇款时，应填制电汇凭证一式三联（第一联回单，汇出行给汇款人的回单；第二联借方凭证，汇出行作借方凭证；第三联汇款依据，汇出行凭以汇出汇款），并在第二联“汇款人签章”处加盖预留银行印鉴。银行受理后加盖转讫章，将第一联回单退给汇款人作为记账的依据。

汇款人以信汇方式汇款时，填制信汇凭证一式四联（第一联汇出行给汇款人的回单；第二联汇出行作借方凭证；第三联汇入行作贷方凭证；第四联给收款人的收账通知或代取款收据），并在第二联“汇款人盖章”处加盖预留银行印鉴。银行受理后加盖转讫章，将第一联回单退给汇款人作为记账的依据。

6. 委托收款

委托收款是指收款人委托银行向付款人收取款项的一种结算方法。委托收款结算款项的划回方式，分邮寄和电报两种，由收款人选用。

（1）委托收款结算程序如图1－12所示：

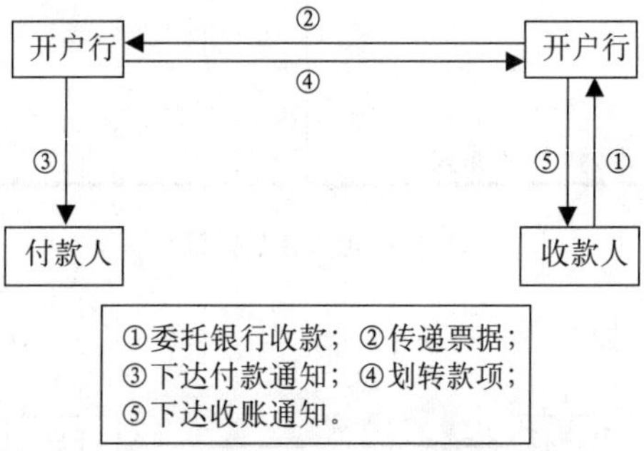

图1－12 委托收款结算程序

（2）有关规定。

①适用范围：委托收款适用于单位和个人各种款项的同城或异地结算。在同城范围内，主要用于公用事业单位向用户收取的水电费、煤气费、电话费等公用事业费的结算。委托收款结算没有金额起点限制，也没有最高限额。

②委托收款的付款期：若以银行为付款人的，银行应在当日将款项主动支付给收款人；若以单位为付款人的，银行应及时通知付款人，付款人应于接到通知的当日书面通知银行付款。

③办理委托收款的相关规定：应填制一式五联的托收凭证（第一联是收款人开户银行给收款人的受理回单，由收款人开户银行审查无误后加盖印章退给收款人；第二联由收款人开户银行作为贷方凭证；第三联由付款人开户银行作为借方凭证；第四联由付款人开户行凭以汇款或收款人开户银行作收账通知；第五联是付款人开户行给付款人的按期付款通知），选择业务类型是“委托收款”。

托收凭证必须记载的事项：表明“托收凭证”字样；确定金额；收款人和付款人全称、开户银行、地址及账号；托收凭证名称及附寄单证张数（根据提供的债务证明填明）；委托日期；收款人签章（收款人在第二联托收凭证上加盖预留银行印章）。欠缺记载上列事项之一的，银行不予受理。

7. 托收承付

托收承付是指收款人发货后委托银行向异地付款人收取款项，由付款人向银行承认付款的一种较为严格的结算方式。托收承付结算款项的划回方式，分邮寄和电报两种，由收款人选用。

（1）托收承付的结算程序如图 1－13 所示：

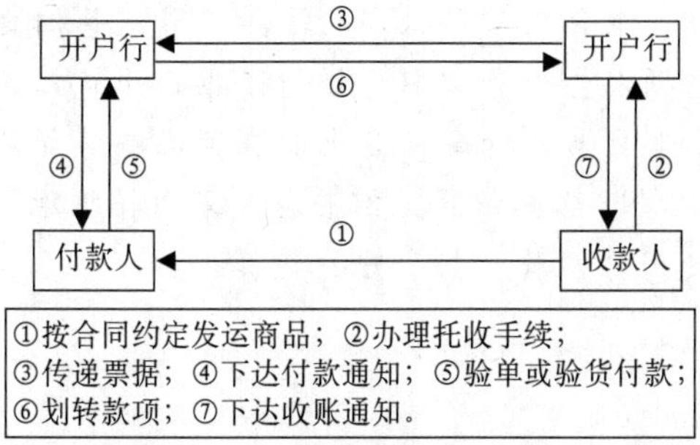

图 1－13　托收承付结算程序

（2）有关规定。

①适用范围：在托收承付结算方式下，收付款单位必须是国有企业、供销合作社以及经营管理较好，并经开户银行审查同意的城乡集体所有制工业企业；必须是商品交易以及因商品交易而产生的劳务供应款项的异地结算；收付款双方必须签有符合《合同法》的购销合同，并在合同上订明使用托收承付结算方式。托收承付结算每笔的金额起点为 10 000 元；新华书店系统每笔的金额起点为 1 000 元。

②承付货款分为验单付款和验货付款两种：验单付款是指根据银行转来的托收承付结算凭证及其他单证，与经济合同核对无误后，承付货款；验货付款是指在收到商品，检验无误后，才承付货款。验单付款承付期 3 天，验货付款承付期 10 天。

8. 信用卡

信用卡是指商业银行向个人和单位发行的，凭以向特约单位购货、消费和向银行存取现金且具有消费信用的特制载体卡片。

（1）信用卡结算程序如图 1－14 所示：

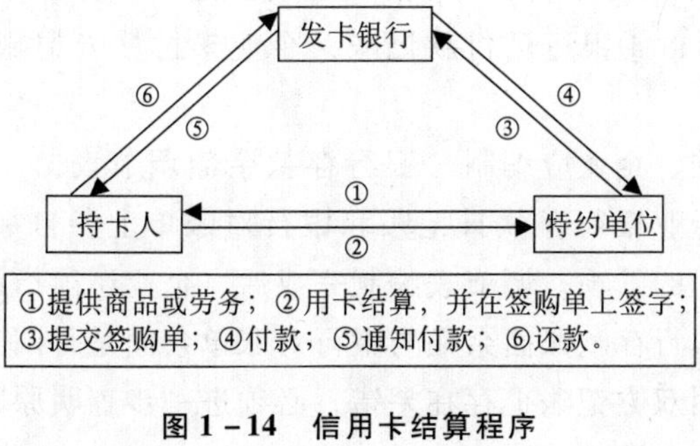

图 1－14　信用卡结算程序

(2) 有关规定。

①种类：信用卡按使用对象分为单位卡和个人卡；按信誉等级分为金卡和普通卡。

②适用范围：信用卡适用于同城或异地的特约单位购物、消费和向银行存取现金，办理转账结算。

提示

企业采用上述银行支付结算办法，须区分情况使用不同的账户进行会计核算：①企业签发或取得支票，用“银行存款”账户核算；②企业使用银行本票存款、银行汇票存款，或信用卡存款方式结算，用“其他货币资金”账户核算。但若企业在销售商品等业务中取得银行本票、银行汇票应直接引起银行存款增加，不能增加其他货币资金；③企业在商品销售等业务中取得商业汇票，应使用“应收票据”账户核算，但若企业采用托收承付或委托收款方式办理结算的，则应使用“应收账款”账户核算。

二、银行存款的核算

(一) 银行存款收付的账务处理

企业收到款项时，借记“银行存款”科目，贷记有关科目；付出款项时，借记有关科目，贷记“银行存款”科目。

(二) 银行存款的清查

为了加强对企业银行存款的监督，防止企业银行存款记账上的差错，保证银行存款的安全、完整，正确掌握企业银行存款的实有金额，企业应当指定专人（非出纳人员）定期（至少每月一次）将企业登记的“银行存款日记账”和开户行开具的“银行对账单”进行核对。企业银行存款日记账的账面余额与银行对账单余额不一致的，企业应查找原因。

造成企业与开户行双方账目余额不一致的原因，一是可能双方记账出现差错；二是可能存在未达账项。未达账项是指银行与企业之间因为票据传递时间上的差异导致一方已入账而另一方尚未入账的事项，包括以下四种情况：①企业已收款记账，银行未收款未记账的款项（企业已收，银行未收）；②企业已付款记账，银行未付款未记账的款项（企业已付，银行未付）；③银行已收款记账，企业未收款未记账的款项（银行已收，企业未收）；④银行已付款记账，企业未付款未记账的款项（银行已付，企业未付）。

存在未达账项的，企业应编制“银行存款余额调节表”。“银行存款余额调节表”的编制方法，是在企业银行存款日记账和银行对账单上各自加上或减去对方已收或已付，本方未收或未付的款项。调节表编制完成后，企业还须指派对账人员以外的其他人员进行审核，确定银行存款账面余额与银行对账单余额是否调节相符。若调节后双方账目仍不相符，则表明双方记账上存在差错，必须进一步查明原因，并予以更正。

典型案例

1. 日常收支业务

案例1-8：2019年9月8日，华美装饰材料有限公司开出现金支票一张，从银行提取现金30 000元备发工资。

借：库存现金　　30 000

　　贷：银行存款　　30 000

案例1-9：2019年9月11日，华美装饰材料有限公司购进价值20 000元的原材料，取得的增值税专用发票上的税率为13%，对方代垫运杂费600元，未取得增值税专用发票，货款和运杂费均以银行存款支付，材料已验收入库。

借：原材料　　20 600

　　应交税费——应交增值税（进项税额）　　2 600

　　贷：银行存款　　23 200

案例1-10：2019年9月15日，华美装饰材料有限公司销售商品一批给客户，开出的增值税专用发票上注明售价为150 000元，增值税率为13%，收到货款100 000元存入银行，其余款项暂未收到。

借：银行存款　　100 000

　　应收账款——某客户　　69 500

　　贷：主营业务收入　　150 000

　　　　应交税费——应交增值税（销项税额）　　19 500

2. 银行存款的清查

案例1-11：华美装饰材料有限公司2019年9月30日银行存款日记账账面余额为83 820元，银行对账单余额为171 820元。经逐笔核对，发现存在下列未达账项：

（1）9月29日企业开出现金支票74 600元支付劳务费，持票人尚未到银行办理结算手续；

（2）9月29日银行代企业收取货款52 000元，企业尚未收到收款通知；

（3）9月30日银行代企业支付电话费3 600元，企业尚未收到付款通知；

（4）9月30日企业送存银行的转账支票35 000元，银行尚未入账；

根据该公司发生的上述事项，编制“银行存款余额调节表”：

表1-1　银行存款余额调节表

2019年9月30日　　单位：元

项　目	金　额	项　目	金　额
企业银行存款日记账余额	83 820	银行对账单余额	171 820
加：银行已收、企业未收款	52 000	加：企业已收、银行未收款	35 000
减：银行已付、企业未付款	3 600	减：企业已付、银行未付款	74 600
调节后的存款余额	132 220	调节后的存款余额	132 220

情境演练1－2

龙都公司2012年7月设立，主营家用电器的制造、销售。2019年5月至7月有关银行存款的业务如下：

业务1：2019年5月8日，财务部向供应商东信公司开出一张金额为16 800元的转账支票，预付购料款。

业务2：2019年5月12日，采购部从东信公司购进价值30 000元的原材料，取得的增值税专用发票上的税率为13%，增值税税额3 900元。同时，对方代垫运杂费600元，龙都公司未取得增值税专用发票，将预付款抵付后的余款均以银行存款支付，材料已验收入库。

业务3：2019年5月28日，销售部向客户爱丽思公司销售商品一批，开出的增值税专用发票上注明：售价150 000元，增值税率13%，增值税税额19 500元。当日收到货款100 000元存入银行，其余暂欠，龙都公司已向银行办妥托收手续。

业务4：2019年5月30日，财务部收到银行转来的托收承付收款通知一份，托收爱丽思公司的款项69 500元已收妥入账。

业务5：2019年5月31日，公司收到银行转来的委托收款方式付款通知联和增值税专用发票，系本月管理部门水费共计4 770元（含税，增值税税率6%），已办理转账。

要求：（1）查找资料，了解上述业务完成的过程以及涉及的部门；

（2）确认上述业务发生或完成时应取得的单据；

（3）编制上述业务的会计分录。

学习子情境三
其他货币资金的核算

科目设置

为了反映和监督其他货币资金的增减变化和结存情况，应设置“其他货币资金”总分类科目。该科目属于资产类科目，借方登记其他货币资金的增加额，贷方登记其他货币资金的减少额，余额在借方，表示其他货币资金的结存额。“其他货币资金”科目可按“外埠存款”“银行汇票存款”“银行本票存款”“信用卡存款”“信用证保证金存款”“存出投资款”等下设明细分类科目，进行明细核算。

核算内容

一、其他货币资金概述

其他货币资金是指除库存现金、银行存款以外其他具有特定用途的货币资金，包括外埠存款、银行本票存款、银行汇票存款、信用证保证金存款、信用卡存款、存出投资款等。

二、主要业务的账务处理

（一）外埠存款的核算

外埠存款是指企业到外地进行临时或零星采购时，汇往采购地银行并以汇款单位名义开立采购专户的存款。设立外埠存款，一是为了结算方便，二是为了保证货币资金的安全。该存款账户不计利息，除采购员差旅费可以支取少量现金外，一律转账结算。采购专户只付不收，付完结束账户。

外埠存款的核算程序可分为以下三个步骤：

（1）汇出资金并开户时，借记“其他货币资金——外埠存款”科目，贷记“银行存款”科目。

（2）采购付款时，借记有关科目，贷记“其他货币资金——外埠存款”科目。

（3）余额转回时，借记“银行存款”科目，贷记“其他货币资金——外埠存款”科目。

（二）银行汇票存款、银行本票存款和信用卡存款、信用证保证金存款的核算

银行汇票存款是企业为了取得银行汇票按规定存入银行的款项；银行本票存款是企业为了取得银行本票按规定存入银行的款项；信用卡存款是企业为了取得信用卡按规定存入银行的款项；信用证保证金存款是采用信用证结算方式的企业为开具信用证而存入银行信用证保证金账户的款项。

上述票据结算方式的会计核算均可分为三个环节：一是取得银行汇票、银行本票或信用卡、信用证；二是用票、卡、证付款；三是余额转回。下面以银行汇票为例，来说明具体的账务处理方法：

1. 付款单位的账务处理

（1）收到银行汇票和解讫通知后，根据“银行汇票委托书”存根联，借记“其他货币资金——银行汇票存款”科目，贷记“银行存款”科目。

（2）办理结算时，假定为购买材料支付货款，且汇票款项有余额，应根据“银行汇票”第四联“多余款收账通知”和购货发票等原始凭证，借记有关材料、“银行存款”（多余金额）科目，贷记“其他货币资金——银行汇票存款”科目。

2. 收款单位的账务处理

收款单位受理银行汇票后，应填制进账单，连同银行汇票和解讫通知一起送存银

行，根据进账单回单和有关原始凭证，借记“银行存款”科目，贷记有关科目。

（三）存出投资款的核算

存出投资款是指企业已存入证券公司但尚未进行短期投资的资金。存出投资款的核算主要包括资金划出和使用两部分。企业向证券公司划出资金时，借记“其他货币资金——存出投资款”科目，贷记“银行存款”科目；企业购买股票、债券时，借记“交易性金融资产”等科目，贷记“其他货币资金——存出投资款”科目。

典型案例

1. 外埠存款的核算

案例1-12：

（1）2019年10月11日，华美装饰材料有限公司将一笔50 000元的款项，汇往异地开立临时采购专户。

借：其他货币资金——外埠存款　　50 000

　贷：银行存款　　50 000

（2）2019年10月15日，华美装饰材料有限公司用上述款项购入一批材料，买价40 000元，增值税5 200元，余款已于同日划回，材料已验收入库。

借：原材料　　40 000

　应交税费——应交增值税（进项税额）　　5 200

　银行存款　　4 800

　贷：其他货币资金——外埠存款　　50 000

2. 银行本票存款的核算

案例1-13：

（1）2019年10月17日，华美装饰材料有限公司从银行申请取得一张面值为30 000元的银行本票。

借：其他货币资金——银行本票存款　　30 000

　贷：银行存款　　30 000

（2）2019年10月20日，华美装饰材料有限公司用上述款项购入一批材料，买价20 000元，增值税2 600元，余款已于同日划回，材料已验收入库。

借：原材料　　20 000

　应交税费——应交增值税（进项税额）　　2 600

　银行存款　　7 400

　贷：其他货币资金——银行本票存款　　30 000

注意：银行汇票存款、信用卡存款、信用证保证金存款与银行本票核算类似。

3. 存出投资款的核算

案例1-14：2019年10月21日，华美装饰材料有限公司向某证券公司划出资金200 000元准备进行股票投资。

借：其他货币资金——存出投资款　　200 000

　　贷：银行存款　　200 000

案例1-15：2019年10月25日，华美装饰材料有限公司购入红光公司普通股共计180 000元，作为交易性金融资产核算，假定不考虑相关税费。

借：交易性金融资产——成本　　180 000

　　贷：其他货币资金——存出投资款　　180 000

情境演练1-3

龙都公司2012年7月设立，主营家用电器的制造、销售。2019年6月至8月有关其他货币资金的业务如下：

业务1：2019年6月8日，公司委托开户银行将一笔60 000元的款项，汇往异地开立临时采购专户。

业务2：2019年6月14日，公司用上述款项购入一批材料，买价40 000元，增值税款5 200元，余款已于同日划回，材料已验收入库。

业务3：2019年7月9日，公司从银行申请取得一张面值为30 000元的银行本票。

业务4：2019年7月11日，龙都公司用上述款项购入一批材料，买价23 000元，增值税2 990元，余款已于同日划回，材料已验收入库。

业务5：2019年8月16日，公司向某证券公司划出资金180 000元准备进行股票投资。

业务6：2019年8月21日，龙都公司购入ABC公司普通股共计170 000元，作为交易性金融资产，假定不考虑相关税费。

要求：(1) 查找资料，了解上述业务完成的过程以及涉及的部门；

(2) 确认上述业务发生或完成时应取得的单据；

(3) 编制上述业务的会计分录。

知识拓展

一、业务流程

(一) 备用金借款的业务流程(如图1-15所示)

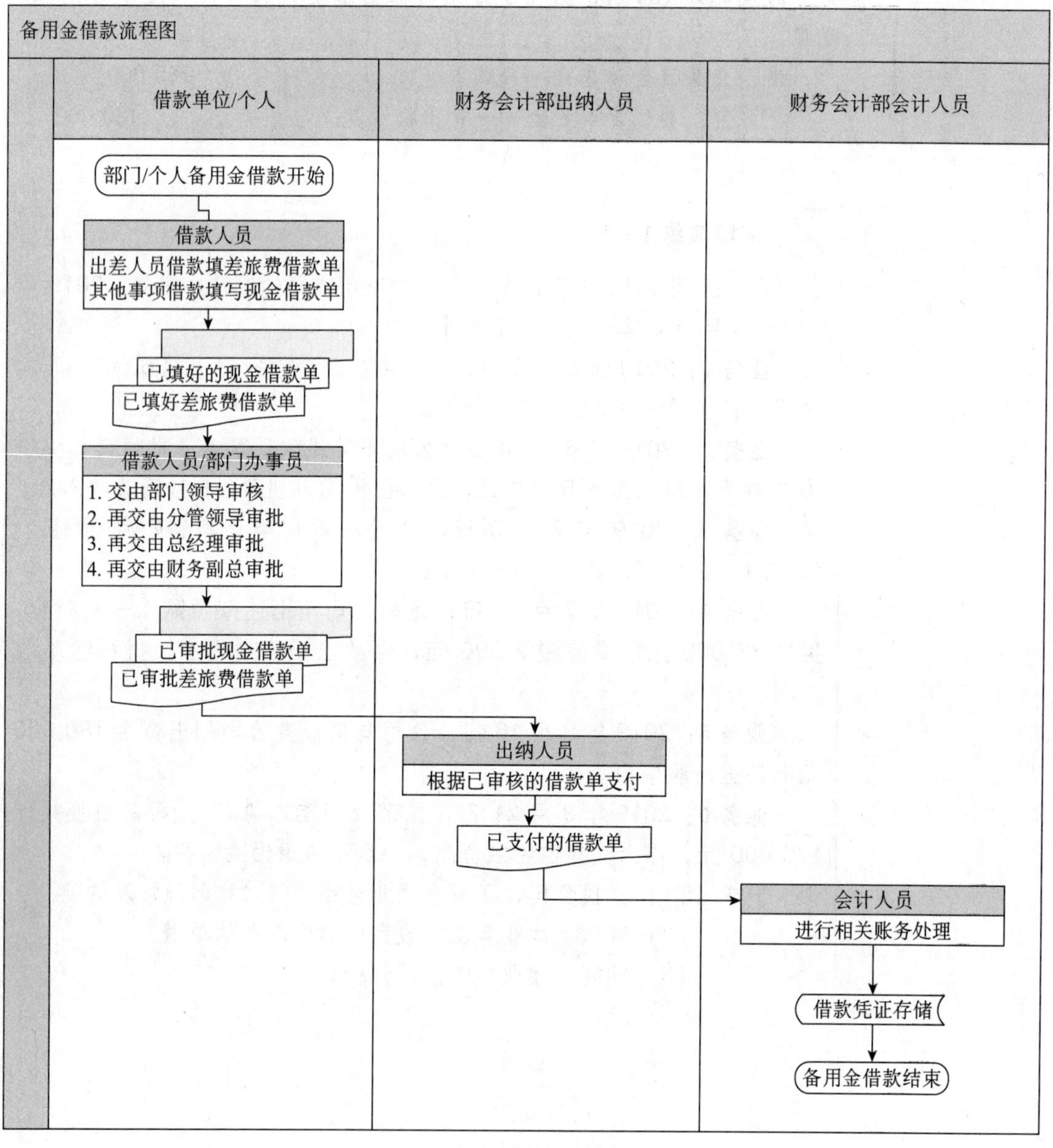

图1-15 备用金借款流程

（二）费用报销的业务流程（如图1－16所示）

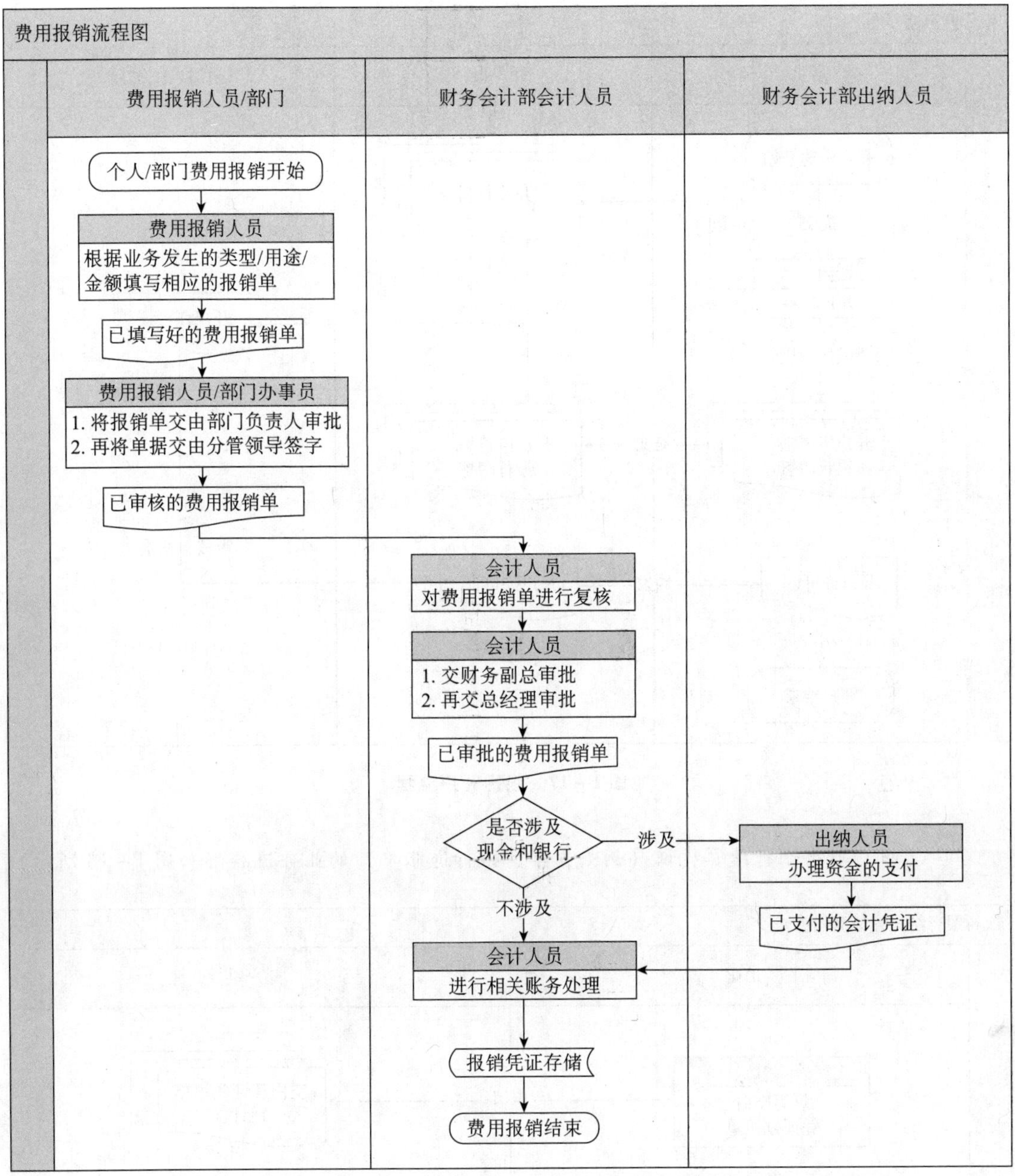

图1－16　费用报销流程

（三）银行开户的业务流程（如图1－17所示）

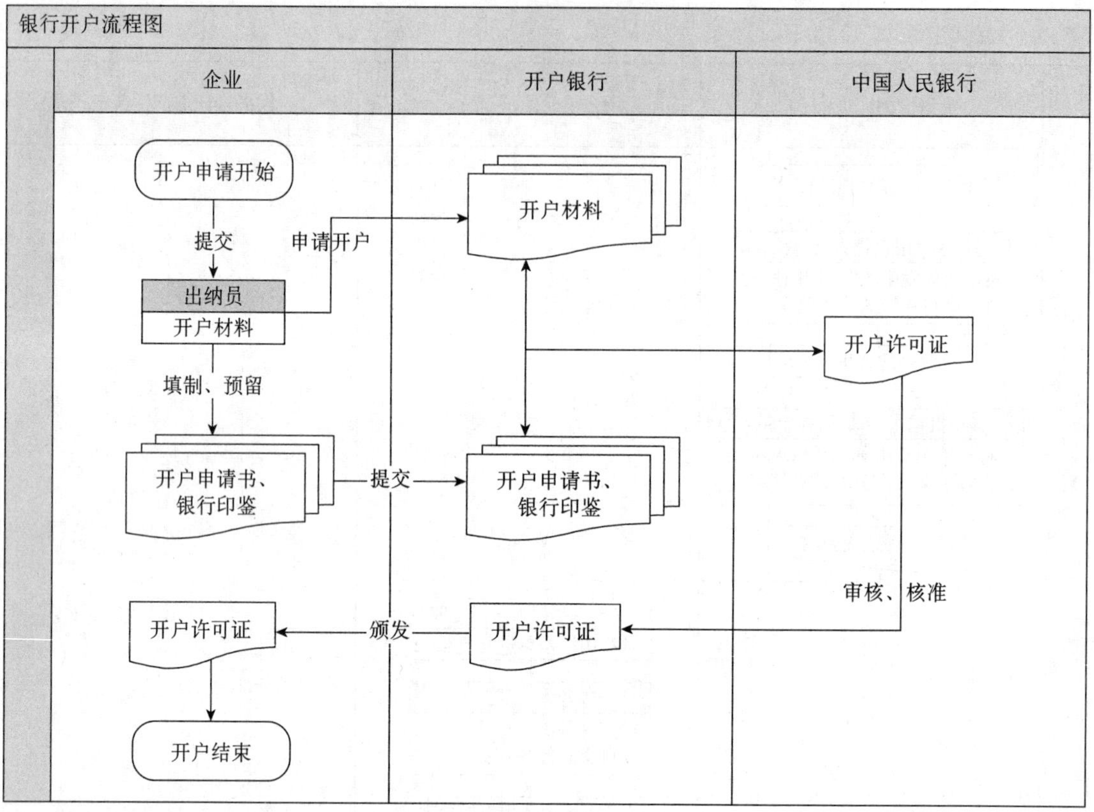

图1－17　银行开户流程

（四）取得银行结算凭证（例如支票、银行进账单）的业务流程（如图1－18所示）

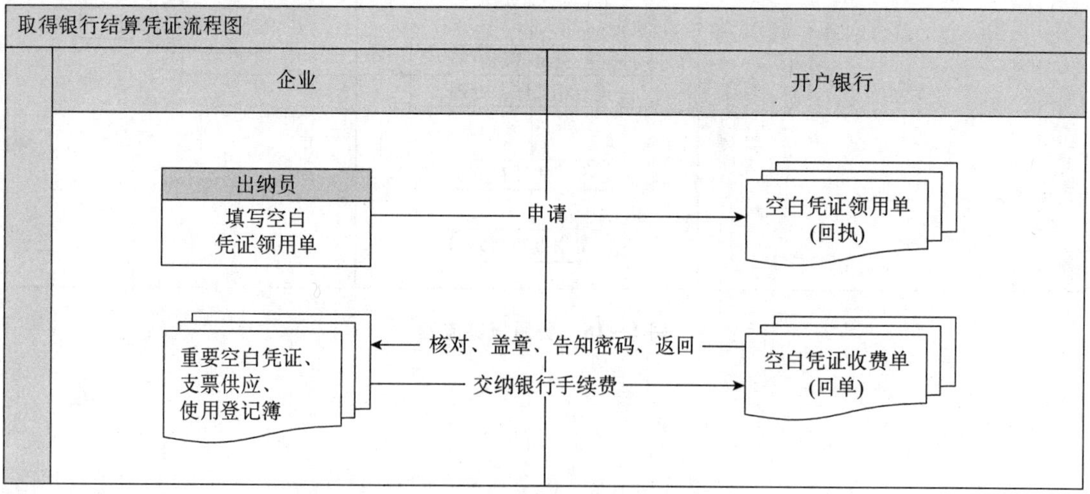

图1－18　取得银行结算凭证流程

二、内部管理制度

（一）库存现金的内控制度

现金的内部控制主要并不是在于发现差错，而是要减少发生差错、舞弊、欺诈的机会。一般而言，一个良好的现金内部控制制度应该做到以下几点：

一是与现金相关岗位的职责分工、权限范围和审批程序应当明确，机构设置和人员配备应当科学合理。

二是现金收入、支出要有合理、合法的凭据；全部收入应及时准确入账，严禁坐支现金，全部支出要有审批手续。不得账外设账，严禁收款不入账。有条件的企业，可以实行收支两条线和集中收付制度，加强对货币资金的集中统一管理。

三是确定现金开支范围，当日收入现金超过规定限额的部分应及时送存银行；不属于现金开支范围或超过现金开支限额的业务应当通过银行办理转账结算。

四是按月盘点现金，做到账实相符，若发现不符，应及时查明原因，作出处理；定期编制现金使用预算；加强对现金收支业务的内部审计。

总之，良好的内部控制制度可以在一定程度上起到保护现金资产安全的作用。

（二）银行存款的内控制度

（1）企业应当严格按照《支付结算办法》等国家有关规定，加强对银行账户的管理，严格按照规定开立账户，办理存款、取款和结算。银行账户的开立应当符合企业经营管理实际需要，不得随意开立多个账户，禁止企业内设管理部门自行开立银行账户。

（2）企业应当定期检查、清理银行账户的开立及使用情况，发现未经审批擅自开立银行账户或者不按规定及时清理、撤销银行账户等问题，应当及时处理并追究有关责任人的责任。

（3）企业应当加强对银行结算凭证的填制、传递及保管等环节的管理与控制。

（4）企业应当加强对银行对账单的稽核和管理。出纳人员不得同时从事银行对账单的获取、银行存款余额调节表的编制等工作。

（5）企业应当严格遵守银行结算纪律，不得签发没有资金保证的票据或远期支票，套取银行信用；不得签发、取得和转让没有真实交易和债权债务的票据；不得无理拒绝付款，任意占用他人资金；不得违反规定开立和使用银行账户。

（6）企业应当指定专人定期核对银行账户，每月至少核对一次，编制银行存款余额调节表，并指派对账人员以外的其他人员进行审核，确定银行存款账面余额与银行对账单余额是否调节相符。如调节不符，应当查明原因，及时处理。

（7）实行网上交易、电子支付等方式办理货币资金支付业务的企业，应当与承办银行签订网上银行操作协议，明确双方在资金安全方面的责任与义务、交易范围等。操作人员应当根据操作授权和密码进行规范操作。企业在严格实行网上交易、电子支付操作人员不相容情境相互分离控制的同时，应当配备专人加强对交易和支付行为的审核。

（8）企业应当加强银行预留印鉴的管理。财务专用章应当由专人保管，个人名章应当由本人或其授权人员保管，不得由一个人保管支付款项所需的全部印章。按规定需要由有关负责人签字或盖章的经济业务与事项，必须严格履行签字或盖章手续。

（三）其他货币资金的内控制度

其他货币资金是企业内部流动性很强的资产，具有容易被侵占、贪污、挪用的特点，企业必须对其加强管理，具体应做到以下几点：

(1) 外埠存款、银行本票存款、银行汇票存款、信用卡存款等其他货币资金，须根据企业业务的需要合理选择结算方式，并统一由财务部门管理。财务部门应严格按照规定进行其他货币资金收支业务的核算，建立明细分类账和台账，确定专人负责及时记账和督促有关业务部门清理结账、对账。

(2) 业务部门需要采用外埠存款、银行汇票存款等其他货币资金办理结算时，须提出申请报告，附上项目或购物清单，经业务部门主管签字后，报财务负责人、总经理（总裁）签字批准后，方可交财务部门办理。

(3) 业务部门在使用外埠存款中，必须按计划项目掌握使用，并将使用情况清单和原始票据寄回财务部门。该项业务处理完毕，应将结余外埠存款与财务部门核对或及时汇回，不得挪作他用。

三、《现金管理暂行条例》① 的有关规定

第一条 为改善现金管理，促进商品生产和流通，加强对社会经济活动的监督，制定本条例。

第二条 凡在银行和其他金融机构（以下简称开户银行）开立账户的机关、团体、部队、企业、事业单位和其他单位（以下简称开户单位），必须依照本条例的规定收支和使用现金，接受开户银行的监督。

国家鼓励开户单位和个人在经济活动中，采取转账方式进行结算，减少使用现金。

第三条 开户单位之间的经济往来，除按本条例规定的范围可以使用现金外，应当通过开户银行进行转账结算。

第四条 各级人民银行应当严格履行金融主管机关的职责，负责对开户银行的现金管理进行监督和稽核。

开户银行依照本条例和中国人民银行的规定，负责现金管理的具体实施，对开户单位收支、使用现金进行监督管理。

第五条 开户单位可以在下列范围内使用现金：

（一）职工工资、津贴；

（二）个人劳务报酬；

（三）根据国家规定颁发给个人的科学技术、文化艺术、体育等各种奖金；

（四）各种劳保、福利费用以及国家规定的对个人的其他支出；

（五）向个人收购农副产品和其他物资的价款；

（六）出差人员必须随身携带的差旅费；

---

① 中华人民共和国国务院令（第12号）《现金管理暂行条例》于1988年8月16日国务院第十八次常务会议通过，自1988年10月1日起施行。该条例已于2011年1月8日被中华人民共和国国务院令第588号发布的《国务院关于废止和修改部分行政法规的决定》所修订，删去了其中的第二十条、第二十一条、第二十二条。

（七）结算起点以下的零星支出；

（八）中国人民银行确定需要支付现金的其他支出。

前款结算起点定为 1 000 元。结算起点的调整，由中国人民银行确定，报国务院备案。

第六条　除本条例第五条第（五）、（六）项外，开户单位支付给个人的款项，超过使用现金限额的部分，应当以支票或者银行本票支付；确需全额支付现金的，经开户银行审核后，予以支付现金。

前款使用现金限额，按本条例第五条第二款的规定执行。

第七条　转账结算凭证在经济往来中，具有同现金相同的支付能力。

开户单位在销售活动中，不得对现金结算给予比转账结算优惠待遇；不得拒收支票、银行汇票和银行本票。

第八条　机关、团体、部队、全民所有制和集体所有制企业事业单位购置国家规定的专项控制商品，必须采取转账结算方式，不得使用现金。

第九条　开户银行应当根据实际需要，核定开户单位 3 天至 5 天的日常零星开支所需的库存现金限额。

边远地区和交通不便地区的开户单位的库存现金限额，可以多于 5 天，但不得超过 15 天的日常零星开支。

第十条　经核定的库存现金限额，开户单位必须严格遵守。需要增加或者减少库存现金限额的，应当向开户银行提出申请，由开户银行核定。

第十一条　开户单位现金收支应当依照下列规定办理：

（一）开户单位现金收入应当于当日送存开户银行。当日送存确有困难的，由开户银行确定送存时间；

（二）开户单位支付现金，可以从本单位库存现金限额中支付或者从开户银行提取，不得从本单位的现金收入中直接支付（即坐支）。

因特殊情况需要坐支现金的，应当事先报经开户银行审查批准，由开户银行核定坐支范围和限额，坐支单位应当定期向开户银行报送坐支金额和使用情况；

（三）开户单位根据本条例第五条和第六条的规定，从开户银行提取现金，应当写明用途，由本单位财会部门负责人签字盖章，经开户银行审核后，予以支付现金；

（四）因采购地点不固定，交通不便，生产或者市场急需，抢险救灾以及其他特殊情况必须使用现金的，开户单位应当向开户银行提出申请，由本单位财会部门负责人签字盖章，经开户银行审核后，予以支付现金。

第十二条　开户单位应当建立健全现金账目，逐笔记载现金支付。账目应当日清月结，账款相符。

第十三条　对个体工商户、农村承包经营户发放的贷款，应当以转账方式支付。对确需在集市使用现金购买物资的，经开户银行审核后，可以在贷款金额内支付现金。

第十四条　在开户银行开户的个体工商户、农村承包经营户异地采购所需货款，应当通过银行汇兑方式支付。因采购地点不固定，交通不便必须携带现金的，由开户银行根据实际需要，予以支付现金。

未在开户银行开户的个体工商户、农村承包经营户异地采购所需货款，可以通过银行汇兑方式支付。凡加盖“现金”字样的结算凭证，汇入银行必须保证支付现金。

第十五条 具备条件的银行应当接受开户单位的委托，开展代发工资、转存储蓄业务。

第十六条 为保证开户单位的现金收入及时送存银行，开户银行必须按照规定做好现金收款工作，不得随意缩短收款时间。大中城市和商业比较集中的地区，应当建立非营业时间收款制度。

第十七条 开户银行应当加强柜台审查，定期和不定期地对开户单位现金收支情况进行检查，并按规定向当地人民银行报告现金管理情况。

第十八条 一个单位在几家银行开户的，由一家开户银行负责现金管理工作，核定开户单位库存现金限额。

各金融机构的现金管理分工，由中国人民银行确定。有关现金管理分工的争议，由当地人民银行协调、裁决。

第十九条 开户银行应当建立健全现金管理制度，配备专职人员，改进工作作风，改善服务设施。现金管理工作所需经费应当在开户银行业务费中解决。

四、参考答案

【情境演练1-1】

业务1:	借：管理费用	800	
	贷：库存现金		800
业务2:	借：库存现金	113	
	贷：其他业务收入——销售多余原材料		100
	应交税费——应交增值税（销项税额）		13
业务3:	借：其他应收款——王琳	5 000	
	贷：库存现金		5 000
业务4:	借：管理费用	4 800	
	库存现金	200	
	贷：其他应收款——王琳		5 000
业务5:	借：库存现金	200	
	贷：待处理财产损溢——待处理流动资产损溢		200
业务6:	借：待处理财产损溢——待处理流动资产损溢	200	
	贷：其他应付款——刘强		160
	营业外收入		40
业务7:	借：待处理财产损溢——待处理流动资产损溢	3 000	
	贷：库存现金		3 000
业务8:	借：其他应收款——黄茜	800	
	管理费用	2 200	
	贷：待处理财产损溢——待处理流动资产损溢		3 000

【情境演练1-2】

业务1:	借：预付账款——东信公司	16 800	

贷：银行存款　16 800

业务2：（1）借：原材料　30 600

应交税费——应交增值税（进项税额）　3 900

贷：预付账款——东信公司　34 500

（2）借：预付账款——东信公司　17 700

贷：银行存款　17 700

业务3：借：银行存款　100 000

应收账款——爱丽思公司　69 500

贷：主营业务收入　150 000

应交税费——应交增值税（销项税额）　19 500

业务4：借：银行存款　69 500

贷：应收账款——爱丽思公司　69 500

业务5：借：管理费用　4 500

应交税费——应交增值税（进项税额）　270

贷：银行存款　4 770

【情境演练1-3】

业务1：借：其他货币资金——外埠存款　60 000

贷：银行存款　60 000

业务2：借：原材料——××材料　40 000

应交税费——应交增值税（进项税额）　5 200

银行存款　14 800

贷：其他货币资金——外埠存款　60 000

业务3：借：其他货币资金——银行本票存款　30 000

贷：银行存款　30 000

业务4：借：原材料——××材料　23 000

应交税费——应交增值税（进项税额）　2 990

银行存款　4 010

贷：其他货币资金——银行本票存款　30 000

业务5：借：其他货币资金——存出投资款　180 000

贷：银行存款　180 000

业务6：借：交易性金融资产——成本　170 000

贷：其他货币资金——存出投资款　170 000

2 学习情境二 往来业务的核算

情境学习目标

- 能正确识别、整理往来业务涉及的会计凭证；
- 能充分了解往来业务涉及的债权、债务业务的会计核算内容；
- 能正确编制和审核往来业务所涉及的债权、债务的会计凭证；
- 能完成应收账款、应付账款、预收账款、预付账款等往来业务总账、明细账的建立；
- 能完成应收账款、应付账款等各项往来业务账簿的登记；
- 能正确填报往来业务账务处理结果提供的会计信息。

情境关键术语

- 往来业务
- 购销债权业务
- 购销债务业务
- 其他往来业务
- 坏账、坏账准备及坏账损失

情境有关参考资料

- 《企业会计准则》
- 《企业会计准则应用指南》
- 《初级会计实务》——全国会计专业技术初级资格考试辅导用书

学习子情境一
购销业务债权的核算

☞ 科目设置

(1)“应收账款”科目：属于资产类，核算企业因销售商品、提供劳务等经营活动应收取的款项。按债务人设置应收账款明细账，进行明细核算。本科目期末借方余额，反映企业尚未收回的应收账款；期末如为贷方余额，反映企业预收的账款。

(2)“应收票据”科目：属于资产类，核算企业因销售商品、提供劳务等而收到的商业汇票。按开出、承兑商业汇票的单位设置应收票据明细账，进行明细核算。

会计实务中，企业应当设置“应收票据备查簿”，逐笔登记商业汇票的种类、号数和出票日、票面金额、交易合同号和付款人、承兑人、背书人的姓名或单位名称、到期日、背书转让日、贴现日、贴现率和贴现净额以及收款日和收款金额、退票情况等资料。商业汇票到期结清票款或退票后，在备查簿中应予注销。

(3)“预付账款”科目：属于资产类，核算企业预付账款的发生及结算情况。企业进行在建工程预付的工程价款，也在本科目中核算。按供货单位设置预付账款明细账，进行明细核算。本科目期末借方余额，反映企业预付的款项；期末如为贷方余额，反映企业尚未补付的款项。企业预付款项情况不多的，也可以不设置本科目，将预付的款项直接记入“应付账款”科目。

(4)“坏账准备”科目：属于资产类，它是“应收账款”“应收票据”等科目的备抵调整科目。核算企业应收款项减值、坏账损失的确认等。本科目期末贷方余额，反映企业已计提但尚未转销的坏账准备。

核算内容

一、购销业务债权概述

(一) 购销业务债权的内容

1. 应收账款

应收账款是指企业因对外销售商品、提供劳务等经营活动应向客户收取的款项。应收账款主要包括应收取的货款、代购货方垫付的运杂费、应收取的增值税销项税额等。它不包括应收取的各种赔款、罚款，也不包括各种非主要经营业务而发生的应收款项，如：职工欠款、存出保证金、应收股利和利息等债权。

2. 应收票据

应收票据是指企业因销售商品、产品、提供劳务等而收到的已承兑的商业汇票。票据作为一种债权凭证，是一种记载有一定的付款日期、付款地点、付款金额的流通证券，也是一种可以由持票人自由转让给他人的债权凭证，它包括企业持有的未到期兑现的汇票、本票和支票。在我国会计实务中，支票、银行本票、银行汇票均为见票即付的票据，收到这种票据，即可视同收到货币资金，无需将其列为应收票据处理，只有商业汇票是一种远期票据，企业取得商业汇票时，只是取得了一项债权。因此，应收票据只涉及指企业因销售商品、产品而收到的经承兑人承兑的商业汇票。

商业汇票可以按不同标准进行分类。

（1）按照票据承兑人的不同，商业汇票可分为银行承兑汇票和商业承兑汇票。承兑是指汇票付款人承诺在汇票到期日支付汇票金额的行为。商业汇票必须经承兑后方可生效。商业承兑汇票的承兑人是付款人，银行承兑汇票的承兑人是承兑申请人的开户银行，

（2）按照票据是否带息分类，商业汇票分为带息票据和不带息票据。带息票据是指商业汇票到期时，承兑人除向收款人或被背书人支付票面金额外，还应按票面金额、票据期限和票据利率支付自票据生效日起至票据到期日止利息的商业汇票。不带息票据是指商业汇票到期时，承兑人只按票面金额向收款人或被背书人支付款项的票据。

3. 预付账款

预付账款是指企业按照购销合同规定预付给供应单位的货款，是企业的一项债权。

（二）购销业务债权的确认和计量

1. 应收账款的确认和计量

（1）应收账款的确认。应收账款是因企业赊销业务而产生的，所以应在销售成立时确认入账。

（2）应收账款的计量。应收账款的计量，是指确定应收账款的入账金额。通常情况下，应收账款应按从购货方应收的合同或协议价款作为初始确认金额。但企业有时为了及时回笼货款或为了扩大销售量，在销货时往往实行折扣政策，会影响应收账款的计价。因此，应当在考虑折扣这一因素的基础上，采用一定的方法计算确定应收账款的入账金额。

企业在销售过程中的折扣有商业折扣和现金折扣两种方式。

（1）商业折扣。商业折扣是指在商品交易时为鼓励客户大批量购买而从商品价目单中所列售价的基础上扣减一定的数额，实际上是对商品报价进行的折扣。商业折扣通常以百分比来表示，如5%、10%、15%等。在发生商业折扣的情况下，企业应收账款的入账金额应按扣除商业折扣后的实际售价金额入账。如某企业赊销A产品，产品价目单上标明产品单价为80元，甲顾客购买1 000件，按规定给予10%的商业折扣，则该企业A产品的实际销售单价为72（$80-80\times10\%$）元，应收账款的入账金额为

72 000 元。由于商业折扣一般在交易发生时即已确定，商业折扣仅仅是确定实际售价的一种手段，不在买卖任何一方的账面上反映，所以，商业折扣对应收账款入账金额的确认并无实质性的影响。

（2）现金折扣。现金折扣是销售企业为了鼓励客户在一定期限内尽早偿还货款而给予客户的折扣优惠。现金折扣一般用（2/10、1/20、*n*/30）等形式来表示。其含义是信用期为 30 天，在 10 天内付款给予 2% 的折扣，在 20 天内付款给予 1% 的折扣，在 20 天以上 30 天内付款无折扣。现金折扣使得企业应收账款的应收数额在规定的付款期内随客户付款时间的不同而有所差异，这就产生了应收账款发生时以什么金额计价入账的问题。对此，会计理论上有两种可供选择的方法：一是总价法；二是净价法。

①总价法。总价法是在赊销业务发生时，应收账款和销售收入均以未扣减现金折扣前的实际售价作为入账价值。比如：商品的销售价格为 300 000 元，现金折扣条件为 2/10、1/20、*n*/30，则在赊销成立时，应收账款和销售收入均按 300 000 元的金额入账。

②净价法。净价法是在赊销业务发生时，应收账款和销售收入均按扣除最大的现金折扣后的金额入账。这种方法是将客户取得的现金折扣视为正常现象，认为客户应当提前付款而获得现金折扣。如前例，赊销成立时，应按 294 000 元（300 000 – 300 000 × 2%）确认应收账款和销售收入的入账金额。

上述两种方法中，总价法可以较好地反映销售的总过程，但在客户可能享受现金折扣的情况下会高估应收账款和销售收入。如期末结账时，有些应收账款还没有超过折扣期，企业无法确切地知道客户是否会享受现金折扣，如果有一部分可能会享受折扣，而应收账款上并未作反映，从而导致虚增应收账款的余额。净价法则可以避免总价法的不足，但在客户没有享受现金折扣时，由于应收账款以净额入账，所以必须再查对原销售总额。同时，期末结账时，对于已超过折扣期尚未付款的应收账款，要按客户享受现金折扣进行调整，操作起来比较麻烦。按照会计准则的要求，我国会计实务中对应收账款采用总价法计量，现金折扣在实际发生时记入“财务费用”账户。

2. 应收票据的确认和计量

（1）应收票据到期日的确定。商业汇票的持票人在票据到期日可向承兑人收取票据款项。商业汇票自承兑日起生效，其到期日是由票据有效期限的长短来决定的。票据期限的确定一般有按月计算和按日计算两种。

①按月计算票据到期日。若应收票据期限按月计算，票据的到期日不考虑各月份实际天数的多少，统一按到期月份的对应日计算。如：3 月 5 日签发的承兑期限为三个月的商业汇票，其到期日为 6 月 5 日；如果签发承兑汇票的日期为某月月末，则不论月份大小，统一以到期月份的最末一天为到期日。如 4 月 30 日签发的承兑期限为四个月的商业汇票，其到期日为 8 月 31 日。

②按日计算票据到期日。若应收票据期限按日计算，票据的到期日不考虑月数，统一按票据的实际日历天数计算。在票据签发承兑日和票据到期日这两天中，只算其中的一天，称为“算头不算尾”或“算尾不算头”。如 3 月 10 日签发的承兑期限为 150 天的商业汇票，到期日的计算为：8 月 7 日。

算头不算尾（3 月 22 天；4 月 30 天；5 月 31 天；6 月 30 天；7 月 31 天；8 月 6 天）

算尾不算头（3 月 21 天；4 月 30 天；5 月 31 天；6 月 30 天；7 月 31 天；8 月 7 天）

（2）应收票据贴现。应收票据贴现，是指商业汇票的持票人为了资金周转的需要，持已承兑未到期的应收票据向银行兑取款项，银行受理后，从票据到期值中扣除按一定贴现利率计算的贴现息后，将余款付给贴现申请人，作为银行对贴现申请人短期贷款的一种信贷活动。实质上，应收票据贴现是企业的一种短期融资行为。

贴现企业向银行申请办理商业汇票贴现时，首先应确定出贴现利息和贴现金额（也称贴现净额或贴现实得额）。其计算公式为：

贴现金额 = 票据到期值 - 贴现利息

贴现利息 = 票据到期值 × 贴现率 × 贴现天数/360

公式中的票据到期值，对于不带息票据而言指的就是商业汇票的面值。贴现率由银行统一规定，一般以年利率表示。贴现天数是指自贴现日起至票据到期前一日止的实际天数，贴现日计入，票据到期日不计入。例如，本公司于 3 月 10 日将 1 月 12 日签发的、承兑期限为 90 天、到期日为 4 月 12 日的不带息商业汇票贴现，则贴现天数计算为 33 天，即 3 月份 22 天，4 月份 11 天。

如：成都盛天露公司将持有的一张期限为 150 天、面值为 100 000 元的不带息商业承兑汇票向银行办理贴现。该汇票出票日为 4 月 12 日，到期日为 9 月 9 日，该公司于 7 月 15 日向银行申请贴现，银行规定贴现率为 9%。有关计算如下：

票据到期值：100 000（元）

贴现天数 = 17 + 31 + 8 = 56（天）

贴现息 = 100 000 × 9% × 56/360 = 1 400（元）

贴现净额 = 100 000 - 1 400 = 98 600（元）

3. 预付账款的确认和计量

预付账款应按实际发生额入账。

4. 应收款项减值的确认与计量

企业的应收款项由于债务人财务困难等原因而无法收回，这部分无法收回的应收款项成为企业的一项损失，称为坏账。企业因发生坏账而产生的损失，称为坏账损失。

（1）应收款项减值损失的核算方法。企业对应收款项减值损失的核算，按照企业会计准则规定应当采用备抵法。

备抵法是指采用一定的方法按期（至少每年末）估计应收款项减值损失，提取坏账准备并转作当期费用。实际发生减值损失时，直接冲减已计提坏账准备，同时转销相应的应收款项余额的一种处理方法。

（2）应收款项减值损失的计量。在备抵法下，企业每期期末要进行应收款项减值损失的测试，具体测试方法分为以下两种情况：

①单项金额重大的应收款项。对于单项金额重大的应收款项，应当单独进行减值测试。有客观证据表明其发生了减值的，应当根据其未来现金流量现值低于其账面价值的差额，确认减值损失，计提坏账准备。

②单项金额非重大的应收款项。对于单项金额非重大的应收款项可以单独进行减值测试，确定减值损失，计提坏账准备；也可以与经单独测试后未减值的应收款项一起按

类似信用风险特征划分为若干组合，再按这些应收款项组合在资产负债表日余额的一定比例计算确定减值损失，计提坏账准备。根据应收款项组合余额的一定比例计算确定的坏账准备，应当反映各项目实际发生的减值损失，即各项组合的账面价值超过其未来现金流量现值的金额。

短期应收款项的预计未来现金流量与其现值相差很小的，在确定相关减值损失时，可不对其预计未来现金流量进行折现。

③坏账准备计提比例的确定。企业应当根据以前年度与之相同或相类似的、具有类似信用风险特征的应收款项组合的实际损失率为基础，结合现时情况确定本期各项组合计提坏账准备的比例，据此计算本期应计提的坏账准备。

（3）计提坏账准备的方法。企业每期期末，应对每一项应收款项的账面余额进行检查，进行减值测试，如果有客观证据表明发生了减值，则应确认应收款项减值损失，记入当期损益，并计提坏账准备。计提坏账准备时，应注意以下几点：

第一次提取坏账准备时，计提坏账准备的数额，应根据测试的减值金额确定。

第二次计提坏账准备时，会计期末测试的减值损失金额与“坏账准备”账户的余额有差异时，应对“坏账准备”账户的余额进行调整，使调整后的“坏账准备”账户的贷方余额与测试的减值损失金额一致。

本期应计提的坏账准备额 = 本期末减值测试确定的坏账准备余额 - “坏账准备”原贷方余额（+“坏账准备”原借方余额）。

会计实务中应运用账龄分析法计提坏账准备的较为普遍。

账龄分析法是根据应收款项账龄的长短，来确定减值损失金额的一种方法。所谓账龄是指客户所欠账款超过结算期的时间。虽然应收款项能否回收的程度与账龄长短并无直接关系，但从一般意义上讲，账龄越长，账款收不回的可能性越大。

采用账龄分析法，一般是列出“应收款项账龄分析表”（见表 2-1），将所有应收款项按账龄的长短分段排列，然后分段确定坏账损失比例，分段估算坏账损失，把各段估算出来的坏账损失相加后即确定为本期应估计的坏账损失总额，从而确定本期应计提的坏账准备额。

表 2-1　　**应收账款账龄分析表**

年　月　日　　单位：

购货单位	账面余额	账龄					
		未到期	过期 30 天	过期 60 天	过期 90 天	过期 6 个月	过期 6 个月以上
合计							
估计坏账比例							
估计坏账损失							

典型案例

1. 应收票据的取得、收回到期票款、应收票据转让及贴现业务

案例2-1：2019年6月5日，长江工业制造公司向成都大邑天欣公司销售产品一批，价款800 000元，增值税为104 000元。双方商定以商业汇票结算。收到天欣公司交来的商业承兑汇票一张，面值904 000元，期限为三个月。

借：应收票据——天欣公司　　904 000
　贷：主营业务收入　　800 000
　　应交税费——应交增值税（销项税额）　　104 000

案例2-2：2019年9月5日，案例2-1中的票据到期，长江工业制造公司收到成都大邑天欣公司支付的票据款904 000元。根据银行转来的进账单：

借：银行存款　　904 000
　贷：应收票据——天欣公司　　904 000

案例2-3：接案例2-1，2019年9月5日，票据到期，成都大邑天欣公司无力支付。

借：应收账款——天欣公司　　904 000
　贷：应收票据——天欣公司　　904 000

案例2-4：接案例2-1，2019年7月9日，长江工业制造公司向成都双流金辉公司购入原材料一批，价款1 000 000元，增值税为130 000元。双方协商，金辉公司同意长江工业制造公司用所持有的大邑天欣公司的商业汇票结算，余款234 000元长江公司用银行存款支付。材料已验收入库，余款已于当日支付。

借：原材料　　1 000 000
　应交税费——应交增值税（进项税额）　　130 000
　贷：应收票据——天欣公司　　904 000
　　银行存款　　226 000

案例2-5：接案例2-1，2019年8月8日，长江工业制造公司将所持有的大邑天欣公司的未到期商业汇票向成都银行申请贴现，银行贴现利率为7.2%，假定票据到期款项的收取长江公司不承担连带偿还责任。

票据到期值：因属于不带息票据，其到期值为票据面值904 000元

贴现天数 = 24 + 4 = 28（天）

贴现息 = 904 000 × 7.2% × 28/360 = 5 062.4（元）

贴现金额 = 904 000 − 5 062.4 = 898 937.6（元）

借：银行存款　　898 937.6
　财务费用　　5 062.4
　贷：应收票据——天欣公司　　904 000

2. 应收账款的确认、收回款项

案例2-6：2019年9月12日，长江工业制造公司向成都大邑天欣公司销售产品一批，货款总额为2 000 000元，增值税260 000元。长江工业制造公司为成都大邑天欣公司垫付运杂费4 000元，以银行存款付清。合同中约定的现金折扣付款条件为（1/10，0.5/20，*n*/30），假定计算现金折扣时不考虑增值税额。

（1）在赊销业务成立时，根据增值税专用发票、银行托收凭证回单联，支付运费支票的回单等编制记账凭证，编制会计分录

（2）若天欣公司在10天内付款

（3）若天欣公司在20天内付款

（4）若天欣公司在30天内付款

分析：（1）在赊销业务成立时，根据增值税专用发票、银行托收凭证回单联，支付运费支票的回单等编制记账凭证，作会计分录如下：

借：应收账款——成都大邑天欣公司　　2 264 000

　贷：主营业务收入　　2 000 000

　　应交税费——应交增值税（销项税额）　　260 000

　　银行存款　　4 000

（2）若天欣公司在10天内付款，根据有关凭证作会计分录如下：

借：银行存款　　2 244 000

　财务费用　　20 000

　贷：应收账款——成都大邑天欣公司　　2 264 000

（3）若天欣公司在20天内付款，根据有关凭证作会计分录如下：

借：银行存款　　2 254 000

　财务费用　　10 000

　贷：应收账款——成都大邑天欣公司　　2 264 000

（4）若天欣公司在30天内付款，则不应给予现金折扣。根据有关凭证，作会计分录如下：

借：银行存款　　2 264 000

　贷：应收账款——成都大邑天欣公司　　2 264 000

3. 根据合同约定预付货款、购入货物、补付余款

案例2-7：2019年9月20日，长江工业制造公司向成都双流龙华公司采购原材料一批，根据合同约定，长江公司向龙华公司预付购货款200 000元；2019年9月26日，长江公司收到龙华公司发来的原材料及发票，注明：价款820 000元，增值税税额106 600元，材料于当日验收入库；2019年10月9日，长江公司向龙华公司支付余款726 600元。

（1）2019年9月20日，长江公司向龙华公司预付购货款：

借：预付账款——成都双流龙华公司　　200 000

　贷：银行存款　　200 000

（2）2019年9月26日，长江公司收到龙华公司发来的原材料：

借：原材料　　820 000

应交税费——应交增值税（进项税额） 106 600

贷：预付账款——成都双流龙华公司 926 600

（3）2019年10月9日，长江公司向龙华公司补付购货的余款：

借：预付账款——成都双流龙华公司 726 600

贷：银行存款 726 600

4. 坏账准备的计提以及坏账损失的确认

案例2-8：长江工业制造公司为生产小型电工工具的加工企业：

（1）2017年年初"坏账准备"科目贷方余额为97 000元，当年未发生坏账损失。当年年末，应收款项余额为8 690 000元。经减值测试，应收款项估计能为企业带来未来现金流量现值为8 564 000元。

（2）2018年5月，长江公司应收成都双流太升公司货款92 300元因故不能收回，经批准确认为坏账损失。年末应收款项余额为10 700 000元。经减值测试，应收款项估计能为企业带来未来现金流量现值为10 565 000元。

（3）2019年8月26日，长江公司收到成都启明星商贸公司支付的货款93 800元。该款项本公司原已将其确认为坏账损失。年末应收款项余额为10 960 000元。经减值测试，应收款项估计能为企业带来未来现金流量现值为10 813 000元。

分析：（1）2017年年末：

借：信用减值损失 29 000

贷：坏账准备 29 000

（说明：2017年年末应收款项减值额为8 690 000 - 8 564 000 = 126 000（元）；"坏账准备"账户原余额为97 000元，应补提坏账准备额126 000 - 97 000 = 29 000元。）

（2）2018年5月，根据坏账审批程序以及公司决议，编制记账凭证，作会计分录如下：

借：坏账准备 92 300

贷：应收账款——成都双流太升公司 92 300

2018年年末：根据公司决议、应收款项减值损失计算表，编制转账凭证，作会计分录如下：

借：信用减值损失 101 300

贷：坏账准备 101 300

（说明：2018年年末应收款项减值额10 700 000 - 10 565 000 = 135 000（元）；年末应计提的"坏账准备"为：135 000 - （126 000 - 92 300） = 101 300元。）

（3）2019年8月26日，原已核销的坏账又收回：

借：银行存款 93 800

贷：坏账准备 93 800

2019年年末：根据公司决议、应收款项减值损失计算表，编制转账凭证，作会计分录如下：

借：坏账准备　　　　　　　　　　　　　　　　81 800

　　贷：信用减值损失　　　　　　　　　　　　　　81 800

（说明：2019年年末应收款项减值10 960 000 - 10 813 000 = 147 000（元）；年末应计提的“坏账准备”为：147 000 - （135 000 + 93 800） = -81 800元。）

情境演练2-1

成都盛天露有限责任公司为增值税一般纳税人，增值税税率13%，2019年5月至9月发生如下经济业务：

业务1： 5月2日，赊销产品一批给甲企业，货款840 000元，增值税109 200元，另公司以银行存款1 200元代购货方垫付运费，已一并向银行办妥托收手续。5月6日，接银行通知，上述托收的款项已全部收妥入账。

业务2： 5月8日，赊销产品2 000件给甲企业，按价目表标明的单位售价为1 000元，由于甲企业购买量大，公司给予客户10%的商业折扣，开出增值税专用发票。

业务3： 5月9日销售一批产品给乙企业，货款总额为1 000 000元，增值税130 000元。公司为乙企业垫付运杂费3 000元，以银行存款付清。合同中约定的现金折扣付款条件为（1/10，0.5/20，n/30），假定计算现金折扣时不考虑增值税额。

思考：

（1）若5月18日收到款项，如何处理；

（2）若5月28日收到款项，如何处理；

（3）若6月7日收到款项，如何处理。

业务4： 6月10日，向天宝公司销售产品一批，价款400 000元，增值税为52 000元。双方商定以商业汇票结算。收到天宝公司交来的已承兑商业汇票一张，面值452 000元，期限5个月。

业务5： 6月13日，收到名山公司交来的商业承兑汇票一张，面值为565 000元，期限为3个月，用以抵偿前欠本公司货款500 000元和增值税65 000元。

业务6： 9月13日，名山公司商业汇票到期，如数收到票款存入银行。

业务7： 9月16日，公司持有的一张面值为300 000元的商业承兑汇票到期，但付款人鑫远公司银行账户无款支付，票据由托收银行退回。

业务8：9月20日，公司将持有的一张三个月期限、面值936 000元的不带息商业承兑汇票向银行办理贴现。该票据出票日2019年7月18日，到期日2019年10月18日。银行规定贴现率为7.2%。贴现协议中明确，假设票据到期，银行不能按时向债务人收取款项，成都盛天露公司不负有还款责任。

业务9：9月21日，公司按购货合同规定开出转账支票，预付东方公司购买材料款200 000元。9月26日，公司收到东方公司发来的原材料并取得增值税专用发票。发票中注明货款500 000元，增值税65 000元，材料已如数验收入库。9月29日，以银行存款补付东方公司货款365 000元。

业务10：2017年至2019年成都盛天露公司与应收款项减值相关的资料如下：

（1）2017年年初“坏账准备”科目贷方余额为120 000元，当年年末，应收款项余额为9 200 000元。经减值测试，应收款项估计能为企业带来未来现金流量现值为9 050 000元。

（2）2018年6月，成都盛天露公司应收龙泉光华公司的货款86 000元因故不能收回，经批准确认为坏账损失。年末应收款项余额为11 000 000元。经减值测试，应收款项估计能为企业带来未来现金流量现值为10 830 000元。

（3）2019年9月20日收到成都天天商贸公司支付的货款95 000元。该款项本公司原已将其确认为坏账损失。年末应收款项余额为11 840 000元。经减值测试，应收款项估计能为企业带来未来现金流量现值为11 655 000元。

要求：（1）查找资料，了解上述业务完成的过程以及涉及的部门；

（2）确认上述业务发生或完成时应取得的单据；

（3）编制上述业务的会计分录。

学习子情境二 购销业务债务的核算

科目设置

（1）“应付票据”科目：属于负债类，核算企业购买材料、商品和接受劳务供应等开出、承兑的商业汇票，包括银行承兑汇票和商业承兑汇票，可按债权人进行明细核算。为了详细反映应付票据的有关情况，企业还应设置“应付票据备查簿”，详细登记商业汇票的种类、号数、出票日期、到期日、票面金额、交易合同号和收款人姓名或单位名称以及付款日期和金额等资料。应付票据到期结清时，在备查簿中应予注销。本科目期末贷方余额，反映企业尚未到期的商业汇票的票面金额。

(2)“应付账款”科目：属于负债类，核算企业因购买材料、商品和接受劳务等经营活动应支付的款项。按债权人设置应付账款明细账，进行明细核算。本科目期末贷方余额，反映企业尚未支付的应付账款余额。

(3)“预收账款”科目：属于负债类，核算企业按合同规定预收的款项。按购货单位设置预收账款明细账，进行明细分类核算。本科目期末余额在贷方，反映企业预收的款项；如果期末余额在借方，反映企业应收的货款（即应由购货单位补付的货款）。在预收账款业务不多的企业，可以不设置本科目，将预收的账款直接记入“应收账款”科目。

■ 核算内容

一、购销业务债务的内容

（一）应付账款

应付账款是指企业因购买材料、商品或接受劳务供应等经营活动应支付的款项。这是一种最常见、最普遍的负债，主要是由于企业取得物资与支付货款在时间上的不一致而产生的负债。应付账款与应付票据不同，虽然两者都是由于交易而引起的负债，都属于流动负债，但应付账款属于尚未结清的债务，而应付票据是一种延期付款的证明，以承诺付款的票据为依据。

（二）应付票据

应付票据是指企业购买材料、商品和接受劳务供应等而开出、承兑的商业汇票，包括商业承兑汇票和银行承兑汇票。商业汇票按是否带息，分为不带息商业汇票和带息商业汇票两种。带息商业汇票有确定的票面利率，票据到期时，除应支付票据金额外，还应按票面利率计算支付利息。

（三）预收账款

预收账款是指企业按照合同规定向购货单位预收的款项。与应付账款不同，预收账款所形成的负债不是以货币偿付，而是以货物偿付。

二、购销业务债务的确认和计量

（一）应付账款的确认和计量

1. 应付账款的确认

从理论上讲，应付账款入账时间的确定，应以与所购买物资所有权有关的风险和报酬已经转移或劳务已经接受为标志。但在实际工作中，应区别情况处理：

（1）在货物与发票账单同时到达的情况下，应付账款一般应待货物验收入库后，才按发票账单等登记入账。这主要是为了确认所购货物的品种、数量及质量是否与合同条款相符，以免因先入账而在验收入库时发现购入物资错、漏、破损等问题再进行调账的情况。

（2）在货物与发票账单非同时到达，且两者间隔较长时间的情况下，应付账款的入账时间以收到发票账单为准。但对于货物已到，发票账单在月末仍未到达的情况，为了在资产负债表上客观反映企业所拥有的资产和承担的债务，月末编制资产负债表时，企业应将所购货物和应付账款估价入账。

2. 应付账款的计量

应付账款一般按未来应付金额入账，在购货存在现金折扣的情况下，应付账款入账金额的确定分为总价法和净价法两种，我国会计实务一般采用总价法，即按发票上记载的应付金额的总值（不扣除折扣）记账，获得的现金折扣，冲减财务费用。

（二）应付票据的确认和计量

1. 应付票据的确认

购货企业应当在办妥采购业务并开出承兑的商业汇票时确认应付票据。

2. 应付票据的计量

无论是不带息票据还是带息票据，均应按业务发生时的金额即票面价值入账。

票据到期时，如果企业无力支付票据款，则应根据不同情况进行处理：

（1）若企业采用商业承兑汇票进行结算，企业即为承兑人，也就是付款人，银行将把商业承兑汇票退还给收款人，由收付款双方协商解决。由于商业承兑汇票已经失效，企业应将应付票据款转为应付账款，应付的利息也应计入应付账款，借记“应付票据”“应付利息”“财务费用”科目，贷记“应付账款”科目。需要注意的是，到期不能支付的带息应付票据，转入“应付账款”后，期末不再计提应付利息。

（2）若采用银行承兑汇票进行结算，承兑人为承兑银行，承兑银行将代为支付票据款，并将其转为对企业的逾期贷款。由于商业汇票已经失效，企业应将应付票据款转为短期借款，应付的利息也应计入短期借款，借记“应付票据”“应付利息”“财务费用”等科目，贷记“短期借款”科目。企业支付的罚息，应计入财务费用。

（三）预收账款应当按实际发生额入账

典型案例

1. 开具商业汇票、支付票据款

案例 2-9：长江工业制造公司 2019 年 5 月 1 日，从重庆新世纪公司购入原材料一批，价款 3 000 000 元，增值税进项税额为 390 000 元，当日开具一张面值为 3 390 000 元、期限为 4 个月的不带息商业承兑汇票，材料已验收入库。

（1）2019 年 5 月 1 日购入材料时：

借：原材料	3 000 000	
应交税费——应交增值税（进项税额）	390 000	
贷：应付票据——新世纪公司		3 390 000

（2）2019 年 9 月 1 日票据到期付款：

借：应付票据——新世纪公司	3 390 000	
贷：银行存款		3 390 000

2. 购买货物确认应付账款、支付应付账款业务

案例 2-10：长江工业制造公司 2019 年 5 月 8 日从重庆顺达公司购入原材料一批，价款 430 000 元，增值税额 55 900 元，材料于当日验收入库；合同约定的付款条件为 1/10、0.5/30、*n*/60。假定计算现金折扣时不涉及增值税。

（1）5 月 8 日购入材料时：

借：原材料	430 000	
应交税费——应交增值税（进项税额）	55 900	
贷：应付账款——重庆顺达公司		485 900

（2）假定长江公司 5 月 17 日支付货款：

借：应付账款——重庆顺达公司	485 900	
贷：银行存款		481 600
财务费用		4 300

（3）假定长江公司 6 月 6 日付款：

借：应付账款——重庆顺达公司	485 900	
贷：银行存款		483 750
财务费用		2 150

（4）假定长江公司 7 月 6 日付款：

借：应付账款——重庆顺达公司	485 900	
贷：银行存款		485 900

3. 向购货方预收货款、发出货物确认销售收入以及补收余款业务

案例 2-11：2019 年 5 月 16 日，长江工业制造公司与都江堰永兴贸

易公司签订产品销售合同，根据合同约定，长江公司向永兴公司销售产品一批，永兴公司应向长江公司预付购货款150 000元，长江公司在收到预付款后发货；2019年5月24日，长江公司收到永兴公司的预付款150 000元；2019年5月28日，长江公司向永兴公司发出商品并开具增值税专用发票，注明价款600 000元，增值税额78 000元。2019年6月13日，长江公司收到永兴公司补付的货款528 000元。

（1）2019年5月16日签订合同时：不进行账务处理。

（2）长江公司2019年5月24日收到预付款时：

借：银行存款　　150 000

　　贷：预收账款——都江堰永兴公司　　150 000

（3）长江公司2019年5月28日发出产品时：

借：预收账款——都江堰永兴公司　　678 000

　　贷：主营业务收入　　600 000

　　　　应交税费——应交增值税（销项税额）　　78 000

（4）长江公司2019年6月13日收到永兴公司补付的货款：

借：银行存款　　528 000

　　贷：预收账款——都江堰永兴公司　　528 000

情境演练2-2

2019年5月至11月成都盛天露有限责任公司发生如下经济业务：

业务1：5月3日，成都盛天露有限公司从阿坝建新林业公司购入原材料一批，专用发票上注明的价款800 000元，增值税为104 000元，购销合同规定采用商业汇票结算。成都盛天露有限公司开出并承兑一张面值为904 000元、期限为4个月的商业承兑汇票给建新公司，材料已验收入库。

（1）成都盛天露有限公司开出并承兑商业汇票时；

（2）票据到期付款时；

（3）若票据到期企业无力支付。

业务2：5月5日，从甘孜天逸林业公司购入价值1 000 000元的原材料（圆木），增值税进项税额为130 000元，同时出具一张面值为1 130 000元、期限为5个月的不带息商业承兑汇票，材料已验收入库。

（1）购入材料时；

（2）9月30日票据到期付款时；

（3）9月30日票据到期，若企业无力支付票款。

业务3：成都盛天露有限公司5月12日从甘孜天逸林业公司购入原材料一批，价款600 000元，增值税税率13%，商品当日验收入库；付款条件为2/10、1/30、n/60。假定计算现金折扣时不涉及增值税。

（1）5 月 12 日购入材料时；

（2）5 月 20 日付款时。

业务 4： 成都盛天露有限公司 7 月 15 日，接受龙泉长城贸易公司一批订货，按合同规定，货款金额为 500 000 元，预计 3 个月完成。订货方预付货款 40%，另 60% 待完工发货后再支付。该货物的增值税税率为 13%。

（1）收到预付的货款时；

（2）3 个月后产品完工并发出时；

（3）收到订货单位补付的货款时。

要求：（1）查找资料，了解上述业务完成的过程以及涉及的部门；

（2）确认上述业务发生或完成时应取得的单据；

（3）编制上述业务的会计分录。

学习子情境三
其他债权债务的核算

☞ 科目设置

（1）“其他应收款”科目：属于流动资产类，核算企业除应收票据、应收账款、预付账款、应收股利、应收利息、长期应收款等以外的其他各种应收及暂付款项。可按对方单位（或个人）设置其他应收款明细账，进行明细分类核算。本科目期末借方余额，反映企业尚未收回的其他应收款项。

（2）“其他应付款”科目：属于流动负债类，核算企业除应付票据、应付账款、预收账款、应付职工薪酬、应付股利、应付利息、应缴税费、长期应付款等以外的其他各种应收及暂付款项。本科目可按其他应付款的项目和对方单位（或个人）设置明细账，进行明细分类核算。本科目期末贷方余额，反映企业应付未付的其他应付款项。

核算内容

一、其他债权债务的主要内容

（一）其他应收款

其他应收款是指企业除应收账款、应收票据、预付账款及长期应收款等以外的其他各种应收暂付款项。

(二) 其他应付款

其他应付款是指企业除应付票据、应付账款、预收账款、应付职工薪酬、应交税费、应付利息、应付股利等经营活动以外的其他各项应付、暂收的款项。

二、其他债权债务的确认和计量

(一) 其他应收款

1. 其他应收款的核算内容

其他应收款包括不设置“备用金”账户的企业拨出的备用金、应收的各种赔款与罚款、应向职工收取的各种垫付款项，以及已不符合预付账款性质而按规定转入的预付账款等。具体包括：①应收的各种赔款、罚款；②应收出租包装物、出租固定资产的租金；③应向职工收取的各种垫付款项；④备用金；⑤存出保证金，如租入包装物支付的押金；⑥其他各种应收、暂付款项。

(二) 其他应付款

1. 其他应付款的核算内容

主要包括：①应付租入包装物租金；②应付短期租赁固定资产租金；③存入保证金；④收取的各种押金；⑤应付各种赔款、罚款；⑥其他各项应付、暂收的款项。

典型案例

1. 确认应收取的固定资产出租的租金、收到款项

案例2-12：长江工业制造公司2019年4月1日，将企业的生产设备一台出租给成都佳佳食品公司，租赁期9个月，月租金8 000元，租金按月支付，每月中旬支付上个月的租金额，不考虑相关税费。

(1) 4月末确认应收取的租金额：

借：其他应收款——成都佳佳食品公司　　8 000

　　贷：其他业务收入　　8 000

(2) 5月12日收到租金额8 000元：

借：银行存款　　8 000

　　贷：其他应收款——成都佳佳食品公司　　8 000

2. 备用金

案例2-13：

(1) 2019年7月1日，长江工业制造公司对总务部实行定额备用金制度，首次核定的定额为30 000元，以现金付讫。

借：其他应收款——总务部　　30 000

　　贷：库存现金　　30 000

(2) 当月末总务部凭单据报销备用金5 000元。

借：管理费用　　　　　　　　　　　　　　　　5 000

　贷：库存现金　　　　　　　　　　　　　　　　5 000

3. 确认应支付的赔款、支付款项

案例 2－14：2019 年 5 月 13 日长江工业制造公司，因一项对外销售产品合同未能按期发货给购货方成都启明星贸易公司造成一定经济损失，经双方协商，长江公司同意按合同约定向对方支付违约金 100 000 元，6 月 30 日支付。

（1）5 月 13 日确认应支付的赔款：

借：营业外支出　　　　　　　　　　　　　　100 000

　贷：其他应付款——成都启明星贸易公司　　　　100 000

（2）6 月 30 日用银行存款支付赔款：

借：其他应付款——成都启明星贸易公司　　　100 000

　贷：银行存款　　　　　　　　　　　　　　　100 000

情境演练 2－3

2019 年 10 月，成都盛天露有限责任公司发生如下经济业务：

业务 1：3 日，公司以现金 900 元支付向胜利公司借入包装物的押金。

业务 2：6 日，公司盘亏的甲材料 8 500 元，经公司办公会讨论确定，由材料库房管理人员职工刘勇因管理不善而承担赔偿责任 2 000 元，其余作为企业的一般损失处理。公司尚未收到赔款。假定不考虑相关税费。

业务 3：12 日，经公司办公会议决定，应收乐山泰华公司的赔款 30 000 元因确实无法收回，现批准作为坏账损失处理。

业务 4：30 日，公司本月末确认向海澜公司短期租赁租入生产设备本月应支付的租金 6 400 元。

业务 5：30 日，用基本户存款支付天天公司违约金 50 000 元。该违约金上月末已确认。

要求：（1）查找资料，了解上述业务完成的过程以及涉及的部门；

（2）确认上述业务发生或完成时应取得的单据；

（3）编制上述业务的会计分录。

知识拓展

一、往来业务核算流程

1. 应收账款业务流程（如图 2－1 所示）

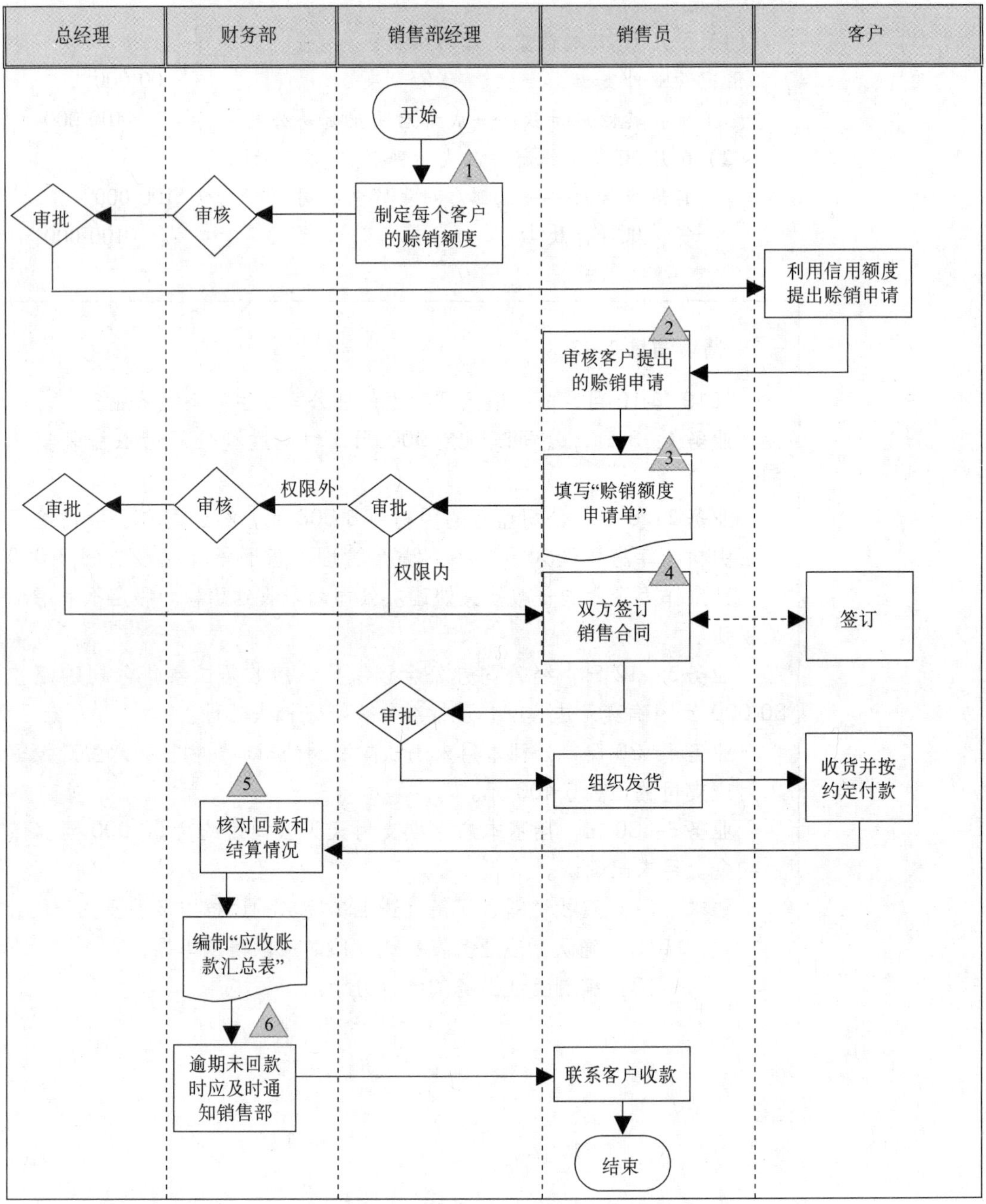

图 2－1　应收账款业务流程图

2. 应付账款业务流程（如图 2－2 所示）

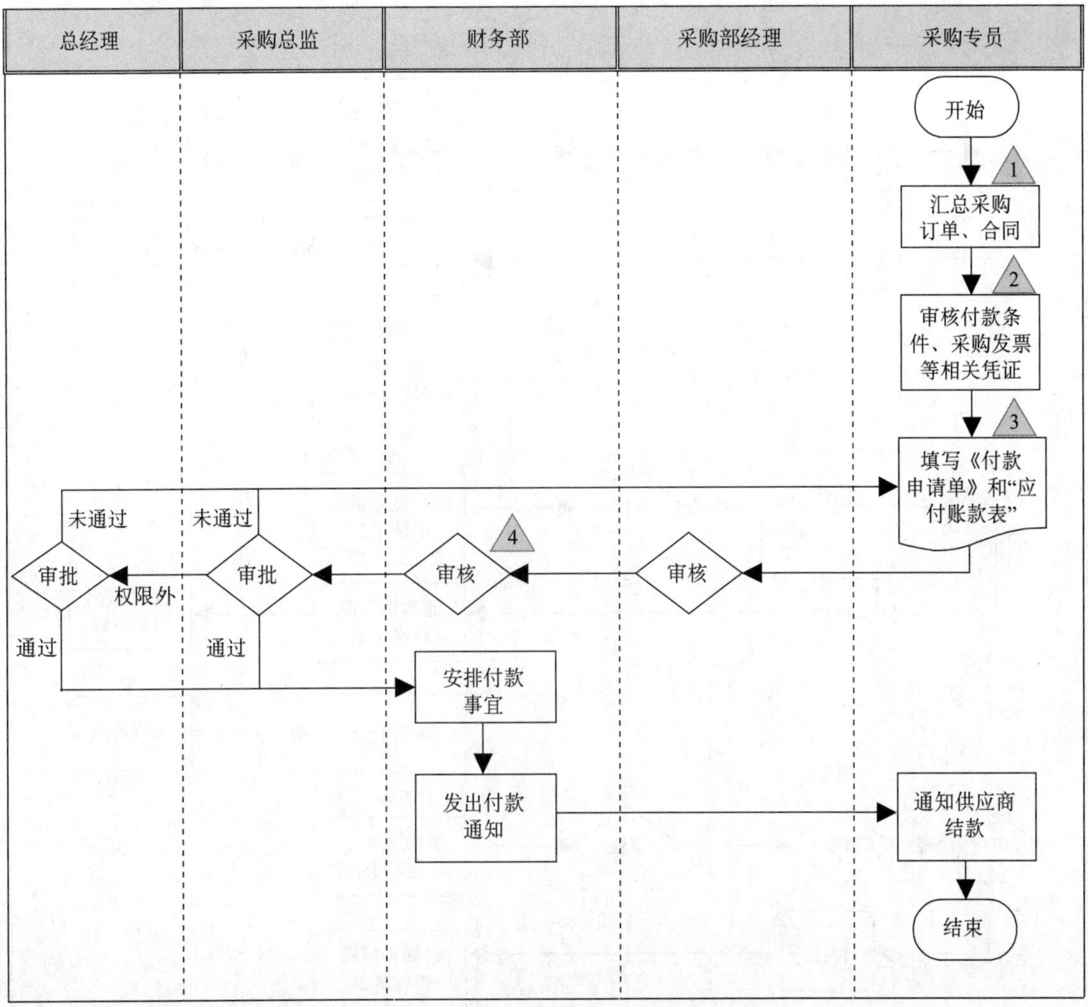

图 2－2　应付账款业务流程图

3. 预付账款业务流程（如图 2－3 所示）

二、内部管理制度

（一）应收款项核算岗位职责

会同销售部门制定销售策略、销售信用政策、货款催收制度、坏账核销制度；分析销售业务涉及的原始凭证；根据审核无误的原始凭证及时填制记账凭证；依据审核无误的记账凭证登记应收账款、应收票据明细账；配合审核人员做好总账与明细账的对账工作；配合报表编制人员编制会计报表；参与销售业务分析报告的撰写。

（二）应收账款的内部控制制度

企业应当对应收账款进行有效管理，及时催收；往来款项应当定期核对，如有差

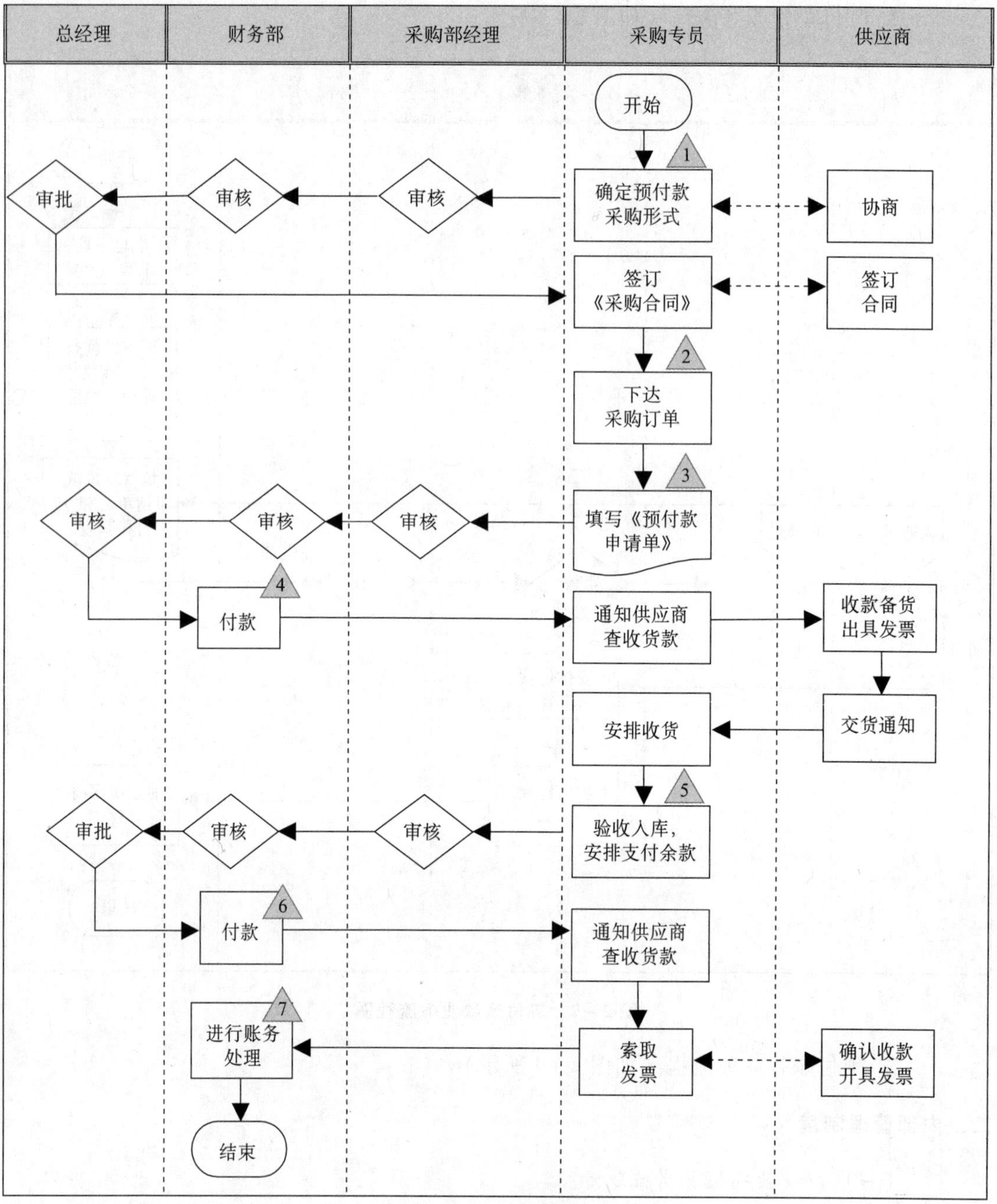

图2－3 预付账款业务流程图

错，及时改正。建立完善而有效的应收账款内部控制制度，是加强应收账款管理的具体措施之一。

（1）建立明确的职责分工制度。为了确保企业应收账款业务的可靠性与合法性，企业应建立明确的职责分工制度，按各相关业务环节进行明确的分工，加强内部控制，防止各种舞弊行为的发生。比如，负责现金收款的人员、编制应收账款余额核对表的人员，必须同负责登记应收账款的人员情境分离；应收账款总账和明细账的登记应由不同人员分别负责。并由独立于记录应收账款的其他人员定期核对应收账款总账和明细账余额；由信贷部门人员定期编制应收账款账龄分析表等等。

（2）严格控制应收账款业务。在明确职责分工的前提下，应收账款的登记必须有专人负责，应收账款的记录必须以经销售部门核准的销售发票和发运单等原始凭证为依据。

（3）建立应收账款的定期清理、催收制度。企业应当建立应收账款账龄分析制度和逾期应收账款的催收制度。销售部门应当负债应收账款的催收，催收记录（包括往来函电）应妥善保存，财会部门应当督促销售部门加紧催收。对催收无效的应收账款可通过法律途径解决。应收账款应分类管理，针对不同性质的应收款项，采用不同方法和程序。应严格区分并明确收款责任，建立科学合理的清收管理制度以及责任追究和处罚制度，保证企业营运资金的周转效率。

（4）建立严格的批准、审核制度。对于坏账损失的确认，应收账款的冲销，以及销售折扣与折让的给予等，必须经多企业专门指定的人员签字批准、审核后方能处理。坏账损失的处理必须经过必要的审批程序，并且按照规定完善列账批复手续。

（三）应付款项核算岗位职责

会同物资采购部门制定材料物资采购制度、货款支付审批制度；分析购货业务涉及的原始凭证；根据审核无误的原始凭证及时填制记账凭证；依据审核无误的记账凭证登记应付账款、应付票据明细账；配合审核人员做好总账与明细账的对账工作；配合报表编制人员编制会计报表；参与采购业务分析报告的撰写。

（四）应付账款的内部控制制度

（1）财会部门应当参与商定对供应商付款的条件。

（2）企业采购部门在办理付款业务时，应当对采购合同协议约定的付款条件以及采购发票、结算凭证、检验报告、计量报告和验收证明等相关凭证的真实性、完整性、合法性以及合规性进行严格审核，并提交付款申请。

（3）财会部门依据合同协议、发票等对付款申请进行复核后，提交企业相关权限的机构或人员进行审批，办理付款。

（4）企业应当加强应付账款和应付票据的管理，由专人按照约定的付款日期、折扣条件等管理应付款项，既为企业合理使用资金，又为企业树立良好信誉。

（5）企业收取的预收款，合同协议中通常明确了具体的交货数量及交货时间，企业应当指派专人负责管理预收款，按时保质保量提供和发运货物，避免违约而造成的额外损失。

三、参考答案

【情境演练 2－1】

业务1：（1）借：应收账款——甲企业　　950 400

　　　　贷：主营业务收入　　840 000

应交税费——应交增值税（销项税额） 109 200

银行存款 1 200

（2）借：银行存款 950 400

贷：应收账款——甲企业 950 400

业务2：借：应收账款——甲企业 2 034 000

贷：主营业务收入 1 800 000

应交税费——应交增值税（销项税额） 234 000

业务3：（1）借：应收账款——乙企业 1 133 000

贷：主营业务收入 1 000 000

应交税费——应交增值税（销项税额） 130 000

银行存款 3 000

（2）借：银行存款 1 123 000

财务费用 10 000

贷：应收账款——乙企业 1 133 000

（3）借：银行存款 1 128 000

财务费用 5 000

贷：应收账款——乙企业 1 133 000

（4）借：银行存款 1 133 000

贷：应收账款——乙企业 1 133 000

业务4：借：应收票据——天宝公司 452 000

贷：主营业务收入 400 000

应交税费——应交增值税（销项税额） 52 000

业务5：借：应收票据——名山公司 565 000

贷：应收账款——名山公司 565 000

业务6：借：银行存款 565 000

贷：应收票据——名山公司 565 000

业务7：借：应收账款——鑫远公司 300 000

贷：应收票据——鑫远公司 300 000

业务8：贴现天数 = 28（天）

贴现息 = 936 000 × 7.2% × 28/360 = 5 241.6（元）

贴现金额 = 936 000 − 5 241.6 = 930 758.40（元）

借：银行存款 930 758.4

财务费用 5 241.6

贷：应收票据 936 000

业务9：（1）借：预付账款——东方公司 200 000

贷：银行存款 200 000

（2）借：原材料 500 000

应交税费——应交增值税（进项税额） 65 000

贷：预付账款——东方公司 565 000

（3）借：预付账款——东方公司　365 000
　　贷：银行存款　365 000

业务10：（1）借：信用减值损失　30 000
　　贷：坏账准备　30 000

（2）2018年6月，确认坏账

借：坏账准备　86 000
　　贷：应收账款——龙泉华光公司　86 000

2018年年末，应计提坏账

借：信用减值损失　106 000
　　贷：坏账准备　106 000

【说明：2018年末应提坏账（11 000 000 - 10 830 000） - 150 000 + 86 000 = 106 000】

（3）2019年9月20日收回已核销的坏账

借：应收账款——天天商贸公司　95 000
　　贷：坏账准备　95 000

借：银行存款　95 000
　　贷：应收账款——天天商贸公司　95 000

2019年年末，计提坏账

借：坏账准备　80 000
　　贷：信用减值损失　80 000

【说明：（11 840 000 - 11 655 000） - 170 000 - 95 000 = - 80 000】

【情境演练2-2】

业务1：（1）借：原材料　800 000
　　应交税费——应交增值税（进项税额）　104 000
　　贷：应付票据——建新林业公司　904 000

（2）借：应付票据——建新林业公司　904 000
　　贷：银行存款　904 000

（3）借：应付票据——建新林业公司　904 000
　　贷：应付账款——建新林业公司　904 000

业务2：（1）借：原材料　1 000 000
　　应交税费——应交增值税（进项税额）　130 000
　　贷：应付票据——天逸林业公司　1 130 000

（2）借：应付票据——天逸林业公司　1 130 000
　　贷：银行存款　1 130 000

（3）借：应付票据——天逸林业公司　1 130 000
　　贷：应付账款——天逸林业公司　1 130 000

业务3：（1）借：原材料　600 000
　　应交税费——应交增值税（进项税额）　78 000
　　贷：应付账款——天逸林业公司　678 000

（2）借：应付账款——天逸林业公司　678 000

		贷：银行存款		666 000
		财务费用		12 000
业务4：(1)	借：	银行存款	200 000	
		贷：预收账款——龙泉长城贸易公司		200 000
(2)	借：	预收账款——龙泉长城贸易公司	565 000	
		贷：主营业务收入		500 000
		应交税费——应交增值税（销项税额）		65 000
(3)	借：	银行存款	365 000	
		贷：预收账款——龙泉长城贸易公司		365 000

【情境演练2-3】

业务1：	借：	其他应收款——胜利公司	900	
		贷：库存现金		900
业务2：(1)	借：	待处理财产损溢——待处理流动资产损溢	8 500	
		贷：原材料——甲材料		8 500
(2)	借：	其他应收款——刘勇	2 000	
		管理费用	6 500	
		贷：待处理财产损溢——待处理流动资产损溢		8 500
业务3：	借：	坏账准备	30 000	
		贷：其他应收款——泰华公司		30 000
业务4：	借：	制造费用	6 400	
		贷：其他应付款——海澜公司		6 400
业务5：	借：	其他应付款——天天公司	50 000	
		贷：银行存款		50 000

3 学习情境三 存货的核算

情境学习目标

- 能掌握存货的定义及内容；
- 能掌握存货初始计量、后续计量的计算；
- 能对存货的盘亏、盘盈进行会计处理；
- 能对存货进行期末计量；
- 能掌握原材料计划成本核算；
- 能掌握委托加工物资核算；
- 能掌握周转材料和库存商品的核算；
- 能完成存货总账、明细账的建立；
- 能完成存货账簿的登记；
- 能了解存货账务处理结果提供的会计信息。

情境关键术语

- 存货、原材料、委托加工物资、周转材料、库存商品
- 计划成本、材料成本差异
- 存货跌价准备

情境有关参考资料

- 《企业会计准则第1号——存货》
- 《初级会计实务》——全国会计专业技术初级资格考试辅导用书

学习子情境一
原材料的核算

知识准备

一、存货的确认

（一）存货的定义

存货，是指企业在日常活动中持有以备出售的产成品或商品、处在生产过程中的在产品、在生产过程或提供劳务过程中耗用的材料和物料等。存货区别于固定资产等非流动资产的最基本的特征是，企业持有存货的最终的目的是为了出售，不论是可供直接销售，如企业的产成品、商品等；还是需经过进一步加工后才能出售，如原材料等。

（二）存货的确认

存货同时满足下列条件的，才能予以确认：

（1）符合存货的定义；

（2）与该存货有关的经济利益很可能流入企业；

（3）该存货的成本能够可靠地计量。

二、存货的内容

（1）原材料，是指企业在生产过程中经加工改变其形态或性质并构成产品主要实体的各种原料及主要材料、辅助材料、燃料、修理备用件（备品备件）、包装材料、外购半成品（外购件）等。

（2）在产品，是指企业正在制造尚未完工的生产物，包括正在各个生产工序加工的产品和已加工完毕但尚未检验或已检验但尚未办理入库手续的产品。

（3）半成品，是指经过一定生产过程并已检验合格交付半成品仓库保管，但尚未制造完工成为产成品，仍需进一步加工的中间产品。

（4）产成品，是指工业企业已经完成全部生产过程并已验收入库，可以按照合同规定的条件送交订货单位，或者可以作为商品对外销售的产品。企业接受来料加工制造的代制品和为外单位加工修理的代修品，制造和修理完成验收入库后，应视同企业的产成品。

（5）商品，是指商品流通企业外购或委托加工完成验收入库用于销售的各种商品。

（6）包装物，是指为了包装本企业的商品而储备的各种包装容器，如桶、箱、瓶、坛、袋等。其主要作用是盛装、装潢产品或商品。

(7) 低值易耗品，是指不能作为固定资产核算的各种用具物品，如工具、管理用具、玻璃器皿、劳动保护用品，以及在经营过程中周转使用的容器等。其特点是单位价值较低，或使用期限相对于固定资产较短，在使用过程中保持其原有实物形态基本不变。

(8) 委托代销商品，是指企业委托其他单位代销的商品。

三、存货的计量

（一）存货的初始计量

存货应当以其实际成本入账。对于采购存货，存货成本包括采购成本、加工成本和其他成本。

1. 存货的采购成本

一般包括采购价格、进口关税和其他税金、运输费、装卸费、保险费以及其他可归属于存货采购成本的费用。其中：

(1) 采购价格，是指企业购入的材料或商品的发票账单上列明的价款，但不包括按规定可以抵扣的增值税进项税额。

(2) 其他税金，是指企业购买、自制或委托加工存货发生的消费税、资源税和不能从销项税额中抵扣的增值税进项税额等。

(3) 其他可归属于存货采购成本的费用，是指采购成本中除上述各项以外的可直接归属于存货采购成本的费用，如在存货采购过程中发生的仓储费、包装费、运输途中的合理损耗、入库前的挑选整理费用等。这些费用能分清负担对象的，应直接计入存货的采购成本；不能分清负担对象的，应选择合理的分配方法，分配计入有关存货的采购成本。分配方法通常包括按所购存货的数量或采购价格比例进行分配。

(4) 商品流通企业采购商品过程中发生的运输费、装卸费、保险费以及其他可归属于存货采购成本的费用等进货费用，应当计入存货采购成本，也可以先进行归集，期末再进行分摊，对于已售商品的进货费用计入当期主营业务成本，对于未售商品的进货费用计入期末存货成本，如果金额较小也可以直接计入当期的销售费用。

2. 存货的加工成本

是指在存货的加工过程中发生的追加费用，包括直接人工以及按照一定方法分配的制造费用。由于加工成本实质是企业在进一步加工存货的过程中追加发生的生产成本，因此，不包括直接由材料存货转移来的价值。

加工成本 = 直接人工 + 制造费用

3. 存货的其他成本

是指除采购成本、加工成本以外的，使存货达到目前场所和状态所发生的其他支出。企业设计产品发生的设计费用通常应计入当期损益，但是为特定客户设计产品所发生的、可直接确定的设计费用应计入存货的成本。

但是，下列项目不能计入存货的成本：

(1) 非正常消耗的直接材料、直接人工及制造费用应计入当期损益，不得计入存货成本。例如，企业超定额的废品损失以及由自然灾害而发生的直接材料、直接人工及制造费用，由于这些费用的发生无助于使该存货达到目前场所和状态，不应计入存货成本，而应计入当期损益。

(2) 仓储费用指企业在采购入库后发生的储存费用，应计入当期损益。但是，在生产过程中为达到下一个生产阶段所必需的仓储费用则应计入存货成本。例如，某种酒类产品生产企业为使生产的酒达到规定的产品质量标准，而必须发生的仓储费用，就应计入酒的成本，而不是计入当期损益。

(3) 不能归属于使存货达到目前场所和状态的其他支出不符合存货的定义和确认条件，应在发生时计入当期损益，不得计入存货成本。

4. 投资者投入存货的成本

投资者投入存货的成本应当按照投资合同或协议约定的价值确定，但合同或协议约定价值不公允的除外。若约定价值不公允，则应按照该项存货的公允价值作为其入账价值。

5. 盘盈存货的成本

盘盈的存货应按其重置成本作为入账价值。

(二) 存货的后续计量

企业应当根据各类存货的实物流转方式、企业管理的要求、存货的性质等实际情况，合理地选择发出存货成本的计算方法，以合理确定当期发出存货的实际成本。企业在确定发出存货的成本时，可以采用先进先出法、月末一次加权平均法、移动加权平均法和个别计价法四种方法。

1. 先进先出法

先进先出法是以先购入的存货应先发出（销售或耗用）这样一种存货实物流动假设为前提，对发出存货进行计价。采用这种方法，先购入的存货成本在后购入存货成本之前转出，据此确定发出存货和期末存货的成本。在先进先出法下，在物价持续上升时，期末存货成本接近于市价，而发出成本偏低，会高估企业当期利润和库存存货价值；反之，会低估企业存货价值和当期利润。

优点：先进先出法可以随时结转存货发出成本。

缺点：较繁琐，如果存货收发业务较多、且存货单价不稳定时，其工作量较大。

2. 全月一次加权平均法

是指以本月全部进货数量加上月初存货数量作为权数，去除本月全部进货成本加上月初存货成本，计算出存货的加权平均单位成本，以此为基础计算发出存货的成本和期末存货成本的一种方法。

加权平均单位成本 =（月初结存存货成本 + 本月入库存货成本）/（月初结存存货数量 + 本月入库存货数量）

优点：简化成本计算工作。

缺点：平时无法从账簿中查询存货的收发及结存金额，需到月末才能计算出相应的结果，不利于存货成本日常管理与控制。

3. 移动加权平均法

是指每次收到存货以后，以当次进货的成本加上原有库存存货的成本，除以当次进货数量与原有库存存货的数量之和，计算出新的平均单位成本，作为下次进货前计算各次发出存货成本依据的一种方法。

移动加权平均单位成本 =（原有结存存货成本 + 本次入库存货成本）/（原有结存存货数量 + 本次入库入存货数量）

本批发出存货成本 = 本批发出存货数量 × 移动加权平均单位成本

移动加权平均法计算出来的商品成本比较均衡和准确，但计算起来的工作量大，一般适用于经营品种不多、或者前后购进商品的单价相差幅度较大的商品流通类企业。

4. 个别计价法

个别计价法是假设存货的成本流转与实物流转相一致，按照各种存货，逐一辨认各批发出存货和期末存货所属的购进批别或生产批别，分别按其购入或生产时所确定的单位成本作为计算各批发出存货和期末存货成本的方法。又称“个别认定法”“具体辨认法”。

优点：计算发出存货的成本和期末存货的成本比较合理、准确。

缺点：实务操作的工作量繁重，困难较大。适用于容易识别、存货品种数量不多、单位成本较高的存货计价。

对于性质和用途相似的存货，应当采用相同的成本计算方法确定发出存货的成本。对于不能替代使用的存货、为特定项目专门购入或制造的存货以及提供的劳务，通常采用个别计价法确定发出存货的成本。

案例 3－1：南海公司 2020 年 7 月 1 日结存 A 材料 100kg，实际成本 10 元/kg；7 月 10 日和 18 日分别购入该材料 300kg 和 200kg，实际成本分别为 12 元/kg 和 13 元/kg，7 月 13 日厂部领用材料 180kg，7 月 27 日车间领用材料 270kg。按照先进先出法计算发出和结存材料成本。

原材料明细账

材料名称：A 材料

2020 年		摘要	收入			发出			结存		
月	日		数量	单价	金额	数量	单价	金额	数量	单价	金额
7	1	结存							100	10	1 000
	10	购入	300	12	3 600				100 300	10 12	4 600
	13	发出				100 80	10 12	1 960	220	12	2 640
	18	购入	200	13	2 600				220 200	12 13	5 240
	27	发出				220 50	12 13	3 290	150	13	1 950
	31	合计	500		6 200	450		5 250	150	13	1 950

案例3-2：采用案例3-1的资料：采用全月一次加权平均法计算发出和结存材料成本。

A材料平均单位成本=(月初结存金额+本月入库金额)÷(月初结存数量+本月入库数量)=(1 000+3 600+2 600)÷(100+300+200)=12(元/千克)

原材料明细账

材料名称：A材料

2020年		摘要	收入			发出			结存		
月	日		数量	单价	金额	数量	单价	金额	数量	单价	金额
7	1	结存							100	10	1 000
	10	购入	300	12	3 600						
	13	发出				180					
	18	购入	200	13	2 600						
	27	发出				270					
	31	合计	500		6 200	450	12	5 400	150	12	1 800

案例3-3：采用案例3-1的资料：采用移动加权平均法计算发出和结存材料成本。

原材料明细账

材料名称：A材料

2020年		摘要	收入			发出			结存		
月	日		数量	单价	金额	数量	单价	金额	数量	单价	金额
7	1	结存							100	10.00	1 000
	10	购入	300	12	3 600				400	11.50	4 600
	13	发出				180	11.50	2 070	220	11.50	2 530
	18	购入	200	13	2 600				420	12.21	5 130
	27	发出				270	12.21	3 297	150	12.21	1 833
	31	合计	500		6 200	450		5 367	150	12.21	1 833

2020年7月10日：

A材料平均单位成本=(月初结存金额+本次入库金额)÷(月初结存数量+本次入库数量)=(1 000+3 600)÷(100+300)=11.5(元/千克)

2020年7月18日：

A材料平均单位成本=(上次结存金额+本次入库金额)÷(上次结存数量+本次入库数量)=(2 530+2 600)÷(220+200)=12.21(元/千克)

☞ 科目设置

为完成有关存货业务的核算工作，企业应设置“在途物资”科目，该科目属于资产类，核算企业购入尚未入库的存货，借方登记增加，贷方登记减少，余额在借方，可按照材料种类设置明细账。

“应交税费——应交增值税（进项税额）”，负债类账户，核算企业购入存货按照税法规定能够抵扣的增值税额，记入借方。

“材料采购”科目，该科目属于资产类，借方登记采购材料的实际成本，贷方登记入库材料的计划成本。借方大于贷方表示超支，从本科目贷方转入“材料成本差异”科目的借方；贷方大于借方表示节约，从本科目借方转入“材料成本差异”科目的贷方；期末若为借方余额，反映企业（在途）材料的实际成本，可依据材料的类别、品种设置明细账。

“原材料”科目，该科目属于资产类，用于核算库存原材料的收发与结存情况。在材料采用计划成本核算时，本科目的借方登记入库材料的计划成本，贷方登记发出材料的计划成本，期末余额在借方，反映企业库存原材料的计划成本，可依据原材料的类别、品种设置明细账。

“材料成本差异”科目，该科目属于资产类，反映企业已入库各种材料的实际成本与计划成本的差异。借方登记超支差异及发出材料应负担的节约差异，贷方登记节约差异及发出材料应负担的超支差异。期末如为借方余额，反映企业库存材料的实际成本大于计划成本；如为贷方余额，反映企业库存材料的实际成本小于计划成本。

“资产减值损失”科目，该科目属于损益类，是指企业在资产负债表日，经过对资产的测试，判断资产的可收回金额低于其账面价值而计提资产减值损失准备所确认的相应损失。本科目的借方登记资产可收回金额低于其账面价值的差额，贷方登记期末时转入“本年利润”的金额或转回的流动资产减值损失，结转后本科目无余额。

“存货跌价准备”科目，该科目属于资产备抵类，反映核算企业提取的存货跌价准备。在中期期末或年度终了，由于存货遭受毁损、全部或部分陈旧过时或销售价格低于成本等原因，存货成本不可以收回的部分，应按单个存货项目的成本高于其可变现净值的差额提取，并计入存货跌价损失。该科目借方登记转销的存货减值准备，贷方登记计提的存货减值准备，余额在贷方。

“待处理财产损溢”科目，借方登记存货的盘亏、毁损金额及盘盈的转销金额，贷方登记存货的盘盈金额及盘亏的转销金额。

核算内容

一、存货按实际成本计价核算

原材料，是指企业在生产过程中经加工改变其形态或性质并构成产品主要实体的各种原料及主要材料、辅助材料、燃料、修理备用件（备品备件）、包装材料、外购半成品（外购件）等。

按实际成本进行核算，是指从存货（原材料）的收发凭证到明细分类账和总账，均以实际成本来反映存货（原材料）的收、发和结存的情况。在实务中，在核算所有存货类型时都可以采用实际成本。

（一）购入材料

1. 货款已经支付，同时原材料已验收入库

这种情况，应通过“原材料”科目进行核算；材料入库后，根据“收料单”和“增值税专用发票”等单据，借记“原材料”和“应交税费”科目，贷记“银行存款”科目。

2. 货款已经支付或开出商业汇票，外购原材料（存货）尚未到达或尚未验收入库

首先，应当通过“在途物资”进行核算。待材料到达、入库后，再根据收料单，由“在途物资”科目转入“原材料”科目核算。

3. 货款尚未支付，外购存货已经验收入库

若收到银行转来的结算凭证，或者发票账单，款项尚未支付，则确认“应付账款”。

4. 货到单未到

若在月末没有收到发票账单等相关单据，无法确认入库材料实际成本，则期末应当按照暂估价值先入账，但在下月初作相反的会计分录予以冲回，收到发票账单后再按照实际金额记账。即在月末根据暂估价值，借记“原材料”科目，贷记“应付账款——暂估应付账款”，下月初作相反的会计分录予以冲回。

（二）发出材料

企业各生产单位和部门领用的材料具有种类多、业务频繁等特点。实务中，企业通常于月末根据领料单等编制“发料凭证汇总表”结转发出材料的实际成本，应当根据所发出材料的用途，按实际成本分别记入“生产成本”“制造费用”“销售费用”“管理费用”等科目。

典型案例

南海公司在2019年12月发生以下事项：销售货物增值税税率13%，

提供劳务增值税税率为9%。

案例3-4：12月3日，南海公司（一般纳税人）从武陵公司购入低碳钢2 000千克，增值税专用发票注明：买价20 000元，增值税2 600元；运输费500元，增值税税额45元，装卸费100元。同日，该批低碳钢验收入库，实收990千克，途中合理损耗10千克。上述款项皆通过银行支付。

借：原材料——低碳钢　20 600
　　应交税费——应交增值税（进项税额）　2 645
　　贷：银行存款　23 245

采购成本=20 000+500+100=20 600（元）

单位采购成本=20 600/990=20.8（元/千克）

案例3-5：12月13日，南海公司（一般纳税人）从黄河公司购入高碳钢12 000千克，专用发票注明买价200 000元，增值税26 000元。16日，高碳钢验收入库。上述款项已通过银行支付。

借：在途物资——高碳钢　200 000
　　应交税费——应交增值税（进项税额）　26 000
　　贷：银行存款　226 000

12月16日，上述材料验收入库：

借：原材料——高碳钢　226 000
　　贷：在途物资——高碳钢　226 000

案例3-6：12月17日，南海公司采用托收承付结算方式购入合金钢一批，增值税专用发票上注明的货款为50 000元，增值税额6 500元，对方代垫包装费1 000元，款项尚未支付，合金钢已验收入库。

借：原材料——合金钢　51 000
　　应交税费——应交增值税（进项税额）　6 500
　　贷：应付账款　57 500

12月31日，南海公司采用委托收款结算方式购入高速钢一批，材料已验收入库，至此发票账单尚未收到也无法确定其实际成本，暂估价值为30 000元。

借：原材料——高速钢　300 000
　　贷：应付账款——暂估应付账款　300 000

下月初作相反的会计分录予以冲回。

借：应付账款——暂估应付账款　300 000
　　贷：原材料——高速钢　300 000

案例3-7：12月5日，根据与南江钢厂的购销合同规定，南海公司为购买圆钢向该钢厂预付100 000元货款的80%，计80 000元，已通过汇兑方式汇出。

借：预付账款——南江钢厂　80 000
　　贷：银行存款　80 000

12月14日，南海公司收到南江钢厂发运来的圆钢，已验收入库。有关发票账单记载，该批货物的货款100 000元，增值税额13 000元，对方代垫包装费3 000元，所欠款项以银行存款付讫。

材料入库时：

借：原材料　103 000

　　应交税费——应交增值税（进项税额）　13 000

　　贷：预付账款——南江钢厂　116 000

补付货款时：

借：预付账款——南江钢厂　36 000

　　贷：银行存款　36 000

案例3-8：12月31日，南海公司根据“发料凭证汇总表”的记录，圆钢的消耗为：基本生产车间领用2 000 000元，辅助生产车间领用600 000元，车间管理部门领用250 000元，企业基建部门领用50 000元。

借：生产成本——基本生产成本　2 000 000

　　　　　　——辅助生产成本　600 000

　　制造费用　250 000

　　在建工程　50 000

　　贷：原材料——圆钢　2 900 000

二、存货按计划成本计价核算

计划成本法是指企业存货的日常收入、发出和结余均按预先制定的计划成本计价，同时另设“材料成本差异”科目，作为计划成本和实际成本联系的纽带，用来登记实际成本和计划成本的差额，月末再通过对存货成本差异的分摊，将发出存货的计划成本和结存存货的计划成本调整为实际成本进行反映的一种核算方法。计划成本法下存货的总分类和明细分类核算均按计划成本计价，这种方法适用于存货品种繁多、收发频繁、管理比较规范的企业。

（一）购入材料

1. 货款已支付，同时材料验收入库

在计划成本下，取得的材料先要通过“材料采购”科目（实际成本）进行核算，企业支付材料价款和运杂费等构成存货实际成本的，计入“材料采购”科目。待材料入库后，借记“原材料”科目（计划成本）金额，贷记“材料采购”科目（实际成本），两者差额计入“材料成本差异”。

2. 货款已经支付，材料尚未验收入库

其处理方法与上面相同。

3. 货款尚未支付，材料已经验收入库

当月内，应暂缓入账，待有关发票账单到达时按单货同到的方法入账。若月末发票账单仍未到达应按计划成本估价入账，下月初用红字冲销。

注意：不能估计增值税，不能估计材料成本差异。

（二）发出材料

平时，企业根据领料单等编制的“发料凭证汇总表”结转发出材料的计划成本，应当根据所发出材料的用途，按计划成本分别计入“生成成本”“制造费用”“管理费用”等账户。

（三）月末结转差异

根据准则规定，企业日常采用计划成本核算的，发出材料应由计划成本调整为实际成本，通过“材料成本差异”科目进行结转，按照所发出材料的用途，分别计入“生产成本”“制造费用”“管理费用”等账户。

发出材料的应负担的成本差异应当按月分摊，不得在季末或者年末一次计算。

本期材料成本差异率 =（期初结存材料的成本差异 + 本期验收入库材料的成本差异）÷（期初结存材料的计划成本 + 本期验收入库材料的计划成本）×100%

发出材料应负担的成本差异 = 发出材料的计划成本 × 本期材料成本差异率

期末结存材料的实际成本 = 期末材料的计划成本 ×（1 + 材料成本差异率）

节约差异为负号，用“－”表示。超支差异为正号，用“＋”表示。

【总结】

（1）采购时，按实际成本记入“材料采购”科目借方；

（2）验收入库时，按计划成本记入“原材料”科目的借方，实际成本记入“材料采购”科目贷方，差额形成“材料成本差异”；

（3）平时发出材料时，一律用计划成本；

（4）期末，计算材料成本差异率，结转发出材料应负担的差异额。

典型案例

西沙公司在 2020 年 4 月发生以下事项：销售货物增值税税率 13%，提供劳务为 9%。

案例 3－9：4 月 10 日，西沙公司（一般纳税人）购入合成树脂一批，专用发票上记载的货款为 3 000 000 元，增值税额 390 000 元，发票账单已收到，计划成本为 3 100 000 元，已验收入库，全部款项以银行存款支付。

借：材料采购——合成树脂　　3 000 000
　　应交税费——应交增值税（进项税额）　　390 000
　　贷：银行存款　　3 390 000

在计划成本核算下，取得的材料先要通过“材料采购”科目进行核算，企业支付材料价款和运杂费等构成存货实际成本的，计入“材料采购”科目。

借：原材料——合成树脂　　3 100 000
　　贷：材料采购——合成树脂　　3 000 000

材料成本差异　　　　　　　　　　　　　　100 000

案例3-10：4月18日，西沙公司从淮河公司购入稳定剂800千克验收入库。至4月30日，发票账单仍未达到，该批稳定剂计划成本20 000元。

4月18日，不作账务处理。

4月30日，

借：原材料——稳定剂　　　　　　　　　　20 000

　　贷：应付账款——暂估应付款　　　　　　　20 000

5月1日，

借：原材料——稳定剂　　　　　　　　　　20 000

　　贷：应付账款——暂估应付款　　　　　　　20 000

案例3-11：4月30日，西沙公司根据“发料凭证汇总表”的记录，4月消耗合成树脂（计划成本）为：基本生产车间领用2 000 000元，辅助生产车间领用600 000元，车间管理部门领用250 000元。

借：生产成本——基本生产成本　　　　　　2 000 000

　　　　　　——辅助生产成本　　　　　　600 000

　　制造费用　　　　　　　　　　　　　　250 000

　　贷：原材料——合成树脂　　　　　　　　2 850 000

案例3-12：接案例3-11，西沙公司4月初结存合成树脂的计划成本为1 000 000元，成本差异为超支30 740元；当月入库合成树脂的计划成本3 200 000元，成本差异为节约200 000元。

(1) 材料成本差异 = [30 740 + (-200 000)]/(1 000 000 + 3 200 000) ×100% = -4.03%

(2)“基本生产成本”应负担的成本差异 = 2 000 000 × (-4.03%) = -80 600（元）

(3)“辅助生产成本”应负担的成本差异 = 600 000 × (-4.03%) = -24 180（元）

(4)“制造费用”应负担的成本差异 = 250 000 × (-4.03%) = -10 075

结转发出材料的成本差异的分录为：

借：材料成本差异——合成树脂　　　　　　114 855

　　贷：生产成本——基本生产成本　　　　　　80 600

　　　　　　　　——辅助生产成本　　　　　　24 180

　　　　制造费用　　　　　　　　　　　　　10 075

三、存货清查核算

为了反映和监督企业在财产清查中查明的各种存货的盘盈、盘亏和毁损情况，企业应当设置“待处理财产损溢”科目，借方登记存货的盘亏、毁损金额及盘盈的转销金额，贷方登记存货的盘盈金额及盘亏的转销金额。企业清查的各种存货损溢，应在期末结账前处理完毕，期末处理后，本科目应无余额。

存货清查发生盘盈和盘亏通过“待处理财产损溢”科目核算，核算时分两步：

第一步，批准前调整为账实相符，即将账表按实物数量进行调整；

第二步，批准后按规定结转处理。

（一）盘盈存货

批准处理前，应将盘盈存货估计的成本计入“待处理财产损溢”账户贷方；经批准处理后或期末，应将盘盈存货的成本冲减“管理费用”。

（二）盘亏存货

批准处理前，应将盘亏存货的实际成本计入“待处理财产损溢”账户借方，批准处理后或期末，应分别盘亏的不同原因做出处理。如属合理损耗（定额内损耗），计入“管理费用”；如属超定额损耗，能确定过失人的，由过失人赔偿，赔偿前，先计入“其他应收款”，不能确定过失人的仍计入“管理费用”；如属非常损失，则扣除保险赔款和残值后计入“营业外支出”。

典型案例

案例 3－13： 2020 年 12 月 2 日，A 公司在财产清查时，发现甲材料实存数比账存数多出 300 千克，估计价值 2 000 元。至年末，有关授权部门尚未批准转销。

2020 年 12 月 2 日，甲材料盘盈时：

借：原材料——甲材料　　2 000

　　贷：待处理财产损溢——待处理流动资产损溢　　2 000

2020 年 12 月 31 日，有关部门尚未批准：

借：待处理财产损溢——待处理流动资产损溢　　2 000

　　贷：管理费用　　2 000

注：企业清查的各种存货损溢，应在期末结账前处理完毕，期末处理后，“待处理财产损溢”账户不能出现期末余额。

案例 3－14： 2020 年 12 月 8 日，B 公司因一场火灾（人为）导致乙材料毁损 800 千克，实际成本 5 000 元，已抵扣的增值税为 650 元。2020 年 12 月 25 日有关部门做出责任认定：仓库管理员王某应承担 20% 的赔偿责任，保险公司承担 50% 的赔偿责任，剩余部分作为非正常损失处理。

2020 年 12 月 8 日：

借：待处理财产损溢——待处理流动资产损溢　　5 650

　　贷：原材料——乙材料　　5 000

　　　　应交税费——应交增值税（进项税额转出）　　650

2020 年 12 月 25 日：

借：其他应收款——王某　　1 130

　　　　　　　——保险公司　　2 825

营业外支出　　　　　　　　　　　　　　1 695

贷：待处理财产损溢——待处理流动资产损溢　　　　5 650

四、存货减值核算

资产负债表日，存货应采用成本与可变现净值两者之中较低者计价的方法，即成本与可变现净值孰低法。当期末存货的成本比可变现净值低时，按成本计价；当存货的可变现净值比成本低时，按可变现净值计价，这充分体现了谨慎原则。

（一）可变现净值的含义

可变现净值，是指在日常活动中，存货的估计售价减去至完工时估计将要发生的成本、估计的销售费用以及相关税费后的金额。

在理解可变现净值时应注意：一是确定可变现净值的前提是企业正常活动，二是可变现净值表现为存货的预计未来净现金流量，而不是存货的售价或合同价，三是区别存货类别确认可变现价值，对于产成品、商品和用于出售的材料等直接用于出售的商品存货，应当以该存货的估计售价减去估计的销售费用和相关税费后的金额确定其可变现净值，需要经过加工的材料存货，在正常生产经营过程中，应当以所生产的产成品的估计售价减去至完工时估计将要发生的成本、估计的销售费用和相关税费后的金额确定其可变现净值。

（二）成本与可变现净值孰低法的具体做法

（1）单项比较，按每一种存货的成本与可变现净值逐项进行比较，每项存货都取较低的数确定存货的期末价值；企业通常应当按照单个存货项目计提存货跌价准备。

（2）分类比较，按存货类别的成本与相同类别的可变现净值进行比较，每类存货取其较低数确定存货的期末价值；如果某一类存货的数量繁多并且单价较低则采用此法。

（3）总额比较，按全部存货的总成本与全部存货的可变现净值总额进行比较，取较低数作为期末全部存货的成本，如果在同一地区生产和销售的产品系列相关、具有相同或类似最终用途或目的，且难以与其他项目分开计量的存货则采用此法。

（三）存货跌价准备的计提和转回

资产负债表日，存货应当按照成本与可变现净值孰低计量。其中，成本是指期末存货的实际成本。可变现净值是指在日常活动中，存货的估计售价减去至完工时估计将要发生的成本、估计的销售费用以及估计的相关税费后的金额。

存货成本高于其可变现净值的，应当计提存货跌价准备，计入当期损益。以前减记存货价值的影响因素已经消失的，减记的金额应当予以恢复，并在原已计提的存货跌价准备金额内转回，转回的金额计入当期损益。

可变现净值 = 存货的估计售价 - 进一步加工成本 - 估计的销售费用和税费

如果存货是直接用于出售的，其可变现净值 = 存货的估计售价 - 估计的销售费用和税费

（四）存货跌价准备的账务处理

企业应当设置“存货跌价准备”科目核算存货跌价准备的计提、转回和转销情况，跌价准备记入“资产减值损失”科目。

当期应计提的存货跌价准备 =（存货成本 - 可变现净值）- 存货跌价准备已有贷方余额

结果大于零为当期补提；小于零应在已计提的存货跌价准备范围内转回。

（五）存货的信息披露

企业应当在附注中披露与存货有关的下列信息：

（1）各类存货的期初和期末账面价值。

（2）确定发出存货成本所采用的方法。

（3）存货可变现净值的确定依据，存货跌价准备的计提方法，当期计提的存货跌价准备的金额，当期转回的存货跌价准备的金额，以及计提和转回的有关情况。

（4）用于担保的存货账面价值。

典型案例

案例 3 - 15：2020 年末，某公司甲商品的账面成本为 100 000 元，由于市场价格持续下跌，并在可预计的未来无回升的希望，根据资产负债表日状况，确定甲商品的可变现净值为 80 000 元，“存货跌价准备”账户余额为零，故应计提存货跌价准备 20 000 元。

借：资产减值损失——计提的存货跌价准备　　20 000
　　贷：存货跌价准备　　20 000

案例 3 - 16：接案例 3 - 15，假定 2021 年末，甲商品的账面成本和已计提的存货跌价准备均未发生变化，但是 2021 年以来甲商品市场价格有所上升，根据资产负债表日状况确定甲商品的可变现净值为 95 000 元。从资料可以判断以前造成减记存货价值的影响因素已经消失，应转回的存货跌价准备为 15 000 元。

借：存货跌价准备　　15 000
　　贷：资产减值损失——计提的存货跌价准备　　15 000

若 2021 年末，甲商品的可变现净值为 105 000 元，应转回的存货跌价准备为 20 000 元。

借：存货跌价准备　　20 000
　　贷：资产减值损失——计提的存货跌价准备　　20 000

情境演练3-1

业务1：某企业为增值税小规模纳税企业。该企业购入甲材料600千克，每千克含税单价为50元，发生运杂费2 000元，运输途中发生合理损耗10千克，入库前发生挑选整理费用200元。确定该批甲材料的入账价值。

业务2：某企业采用先进先出法计算发出原材料的成本。2020年9月1日，甲材料结存200千克，每千克实际成本为300元；9月7日购入甲材料350千克，每千克实际成本为310元；9月21日购入甲材料400千克，每千克实际成本为290元；9月28日发出甲材料500千克。计算9月份甲材料发出成本。

业务3：某企业采用月末一次加权平均法计算发出原材料的成本。2020年10月1日，甲材料结存200千克，每千克实际成本为100元；10月10日购入甲材料300千克，每千克实际成本为110元；10月25日发出甲材料400千克。10月末，计算甲材料的库存余额。

业务4：A公司2021年7月1日结存甲材料100千克，每千克实际成本1 000元。本月发生如下有关业务：

（1）3日，购入甲材料50千克，每千克实际成本1 050元，材料已验收入库。

（2）5日，发出甲材料80千克。

（3）7日，购入甲材料70千克，每千克实际成本980元，材料已验收入库。

（4）12日，发出甲材料130千克。

（5）20日，购入甲材料80千克，每千克实际成本1 100元，材料已验收入库。

（6）25日，发出甲材料30千克。

要求：

（1）假定A公司原材料采用实际成本核算，发出材料采用先进先出法，请根据上述资料，计算甲材料5日、25日发出材料的成本以及期末结存的成本。

（2）假定A公司原材料采用实际成本核算，发出材料采用全月一次加权平均法，请根据上述资料计算A公司当月结存材料的实际成本和发出材料的实际成本。(小数点后保留两位)

业务5：某企业对材料采用计划成本核算。2021年12月1日，结存材料的计划成本为400万元，材料成本差异贷方余额为6万元；本月入库材料的计划成本为2 000万元，材料成本差异借方发生额为12万元；本月发出材料的计划成本为1 600万元。计算该企业2021年12月31日结存材料的实际成本。

业务6：某企业采用成本与可变现净值孰低法对存货进行期末计价，成本与可变现净值按单项存货进行比较，2021年12月31日，甲、乙、丙三种存货的成本与可变现净值分别为：甲存货成本20万元，可变现净值16万元；乙存货成本24万元，可变现净值30万元；丙存货成本36万元，可变现净值30万元。甲、乙、丙三种存货此前未计提存货跌价准备。假定该企业只有这三种存货，计算2021年12月31日应补提的存货跌价准备。

学习子情境二 周转材料的核算

☞ 科目设置

企业应该设置“周转材料——包装物”账户核算包装物，该账户为资产类账户，借方登记包装物增加（购入等），贷方登记包装物减少（生产领用等），余额在借方，反映库存包装物的成本，可以按照包装物的类别设置明细账。

“周转材料——低值易耗品”账户核算低值易耗品，该账户为资产类账户，借方登记低值易耗品增加（购入等），贷方登记低值易耗品减少（生产领用等），余额在借方，反映库存低值易耗品的成本，可以按照其类别设置明细账。

▣ 核算内容

一、周转材料概述

周转材料，是指企业能够多次使用、逐渐转移其价值但仍保持原有形态不确认为固定资产的材料，主要包括包装物和低值易耗品。

（一）包装物概述

包装物是指企业为了包装本企业商品而储备的各种包装容器，如桶、箱、瓶、坛、袋等。企业的包装物包括：

（1）生产过程中用于包装产品作为产品组成部分的包装物：包装物的成本在领用

时计入“生产成本”账户。

(2) 随同商品、产品出售而不单独计价的包装物：包装物的成本在出售时计入“销售费用”账户。

(3) 随同商品出售而单独计价的包装物：包装物的成本在出售时计入“其他业务成本”账户。

(4) 出租或出借给购买单位使用的包装物（可以周转使用)：出租的包装物成本摊销时计入“其他业务成本”账户，出借的包装物成本摊销时计入“销售费用”账户。出租或出借的包装物因不能使用而报废时回收的残料，应作为当月包装物摊销额的减少，冲减有关资产成本或当期损益。

1. 外购包装物的核算

企业外购包装物如果采用实际成本核算，则按照包装物的实际成本借记“周转材料——包装物”，按照可以抵扣的增值税，借记“应交税费——应交增值税（进项税额)，贷记银行存款等科目。

如果企业外购包装物采用计划成本核算，则先按照包装物的实际成本借记“材料采购”，按照可以抵扣的增值税，借记“应交税费——应交增值税（进项税额)，贷记银行存款等科目；然后再按照计划成本借记“周转材料——包装物”，按照实际成本贷记“材料采购”，成本差异借或贷记“材料成本差异”。

2. 发出包装物的核算

发出包装物，如果采用实际成本核算，则按照包装物的实际成本，借记“生产成本”等科目，贷记“周转材料——包装物”科目。

(1) 生产领用包装物。发出包装物，如果采用计划成本核算，则按其实际成本借记“生产成本”科目，按其计划成本，贷记“周转材料——包装物”科目，按其差额，借记或贷记“材料成本差异”科目。

(2) 随同商品出售而不单独计价的包装物。应按其实际成本计入销售费用，借记“销售费用”科目，贷记“周转材料——包装物”科目，如果采用计划成本核算，则要考虑材料成本差异。

(3) 随同商品出售且单独计价的包装物。随同商品出售且单独计价的包装物，一方面应反映其销售收入，计入其他业务收入；另一方面应反映其实际销售成本，计入其他业务成本。

(二) 低值易耗品概述

低值易耗品是指单位价值较低、使用年限较短，不能作为固定资产的各种用具物品。主要包括：

(1) 经营用具，指经营中使用的各种用具如清洁器械、消防器械等。

(2) 管理用具，指企业管理中的各种家具用具，如保险柜、沙发、椅子、桌子等。

(3) 包装容器，指物业管理企业在经营过程中使用的周转箱，包装袋等。

(4) 劳保用品等。

低值易耗品在生产过程中可以多次使用不改变其实物形态，在使用时也需维修，报废时可能也有残值。由于它价值低，使用期限短，所以采用简便的方法，将其价值摊入产品成本。在实务中，通常采用实际成本核算低值易耗品。其核算原理和原材料是一样的。

1. 外购低值易耗的核算

取得低值易耗品的核算同包装物。

2. 发出低值易耗品的核算

企业应当采用一次转销法或者分次（五五）摊销法对其进行摊销，计入相关资产的成本或者当期损益。如果对相关包装物或低值易耗品计提了存货跌价准备，还应结转已计提的存货跌价准备，冲减相关资产的成本或当期损益。

（1）一次转销法。采用一次转销法摊销低值易耗品，在领用低值易耗品时，将其价值一次、全部计入有关资产成本或者当期损益，主要适用于价值较低或极易损坏的低值易耗品的摊销。比如：价值较低或极易损坏的管理用具和小型工具、卡具以及在单件小批生产方式下为制造某批订货所用的专用工具等低值易耗品以及生产领用的包装物和随同商品出售的包装物；数量不多、金额较小，且业务不频繁的出租或出借包装物，也可以采用一次转销法结转包装物的成本，但在以后收回使用过的出租和出借包装物时，应加强实物管理，并在备查簿上进行登记。

（2）五五摊销法。五五摊销法，是指低值易耗品在领用时或出租、出借包装物时先摊销其成本的一半，在报废时再摊销其成本的另一半。即低值易耗品或包装物分两次各按50%进行摊销。适用于价值较低、使用期限较短的低值易耗品，也适用于每期领用数量和报废数量大致相等的低值易耗品。

典型案例

案例3－17：8月5日，南海公司购进包装箱一批，增值税专用发票注明价款21 000元，增值税2 730元，该批包装物已验收入库，款项已通过银行支付。

借：周转材料——包装物——包装箱　　21 000
　　应交税费——应交增值税（进项税额）　　2 730
　　贷：银行存款　　23 730

案例3－18：南海公司对包装物采用计划成本核算，3月21日生产产品领用包装物的计划成本为100 000元，材料成本差异率为－3%。

借：生产成本　　97 000
　　材料成本差异　　3 000
　　贷：周转材料——包装物　　100 000

案例3－19：南海公司某月销售商品领用不单独计价包装物的计划成本为50 000元，材料成本差异率为－3%。

借：销售费用　　48 500
　　材料成本差异　　1 500
　　贷：周转材料——包装物　　50 000

案例3－20：南海公司某月销售商品领用单独计价包装物的计划成本

为80 000元，销售收入为100 000元，增值税额为13 000元，款项已存入银行。该包装物的材料成本差异率为3%。

(1) 出售单独计价包装物：

借：银行存款　　113 000

　　贷：其他业务收入　　100 000

　　　　应交税费——应交增值税（销项税额）　　13 000

(2) 结转所售单独计价包装物的成本：

借：其他业务成本　　82 400

　　贷：周转材料——包装物　　80 000

　　　　材料成本差异　　2 400

案例3-21：南海公司基本生产车间领用一般工具一批，实际成本为8 000元，全部计入当期制造费用。应作如下会计处理：

借：制造费用　　8 000

　　贷：周转材料——低值易耗品　　8 000

案例3-22：南海公司的基本生产车间领用专用工具一批，实际成本为200 000元，不符合固定资产定义，采用分次摊销法进行摊销。该专用工具的估计使用次数为2次。会计处理如下：

(1) 领用专用工具：

借：周转材料——低值易耗品——在用　　200 000

　　贷：周转材料——低值易耗品——在库　　200 000

(2) 第一次领用时摊销其价值的一半：

借：制造费用　　100 000

　　贷：周转材料——低值易耗品——摊销　　100 000

(3) 第二次领用时摊销其价值的一半：

借：制造费用　　100 000

　　贷：周转材料——低值易耗品——摊销　　100 000

同时：

借：周转材料——低值易耗品——摊销　　200 000

　　贷：周转材料——低值易耗品——在用　　200 000

情境演练3-2

某企业属一般纳税人，销售商品的增值税税率为13%，低值易耗品和包装物采用计划成本计价，低值易耗品的材料成本差异率为2%，包装物的材料成本差异率为-2%，3月份发生下列经济业务：

业务1：3月5日，行政部门领用清洁用具一批，计划成本125元。

业务2：3月8日，生产车间领用劳保用品一批，计划成本3 600元。

业务3：3 月 9 日，生产车间生产 A 产品领用包装物一批，计划成本 650 元。

业务4：3 月 10 日，销售产品领用包装物一批计划成本 74 元，该包装物不单独计价。

业务5：3 月 14 日，出售 B 产品领用包装物 5 个，每个计划成本 10 元，每个包装物向买方收费 18 元（含增值税），款项已收存银行。

业务6：3 月 20 日，企业出租包装产品用的塑料桶 20 个给天和公司，每个收取押金 50 元，共计 1 000 元，存入银行。该包装物采用五五摊销法，塑料桶每个计划成本 40 元。

业务7：3 月 20 日，收到天和公司的三个月塑料桶租金，每个 15 元，共计 300 元，款项存入银行。

业务8：6 月 20 日，天和公司退回塑料桶20 个，其中有 2 个报废。当月材料成本差异率为 −2%。

业务9：6 月 20 日，用银行存款退还天和公司的押金 1 000 元。

要求：根据上述经济业务编制会计分录。

学习子情境三
委托加工物资的核算

☞ 科目设置

企业应该设置“委托加工物资”账户，该账户为资产类账户，借方登记增加（归集委托加工物资的成本），贷方登记减少（反映委托加工物资的入库），余额在借方（反映尚未入库的委托加工物资），按照物资类别设置明细账。

核算内容

一、委托加工物资概念

委托加工是指一方委托另一方将一种材料加工成另外一种材料、物品的过程称委托加工。委托加工的物资称为委托加工物资。

二、委托加工物资成本

委托外单位加工完成的存货，以实际耗用的原材料或者半成品以及加工费、运输费、装卸费和保险费等费用，以及按规定应计入成本的税金，作为实际成本。

如果加工物资用于应交增值税项目并取得了增值税专用发票的一般纳税企业，其加工物资所应负担的增值税可作为进项税额予以抵扣，不计入加工物资成本；如果加工物资用于非应纳增值税项目或免征增值税项目，以及未取得增值税专用发票的一般纳税人企业和小规模纳税企业的加工物资，应将这部分增值税计入加工物资成本。

如果委托加工应税消费品收回后直接用于销售的，其所负担的消费税应计入加工物资成本；如果收回的应税消费品用于连续生产的，应将所负担的消费税先记入“应交税费——应交消费税”科目的借方，按规定用以抵扣加工的消费品销售后所负担的消费税。

典型案例

案例 3 - 23： 南海公司委托甲公司加工一批商品，发出材料一批，实际成本 70 000 元，发出材料时以银行存款支付运杂费 2 200 元，后以银行存款支付加工费用 20 000 元，增值税税额 2 600 元，收回委托加工物资时以银行存款支付运杂费 2 500 元。

(1) 发出材料时：

借：委托加工物资——甲公司　　70 000
　贷：原材料——××材料　　70 000

(2) 发出材料时，支付运杂费时 2 200 元：

借：委托加工物资——甲公司　　2 200
　贷：银行存款　　2 200

(3) 以银行存款支付加工费和增值税：

借：委托加工物资——甲公司　　20 000
　应交税费——应交增值税（进项税额）　　2 600
　贷：银行存款　　22 600

(4) 收回委托加工物资时以银行存款支付运杂费 2 500 元：

借：委托加工物资——甲公司　　2 500
　贷：银行存款　　2 500

(5) 委托加工的商品入库时：

借：库存商品　　94 700
　贷：委托加工物资——甲公司　　94 700

案例 3 - 24： 南海公司甲公司委托丁公司加工商品一批（属于应税消费品）100 000 件，有关经济业务如下：

(1) 1 月 20 日，发出材料一批，计划成本为 6 000 000 元，材料成本差异率为 -3%。

①发出委托加工材料时：

借：委托加工物资　　　　6 000 000

　　贷：原材料　　　　6 000 000

②结转发出材料应分摊的材料成本差异时：

借：材料成本差异　　　　180 000

　　贷：委托加工物资　　　　180 000

（2）2 月 20 日，支付商品加工费 120 000 元，支付受托方代收代缴的消费税 660 000 元，该商品收回后用于连续生产，消费税可抵扣，甲公司和丁公司均为增值税一般纳税人，适用增值税税率为 13%。

借：委托加工物资　　　　120 000

　　应交税费——应交消费税　　　　660 000

　　　　　　——应交增值税（进项税额）　　　　15 600

　　贷：银行存款　　　　795 600

注：若该商品收回后用于直接出售，则该消费税可计入委托加工物资成本。

（3）3 月 4 日，用银行存款支付往返运费 10 000 元（不考虑运费抵扣的情况）。

借：委托加工物资　　　　10 000

　　贷：银行存款　　　　10 000

（4）3 月 5 日，上述商品 100 000 件（每件计划成本为 65 元）加工完毕，公司已办理验收入库手续。

借：库存商品　　　　6 500 000

　　贷：委托加工物资　　　　5 950 000

　　　　材料成本差异　　　　550 000

情境演练 3－3

某工业企业为增值税一般纳税企业，材料按计划成本计价核算。甲材料计划单位成本为每千克 10 元。“原材料”账户月初余额 40 000 元，“材料成本差异”账户月初借方余额 500 元。该企业 2020 年 4 月份有关资料如下：

业务 1：4 月 15 日，从外地 A 公司购入甲材料 6 000 千克，增值税专用发票注明的材料价款为 61 000 元，增值税税额 7 930 元，企业已用银行存款支付上述款项，材料尚未到达。

业务 2：4 月 20 日，从 A 公司购入的甲材料到达，验收入库时发现短缺 20 千克，经查明为途中定额内自然损耗。按实收数量验收入库。

业务 3：4 月 30 日，汇总本月发料凭证，本月共发出甲材料 5 000 千克，全部用于产品生产。

要求：根据上述业务编制相关的会计分录，并计算本月材料成本差异率、本月发出材料应负担的成本差异及月末库存材料的实际成本。

学习子情境四
库存商品的核算

☞ 科目设置

企业应该设置“库存商品”账户，该账户为资产类账户，借方登记验收入库的库存商品成本，贷方登记发出的库存商品成本，期末余额在借方，反映各种库存商品的实际成本或计划成本。

核算内容

一、概述

库存商品是指企业已完成全部生产过程并已验收入库，合乎标准规格和技术条件，可以按照合同规定的条件送交订货单位，或可以作为商品对外销售的产品以及外购或委托加工完成验收入库用于销售的各种商品。

对于工业企业而言，库存商品是企业完工入库的产成品；对于商业企业而言，库存商品是企业以销售为目的而购入的商品。

（一）工业企业库存商品的核算

工业企业的库存商品主要指产成品，采用实际成本或计划成本进行核算。平日，产成品的收入、发出和销售只登记数量不登记金额，月度终了，计算入库产品的实际成本。其中，在采用实际成本核算库存商品时，对发出和销售的产成品，可以采用前述的先进先出法、加权平均法或个别计价法等方法确定其成本。

（二）商业企业库存商品的核算

商品流通企业发出存货，通常采用毛利率法和售价金额核算法进行核算。

二、业务核算

库存商品可以采用实际成本核算，也可以采用计划成本核算，其方法与原材料相似。采用计划成本核算时，库存商品实际成本与计划成本的差异，可单独设置“产品成本差异”科目核算。

（一）工业企业库存商品的核算

1. 产成品入库的会计处理

产成品完工经验收合格之后，由生产车间按照交库品种和数量填写“产成品入库单”，会计人员根据“产成品入库单”和“成本计算单”，据以登记库存商品明细账。

商品验收入库时，按实际成本由“生产成本”科目贷方转入“库存商品”科目借方。

2. 产成品销售的会计处理

企业销售产品时，应填制“产成品发货单”，交仓库办理产品出库手续并据以登记库存商品明细账，月度终了，结转销售和发出的商品成本。

对外销售库存商品时，应按其实际成本从“库存商品”科目贷方转入“主营业务成本”科目借方，若所售出的库存商品已计提存货跌价准备，应按照相应比例结转。

（二）商业企业库存商品的核算

1. 毛利率法

毛利率法，是根据本期实际销售额乘以上期（或本期计划）毛利率匡算本期销售毛利，据以计算发出存货成本和期末结存存货成本的一种方法。其计算公式为：

销售净额 = 商品销售收入 − 折扣与折让

销售毛利 = 销售净额 × 销售毛利

销售成本 = 销售净额 − 销售毛利

期末存货成本 = 期初存货成本 + 本期购货成本 − 本期销售成本

用毛利率法计算本期销售成本和期末库存商品成本，在商品流通企业是常用的一种方法。商品流通企业由于经营商品的品种繁多，如果分品种计算商品成本，工作量较大，而且，一般来说，商品流通企业同类商品的毛利率大致相同，采用这种存货计价方法既能减轻工作量，也能满足对存货管理的需要。

2. 售价金额法

售价金额核算法，是指平时商品的购入、加工收回、销售均按售价记账，售价与进账的差额通过“商品进销差价”科目核算，期末计算进销差价率和本期已销商品应分摊的进销差价，并据以调整本期销售成本的一种方法。计算公式如下：

$$\text{商品进销差价率}=\frac{\text{期初库存商品进销差价}+\text{本期收购商品进销差价}}{\text{期初库存商品售价}+\text{本期购入商品售价}}\times 100\%$$

本期销售商品应分摊的商品进销差价 = 本期商品销售收入 × 商品进销差价率

本期销售商品的成本 = 本期商品销售收入 − 本期销售商品应分摊的商品进销差价

期末结存商品的成本 = 期初库存商品的进价成本 + 本期购进商品的进价成本 − 本期销售商品的成本

企业的商品进销差价率各期之间是比较均衡的，因此，也可采用上期商品进销差价率计算分摊本期的商品销售差价。年度终了，应对商品进销差价进行核实调整。

对从事商业零售业务的企业（如百货公司、超市等），由于经营的商品种类、品种、规格等繁多，而且要求按商品零售价格标价，采用其他成本计算结转方法均较困难，因此广泛采用这一方法。

典型案例

案例3-25：甲公司“商品入库汇总表”记载，某月已验收入库A产品1 000台，实际单位成本5 000元，计5 000 000元；B产品2 000台，实际单位成本1 000元，计2 000 000元。甲公司应作如下会计处理：

借：库存商品——A产品　　5 000 000
　　　　　　——B产品　　2 000 000
　贷：生产成本——基本生产成本（A产品）　　5 000 000
　　　　　　——基本生产成本（B产品）　　2 000 000

案例3-26：甲公司月末汇总的发出商品中，当月已实现销售的A产品有500台，Z产品有1 500台。该月B产品实际单位成本5 000元，Z产品实际单位成本1 000元。在结转其销售成本时，应作如下会计处理：

借：主营业务成本　　4 000 000
　贷：库存商品——A产品　　2 500 000
　　　　　　——Z产品　　1 500 000

案例3-27：甲商场2020年7月1日甲类商品库存230 000元，本期购进270 000元，本月销售收入260 000元，发生的销售折让为8 000元，上月该类商品的毛利率为18%。计算本月已销售商品和期末库存商品成本。

本月销售净额＝260 000－8 000＝252 000（元）

销售毛利＝252 000×18%＝45 360（元）

本月销售成本＝252 000－43 360＝206 640（元）

期末库存销售成本＝230 000＋270 000－206 640＝293 360（元）

案例3-28：乙商场2020年7月份期初库存商品的进价成本为100万元，售价总额为110万元，本月购进该商品的进价成本为75万元，售价总额为90万元，本月销售收入为120万元。有关计算如下：

商品进销差价率＝［（10＋15）÷（110＋90）］×100％＝12.5%

已销售商品应分摊的商品进销差价＝120×12.5%＝15（万元）

本期销售商品的实际成本＝120－15＝105（万元）

期末结存商品的实际成本＝100＋75－105＝70（万元）

情境演练3-4

业务1：乙公司属于商品流通企业，为增值税一般纳税人，售价中不含增值税，销售货物的增值税税率为13%。该公司只经营甲类商品并采用毛利率法对发出商品计价，季度内各月份的毛利率根据上季度实际毛利率确定。该公司2020年第一季度、第二季度甲类商品有关的资料如下：

（1）2020 年第一季度累计销售收入为 600 万元、销售成本为 510 万元，3 月末库存商品实际成本为 400 万元。

（2）2020 年第二季度购进甲类商品成本 880 万元。

（3）2020 年 4 月份实现商品销售收入 300 万元。

（4）2020 年 5 月份实现商品销售收入 500 万元。

（5）假定 2020 年 6 月末按一定方法计算的库存商品实际成本 420 万元。

要求：根据上述资料计算下列指标：

（1）计算乙公司甲类商品 2020 年第一季度的实际毛利率。

（2）分别计算乙公司甲类商品 2020 年 4 月份、5 月份、6 月份的商品销售成本。

（答案中的金额单位用万元表示）

业务 2：某商场为增值税一般纳税人，采用售价金额核算法进行核算。该商场 2020 年 2 月份期初库存日用百货的进价成本 30 万元，售价 40 万元，本期购入日用百货的进价成本 270 万元，售价 360 万元，本期销售收入 340 万元。

要求：

（1）计算该商场 2 月份的商品的进销差价率。

（2）计算已销日用百货的实际成本。

（3）计算期末库存日用百货的实际成本。

知识拓展

一、原材料核算流程

（一）材料购入（取得）流程

（1）生产部门根据企业生产计划提出采购要求并填制请购单，经生产经理签字后传递给采购部门。

（2）采购部门根据前述请购单进行询价，若合理则由采购经理协同法律顾问与供应商签订购买合同。

（3）库管部门在收到供应商发来的货物后进行质量检验，若验收合格则办理入库手续，填制一式数联的收料单，并登记收料台账。

（4）财务部门在收到库管部门传来的收料单后结合采购合同，按照公司制度规定的授权范围，经有关人员授权后，办理银行结算手续，支付款项。待采购业务办理完毕之后，由会计人员进行账务处理，如图 3－1 所示。

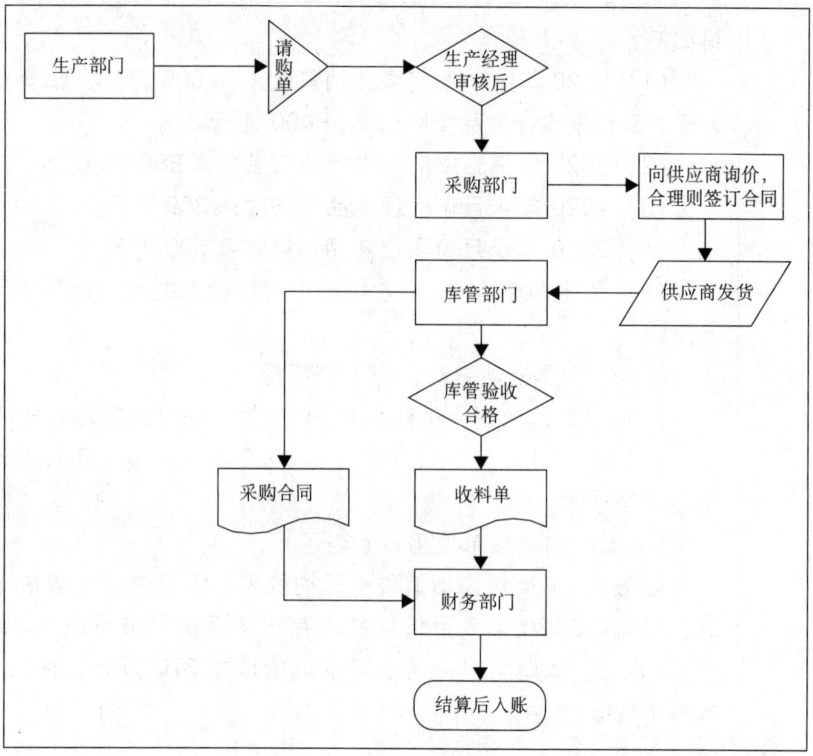

图3-1 材料购入（取得）流程

（二）材料领用（发出）流程

（1）生产（领料）部门根据生产计划填制一式几联（最少三联）的领料单，由领料部门经理签字后，派有关人员到仓库办理领料手续。

（2）库管部门核对领料单后发放材料，由库管员在领料单上签字并登记领料台账。

（3）财务部门在收到库管部门传来的领料单后，月末编制领料凭证汇总表，进行成本分配，并据以进行账务处理，如图3-2所示。

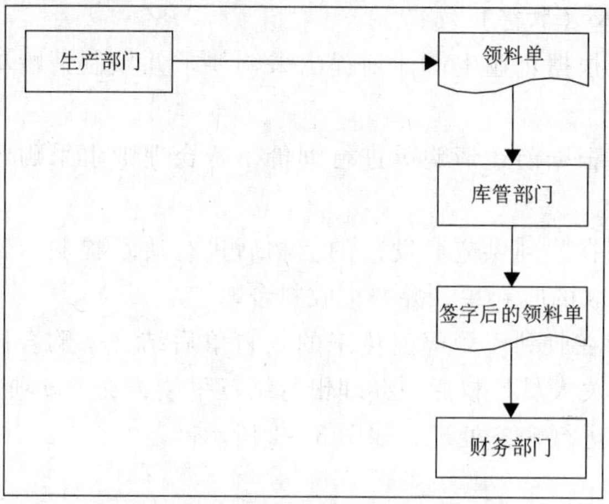

图3-2 材料领用（发出）流程

二、与存货有关的岗位职责与存货内部控制制度

（一）岗位职责

1. 材料物资核算岗位职责

（1）会同有关部门拟定材料物资的核算与管理办法；

（2）审查汇编材料物资的采购资金计划；

（3）负责材料物资的明细核算，对已验收入库尚未付款的材料，月终要估价入账；

（4）会同有关部门编制材料物资计划成本目录；

（5）配合有关部门制定材料物资消耗定额；

（6）参与材料物资的清查盘点，处理清查账务。

2. 库存商品核算岗位职责

（1）负责库存商品的明细分类核算；

（2）会同有关部门编制库存商品计划成本目录；

（3）配合有关部门制定库存商品的最低、最高限额；

（4）参与库存商品的清查盘点。

3. 库存管理岗位职责

（1）负责公司所有物资的入库、保管、发放工作。做到熟悉自己所管物资品种、规格、存放位置、领用及库存情况；

（2）做好物资验收入库工作。认真核对质量、数量、规格，如与发票不符或质量不合格的应拒绝入库，并及时报告主管领导以便及时处理；

（3）做好物资出库领用工作。做到准确无误，当面点清，不得私自将物品外借；

（4）建立明细账，每日（月）盘点，务必账实相符，账账相符，月末将所有单据装订成册，妥善保管；

（5）对长期积压物品，提出处理建议，以免造成浪费或经济损失。

（二）存货内部控制制度

企业为了加强对存货的管理和控制，保证存货的安全完整，提高存货运营效率，保证合理确认存货价值，应该建立存货内部控制制度。

1. 企业在建立并实施存货内部控制制度中，至少应当强化对以下关键方面或者关键环节的风险控制，并采取相应的控制措施

（1）权责分配和职责分工应当明确，机构设置和人员配备应当科学合理；

（2）存货请购依据应当充分适当，请购事项和审批程序应当明确；

（3）存货采购、验收、领用、盘点、处置的控制流程应当清晰，对存货预算、供应商的选择、存货验收、存货保管及重要存货的接触条件、内部调剂、盘点和处置的原则及程序应当有明确的规定；

（4）存货成本核算方法、跌价准备计提等会计处理方法应当符合国家统一的会计制度的规定。

2. 企业应当建立存货业务的情境责任制，明确内部相关部门和情境的职责、权限，确保办理存货业务的不相容情境相互分离、制约和监督

存货业务的不相容情境至少包括：

(1) 存货的请购与审批，审批与执行；

(2) 存货的采购与验收、付款；

(3) 存货的保管与相关会计记录；

(4) 存货发出的申请与审批，申请与会计记录；

(5) 存货处置的申请与审批，申请与会计记录。

3. 企业应当建立采购与付款业务的情境责任制，明确相关部门和情境的职责、权限，确保办理采购与付款业务的不相容情境相互分离、制约和监督

企业采购与付款业务的不相容情境至少包括：

(1) 申购与审批；

(2) 询价与确定供应商；

(3) 采购合同的订立与审核；

(4) 采购、验收与相关会计记录；

(5) 付款的申请、审批与执行。

4. 外购存货入库前一般应经过以下验收程序

(1) 检查订货合同、入库通知单、供货企业提供的材质证明、合格证、运单、提货通知单等原始单据与待检验货物之间是否相符；

(2) 对拟入库存货的交货期进行检验，确定外购货物的实际交货期与订购单中的交货期是否一致；

(3) 对待验货物进行数量复核和质量检验，必要时可聘请外部专家协助进行；

(4) 对验收后数量相符、质量合格的货物办理相关入库手续，对经验收不符合要求的货物，应及时办理退货或索赔；

(5) 对不经仓储直接投入生产或使用的存货，应当采取适当的方法进行检验。

5. 企业应当建立存货保管制度，加强存货的日常保管工作

(1) 因业务需要分设仓库之情形，应当对不同仓库之间的存货流动办理出入库手续；

(2) 应当按仓储物资所要求的储存条件贮存，并建立和健全防火、防潮、防鼠、防盗和防变质等措施；

(3) 贵重物品、生产用关键备件、精密仪器和危险品的仓储，应当实行严格审批制度。

(4) 存货管理部门对入库的存货应当建立存货明细账，详细登记存货类别、编号、名称、规格型号、数量、计量单位等内容，并定期与财会部门就存货品种、数量、金额等进行核对。入库记录不得随意修改。如确需修改入库记录，应当经有效授权批准。

(5) 企业应当加强存货的日常保管工作。仓储部门应当定期对存货进行检查，确保及时发现存货损坏、变质等情况。企业应当重视生产现场的材料、低值易耗品、半成品等物资的管理控制，防止浪费、被盗和流失。

6. 企业应当建立严格的存货领用和发出制度

(1) 企业生产部门、基建部门领用材料，应当持有生产管理部门及其他相关部门核准的领料单。超出存货领料限额的，应当经过特别授权。

（2）库存商品的发出需要经过相关部门批准，大批商品、贵重商品或危险品的发出应当得到特别授权。仓库应当根据经审批的销售通知单发出货物，并定期将发货记录同销售部门和财会部门核对。

（3）企业应当明确发出存货的流程，落实责任人，及时核对有关票据凭证，确保其与存货品名、规格、型号、数量、价格一致。

（4）企业财会部门应当针对存货种类繁多、存放地点复杂、出入库发生频率高等特点，加强与仓储部门经常性账实核对工作，避免出现将已入库存货不入账或已发出存货不销账之情形。

7. 企业应当制定并选择适当的存货盘点制度，明确盘点范围、方法、人员、频率、时间等

（1）企业应当制定详细的盘点计划，合理安排人员、有序摆放存货、保持盘点记录的完整，及时处理盘盈、盘亏。对于特殊存货，可以聘请专家采用特定方法进行盘点。

（2）存货的盘盈、盘亏应当及时编制盘点表，分析原因，提出处理意见，经相关部门批准后，在期末结账前处理完毕。

（3）仓储部门应通过盘点、清查、检查等方式全面掌握存货的状况，及时发现存货的残、次、冷、背等情况。仓储部门对残、次、冷、背存货的处置，应当选择有效的处理方式，并经相关部门审批后作出相应的处置。

三、参考答案

【情境演练3－1】

业务1： 600×50＋2 000＋200＝32 200（元）

业务2： 发出材料成本＝200×300＋300×310＝153 000（元）

业务3： 全月一次加权平均单位成本＝（200×100＋300×110）÷（200＋300）＝106（元/千克）

月末库存材料数量＝200＋300－400＝100（元）

月末结存材料成本＝100×106＝10 600（元）

业务4：

（1）先进先出法。

5日发出甲材料成本＝80×1 000＝80 000（元）

12日发出甲材料成本＝20×1 000＋50×1 050＋60×980＝131 300（元）

25日发出甲材料成本＝10×980＋20×1 100＝31 800（元）

月末结存甲材料成本＝60×1 100＝66 000（元）

（2）全月一次加权平均法。

甲材料全月一次加权平均单位成本＝（100×1 000＋50×1 050＋70×980＋80×1 100）÷（100＋50＋70＋80）＝1 030.33（元/千克）

月末结存甲材料成本＝60×1 030.33＝61 819.8（元）

本月发出甲材料成本＝240×1 030.33＝247 279.2（元）

业务5：

材料成本差异率 =[(-6+12)÷(400+2 000)]×100% =0.25%

领用材料实际成本 =1 600×0.25% +1 600 =1 604（万元）

12月末结存材料实际成本 =800×0.25% +800 =802（万元）

业务6：

应计提的跌价准备 =(20-16)+(36-30)=10（万元）

【情境演练3-2】

业务1：	借：管理费用	125	
	贷：周转材料——清洁用具		125
业务2：	借：制造费用	3 600	
	贷：周转材料——劳保用品		3 600
业务3：	借：制造费用	650	
	贷：周转材料——包装物		650
业务4：	借：销售费用	74	
	贷：周转材料——包装物		74
业务5：	借：其他业务成本	50	
	贷：周转材料——包装物		50
	借：银行存款	90	
	贷：其他业务收入		79.65
	应交税费——应交增值税（销项税额）		10.35
业务6：	借：银行存款	1 000	
	贷：其他应付款——天和公司		1 000
	借：周转材料——出租塑料桶	800	
	贷：周转材料——库存未用塑料桶		800
	借：其他业务成本	400	
	贷：周转材料——塑料桶摊销		400
业务7：	借：银行存款	678	
	贷：其他业务收入		600
	应交税费——应交增值税（销项税额）		78
业务8：	借：周转材料——库存已用塑料桶	800	
	贷：周转材料——出租塑料桶		800
	借：其他业务成本	40	
	贷：周转材料——塑料桶摊销		40
	借：周转材料——塑料桶摊销	80	
	贷：周转材料——库存已用塑料桶		80
业务9：	借：其他应付款——天和公司	1 000	
	贷：银行存款		1 000

【情境演练3-3】

业务1：	借：材料采购——甲材料	61 000	

应交税费——应交增值税（进项税额）　7 930
　贷：银行存款　68 930

业务2：借：原材料——甲材料　59 800
　材料成本差异——甲材料　1 200
　贷：材料采购　61 000

业务3：借：生产成本——基本生产成本　50 000
　贷：原材料——甲材料　50 000
借：生产成本——基本生产成本　851.7
　贷：材料成本差异——甲材料　851.7

【情境演练3-4】

业务1：

（1）第一季度商品毛利率=[（600-510）÷600]×100%=15%

（2）4月份：

①销售毛利=300×15%=45（万元）

②销售成本=300-45=255（万元）

（3）5月份：

①销售毛利=500×15%=75（万元）

②销售成本=500-75=425（万元）

（4）6月份销售成本=400+880-255-425-420=180（万元）

业务2：

（1）商品进销差价率=[（10+90）÷（40+360）]×100%=25%

（2）已销商品成本=340-340×25%=255（万元）

（3）期末库存商品成本=30+270-255=45（万元）

4 学习情境四 固定资产和投资性房地产的核算

情境学习目标

- 能正确判断固定资产、投资性房地产的范畴；
- 清楚固定资产的确认原则，能熟练掌握固定资产的取得及后续业务处理的方法；
- 清楚投资性房地产的确认原则，能熟练掌握投资性房地产的取得及后续核算的方法；
- 能正确编制和审核固定资产及投资性房地产业务的会计凭证；
- 能完成固定资产及投资性房地产总账和明细账的建立；
- 能完成固定资产及投资性房地产账簿的登记；
- 能了解涉及固定资产及投资性房地产业务的基本程序；
- 能了解核算结果提供的管理信息。

情境关键术语

- 固定资产
- 投资性房地产

情境有关参考资料

- 《企业会计准则第3号——投资性房地产》
- 《企业会计准则第4号——固定资产》
- 《初级会计实务》——全国会计专业技术初级资格考试辅导用书

学习子情境一
固定资产取得的核算

☞ 科目设置

为完成有关取得固定资产的核算工作，应设置“固定资产”“在建工程”等科目。

“固定资产”科目属于资产类，核算企业持有固定资产的成本。借方登记增加的固定资产成本，贷方登记转出的固定资产成本，期末余额在借方，反映企业现有的固定资产成本。该科目通常按固定资产项目进行明细核算。

“在建工程”科目属于资产类，核算企业基建、更新改造等正在建设的工程发生的各项支出。借方登记在建工程发生的各项成本，贷方登记达到预定可使用状态的固定资产成本。期末余额在借方，反映企业尚未达到预定可使用状态的在建工程已投入的成本。该科目通常按建设项目进行明细核算。

知识准备

一、固定资产的概念

固定资产是指同时具有以下特征的有形资产：第一，为生产商品、提供劳务、出租或经营管理而持有的；第二，使用寿命超过一个会计年度。

从这一定义可以看出，作为企业的固定资产应具备以下两个特征：

第一，企业持有固定资产的目的，是为了生产商品、提供劳务、出租或经营管理的需要，而不像商品一样为了对外出售。这一特征是固定资产区别于商品等流动资产的重要标志。

第二，企业使用固定资产的期限较长，使用寿命一般超过一个会计年度。这一特征表明企业固定资产的收益期超过一年，能在一年以上的时间为企业创造利益。

二、固定资产的分类

企业的固定资产种类繁多、规格不一，为加强管理，便于组织会计核算，有必要对其进行科学、合理的分类。通常使用的分类方法有以下几种：

（1）按固定资产经济用途分类，可分为生产经营用固定资产和非生产经营用固定资产。

(2)按固定资产使用情况分类，可分为使用中固定资产、未使用固定资产和不需用固定资产。

(3)按固定资产的所有权分类，可分为自有固定资产和租入固定资产。

(4)按固定资产的经济用途和使用情况综合分类，一般分为大类：生产经营用固定资产，非生产经营用固定资产，租出固定资产，不需用固定资产，融资租入固定资产和土地。其中，土地是指过去已经估价单独入账的土地。因征地而支付的补偿费，应计入与土地有关的房屋建筑物的价值内，不单独作为土地价值入账。企业取得的土地使用权不能作为固定资产管理。

三、固定资产的确认

固定资产在同时满足以下两个条件时，才能予以确认。

(一)与该固定资产有关的经济利益很可能流入企业

资产最基本的特征是预期能给企业带来经济利益，固定资产也应该满足。在实务工作中，首先，需要判断该项固定资产所包含的经济利益是否很可能流入企业。如果该项固定资产相关的经济利益不是很可能流入企业，那么，即使其满足固定资产的其他确认条件，企业也不能将其确认为固定资产；如果该固定资产的相关经济利益很可能流入企业，并同时满足固定资产确认的其他条件，那么，企业应将其确认为固定资产。

在实务中，判断固定资产包含的经济利益是否很可能流入企业，主要依据与该固定资产所有权相关的风险和报酬是否转移给了企业。其中，与固定资产所有权相关的风险，是指由于经营情况变化造成的相关收益的变动，以及由于资产闲置、技术陈旧等原因造成的损失；与固定资产所有权相关的报酬，是指在固定资产使用寿命内直接使用该资产而获得的收入以及处置该资产所实现的利得等。通常，取得固定资产的所有权是判断与固定资产所有权相关的风险和报酬转移给企业的一个重要标志。凡是所有权已属于企业，无论企业是否收到或持有该固定资产，均可作为企业的固定资产；反之，即使存放在企业，也不能作为企业的固定资产。有时某项固定资产的所有权虽然不属于企业，但是，企业能够控制该项固定资产所包含的经济利益流入企业，在这种情况下，可以认为与固定资产所有权相关的风险和报酬实质上已经转移给企业，也可以作为企业的固定资产加以确认。比如，融资租入固定资产，企业（承租人）虽然不拥有该固定资产的所有权，但企业能够控制该固定资产所包含的经济利益，与固定资产所有权相关的风险和报酬实质上已转移到了企业，因此，符合固定处置确认的第一个条件。

(二)该固定资产的成本能够可靠计量

成本能够可靠计量，是资产确认的一项基本条件。固定资产作为企业资产的重要组成部分要予以确认，其成本也必须能够可靠计量。如果固定资产的成本能够可靠计量，并同时满足其他确认条件，就可以加以确认；否则，企业不应加以确认。

企业在确定固定资产成本时，有时需要根据所获得的最新资料，对固定资产的成本进行合理估计。比如，企业对于已达到预定可使用状态的固定资产，在尚未办理竣工决算前，需要根据工程预算、工程造价或者工程实际发生的成本等资料，按估计价值确定固定资产的成本，待办理竣工决算后，再按照实际成本调整原来的暂估价值。

在实务中，对于固定资产进行确认时，还需要注意以下两个问题：

第一，固定资产各组成部分具有不同使用寿命或以不同方式为企业提供经济利益，适用不同折旧率或折旧方法的，应当分别将各组成部分确认为单项固定资产。

第二，与固定资产有关的后续支出，满足固定资产确认条件的，应当计入固定资产成本；不满足固定资产确认条件的，应当在发生时计入当期损益。

核算内容

一、外购的固定资产

外购固定资产，其成本包括购买价款、相关税费、使固定资产达到预定可使用状态前所发生的可归属于该项资产的运输费、装卸费、安装费和专业人员的服务费等。

1. 购入不需要经过建造过程即可使用的固定资产

按照实际支付的购买价款、相关税费、使固定资产达到预定可使用状态前所发生的可归属于该项资产的运输费、装卸费、专业人员的服务费等，作为固定资产的成本，计入“固定资产”科目的借方。

若企业为增值税一般纳税人，则企业购进固定资产的进项税额不纳入固定资产成本核算，可以在销项税额中抵扣。

注意：企业以一笔款项购入多项没有单独标价的固定资产。按各固定资产公允价值的比例对总成本进行分配，分别确定各项固定资产的成本。

2. 购入需要安装的固定资产

购入需要安装的固定资产，应在购入不需要安装的固定资产取得成本的基础上加上安装调试成本等，作为购入固定资产的成本，先通过“在建工程”科目归集其成本，待达到预定可使用状态时，再由“在建工程”科目转入“固定资产”科目。

如果安装的固定资产在安装过程中领用生产用原材料，按所领用原材料成本，借记“在建工程”科目，贷记“原材料”；领用企业生产的产成品时，按所领用产成品成本，借记“在建工程”科目，贷记“库存商品”。

典型案例

1. 购入不需要安装的设备

案例 4-1：2019 年 5 月 8 日，甲公司购入一台不需要安装即可投入使用的生产设备，从销售方取得的增值税专用发票上注明的设备售价 30 000 元，增值税 3 900 元。设备运输过程中，从包装公司取得的增值税专员发票上注明包装费 400 元，增值税 24 元；从运输公司取得的增值税专员发票上注明运费 300 元，增值税 27 元。所有款项均以银行存款支付。

（1）计算固定资产的成本：固定资产成本 = 30 000 + 300 + 400 = 30 700（元）

（2）编制购入固定资产的会计分录：

借：固定资产　　30 000
　　应交税费——应交增值税（进项税额）　　3 951
　　贷：银行存款　　33 951

2. 购入需要安装的设备

案例4－2：甲公司为增值税一般纳税人，适用13%的增值税税率。2019年6月1日购入一台需要安装的设备，从销售方取得的增值税专用发票上注明设备售价500 000元，增值税65 000元。从运输公司取得的增值税专用发票上注明运费2 500元，增值税225元。所有款项均已通过银行支付。

借：在建工程　　502 500
　　应交税费——应交增值税（进项税额）　　65 225
　　贷：银行存款　　567 725

3. 购入需要安装的设备后，安装时领用材料、产品，或支付安装工人工资等

案例4－3：安装设备时，领用本公司生产用原材料一批，成本30 000元，购进该批材料时已认证的增值税进项税额为4 800元。

借：在建工程　　30 000
　　贷：原材料　　30 000

案例4－4：接案例4－3，安装设备时，领用本公司库存商品一批，成本5 000元，市场价格10 000元。

借：在建工程　　5 000
　　贷：库存商品　　5 000

案例4－5：接案例4－4，安装设备时，支付本公司安装工人工资4 900元。

借：在建工程　　4 900
　　贷：应付职工薪酬　　4 900

4. 安装的设备达到预定可使用状态

案例4－6：接案例4－5，设备安装完毕达到预定可使用状态。

借：固定资产　　542 400
　　贷：在建工程　　542 400

二、自行建造的固定资产

自行建造的固定资产，按建造该项资产达到预定可使用状态前所发生的全部支出，作为入账价值。在核算时应先通过“在建工程”科目，待达到预定可使用状态时再转入“固定资产”科目。

（一）自营工程

自营工程是指企业自行组织工程物资采购、组织施工人员施工的建筑工程和安装工程。

购入工程物资时，借记“工程物资”科目，贷记“银行存款”等科目。

领用工程物资时，借记“在建工程”科目，贷记“工程物资”科目。

自营工程发生的其他费用（如分配工程人员工资等），借记“在建工程”科目，贷记“银行存款”“应付职工薪酬”等科目。

自营工程达到预定可使用状态时，按其成本，借记“固定资产”科目，贷记“在建工程”科目。

（二）出包工程

如果企业建造固定资产采用了出包方式，企业支付给建造商的工程价款通过“在建工程”科目核算，工程达到预定可使用状态时，按实际发生的全部支出，由“在建工程”科目转入“固定资产”科目。

典型案例

一、自营修建固定资产

1. 购入工程物资

案例 4－7：某公司为增值税一般纳税人，适用 13% 的增值税税率。公司决定自行建造办公楼一幢，购入了为建造办公楼所需的各种物资，买价 500 000 元，增值税 65 000 元，已取得增值税专用发票。所有物资已经全部领用。

（1）购入工程物资并验收入库：

借：工程物资　　500 000

　　贷：银行存款　　500 000

（2）领用工程物资：

借：在建工程——办公楼　　500 000

　　贷：工程物资　　500 000

2. 领用公司生产的产品、计算分配工程人员工资及其他费用

案例 4－8：接案例 4－7，领用本公司生产的水泥一批，实际成本 80 000 元，计税价格 100 000 元。

借：在建工程——办公楼　　80 000

　　贷：库存商品　　80 000

案例 4－9：接案例 4－8，计算分配工程人员工资 100 000 元。

借：在建工程——办公楼　　100 000

　　贷：应付职工薪酬——工资　　100 000

案例4-10：接案例4-9，通过银行转账支付其他费用30 000元。

借：在建工程——办公楼　　30 000

　　贷：银行存款　　30 000

3. 达到预定可使用状态

案例4-11：接案例4-10，办公楼完工并达到预定可使用状态，交付使用。

完工办公楼成本＝500 000＋80 000＋100 000＋30 000＝710 000（元）

借：固定资产——办公楼　　710 000

　　贷：在建工程——办公楼　　710 000

二、出包工程

案例4-12：某企业将一幢厂房的建造工程出包给丙公司承建，合同总造价1 000万元。合同规定工程开工时支付第一笔工程款300万元；建造过程中完工程度达到50%时支付第二笔工程款400万元；工程完工达到预定可使用状态并收到丙公司有关工程结算单据时，支付剩余工程款300万元。

1. 支付第一笔款

借：在建工程——厂房　　3 000 000

　　贷：银行存款　　3 000 000

2. 支付第二笔款

借：在建工程——厂房　　4 000 000

　　贷：银行存款　　4 000 000

3. 支付第三笔款

借：在建工程——厂房　　3 000 000

　　贷：银行存款　　3 000 000

4. 工程完工并达到预定可使用状态

借：固定资产——厂房　　10 000 000

　　贷：在建工程——厂房　　10 000 000

情境演练4-1

凯源公司为增值税一般纳税人，适用增值税率13%。该公司因生产需要，决定自行建造一间材料仓库，2019年7月至10月发生如下经济业务：

业务1：7月，购入工程用专项物资一批，增值税专用发票上注明价款200 000元，增值税额26 000元，该批专项物资验收入库，款项以银行存款支付。

业务2：7月，领用上述专项物资用于仓库建设。

业务3：7月，领用本单位生产的水泥一批用于仓库修建，该批水泥成本20 000元，计税价格30 000元。

业务4：8月，领用本单位生产用原材料一批用于仓库修建，该批材料实际成本10 000元，购入时已认证的可抵扣增值税税额1 220元。

业务5：7月至10月，根据工资费用分配表，应付工程人员工资200 000元。

业务6：7月至10月，用银行存款支付其他费用总计9 200元。

业务7：10月，该仓库达到预定可使用状态并交付使用，预计可使用20年，预计净残值20 000元，采用年限平均法计提折旧。

要求：（1）查找资料，了解上述业务完成的过程以及涉及的部门；

（2）确认上述业务发生或完成时应取得的单据；

（3）编制上述业务的会计分录。

学习子情境二
固定资产的后续核算

☞ 科目设置

为完成固定资产后续的核算工作，应设置“累计折旧”“待处理财产损溢”“以前年度损益调整”“固定资产减值准备”“固定资产清理”“资产处置损益”等科目。

（1）“累计折旧”科目属于资产类，用以核算固定资产提取的折旧。“累计折旧”科目是“固定资产”的备抵调整科目，贷方登记企业计提的固定资产折旧，借方登记处置固定资产转出的累计折旧。

（2）“待处理财产损溢”科目属于资产类，核算企业在清查过程中查明的各种财产物资盘盈（固定资产盘盈除外）、盘亏和毁损的价值。本科目借方登记盘亏的资产价值以及结转的盘盈资产价值，贷放登记盘盈资产价值以及结转的盘亏资产价值。本科目可按盘盈、盘亏的资产种类和项目进行明细核算。企业的财产损溢，应查明原因，在期末结账前处理完毕，处理后本科目应无余额。

（3）“以前年度损益调整”科目属于损益类，核算企业本年度发生的调整以前年度损益的事项以及本年度发现的重要前期差错更正涉及调整以前年度损溢的事项。本科目结转后应无余额。

（4）“固定资产减值准备”科目属于资产类，也是“固定资产”的备抵调整科目，核算固定资产的减值准备。贷方登记固定资产发生的减值，借方登记结转的减值准备。期末贷方余额反映企业已计提但尚未转销的固定资产价值准备。

(5)“固定资产清理”科目属于资产类，核算出售、报废、毁损、对外投资、非货币性资产交换、债务重组等原因转出固定资产价值以及在清理过程中发生的费用等。该科目借方登记待转出的固定资产的账面价值、处置过程中发生的各项费用，贷方登记处置过程中取得的各项收入以及应向保险公司或过失人索赔的款项。固定资产清理完成后，应将该科目余额结转至“资产处置损益”科目。该科目的期末借方余额反映企业尚未清理完毕的固定资产清理净损失。

(6)“资产处置损益”科目属于损益类，贷方登记因处置固定资产产生的净收益，借方登记因处置固定资产产生的净损失，期末结转“本年利润”科目。

核算内容

一、固定资产的修理和改良

固定资产的后续支出是指固定资产在使用过程中发生的更新改造支出、修理费用等，企业的固定资产投入使用后，由于各个组成部分耐用程度不同或者使用的条件不同，因而往往发生固定资产的局部破坏。为了保持固定资产的正常运转和使用，充分发挥其使用效能，就必须对其进行必要的后续支出。

固定资产的更新改造等后续支出，满足固定资产确认条件的，应当计入固定资产成本。如有被替换的部分，应同时将被替换部分的账面价值从该固定资产原账面价值中扣除。不满足固定资产确认条件的固定资产修理费用等，应当在发生时计入“管理费用”等科目。

在对固定资产发生可资本化的后续支出后，企业应将该固定资产的原价、已计提的累积折旧和减值准备转销，将固定资产的账面价值转入“在建工程”，并停止计提折旧。固定资产发生的可资本化的后续支出，通过“在建工程”科目核算。在固定资产发生的后续支出完工并达到预定可使用状态时，从“在建工程”科目转入“固定资产”科目，并按重新确定的使用寿命、预计净残值和折旧方法计提折旧。

企业生产车间（部门）和行政管理部门等发生的固定资产修理费用等后续支出，借记“管理费用”等科目，贷记“银行存款”等科目；企业发生的与专设销售机构相关的固定资产修理费用等后续支出，借记“销售费用”科目，贷记“银行存款”等科目。

在具体实务中，对于固定资产发生的下列各项后续支出，通常的处理方法为：

（1）固定资产修理费用，应当直接计入当期费用。

（2）固定资产改良支出，应当计入固定资产账面价值。

（3）如果不能区分是固定资产修理还是固定资产改良，或固定资产修理和固定资产改良结合在一起，则企业应当判断，与固定资产有关的后续支出，是否满足固定资产的确认条件。如果该后续支出满足了固定资产的确认条件，后续支出应当计入固定资产账面价值；否则，后续支出应当确认为当期费用。

（4）固定资产装修费用，如果满足固定资产的确认条件，装修费用应当计入固定资产的账面价值，并在"固定资产"科目下单设"固定资产装修"明细科目进行核算，在两次装修间隔期间与固定资产尚可使用年限两者中较短的期间内，采用合理的方法单独计提折旧。如果在下次装修时，与该项固定资产相关的"固定资产装修"明细科目仍有账面价值，应将该账面价值一次全部计入当期营业外支出。

典型案例

1. 修理固定资产

案例 4－13：2019 年 6 月 1 日，甲公司对现有的一台生产用设备进行日常修理，修理过程中领用材料成本 100 000 元，增值税率 13%，计算分配维修人员工资 20 000 元。

借：管理费用	120 000	
贷：原材料		100 000
应付职工薪酬		20 000

2. 改良固定资产

（1）注销改良固定资产，将其账面价值转入"在建工程"。

案例 4－14：某企业对一条生产线进行更新改造。该生产线原值 1 200 000 元，已提折旧 600 000 元。

借：在建工程——生产线	600 000	
累计折旧	600 000	
贷：固定资产——生产线		1 200 000

（2）固定资产改良过程中领用材料，耗费人工等。

案例 4－15：接案例 4－14，生产线改造过程中领用材料成本 300 000 元，计算分配改良工人工资 20 000 元。

借：在建工程——生产线	320 000	
贷：原材料		300 000
应付职工薪酬		20 000

（3）固定资产改良工程中，替换核心零部件。

案例 4－16：接案例 4－15，该生产线改造工程中被替换的核心部件的账面价值 50 000 元，假设被替换部分已无使用价值和转让价值。

借：营业外支出	50 000	
贷：在建工程——生产线		50 000

（4）固定资产改良完成，达到预定可使用状态。

案例 4－17：接案例 4－16，上述生产线改造完成，达到预定可使用状态。

借：固定资产——生产线　　870 000

　　贷：在建工程——生产线　　870 000

二、固定资产折旧

（一）固定资产折旧的范围

企业应当对所有固定资产计提折旧，但是，已提足折旧仍继续使用的固定资产和单独计价入账的土地除外。

折旧，是指在固定资产使用寿命内，按照确定的方法对应计折旧额进行系统分摊。

应计折旧额，是指应当计提折旧的固定资产的成本扣除其预计净残值后的金额。已计提减值准备的固定资产，还应当扣除已计提的固定资产减值准备累计金额。

（二）影响折旧的因素

影响折旧的因素主要有以下几个方面：

（1）固定资产原始价值（简称原值），即固定资产取得时确认的成本。计提折旧时，应以月初应计折旧的固定资产账面原值为依据。

（2）预计净残值，是指假定固定资产预计使用寿命已满并处于使用寿命终了时的预期状态，企业目前从该项资产处置中获得的扣除预计处置费用后的金额。

（3）固定资产减值准备，是指固定资产已计提的固定资产减值准备的累计金额。

（4）固定资产的折旧年限，是指企业使用固定资产的预计期间，或者该固定资产所能生产产品或提供劳务的数量。在我国，企业确定固定资产折旧年限时，一般与使用寿命混用，在确认折旧年限时，应当考虑下列因素：该项资产预计生产能力或实物产量；该项资产预计有形损耗，如设备使用中发生磨损、房屋建筑物受到自然侵蚀等；该项资产预计无形损耗，如因新技术的出现而使现有的资产技术水平相对陈旧、市场需求变化使产品过时等；法律或者类似规定对该项资产使用的限制。

总之，企业应当根据固定资产的性质和使用情况，合理确定固定资产的使用寿命和预计净残值。固定资产的使用寿命和预计净残值一经确定，不得随意变更，但是符合《企业会计准则第4号——固定资产》第十九条规定的除外。

注意：

第一，固定资产按月计提折旧，当月增加的固定资产当月不计提折旧，从下月起计提折旧；当月减少的固定资产当月照提折旧，从下月起不提折旧。

第二，固定资产提足折旧后，不论能否继续使用，均不再计提折旧；提前报废的固定资产，不再补提折旧。

第三，已达到预定可使用状态但尚未办理竣工决算的固定资产，应当按照估计价值确定其成本，并计提折旧；待办理竣工决算后，再按实际成本调整原来的暂估价，但不需调整原已计提的折旧额。

第四，企业至少应当于每年年度终了，对固定资产的使用寿命、预计净残值和折旧方法进行复核。如有改变作为会计估计变更。

（三）折旧方法

折旧方法可以采用年限平均法、工作量法、双倍余额递减法、年数总和法等。企业应当根据与固定资产有关的经济利益的预期实现方式，合理选择固定资产折旧方法，折旧方法的选择应当遵循可比性原则，如需变更，在会计报表附注中予以说明。

1. 年限平均法

年折旧额 =（固定资产原价 - 预计净残值）/预计使用寿命（年）

年折旧率 =（年折旧额/固定资产原值）×100%

预计净残值率 =（预计净残值/固定资产原值）×100%

月折旧额 = 年折旧额/12

2. 工作量法

单位工作量折旧额 =（原值 - 预计净残值）/总工作量

月折旧额 = 当月工作量 × 单位工作量折旧额

3. 双倍余额递减法

年折旧率 =（2/预计使用年限）×100%

年折旧额 = 固定资产年初账面价值 × 年折旧率

月折旧额 = 年折旧额/12

注意：在固定资产折旧年限到期的最后两年内，将固定资产的账面价值扣除预计净残值后的差额平均摊销。

4. 年数总和法

年折旧率 =（尚可使用年限/预计使用年限的年数总和）×100%

年折旧额 =（固定资产原值 - 预计净残值）× 年折旧率

月折旧额 = 年折旧额/12

典型案例

1. 四种折旧方法折旧额的计算

案例 4 - 18：甲公司有一幢厂房，原值为 5 000 000 元，预计可使用 20 年，预计报废时的净残值率为 2%。采用年限平均法计算该厂房的折旧率、折旧额。

本例采用年限平均法计提固定资产折旧，其特点是将固定资产的应计折旧额均衡地分摊到固定资产预计使用寿命内，采用这种方法计算的每期折旧额是相等的。

年折旧额 =（5 000 000 - 5 000 000 × 2%）/20 = 245 000（元）

年折旧率 =（245 000 ÷ 5 000 000）× 100% = 4.9%

或年折旧率 =（1 - 2%）/20 = 4.9%

月折旧率 = 4.9%/12 = 0.41%

月折旧额 = 5 000 000 × 0.41% = 20 500（元）

案例 4 - 19：某企业的一辆运货卡车原值 600 000 元，预计总行驶里程500 000公里，预计报废时的净残值率5%，本月行驶里程4 000公里。

本例采用工作量法计提固定资产折旧，工作量法是指根据实际工作量计算每期应提折旧额的一种方法。该卡车本月折旧额计算如下：

单位里程折旧额 =600 000 ×(1 -5%)/500 000 =1.14（元/公里）

本月折旧额 =4 000 ×1.14 =4 560（元）

案例4 -20：某企业一项固定资产的原值1 000 000元，预计使用年限为5年，预计净残值为4 000元。按双倍余额递减法计提折旧，每个折旧年度年的折旧额计算如下：

年折旧率 =2/5 ×100% =40%

第1年应提的折旧额 =1 000 000 ×40% =400 000（元）

第2年应提的折旧额 =(1 000 000 -400 000)×40% =240 000（元）

第3年应提的折旧额 =(600 000 -240 000)×40% =144 000（元）

第4年、第5年的年折旧额 =[(360 000 -144 000) -4 000]/2

=106 000（元）

每年各月折旧额根据年折旧额除以12来计算。

案例4 -21：接案例4 -20，假如采用年数总和法，计算的各年折旧额如下表所示。

采用年数总和法计提固定资产折旧，年数总和法又称年限合计法，是指将固定资产的原值减去预计净残值后的余额，乘以一个逐年递减的分数计算每年的折旧额，这个分数的分子代表固定资产尚可使用寿命，分母代表预计使用寿命逐年数字总和。

年份	尚可使用年限	原价 - 净残值	变动折旧率	年折旧额	累计折旧
1	5	996 000	5/15	332 000	332 000
2	4	996 000	4/15	265 600	597 600
3	3	996 000	3/15	199 200	796 800
4	2	996 000	2/15	132 800	929 600
5	1	996 000	1/15	66 400	996 000

2. 计提折旧的业务处理

案例4 -22：月末，某企业计提本月固定资产折旧共500 000元，其中车间设备计提280 000元，销售部门设备计提50 000元，管理部门设备计提150 000元，出租营业用房计提20 000元。

借：制造费用　　280 000

　　销售费用　　50 000

　　管理费用　　150 000

　　其他业务成本　　20 000

　　贷：累计折旧　　500 000

三、固定资产清查

企业应定期或者至少于每年年末对固定资产进行清查盘点，以保证固定资产核算的真实性，充分挖掘企业现有固定资产的潜力。在固定资产清查过程中，如果发现盘盈、盘亏的固定资产，应填制固定资产盘盈盘亏报告表。清查固定资产的损溢，应及时查明原因，并按照规定程序报批处理。

企业在财产清查中盘盈的固定资产，作为前期差错处理。企业在财产清查中盘盈的固定资产，在按管理权限报经批准处理前应先通过“以前年度损益调整”科目核算，不再通过“待处理财产损溢”科目核算。盘盈的固定资产，应按重置成本确定其入账价值，借记“固定资产”科目，贷记“以前年度损益调整”科目。

盘亏的固定资产通过“待处理财产损溢”科目核算。盘亏或毁损的固定资产，在扣除过失人或者保险公司等赔款和残料价值之后，计入当期“营业外支出”。

如盘亏或毁损的固定资产在期末结账前尚未经批准的，在对外提供财务会计报告时应按上述规定进行处理，并在会计报表附注中作出说明；如果其后批准处理的金额与已处理的金额不一致，应按其差额调整会计报表相关项目的年初数。

典型案例

1. 固定资产盘亏

案例4-23：乙公司进行财产清查时发现短缺一台笔记本电脑，原值10 000元，已计提折旧7 000元。该短缺电脑可获得保险公司赔款2 000元。乙公司应作如下会计处理：

（1）根据固定资产盘点报告单：

借：待处理财产损溢——待处理固定资产损溢	3 000	
累计折旧——笔记本电脑	7 000	
贷：固定资产——笔记本电脑		10 000

（2）报经批准转销：

借：营业外支出——固定资产盘亏损失	1 000	
其他应收款——保险公司	2 000	
贷：待处理财产损溢——待处理固定资产损溢		3 000

2. 固定资产盘盈

案例4-24：丁公司在财产清查过程中，发现一台未入账的设备，重置成本为30 000元（假定与其计税基础不存在差异）。根据《企业会计准则第28号——会计政策、会计估计变更和差错更正》规定，该盘盈固定资产作为前期差错进行处理。假设丁公司适用所得税税率为25%，按净利润的10%计提法定盈余公积。丁公司应作如下会计处理：

（1）盘盈固定资产：

借：固定资产	30 000	
贷：以前年度损益调整		30 000

（2）计算应交的所得税：

借：以前年度损益调整　　7 500

　　贷：应交税费——应交所得税　　7 500

（3）结转为留存收益：

借：以前年度损益调整　　22 500

　　贷：盈余公积——法定盈余公积　　2 250

　　　　利润分配——未分配利润　　20 250

四、固定资产减值

固定资产在资产负债表日的可收回金额低于其账面价值的，企业应将该固定资产的账面价值减记至可收回金额，同时确认为资产减值损失，计提固定资产减值准备。

固定资产减值损失一经确认，在以后会计期间不得转回。

计提固定资产减值准备的会计分录：

借：资产减值损失

　　贷：固定资产减值准备

典型案例

案例4-25：2018年12月31日，丁公司的某生产线存在可能发生减值的迹象。经计算，该生产线的可收回金额合计为1 230 000元，账面价值为1 400 000元，以前年度未对该生产线计提过减值准备。

由于该生产线的可收回金额为1 230 000元，账面价值为1 400 000元，可收回金额低于账面价值，应按两者之间的差额170 000（1 400 000-1 230 000）元计提固定资产减值准备。丁公司应作如下会计处理：

借：资产减值损失——计提的固定资产减值准备　　170 000

　　贷：固定资产减值准备　　170 000

五、固定资产处置

企业在生产经营过程中，可能将未使用或不需用的固定资产对外出售转让，或因磨损、技术进步等原因对固定资产进行报废，或因遭受自然灾害而对毁损的固定资产进行处理。对于上述事项在进行会计核算时，应按规定程序办理有关手续，结转固定资产的账面价值，计算有关的清理收入、清理费用及残料价值等。

固定资产处置包括固定资产的出售、报废、毁损、对外投资、非货币性资产交换、债务重组等。企业出售、报废或者毁损的固定资产通过“固定资产清理”科目核算，具体包括以下几个环节：

（1）固定资产转入清理。企业因出售、报废、毁损、对外投资、非货币性资产交换、债务重组等转出的固定资产，按该项固定资产的账面价值，借记“固定资产清理”科目，按已计提的累计折旧，借记“累计折旧”，按已计提的减值准备，借记“固定资产减值准备”，按其账面原值，贷记“固定资产”科目。

（2）发生的清理费用等。固定资产清理过程中应支付的其他费用，借记“固定资产清理”科目，贷记“银行存款”等科目。

（3）收回出售固定资产的价款、残料价值和变价收入等，借记“银行存款”“原材料”等科目，贷记“固定资产清理”科目。

（4）保险赔偿等的处理。应由保险公司或过失人赔偿的损失，借记“其他应收款”等科目，贷记“固定资产清理”科目。

（5）清理净损益的处理。固定资产清理完成后的净损益，属于正常出售、转让所产生的利得或损失，借记或贷记“资产处置损益”科目，贷记或借记“固定资产清理”科目；属于已丧失使用功能正常报废所产生的损失，以及属于自然灾害等非正常原因造成的损失，借记“营业外支出”科目，贷记“固定资产清理”科目。

典型案例

案例 4－26： 乙公司现有一台设备由于性能等原因决定提前报废，原值为 500 000 元，已计提折旧 450 000 元，未计提减值准备。清理过程中，收回残值变价收入 20 000 元，支付清理费用 3 500 元，不考虑其他条件。

（1）将报废设备账面价值转入“固定资产清理”：

借：固定资产清理　　50 000
　　累计折旧　　450 000
　　贷：固定资产　　500 000

（2）确认变价收入：

借：银行存款　　20 000
　　贷：固定资产清理　　20 000

（3）支付清理费用：

借：固定资产清理　　3 500
　　贷：银行存款　　3 500

（4）结转设备报废净损失：

借：营业外支出——非流动资报废　　33 500
　　贷：固定资产清理　　33 500

情境演练 4－2

东方公司是增值税一般纳税人，适用增值税率 13%。2020 年，东方公司发生与固定资产相关的如下经济业务：

业务 1： 1 月，购入一台不需要安装的生产用设备，取得增值税专用发票，注明设备买价 200 000 元，已认证的增值税进项税额 26 000 元，款项已用银行存款支付。设备直接交付车间使用。该设备预计可使用 5 年，预计净残值 10 000 元，采用双倍余额递减法计提折旧。

业务2：2 月，计提该项设备折旧。

业务3：7 月，公司停止对该设备的使用，对其进行改良。

业务4：7 月，在对该设备进行改良的过程中，替换了一个核心部件。新部件价值 20 000 元，被替换的旧部件账面价值 8 000 元，假设该旧部件已不具有使用价值和转让价值。

业务5：8 月，该设备改良完成，达到预定可使用状态，交付车间使用。预计可使用年限 5 年，预计净残值 22 000 元，采用年限平均法计提折旧。

业务6：9 月，计提该设备折旧。

业务7：11 月，以银行存款支付设备修理费 1 000 元。

业务8：12 月，公司将该设备出售，开出增值税专用发票，发票中标明设备售价 150 000 元，增值税额 19 500 元，款已收存银行。转让过程中以银行存款支付清理费用 1 000 元。

要求：（1）查找资料，了解上述业务完成的过程以及涉及的部门；

（2）确认上述业务发生或完成时应取得的单据；

（3）编制上述业务的会计分录。

学习子情境三
投资性房地产的核算

科目设置

为了反映投资性房地产的取得、后续计量和处置等情况，企业应当设置“投资性房地产”“投资性房地产累计折旧（摊销）”“公允价值变动损益”“其他业务收入”“其他业务成本”等科目进行核算。投资性房地产作为企业主营业务的，应当设置“主营业务收入”和“主营业务成本”科目核算相关的损益。

(1)“投资性房地产”科目属于资产类，核算企业采用成本模式计量的投资性房地产的成本或采用公允价值模式计量投资性房地产的公允价值。“投资性房地产”科目的借方登记企业投资性房地产的取得成本、资产负债表日其公允价值高于账面余额的差额等；贷方登记资产负债表日其公允价值低于账面余额的差额、处置投资性房地产时结转的成本和公允价值变动等。企业可按投资性房地产类别和项目进行明细核算。

(2)采用公允价值计量模式的投资性房地产，还应当分别设置“成本”和“公允价值变动”明细科目进行核算。采用成本模式计量的投资性房地产的累计折旧或累计摊销，可以单独设置“投资性房地产累计折旧”或“投资性房地产累计摊销”科目，比照“累计折旧、累计摊销”等科目进行账务处理。

(3) 企业采用成本模式计量的投资性房地产发生减值的，还应当设置“投资性房地产减值准备”科目，比照“固定资产减值准备”科目进行账务处理。

(4) “其他业务收入”和“其他业务成本”科目分别核算企业投资性房地产取得租金收入、处置投资性房地产实现的收入和投资性房地产计提的折旧或进行摊销、处置投资性房地产结转的成本。

知识准备

投资性房地产是指为赚取租金或资本增值、或者两者兼有而持有的房地产，主要包括：已出租的建筑物、已出租的土地使用权、持有并准备增值后转让的土地使用权。

投资性房地产应当能够单独计量和出售。主要形式是出租建筑物、出租土地使用权，这实质上属于一种让渡资产使用权行为。房地产租金就是让渡资产使用权取得的使用费收入，是企业为完成其经营目标所从事的经营性活动以及与之相关的其他活动形成的经济利益总流入。

投资性房地产的另一种形式是持有并准备增值后转让的土地使用权，其目的是为了增值后转让以赚取增值收益，也是企业为完成其经营目标所从事的经营活动以及与之相关的其他活动形成的经济利益总流入。但在我国实务中，持有并准备增值后转让土地使用权的情况比较少见。

一、投资性房地产的范围

（一）已出租的土地使用权

是指企业通过出让或转让方式取得，并以经营租赁方式出租的土地使用权。企业计划出租但尚未出租的土地使用权，不属于此类。对于以经营租赁方式租入土地使用权再转租给其他单位的，不能确认为投资性房地产。

（二）持有并准备增值后转让的土地使用权

是指企业取得的、准备增值后转让的土地使用权。这类土地使用权很可能给企业带来资本增值收益，符合投资性房地产的定义。按照我国有关规定认定的闲置土地，不属于持有并准备增值后转让的土地使用权，也就不属于投资性房地产。

（三）已出租的建筑物

是指企业拥有产权的、以经营租赁方式出租的建筑物，包括自行建造或开发活动完成后用于出租的建筑物，一般应自租赁协议规定的租赁期开始日起，经营租出的建筑物才属于已出租的建筑物。通常情况下，空置建筑物，如董事会或类似机构作出书面决议，明确表明将其用于经营出租且持有意图短期内不再发生变化的，即使尚未签订租赁协议，也应视为投资性房地产。这里的空置建筑物，是指企业新购入、自行建造或开发完成但尚未使用的建筑物，以及不再用于日常生产经营活动且经整理后达到可经营出租状态的建筑物。

二、不属于投资性房地产的范围

下列房地产不属于投资性房地产：

（一）自用房地产

即为生产商品、提供劳务或者经营管理而持有的房地产。包括自用建筑物（固定资产）和自用土地使用权（无形资产）。

（二）作为存货的房地产

通常指房地产开发企业在正常经营过程中销售的或为销售而正在开发的商品房和土地。这部分房地产属于房地产开发企业的存货，而非投资性房地产。在实务中，存在某项房地产部分自用或作为存货出售、部分用于赚取租金或资本增值的情形。如某项投资性房地产不同用途的部分能够单独计量和出售的，应当分别确认固定资产（或无形资产、存货）和投资性房地产。

核算内容

一、投资性房地产的初始计量

企业取得的投资性房地产应当按照其取得时的成本进行计量。

（1）外购的投资性房地产。外购投资性房地产的成本，包括购买价款、相关税费和可直接归属于该资产的其他支出。外购取得投资性房地产时，按照取得时的实际成本进行计量，借记“投资性房地产”科目（后续计量采用成本模式下）或“投资性房地产——成本”科目（后续计量采用公允价值模式下），贷记“银行存款”等科目。

（2）自行建造的投资性房地产。企业自行建造投资性房地产的成本，由建造该项房地产达到预定可使用状态前发生的必要支出构成，包括土地开发费、建安成本、应予以资本化的借款费用、支付的其他费用和分摊的间接费用等。建造过程中发生的非正常性损失直接计入当期损益，不计入建造成本。建造完工达到预定可使用状态时，应当按照确定的成本，借记“投资性房地产”科目（后续计量采用成本模式下）或“投资性房地产——成本”科目（后续计量采用公允价值模式下），贷记“在建工程”等科目。

（3）内部转换形成的投资性房地产。企业将作为存货的房地产转换为投资性房地产的，应当按照该项存货在转换日的账面余额或公允价值，借记“投资性房地产”科目（后续计量采用成本模式下）或“投资性房地产——成本”科目（后续计量采用公允价值模式下），按照其账面余额，贷记“开发产品”科目，按照其差额，贷记“其他综合收益”科目（贷方差额情况下）或借记“公允价值变动损益”科目（借方余额情况下）。已计提存货跌价准备的，还应当同时结转存货跌价准备。

企业将自用的建筑物等转换为投资性房地产的，应当按照其在转换日的原价、累计折旧等，分别转入“投资性房地产”“投资性房地产累计折旧”“投资性房地产减值准备”等科目；或者按其在转换日的公允价值，借记“投资性房地产——成本”科目，按照已计提的累计折旧等，借记“累计折旧”等科目，按其账面余额，贷记“固定资产”等科目，按其差额，贷记“其他综合收益”科目（贷方余额情况下）或借记“公允价值变动损益”科目（借方余额情况下）。已计提固定资产减值准备的，还应同时结转固定资产减值准备。

典型案例

案例4-27：2020年4月2日，甲公司外购一栋办公楼出租给乙公司，成本12 000 000元，假定不考虑相关税费，款项已通过银行支付。

借：投资性房地产　　12 000 000

　　贷：银行存款　　12 000 000

二、投资性房地产的后续计量

投资性房地产的后续计量可以选择成本模式或公允价值两种模式，但同一企业只能采用一种模式对其所有投资性房地产进行后续计量，不得同时采用两种计量模式，即不得对一部分投资性房地产采用成本模式进行后续计量，对另一部分投资性房地产采用公允价值模式进行后续计量。

（1）采用成本模式进行后续计量的投资性房地产，应当按照固定资产或无形资产的有关规定，对投资性房地产进行后续计量、计提折旧或进行摊销，取得的租金收入，确认为其他业务收入；投资性房地产存在减值迹象的，还应当按照资产减值的有关规定进行处理，经减值测试后确定发生减值的，应当计提减值准备，已经计提减值准备的投资性房地产，其减值损失在以后的会计期间不得转回。

（2）企业有确凿证据表明其投资性房地产的公允价值能够持续可靠取得的，可以对投资性房地产采用公允价值模式进行后续计量。采用公允价值模式计量的，应当同时满足下列条件：

①投资性房地产所在地有活跃的房地产交易市场；

②企业能够从房地产交易市场上取得同类或类似房地产的市场价格及其他相关信息，从而对投资性房地产的公允价值作出合理的估计。

采用公允价值模式进行后续计量的投资性房地产，不计提折旧或摊销，应当以资产负债表日的公允价值计量。资产负债表日，投资性房地产投资性房地产的公允价值高于其账面余额的差额，借记“投资性房地产——公允价值变动”科目，贷记“公允价值变动损益”科目；公允价值低于其账面余额的差额作相反的会计分录。

取得的租金收入，借记“银行存款”等科目，贷记“其他业务收入”等科目。

（3）投资性房地产后续计量模式的变更。为保证会计信息的可比性，企业对投资性房地产的计量模式一经确定，不得随意变更。只有在房地产市场比较成熟、能够满足采用公允价值模式条件情况下，才允许企业对投资性房地产从成本模式变更为公允价值模式计量。成本模式转为公允价值模式的，应当作为会计政策变更处理，将计量模式变更时公允价值与账面价值的差额，调整期初留存收益。已采用公允价值模式计量的投资性房地产，不得从公允价值模式转为成本模式。

典型案例

1. 采用成本模式进行后续计量的投资性房地产

案例4-28：接案例4-27，假如这栋办公楼按照年限平均法计提折旧，使用年限20年，预计净残值0。按照经营租赁合同，乙公司每月支付甲公司租金60 000元。2020年12月，这栋办公楼出现减值迹象，经减值测试，其可回收金额为9 000 000元，此时办公楼的账面价值为10 000 000元，以前未计提减值准备。

（1）计提折旧：

每月计提的折旧 = 12 000 000 ÷ 20 ÷ 12 = 50 000（元）

借：其他业务成本　　50 000

　　贷：投资性房地产累计折旧　　50 000

（2）确认租金收入：

借：银行存款（或其他应收款）　　60 000

　　贷：其他业务收入　　60 000

（3）计提减值准备：

借：资产减值损失　　1 000 000

　　贷：投资性房地产减值准备　　1 000 000

2. 采用公允价值模式进行后续计量的投资性房地产

案例4-29：甲公司为从事房地产经营开发的企业。2018年8月，甲公司与乙公司签订租赁协议，约定将甲公司开发的一栋精装修的写字楼于开发完成的同时开始租赁给乙公司使用，租赁期为10年。当年10月1日，该写字楼开发完成并开始起租，写字楼的造价和公允价值均为10 000 000元。2018年12月31日，该写字楼的公允价值为13 000 000元。假定甲公司对投资性房地产采用公允价值计量模式。

（1）2018年10月1日，甲公司开发完成写字楼并出租：

借：投资性房地产——成本　　10 000 000

　　贷：开发产品　　10 000 000

（2）2018年12月31日，按公允价值调整账面余额：

借：投资性房地产——公允价值变动　　3 000 000

　　贷：公允价值变动损益　　3 000 000

三、投资性房地产的处置

企业处置采用公允价值模式计量的投资性房地产，应当按照实际收到的金额，借记“银行存款”等科目，贷记“其他业务收入”科目；按照该项投资性房地产的账面价值，借记“其他业务成本”科目，按照该项投资性房地产的累计折旧或累计摊销，借记“投资性房地产累计折旧”或“投资性房地产累计摊销”科目，按照该项投资性房地产的账面余额，贷记“投资性房地产”科目；已计提减值准备的，还应同时结转减值准备，借记“投资性房地产减值准备”科目。

企业处置采用公允价值模式计量的投资性房地产，应当按照实际收到的金额，借记“银行存款”等科目，贷记“其他业务收入”科目；按照该项投资性房地产的账面余额，借记“其他业务成本”科目，按照其成本，贷记“投资性房地产——成本”科目，按照其累计公允价值变动，贷记或借记“投资性房地产——公允价值变动”科目；同时，按照原计入该项投资性房地产的公允价值变动，借记或贷记“公允价值变动损益”科目，贷记或借记“其他业务成本”科目。如果存在原转换日计入其他综合收益的金额，也一并结转。按照该项投资性房地产在转换日计入其他综合收益的金额，借记“其他综合收益”科目，贷记“其他业务成本”科目。

典型案例

1. 采用成本模式计量的投资性房地产的处置

案例 4－30：甲公司将其出租的一栋写字楼确认为投资性房地产，采用成本模式计量。租赁期届满后，甲公司将该栋写字楼出售给乙公司，合同价款为 150 000 000 元，乙公司已用银行存款付清。出售时，该栋写字楼的成本为 140 000 000 元，已提折旧 10 000 000 元。假定不考虑相关税费。

（1）收取处置收入：

借：银行存款　　150 000 000

　　贷：其他业务收入　　150 000 000

（2）结转处置成本：

借：其他业务成本　　130 000 000

　　投资性房地产累计折旧　　10 000 000

　　贷：投资性房地产——写字楼　　140 000 000

2. 采用公允价值模式进行计量的投资性房地产的处置

案例 4－31：甲公司将其出租的一栋写字楼确认为投资性房地产，采用公允价值模式计量。租赁期届满后，甲公司将该栋写字楼出售给乙公司，合同价款为 150 000 000 元，乙公司已用银行存款付清。出售时，该栋写字楼的成本为 120 000 000 元，公允价值变动为借方余额 10 000 000 元，原转换取得时确认的其他综合收益 3 000 000 元。假定不考虑相关税费。

(1) 收取处置收入:

借:银行存款 150 000 000

贷:其他业务收入 150 000 000

(2) 结转处置成本:

借:其他业务成本 130 000 000

贷:投资性房地产——写字楼——成本 120 000 000

——写字楼——公允价值变动 10 000 000

(3) 结转投资性房地产累计公允价值变动:

借:公允价值变动损益 10 000 000

贷:其他业务成本 10 000 000

(4) 结转其他综合收益:

借:其他综合收益 3 000 000

贷:其他业务成本 3 000 000

情境演练 4-3

A公司对投资性房地产采用公允价值计量模式核算。不考虑增值税等其他条件,有关房地产的相关业务资料如下:

业务1:2015年12月,A公司与B公司签订租赁协议,约定将A公司开发的一栋写字楼于开发完成的同时开始租赁给B公司使用,租期2年,每年年末收取租金4 000 000元。

业务2:2016年1月1日,该写字楼开发完成并开始起租,写字楼的造价为60 000 000元。

业务3:2016年12月31日,该写字楼的公允价值为66 000 000元。

业务4:2017年12月31日,该写字楼的公允价值为63 000 000元。

要求:(1) 查找资料,了解上述业务完成的过程以及涉及的部门;

(2) 确认上述业务发生或完成时应取得的单据;

(3) 编制2016年、2017年与该项投资性房地产有关的分录。

知识拓展

一、业务流程(如图4-1和图4-2所示)

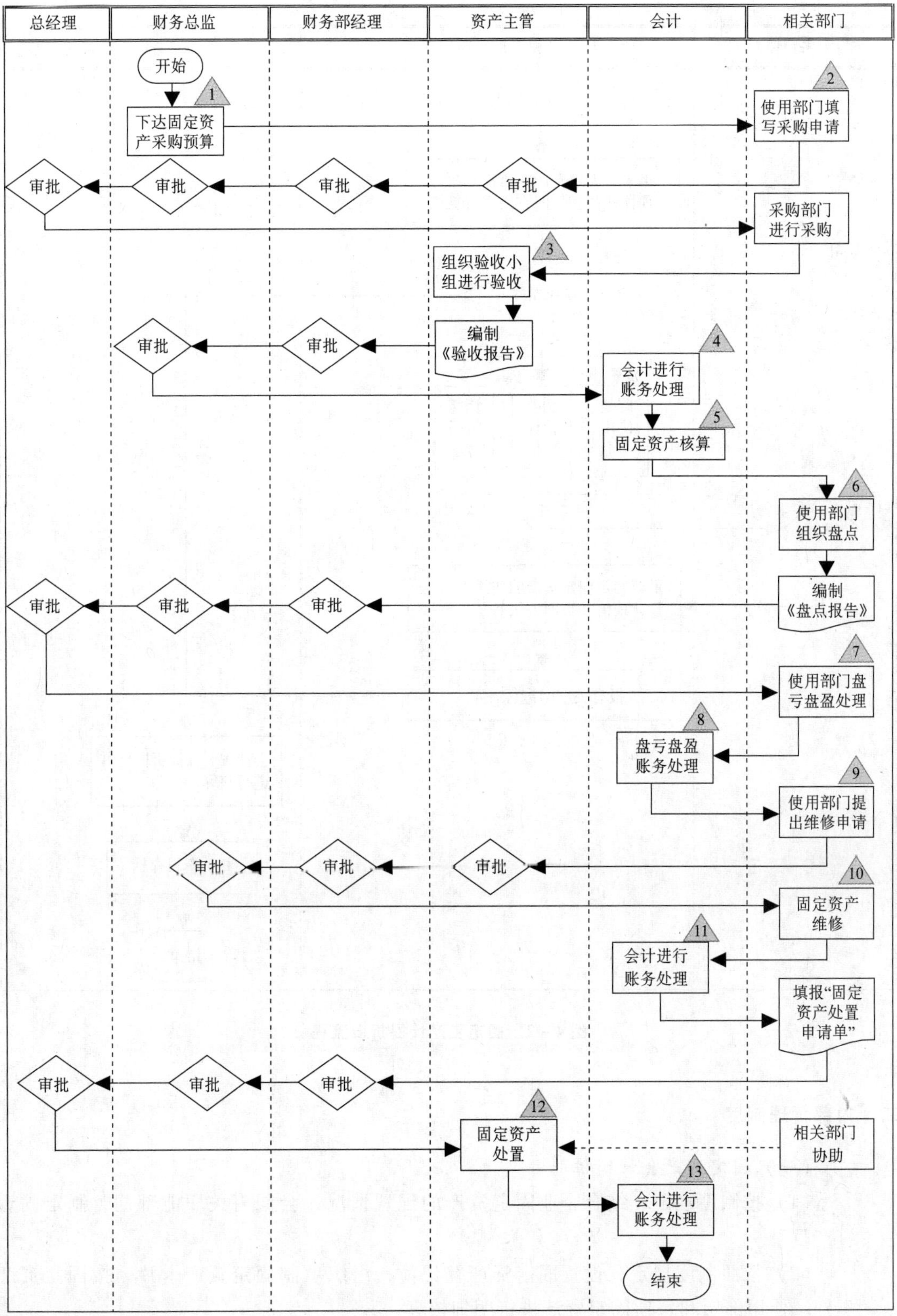

图 4－1　固定资产采购流程

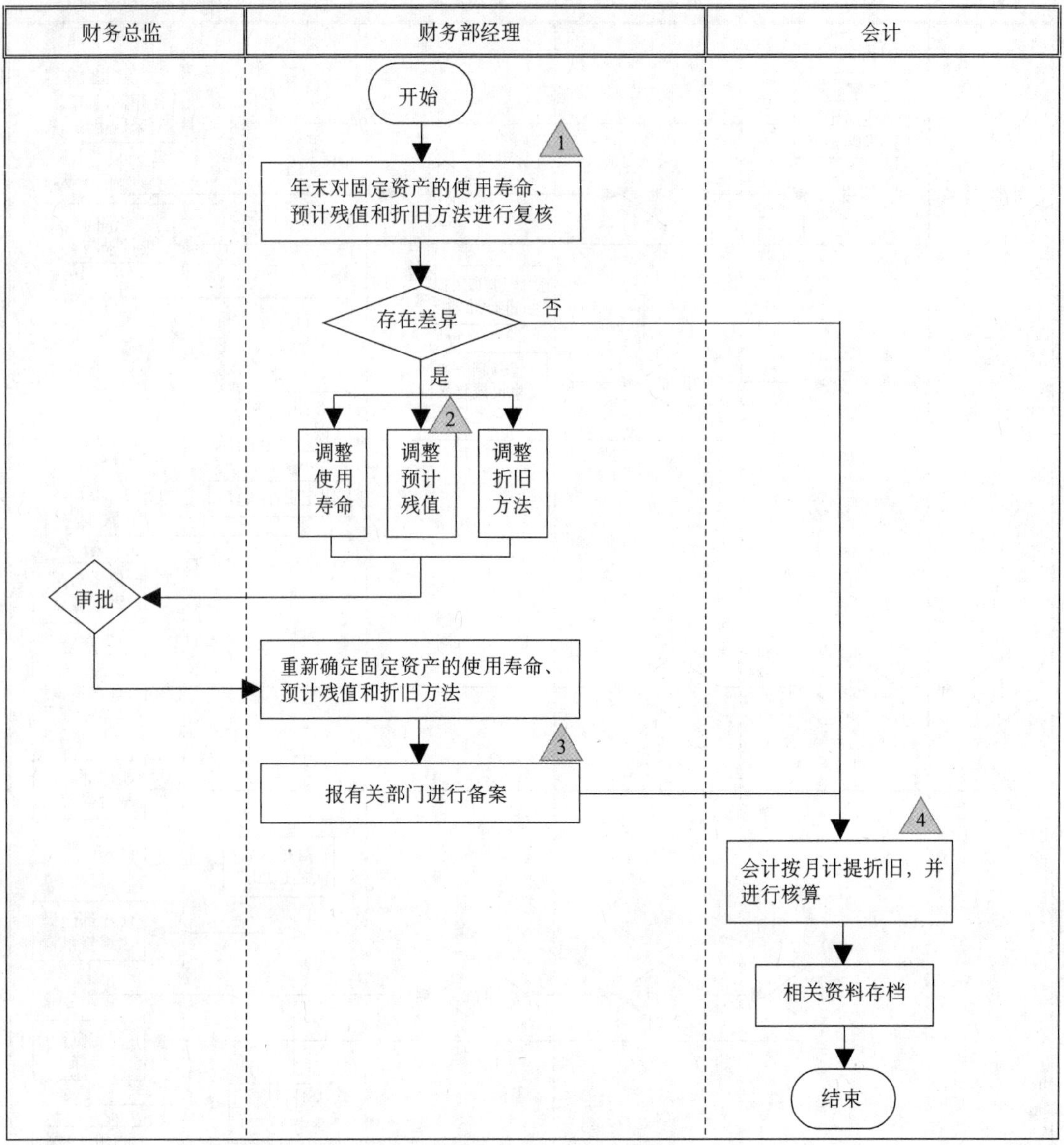

图4-2 固定资产计提折旧流程

二、内部管理制度

(一) 固定资产会计岗位职责

(1) 按制度规定，结合企业固定资产的配置情况，会同有关职能部门，制定固定资产目录。

(2) 依照制度规定，设置固定资产登记簿，组织填制固定资产卡片，按固定资产类别、使用部门和每项固定资产进行明细核算。

(3) 根据国家统一规定，按取得固定资产的不同来源，正确计算和确定固定资产的原始价值，及时计价入账。

（4）会同有关职能部门完善固定资产管理的基础工作，建立严格的固定资产明细核算凭证传递手续，加强固定资产增减的日常核算与监督。

（5）按国家的有关规定选择固定资产折旧方法，及时提取折旧；掌握固定资产折旧范围，做到不错、不漏。

（6）负责对在建工程的预决算管理。

（7）负责对各种无形资产进行计价、核算，正确处理无形资产的转让和投资，并按规定确定各种无形资产的摊销期。

（8）对被清理的固定资产，要分别按有偿转让、报废、毁损等不同情况进行账务处理。

（9）会同有关部门定期组织固定资产清查盘点工作，发现问题，及时妥善处理；并按规定的报批程序，办理固定资产盘盈、盘亏的审批手续，经批准后办理转销的账务处理。

（10）经常了解主要固定资产的使用情况，运用有关核算资料分析固定资产的利用效果，改善固定资产的管理工作，并向企业提供有价值的会计信息或建议。

（二）固定资产会计岗位的内部控制制度

1. 职务分离控制

企业应当建立固定资产业务的岗位责任制，明确相关部门和岗位的职责、权限，确保办理固定资产业务的不相容岗位相互分离、制约和监督。同一部门或个人不得办理固定资产业务的全过程。

固定资产业务需要加以分离的不相容职务主要有：

（1）固定资产使用与资产采购、单位内部建筑或建设部门人员的职务相分离。

（2）固定资产请购或建造审批与请购或建造提出人员的职务相分离。

（3）固定资产预算的复核审批与资本预算编制人员的职务相分离。

（4）固定资产验收与采购或承建、款项支付人员的职务相分离。

（5）固定资产使用或保管与资产记录人员的职务相分离。

（6）固定资产盘查应保证有独立于使用、保管及进行账务记录的人员来进行。

（7）固定资产报废审批与资产报废通知单编制人员的职务相分离。

2. 固定资产的预算制度

企业根据固定资产的使用情况、生产经营发展目标等因素拟定固定资产投资项目，对项目可行性进行研究、分析，编制固定资产投资预算，并按规定程序审批，确保固定资产投资决策科学合理。

对于重大的固定资产投资项目，可组织独立的第三方进行可行性研究与评价，并由企业实行集体决策和审批，防止出现决策失误而造成严重损失。

3. 授权批准制度

企业应当对固定资产业务建立严格的授权批准制度，明确授权批准的方式、权限、程序、责任和相关控制措施，规定经办人的职责范围和工作要求。严禁未经授权的机构或人员办理固定资产业务。

审批人应当根据固定资产业务授权批准制度的规定，在授权范围内进行审批，不得超越审批权限。

经办人在职责范围内，按照审批人的批准意见办理固定资产业务。对于审批人超越授权范围审批的固定资产业务，经办人员有权拒绝办理，并及时向上级部门报告。

4. 固定资产使用制度

企业应加强固定资产的日常管理工作，授权具体部门或人员负责固定资产的日常使用与维修管理，保证固定资产的安全与完整。

固定资产移动应当得到授权。

企业应依据国家有关规定，结合企业实际，确定计提折旧的固定资产范围、折旧方法、折旧年限、净残值率等折旧政策，并制定和实施固定资产目录制度。

折旧政策一经确定，除符合国家统一的会计制度规定的情况以外，未经批准，不得随意变更。

5. 职责分工制度

即对固定资产的取得、记录、保管、使用、维修、处置等，均应明确划分责任，由专门部门和专人负责。明确的职责分工制度，有利于防止舞弊。

6. 固定资产的处置制度

企业应当建立固定资产处置的相关制度，确定固定资产处置的范围、标准、程序和审批权限等相关内容，确保固定资产合理利用。固定资产的处置，包括投资转出、报废、出售等，均要有一定的申请报批程序。

7. 固定资产的定期盘点制度

单位应建立并严格执行固定资产盘点制度，注意查询盘盈、盘亏固定资产的处理情况。

8. 固定资产的维护保养制度

固定资产应有严密的维护保养制度，以防止其因各种自然和人为的因素而遭受损失，并应建立日常维护和定期检修制度，以延长其使用寿命。

9. 固定资产的保险制度

固定资产在单位的生产和经营中占有重要的地位，一般具有数量少、价值高的特点，固定资产的失窃、意外毁损等原因必然会给单位带来重大的损失，由于自然灾害和意外事故的偶然性因素的不可控性，单位应建立固定资产的保险制度。由专门的部门和人员负责固定资产的投保事项，以避免不必要的损失。

三、企业会计准则第3号——投资性房地产

第一章 总 则

第一条 为了规范投资性房地产的确认、计量和相关信息的披露，根据《企业会计准则——基本准则》，制定本准则。

第二条 投资性房地产，是指为赚取租金或资本增值，或两者兼有而持有的房地产。

投资性房地产应当能够单独计量和出售。

第三条　本准则规范下列投资性房地产：

（一）已出租的土地使用权。

（二）持有并准备增值后转让的土地使用权。

（三）已出租的建筑物。

第四条　下列各项不属于投资性房地产：

（一）自用房地产，即为生产商品、提供劳务或者经营管理而持有的房地产。

（二）作为存货的房地产。

第五条　下列各项适用其他相关会计准则：

（一）企业代建的房地产，适用《企业会计准则第 15 号——建造合同》。

（二）投资性房地产的租金收入和售后租回，适用《企业会计准则第 21 号——租赁》。

第二章　初始计量

第六条　投资性房地产同时满足下列条件的，才能予以确认：

（一）与该投资性房地产有关的经济利益很可能流入企业；

（二）该投资性房地产的成本能够可靠地计量。

第七条　投资性房地产应当按照成本进行初始计量。

（一）外购投资性房地产的成本，包括购买价款、相关税费和可直接归属于该资产的其他支出。

（二）自行建造投资性房地产的成本，由建造该项资产达到预定可使用状态前所发生的必要支出构成。

（三）以其他方式取得的投资性房地产的成本，按照相关会计准则的规定确定。

第八条　与投资性房地产有关的后续支出，满足本准则第六条规定的确认条件的，应当计入投资性房地产成本；不满足本准则第六条规定的确认条件的，应当在发生时计入当期损益。

第三章　后续计量

第九条　企业应当在资产负债表日采用成本模式对投资性房地产进行后续计量，但本准则第十条规定的除外。

采用成本模式计量的建筑物的后续计量，适用《企业会计准则第 4 号——固定资产》。

采用成本模式计量的土地使用权的后续计量，适用《企业会计准则第 6 号——无形资产》。

第十条　有确凿证据表明投资性房地产的公允价值能够持续可靠取得的，可以对投资性房地产采用公允价值模式进行后续计量。采用公允价值模式计量的，应当同时满足下列条件：

（一）投资性房地产所在地有活跃的房地产交易市场；

（二）企业能够从房地产交易市场上取得同类或类似房地产的市场价格及其他相关信息，从而对投资性房地产的公允价值作出合理的估计。

第十一条　采用公允价值模式计量的，不对投资性房地产计提折旧或进行摊销，应当以资产负债表日投资性房地产的公允价值为基础调整其账面价值，公允价值与原账面价值之间的差额计入当期损益。

第十二条　企业对投资性房地产的计量模式一经确定，不得随意变更。成本模式转为公允价值模式的，应当作为会计政策变更，按照《企业会计准则第 28 号——会计政策、会计估计变更和差错更正》处理。

已采用公允价值模式计量的投资性房地产，不得从公允价值模式转为成本模式。

第四章　转　　换

第十三条　企业有确凿证据表明房地产用途发生改变，满足下列条件之一的，应当将投资性房地产转换为其他资产或者将其他资产转换为投资性房地产：

（一）投资性房地产开始自用。

（二）作为存货的房地产，改为出租。

（三）自用土地使用权停止自用，用于赚取租金或资本增值。

（四）自用建筑物停止自用，改为出租。

第十四条　在成本模式下，应当将房地产转换前的账面价值作为转换后的入账价值。

第十五条　采用公允价值模式计量的投资性房地产转换为自用房地产时，应当以其转换当日的公允价值作为自用房地产的账面价值，公允价值与原账面价值的差额计入当期损益。

第十六条　自用房地产或存货转换为采用公允价值模式计量的投资性房地产时，投资性房地产按照转换当日的公允价值计价，转换当日的公允价值小于原账面价值的，其差额计入当期损益；转换当日的公允价值大于原账面价值的，其差额计入所有者权益。

第五章　处　　置

第十七条　当投资性房地产被处置，或者永久退出使用且预计不能从其处置中取得经济利益时，应当终止确认该项投资性房地产。

第十八条　企业出售、转让、报废投资性房地产或者发生投资性房地产毁损，应当将处置收入扣除其账面价值和相关税费后的金额计入当期损益。

第六章　披　　露

第十九条　企业应当在附注中披露与投资性房地产有关的下列信息：

（一）投资性房地产的种类、金额和计量模式。

（二）采用成本模式的，投资性房地产的折旧或摊销，以及减值准备的计提情况。

（三）采用公允价值模式的，公允价值的确定依据和方法，以及公允价值变动对损益的影响。

（四）房地产转换情况、理由，以及对损益或所有者权益的影响。

（五）当期处置的投资性房地产及其对损益的影响。

四、企业会计准则第4号——固定资产

第一章 总 则

第一条 为了规范固定资产的确认、计量和相关信息的披露，根据《企业会计准则——基本准则》，制定本准则。

第二条 下列各项适用其他相关会计准则：

（一）作为投资性房地产的建筑物，适用《企业会计准则第3号——投资性房地产》。

（二）生产性生物资产，适用《企业会计准则第5号——生物资产》。

第二章 确 认

第三条 固定资产，是指同时具有下列特征的有形资产：

（一）为生产商品、提供劳务、出租或经营管理而持有的；

（二）使用寿命超过一个会计年度。

使用寿命，是指企业使用固定资产的预计期间，或者该固定资产所能生产产品或提供劳务的数量。

第四条 固定资产同时满足下列条件的，才能予以确认：

（一）与该固定资产有关的经济利益很可能流入企业；

（二）该固定资产的成本能够可靠地计量。

第五条 固定资产的各组成部分具有不同使用寿命或者以不同方式为企业提供经济利益，适用不同折旧率或折旧方法的，应当分别将各组成部分确认为单项固定资产。

第六条 与固定资产有关的后续支出，符合本准则第四条规定的确认条件的，应当计入固定资产成本；不符合本准则第四条规定的确认条件的，应当在发生时计入当期损益。

第三章 初始计量

第七条 固定资产应当按照成本进行初始计量。

第八条 外购固定资产的成本，包括购买价款、相关税费、使固定资产达到预定可使用状态前所发生的可归属于该项资产的运输费、装卸费、安装费和专业人员服务费等。

以一笔款项购入多项没有单独标价的固定资产，应当按照各项固定资产公允价值比例对总成本进行分配，分别确定各项固定资产的成本。

购买固定资产的价款超过正常信用条件延期支付，实质上具有融资性质的，固定资产的成本以购买价款的现值为基础确定。实际支付的价款与购买价款的现值之间的差额，除按照《企业会计准则第17号——借款费用》应予资本化的以外，应当在信用期间内计入当期损益。

第九条 自行建造固定资产的成本，由建造该项资产达到预定可使用状态前所发生的必要支出构成。

第十条　应计入固定资产成本的借款费用，按照《企业会计准则第17号——借款费用》处理。

第十一条　投资者投入固定资产的成本，应当按照投资合同或协议约定的价值确定，但合同或协议约定价值不公允的除外。

第十二条　非货币性资产交换、债务重组、企业合并和融资租赁取得的固定资产的成本，应当分别按照《企业会计准则第7号——非货币性资产交换》《企业会计准则第12号——债务重组》《企业会计准则第20号——企业合并》和《企业会计准则第21号——租赁》确定。

第十三条　确定固定资产成本时，应当考虑预计弃置费用因素。

第四章　后续计量

第十四条　企业应当对所有固定资产计提折旧。但是，已提足折旧仍继续使用的固定资产和单独计价入账的土地除外。

折旧，是指在固定资产使用寿命内，按照确定的方法对应计折旧额进行系统分摊。

应计折旧额，是指应当计提折旧的固定资产的原价扣除其预计净残值后的金额。已计提减值准备的固定资产，还应当扣除已计提的固定资产减值准备累计金额。

预计净残值，是指假定固定资产预计使用寿命已满并处于使用寿命终了时的预期状态，企业目前从该项资产处置中获得的扣除预计处置费用后的金额。

第十五条　企业应当根据固定资产的性质和使用情况，合理确定固定资产的使用寿命和预计净残值。

固定资产的使用寿命、预计净残值一经确定，不得随意变更。但是，符合本准则第十九条规定的除外。

第十六条　企业确定固定资产使用寿命，应当考虑下列因素：

（一）预计生产能力或实物产量；

（二）预计有形损耗和无形损耗；

（三）法律或者类似规定对资产使用的限制。

第十七条　企业应当根据与固定资产有关的经济利益的预期实现方式，合理选择固定资产折旧方法。

可选用的折旧方法包括年限平均法、工作量法、双倍余额递减法和年数总和法等。

固定资产的折旧方法一经确定，不得随意变更。但是，符合本准则第十九条规定的除外。

第十八条　固定资产应当按月计提折旧，并根据用途计入相关资产的成本或者当期损益。

第十九条　企业至少应当于每年年度终了，对固定资产的使用寿命、预计净残值和折旧方法进行复核。

使用寿命预计数与原先估计数有差异的，应当调整固定资产使用寿命。

预计净残值预计数与原先估计数有差异的，应当调整预计净残值。

与固定资产有关的经济利益预期实现方式有重大改变的，应当改变固定资产折旧方法。

固定资产使用寿命、预计净残值和折旧方法的改变应当作为会计估计变更。

第二十条 固定资产的减值，应当按照《企业会计准则第 8 号——资产减值》处理。

第五章 处 置

第二十一条 固定资产满足下列条件之一的，应当予以终止确认：

（一）该固定资产处于处置状态。

（二）该固定资产预期通过使用或处置不能产生经济利益。

第二十二条 企业持有待售的固定资产，应当对其预计净残值进行调整。

第二十三条 企业出售、转让、报废固定资产或发生固定资产毁损，应当将处置收入扣除账面价值和相关税费后的金额计入当期损益。固定资产的账面价值是固定资产成本扣减累计折旧和累计减值准备后的金额。

固定资产盘亏造成的损失，应当计入当期损益。

第二十四条 企业根据本准则第六条的规定，将发生的固定资产后续支出计入固定资产成本的，应当终止确认被替换部分的账面价值。

第六章 披 露

第二十五条 企业应当在附注中披露与固定资产有关的下列信息：

（一）固定资产的确认条件、分类、计量基础和折旧方法。

（二）各类固定资产的使用寿命、预计净残值和折旧率。

（三）各类固定资产的期初和期末原价、累计折旧额及固定资产减值准备累计金额。

（四）当期确认的折旧费用。

（五）对固定资产所有权的限制及其金额和用于担保的固定资产账面价值。

（六）准备处置的固定资产名称、账面价值、公允价值、预计处置费用和预计处置时间等。

五、参考答案

【情境演练 4－1】

涉及的原始凭证：增值税专用发票，领料单，工资费用分配表，工程结算单，仓库验收单。

业务 1：	借：工程物资	200 000	
	应交税费——应交增值税（进项税额）	26 000	
	贷：银行存款		226 000
业务 2：	借：在建工程——仓库	200 000	
	贷：工程物资		200 000
业务 3：	借：在建工程——仓库	20 000	
	贷：库存商品		20 000
业务 4：	借：在建工程——仓库	10 000	

贷：原材料 10 000

业务5：借：在建工程——仓库 200 000

贷：应付职工薪酬 200 000

业务6：借：在建工程——仓库 9 200

贷：银行存款 9 200

业务7：借：固定资产——仓库 439 200

贷：在建工程——仓库 439 200

【情境演练4-2】

涉及的原始凭证：增值税专用发票，固定资产交付使用单，转账支票存根，固定资产折旧计提表，固定资产更新改造单，领料单，工程结算单，银行收款通知，固定资产损益计算表。

业务1：借：固定资产——生产用设备 200 000

应交税费——应交增值税（进项税额） 26 000

贷：银行存款 226 000

业务2：借：制造费用 6 666.7

贷：累计折旧 6 666.7（2～7月相同）

业务3：借：在建工程——设备改造 160 000

累计折旧——生产用设备 40 000

贷：固定资产——生产用设备 200 000

业务4：借：在建工程——设备改造 20 000

贷：工程物资 20 000

借：营业外支出 8 000

贷：在建工程——设备改造 8 000

业务5：借：固定资产——生产用设备 172 000

贷：在建工程——设备改造 172 000

业务6：借：制造费用 2 500

贷：累计折旧——生产用设备 2 500（9～12月相同）

业务7：借：管理费用——维修费 1 000

贷：银行存款 1 000

业务8：借：固定资产清理 162 000

累计折旧——生产用设备 10 000

贷：固定资产——生产用设备 172 000

借：银行存款 150 000

贷：固定资产清理 150 000

应交税费——应交增值税（销项税额） 19 500

借：固定资产清理 1 000

贷：银行存款 1 000

借：资产处置损益 13 000

贷：固定资产清理 13 000

【情境演练4－3】

1. 2016年1月1日

借：投资性房地产——成本　60 000 000

　　贷：开发商品　60 000 000

2. 2016年12月31日

借：银行存款　4 000 000

　　贷：其他业务收入　4 000 000

3. 2016年12月31日

借：投资性房地产——公允价值变动　6 000 000

　　贷：公允价值变动损益　6 000 000

4. 2017年12月31日

借：银行存款　4 000 000

　　贷：其他业务收入　4 000 000

5. 2017年12月31日

借：公允价值变动损益　3 000 000

　　贷：投资性房地产——公允价值变动　3 000 000

5 学习情境五 无形资产与其他资产的核算

情境学习目标

- 能正确掌握无形资产的特征；
- 能充分了解无形资产和其他资产核算的内容；
- 能正确编制和审核无形资产和其他资产业务会计凭证；
- 能完成无形资产和其他资产总账、明细账的建立；
- 能完成无形资产和其他资产账簿的登记；
- 能了解无形资产和其他资产账务处理结果提供的会计信息。

情境关键术语

- 无形资产
- 其他资产

情境有关参考资料

- 《企业会计准则第6号——无形资产》
- 《企业会计准则第6号——无形资产应用指南》
- 《初级会计实务》——全国会计专业技术初级资格考试辅导用书

学习子情境一 无形资产的核算

☞ 科目设置

为了核算无形资产的取得、摊销和处置等情况，企业应当设置“无形资产”“累计摊销”等科目。此外，企业无形资产发生减值的，还应当设置“无形资产减值准备”科目进行核算。

(1)“无形资产”科目属于资产类，核算企业持有的无形资产成本，借方登记取得无形资产的成本，贷方登记出售无形资产转出的无形资产账面余额，期末借方余额，反映企业无形资产的成本。应按无形资产项目设置无形资产明细账，进行明细核算。

(2)“累计摊销”科目属于资产类，是“无形资产”的备抵调整科目，核算企业对使用寿命有限的无形资产计提的累计摊销额，贷方登记企业计提的无形资产摊销额，借方登记处置无形资产转出的累计摊销额，期末贷方余额，反映企业无形资产的累计摊销额。应按无形资产项目设置累计摊销明细账，进行明细核算。

(3)“无形资产减值准备”科目属于资产类，是“无形资产”的调整科目，核算无形资产的减值准备，贷方登记计提的无形资产减值准备，借方登记结转的减值准备，期末贷方余额，反映企业已计提但尚未转销的无形资产减值准备。应按无形资产项目设置无形资产减值准备明细账，进行明细核算。

■ 核算内容

一、无形资产概念和特征

（一）无形资产的概念

无形资产是指企业拥有或控制的没有实物形态的可辨认非货币性资产。

（二）无形资产的特征

相对于其他资产，无形资产具有以下特征：

1. 无形资产不具有实物形态

无形资产通常表现为某种权利、某项技术或是某种获取超额利润的综合能力，它们不具有实物形态，比如，土地使用权、非专利技术等。

某些无形资产的存在有赖于实物载体。比如，计算机软件需要存储在磁盘中。但这并不改变无形资产本身不具实物形态的特性。

在确定一项包含无形和有形要素的资产是属于固定资产，还是属于无形资产时，需要通过判断来加以确定，通常以哪个要素更重要作为判断的依据。

2. 无形资产具有可辨认性

符合以下条件之一的，则认为其具有可辨认性：

(1) 能够从企业中分离或者划分出来，并能单独用于出售或转让等，而不需要同时处置在同一获利活动中的其他资产，表明无形资产可以辨认。

(2) 产生于合同性权利或其他法定权利，无论这些权利是否可以从企业或其他权利和义务中转移或者分离。如一方通过与另一方签订特许权合同而获得的特许使用权，通过法律程序申请获得的商标权、专利权等。

3. 无形资产属于非货币性资产

非货币性资产是指企业持有的货币资金和将以固定或可确定的金额收取的资产以外的其他资产。无形资产由于没有发达的交易市场，一般不容易转化成现金，在持有过程中为企业带来未来经济利益的情况不确定，不属于以固定或可确定的金额收取的资产，属于非货币性资产。

二、无形资产主要包括的内容

(1) 专利权，是指国家专利主管机关依法授予发明创造专利申请人，对其发明创造在法定期限内所享有的专有权利，包括发明专利权、实用新型专利权和外观设计专利权。

(2) 非专利技术，也称专有技术。是指不为外界所知、在生产经营活动中已采用了的、不享有法律保护的、可以带来经济效益的各种技术和诀窍。非专利技术一般包括工业专有技术、商业贸易专有技术、管理专有技术等。

(3) 商标权，商标是用来辨认特定的商品或劳务的标记。商标权指专门在某类指定的商品或产品上使用特定的名称或图案的权利。

(4) 著作权，又称版权，指作者对其创作的文学、科学和艺术作品依法享有的某些特殊权利。著作权包括作品署名权、发表权、修改权和保护作品完整权，还包括复制权、发行权、出租权、展览权、表演权、放映权、广播权、信息网络传播权、摄制权、改编权、翻译权、汇编权以及应当由著作权人享有的其他权利。

(5) 特许权，又称经营特许权、专营权，指企业在某一地区经营或销售某种特定商品的权利或是一家企业接受另一家企业使用其商标、商号、技术秘密等的权利。通常有两种形式，一种是由政府机构授权，准许企业使用或在一定地区享有经营某种业务的特权，如水、电、邮电通信等专营权、烟草专卖权等等；另一种指企业间依照签订的合同，有限期或无限期使用另一家企业的某些权利，如连锁店分店使用总店的名称等。

(6) 土地使用权，指国家准许某企业在一定期间内对国有土地享有开发、利用、经营的权利。根据我国《土地管理法》的规定，我国土地实行公有制，任何单位和个人不得侵占、买卖或者以其他形式非法转让。企业取得土地使用权的方式主要包括外购取得、投资者投入等方式。

三、无形资产的确认

无形资产需同时满足以下条件时才能予以确认：

1. 与该无形资产有关的经济利益很可能流入企业

如果该无形资产的相关经济利益很可能流入企业，并同时满足无形资产确认的其他条件，那么，企业应将其确认为无形资产。例如，企业外购一项专利权，从而拥有法定所有权，使得企业的相关权利受到法律的保护，此时，表明企业能够控制该项无形资产所产生的经济利益。

2. 该无形资产的成本能够可靠地计量

成本能够可靠计量，是资产确认的一项基本条件。对于无形资产而言，这个条件显得十分重要。比如，一些高科技领域的高科技人才，假定其与企业签订了服务合同，且合同规定其在一定期间内不能为其他企业提供服务。在这种情况下，虽然这些高科技人才的知识在规定的期限内预期能够为企业创造经济利益，但由于这些高科技人才的知识难以准确或合理辨认，加之为形成这些知识所发生的支出难以计量，因此不能作为企业的无形资产加以确认。

四、无形资产的计量

（一）初始计量

在确定无形资产入账金额时，企业应当根据无形资产取得方式作为计量的基础：

1. 外购的无形资产

其成本包括购买价款、相关税费以及直接归属于使该项资产达到预定用途前所发生的其他支出。外购无形资产会计处理应为借记“无形资产”“应交税费——应交增值税(进项税额)”，贷记“银行存款”等。

2. 企业自行研究开发的无形资产

其成本包括自满足资本化条件的时点起至无形资产达到预定用途前所发生的可直接归属于该无形资产的创造、生产并使该资产能够以管理层预定的方式运作的必要支出总和。

企业内部研究开发项目所发生的支出应区分研究阶段支出和开发阶段支出。企业自行开发无形资产发生的研发支出，不满足资本化条件的，借记“研发支出——费用化支出”科目，满足资本化条件的，借记“研发支出——资本化支出”科目，贷记“原材料”“银行存款”“应付无形资产和其他资产”等科目。研究阶段支出期（月）末由“研发支出——费用化支出”转入“管理费用”；开发阶段支出符合资本化条件的，先计入“研发支出——资本化支出”科目，达到预定用途形成无形资产时转入“无形资产”；不符合资本化条件的，应当由“研发支出——费用化支出”转入“管理费用”。

（二）后续计量

1. 无形资产摊销

在确定无形资产摊销金额时，企业应当于取得无形资产时分析判断其使用寿命。使用寿命有限的无形资产应进行摊销，使用寿命不确定的无形资产不应摊销而应在期末进行减值测试。使用寿命有限的无形资产，其残值一般为零。企业应当按月对无形资产进行摊销。

对于使用寿命有限的无形资产应当自可供使用（即其达到预定用途）当月开始摊销，处置当月不再摊销。

无形资产摊销方法包括直线法、生产总量法等。企业选择的无形资产的摊销方法，应当反映与该项无形资产有关的经济利益的预期实现方式。无法可靠确定预期实现方式的，应当采用直线法摊销。无形资产摊销方法不同会导致摊销金额不同。

自用的无形资产摊销时借记“管理费用”，出租无形资产摊销借记“其他业务成本”；贷记“累计摊销”。无形资产的摊销一般应计入当期损益，但如果某项无形资产是专门用于生产某种产品的，其所包含的经济利益是通过转入到所生产的产品中体现的，无形资产的摊销费用应构成产品成本的一部分。

2. 无形资产减值

在确定无形资产的减值金额时，首先应判断无形资产在资产负债表日是否存在减值的迹象。存在可能发生减值的迹象时，其可收回金额低于账面价值的，企业应当将该无形资产的账面价值减记至可收回金额，减记的金额确认为减值损失，计入当期损益，借记“资产减值损失”，同时计提相应的资产减值准备，贷记“无形资产减值准备”。无形资产价值损失一经确认，在以后期间不得转回。

3. 无形资产的处置

出售无形资产时，应按实际收到的价款，借记“银行存款”等科目；按已摊销的累计摊销额，借记“累计摊销”科目；原已计提减值准备的，借记“无形资产减值准备”科目；按应支付的相关税费，贷记“应交税费”等科目；按其账面余额，贷记“无形资产”科目，按其差额，贷记或借记“资产处置损益”科目。

如果无形资产预期不能为企业带来未来经济利益，不再符合无形资产的定义，应将其转销。如：无形资产已被其他新技术所替代，不能为企业带来经济利益；或者无形资产不再受到法律保护，且不能给企业带来经济利益等。此时，应按已摊销的累计摊销额，借记“累计摊销”科目；原已计提减值准备的，借记“无形资产减值准备”科目；按其账面余额，贷记“无形资产”科目；按其差额，借记“营业外支出”科目。

典型案例

1. 外购无形资产

案例5-1：新丰公司购入一项非专利技术，取得增值税专用发票，买价900 000元，增值税税额54 000元，价税合计954 000元，款项以银行存款支付。新丰公司应作如下会计处理：

借：无形资产	900 000	
应交税费——应交增值税（进项税额）	54 000	
贷：银行存款		954 000

2. 自行研究开发无形资产

案例5－2：新丰公司自行研究、开发一项技术，截至2018年12月31日，发生研究支出合计2 000 000元，经测试该项研发活动完成了研究阶段，从2019年1月1日开始进入开发阶段。2019年发生开发支出300 000元，假定符合《企业会计准则第6号——无形资产》规定的开发支出资本化的条件。2019年6月30日，该项研发活动结束，最终开发出一项非专利技术。假定不考虑相关税费。

新丰公司应作如下会计处理：

(1) 2018年发生的研发支出：

借：研发支出——费用化支出　　2 000 000

　贷：银行存款等　　2 000 000

(2) 2018年12月31日，发生的研发支出全部属于研究阶段的支出：

借：管理费用　　2 000 000

　贷：研发支出——费用化支出　　2 000 000

(3) 2019年发生开发支出并满足资本化确认条件：

借：研发支出——资本化支出　　300 000

　贷：银行存款等　　300 000

(4) 2019年6月30日，该技术研发完成并形成无形资产：

借：无形资产　　300 000

　贷：研发支出——资本化支出　　300 000

3. 无形资产摊销

案例5－3：新丰公司购买了一项特许权，成本为4 800 000元，合同规定受益年限为10年，净残值为零。每月摊销时，新丰公司应作如下会计处理：

新丰公司每月应摊销40 000（4 800 000÷10÷12）元。

借：管理费用　　40 000

　贷：累计摊销　　40 000

案例5－4：2019年1月1日，新丰公司将其自行研发完成的非专利技术出租给丁公司，该非专利技术成本为3 600 000元，净残值为零。双方约定的租赁期限为10年，新丰公司每月应摊销30 000元。每月摊销时，新丰公司应作如下会计处理：

借：其他业务成本　　30 000

　贷：累计摊销　　30 000

4. 无形资产减值

案例5－5：2019年12月31日，市场上某项技术生产的产品销售势头较好，已对新丰公司的产品的销售产生重大不利影响。新丰公司外购的类似专利技术的账面价值为800 000元，剩余摊销年限为4年，经减值测试，该专利技术的可收回金额为750 000元。

借：资产减值损失——计提的无形资产减值准备　　50 000

　贷：无形资产减值准备　　50 000

5. 无形资产出售

案例5-6：2019年6月20日，新丰公司将其购买的一项专利权转让给乙公司，该专利权的成本为600 000元，已摊销220 000元，开出增值税专用发票一张，不含增值税的转让价款为500 000元，增值税税率为6%，增值税税额为30 000元，款项已经存入银行，新丰公司应作如下会计处理：

借：银行存款	530 000	
累计摊销	220 000	
贷：无形资产		600 000
应交税费——应交增值税（销项税额）		30 000
资产处置损益		120 000

6. 无形资产转销

案例5-7：新丰公司某项专利技术，其账面余额为6 000 000元，摊销期限为10年，采用直线法进行摊销，已摊销了5年，假定该项专利权的残值为0，计提的减值准备为1 600 000元，今年用其生产的产品没有市场，应予转销。假定不考虑其他相关因素，其账务处理如下：

借：累计摊销	3 000 000	
无形资产减值准备	1 600 000	
营业外支出	1 400 000	
贷：无形资产——专利权		6 000 000

情境演练5-1

长江公司2013年1月设立，主营机电产品的制造、销售。2019年7月至2020年1月有关无形资产的业务如下：

业务1：2019年7月1日，长江公司从甲公司购入一项非专利技术，买价120 000元，取得增值税专用发票，增值税税额7 200元，预计可使用年限为5年，预计净残值为0。所有款项企业均通过网银转账支付。

业务2：2019年7月至12月，按照直线法摊销该项专利技术。

业务3：2019年12月31日，该项专利技术同类市场销售价格为95 000元，经测试，该项无形资产发生减值。

业务4：2020年1月出售该项无形资产，不含税售价100 000元，增值税税率6%，增值税税额6 000元，款项收存银行。

要求：（1）查找资料，了解上述业务完成的过程以及涉及的部门；

（2）确认上述业务发生或完成时应取得的单据；

（3）编制上述业务的会计分录。

学习子情境二
其他资产的核算

☞ 科目设置

为核算以租赁方式租入的固定资产发生的改良支出需要设置会计科目为长期待摊费用。“长期待摊费用”科目属于资产类，核算企业以租赁方式租入的固定资产发生的改良支出，借方登记发生的改良支出，贷方登记摊销的改良支出，期末借方余额，反映企业尚未摊销完毕的改良支出。应按租赁固定资产具体改良项目设置长期待摊费用明细账，进行明细核算。

核算内容

其他资产是指除货币资金、交易性金融资产、应收及预付款项、存货、长期股权投资、固定资产、无形资产等以外的资产，如长期待摊费用等。长期待摊费用是指企业已经发生但由本期和以后各期负担的分摊期限在一年以上的各项费用，如以租赁方式租入的固定资产发生的改良支出等。本书将以租赁方式租入的固定资产发生的改良支出为例介绍长期待摊费用的核算。

典型案例

以租赁方式租入的固定资产发生的改良支出为例。

案例5-8：2019年5月1日，新丰公司对其以租赁方式新租入的办公楼进行装修，发生以下有关支出：领用生产用材料500 000元；辅助生产车间为该装修工程提供的劳务支出为265 000元；有关人员工资和其他资产等435 000元。2019年12月1日，该办公楼装修完工，达到预定可使用状态并交付使用，并按租赁期10年按直线法进行摊销。假定不考虑其他因素，新丰公司应作如下会计处理：

（1）装修领用原材料时：

借：长期待摊费用——租赁固定资产装修　　500 000
　　贷：原材料　　500 000

（2）辅助生产车间为装修工程提供劳务时：

借：长期待摊费用——租赁固定资产装修　　265 000
　　贷：生产成本——辅助生产成本　　265 000

(3) 确认工程人员无形资产和其他资产时:

借: 长期待摊费用——租赁固定资产装修 435 000

贷: 应付职工薪酬等 435 000

(4) 每月摊销装修支出时:

借: 管理费用 10 000

贷: 长期待摊费用——租赁固定资产装修 10 000

情境演练 5-2

黄河公司2009年1月设立，主营电饭煲和饮水机的制造、销售。2019年6月1日，公司对其以租赁方式新租入的办公楼进行装修，发生以下有关支出：领用生产用材料351 000元；辅助生产车间为该装修工程提供的劳务支出为150 000元；有关人员工资等资产96 000元。2019年9月1日，该办公楼装修完工，达到预定可使用状态并交付使用，并按租赁期10年按直线法进行摊销。

要求：(1) 查找资料，了解上述业务完成的过程以及涉及的部门；

(2) 确认上述业务发生或完成时应取得的单据；

(3) 编制上述业务的会计分录。

知识拓展

一、业务流程

以外购无形资产为例：企业购入无形资产业务流程如图5-1所示：

(1) 企业技术部门或经授权的技术人员编制计划、交单位负责人审批；

(2) 审批后，企业技术部门或经授权的技术人员与对方单位代理人或无形资产持有人进行谈判；

(3) 谈判后，将结果上报单位负责人；

(4) 单位负责人出具批准购买批准无形资产的手续，并编制购买通知单一式三份；

(5) 企业技术部门或经授权的技术人员根据购买通知单与对方单位代理人或无形资产持有人签订合同；

(6) 企业技术部门或经授权的技术人员部门将合同副本、购买通知单交财会部门留存，作为购入付款结算的依据，然后支付款项并办理专利等无形资产过户手续。

取得土地使用权时，企业应向土地管理部门提出申请，获批后办理土地使用权证书。

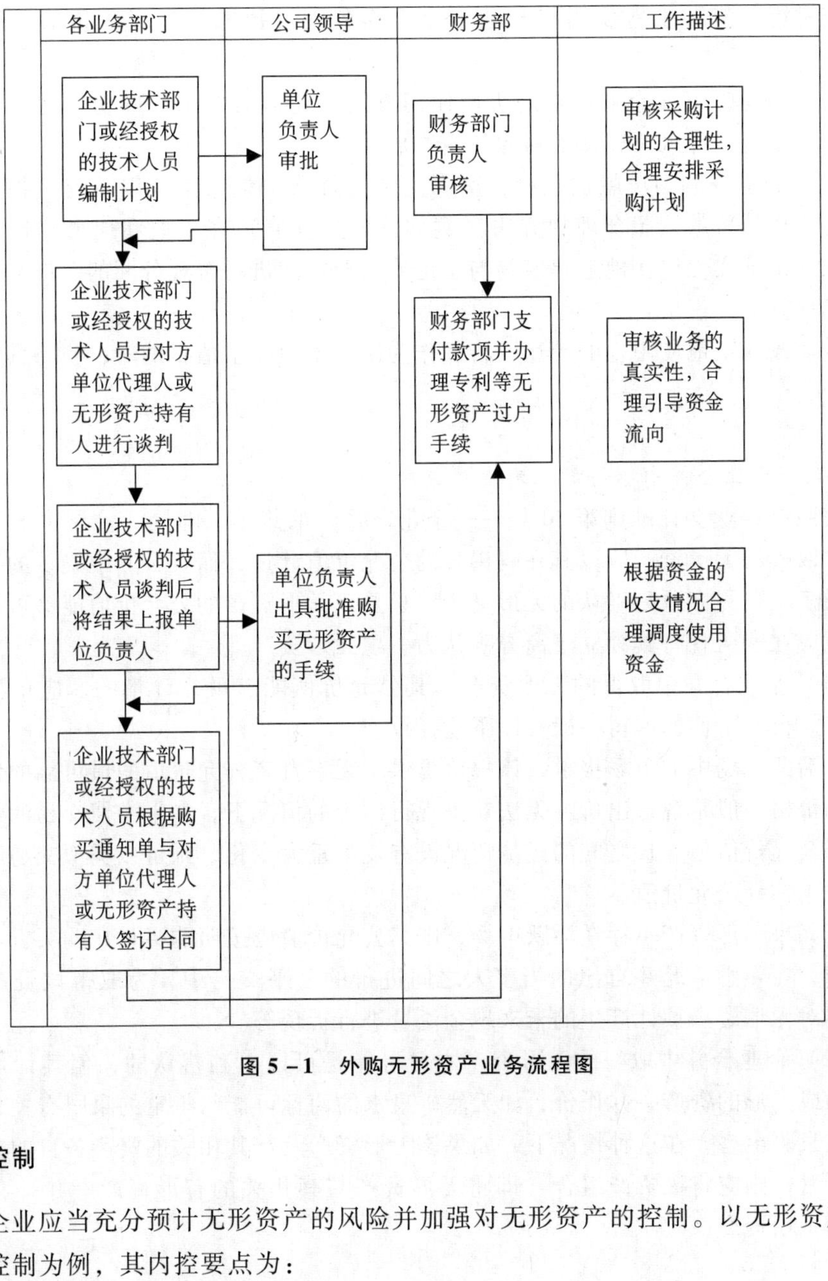

图 5－1　外购无形资产业务流程图

二、内部控制

企业应当充分预计无形资产的风险并加强对无形资产的控制。以无形资产购入业务流程控制为例，其内控要点为：

（1）申请、采购、验收、付款应当分管。

（2）验收、付款均要核对有关合同和凭证。

（3）定期须进行账账、账实等核对。

三、其他有关知识拓展

（一）土地使用权的处理

企业取得的土地使用权通常应确认为无形资产。土地使用权用于自行开发建造厂房等地上建筑物时，土地使用权的账面价值不与地上建筑物合并计算其成本，而仍作为无形资产进行核算，土地使用权与地上建筑物分别进行摊销和提取折旧。但下列情况除外：

(1) 房地产开发企业取得的土地使用权用于建造对外出售的房屋建筑物，相关的土地使用权应当计入所建造的房屋建筑物成本。

(2) 企业外购的房屋建筑物，实际支付的价款中包括土地以及建筑物的价值，则应当对支付的价款按照合理的方法（例如，公允价值）在土地和地上建筑物之间进行分配；如果确实无法在地上建筑物与土地使用权之间进行合理分配的，应当全部作为固定资产核算。

企业改变土地使用权的用途，将其作为用于出租或增值目的时，应将其转为投资性房地产。

(二) 企业合并中取得的无形资产成本

按照《企业会计准则第20号——企业合并》的规定，非同一控制下的企业合并中购买方取得的无形资产应以其在购买日的公允价值计量，而且合并中确认的无形资产并不仅限于被购买方原已确认的无形资产，只要该无形资产的公允价值能够可靠计量，购买方就应在购买日将其独立于商誉确认为一项无形资产。

(1) 企业合并中取得的无形资产，其公允价值能够可靠计量的，应单独确认为无形资产。公允价值的取得一般有以下途径：

①活跃市场中的市场报价，该报价提供了无形资产公允价值的最可靠的估计。恰当的市场价格一般是现行出价。无法获得现行出价的情况下，如果类似交易的最近交易日和资产公允价值估计日之间的经济情况没有发生重大变化，则可以类似交易的近似价格为基础来估计公允价值。

②如果无形资产不存在活跃市场，则其公允价值应按照购买日从购买方可获得信息为基础，在熟悉情况并自愿的当事人之间进行的公平交易中，为取得该资产所支的金额，如对无形资产预计产生的未来现金流量进行折现等。

(2) 企业合并中取得的无形资产本身可能是可以单独辨认的，但其计量或处置与有形的或无形的资产一并作价，如天然矿泉水的商标可能与特定的泉眼有关，所以不能立于该泉眼出售。在这种情况下，如果该无形资产及与其相关的资产各自的公允价不能可靠计量，则应将该资产组合（即将无形资产与其相关的有形资产一并）独立于商誉确认为一项资产。

(三) 估计无形资产使用寿命应考虑的因素

无形资产的后续计量是以其使用寿命为基础的。无形资产的使用寿命包括法定寿命和经济寿命两个方面，有些无形资产的使用寿命受法律、规章或合同的限制，称为法定寿命。如我国法律规定发明专利权有效期为20年，商标权的有效期为10年。有些无形资产如永久性特许经营权、非专利技术等的寿命则不受法律或合同的限制。经济寿命是指无形资产可以为企业带来经济利益的年限。由于受技术进步、市场竞争等因素的影响，无形资产的经济寿命往往短于法定寿命，因此，在估计无形资产的使用寿命时，应当综合考虑各方面相关因素的影响，合理确定无形资产的使用寿命。

确定无形资产的经济使用寿命，通常应考虑以下因素：该资产通常的产品寿命周期，以及可获得的类似资产使用寿命的信息；技术、工艺等方面的现实情况及对未来发展的估计；以该资产生产的产品或服务的市场需求情况；现在或潜在的竞争者预期采取的行动；为维持该资产产生未来经济利益的能力预期的维护支出及企业预计支付有关支出的能力；对该资产的控制期限，对该资产使用的法律或类似限制，如特许使用期间、租赁期间等；与企业持有的其他资产使用寿命的关联性等。

（四）无形资产使用寿命的确定

源自合同性权利或其他法定权利取得的无形资产，其使用寿命不应超过合同性权利或其他法定权利的期限。例如，企业以支付土地出让金方式取得一块土地的使用权，如果企业准备持续持有，在50年期间内没有计划出售，该块土地使用权预期为企业带来未来经济利益的期间为50年。如果合同性权利或其他法定权利能够在到期时因续约等延续，当有证据表明企业续约不需要付出重大成本时，续约期才能够包括在使用寿命的估计中。下列情况一般说明企业无须付出重大成本即可延续合同性权利或其他法定权利：有证据表明合同性权利或法定权利将被重新延续，如果在延续之前需要第三方同意，则还需有第三方将会同意的证据；有证据表明为获得重新延续所必需的所有条件相对于企业的未来经济利益不具有重要性。如果企业在延续无形资产持有期间时付出的成本与预期流入企业的未来经济利益相比具有重要性，本质上来看是企业获得了一项新的无形资产。

没有明确的合同或法律规定的无形资产，企业应当综合各方面情况，如聘请相关专家进行论证或与同行业的情况进行比较以及企业的历史经验等，来确定无形资产为企业带来未来经济利益的期限，如果经过这些努力确实无法合理确定无形资产为企业带来经济利益期限，再将其作为使用寿命不确定的无形资产。例如，企业通过公开拍卖取得一项出租车运营许可，按照所在地规定，以现有出租运营许可为限，不再授予新的运营许可，而且在旧的出租车报废以后，其运营许可可用于新的出租车。企业估计在有限的未来，其将持续经营出租车行业。对于该运营许可，其为企业带来未来经济利益的期限从目前情况看无法可靠估计，应视为使用寿命不确定的无形资产。

（五）无形资产使用寿命的复核

企业至少应当于每年年度终了，对无形资产的使用寿命进行复核，如果有证据表明无形资产的使用寿命不同于以前的估计，由于合同的续约或无形资产应用条件的改善，延长了无形资产的使用寿命，对于使用寿命有限的无形资产应改变其摊销年限，并按照《企业会计准则第28号——会计政策、会计估计变更和差错更正》进行处理。

对于使用寿命不确定的无形资产，如果有证据表明其使用寿命是有限的，应当按照《企业会计准则第28号——会计政策、会计估计变更和差错更正》进行处理。并按照无形资产准则中关于使用寿命有限无形资产的处理原则进行处理。

四、企业会计准则第6号——无形资产

第一章 总 则

第一条 为了规范无形资产的确认、计量和相关信息的披露，根据《企业会计准则——基本准则》，制定本准则。

第二条 下列各项适用其他相关会计准则：

（一）作为投资性房地产的土地使用权，适用《企业会计准则第3号——投资性房地产》。

（二）企业合并中形成的商誉，适用《企业会计准则第8号——资产减值》和《企业会计准则第20号——企业合并》。

（三）石油天然气矿区权益，适用《企业会计准则第27号——石油天然气开采》。

第二章 确 认

第三条 无形资产，是指企业拥有或者控制的没有实物形态的可辨认非货币性资产。

资产满足下列条件之一的，符合无形资产定义中的可辨认性标准：

（一）能够从企业中分离或者划分出来，并能单独或者与相关合同、资产或负债一起，用于出售、转移、授予许可、租赁或者交换。

（二）源自合同性权利或其他法定权利，无论这些权利是否可以从企业或其他权利和义务中转移或者分离。

第四条 无形资产同时满足下列条件的，才能予以确认：

（一）与该无形资产有关的经济利益很可能流入企业；

（二）该无形资产的成本能够可靠地计量。

第五条 企业在判断无形资产产生的经济利益是否很可能流入时，应当对无形资产在预计使用寿命内可能存在的各种经济因素作出合理估计，并且应当有明确证据支持。

第六条 企业无形项目的支出，除下列情形外，均应于发生时计入当期损益：

（一）符合本准则规定的确认条件、构成无形资产成本的部分；

（二）非同一控制下企业合并中取得的、不能单独确认为无形资产、构成购买日确认的商誉的部分。

第七条 企业内部研究开发项目的支出，应当区分研究阶段支出与开发阶段支出。研究是指为获取并理解新的科学或技术知识而进行的独创性的有计划调查。开发是指在进行商业性生产或使用前，将研究成果或其他知识应用于某项计划或设计，以生产出新的或具有实质性改进的材料、装置、产品等。

第八条 企业内部研究开发项目研究阶段的支出，应当于发生时计入当期损益。

第九条 企业内部研究开发项目开发阶段的支出，同时满足下列条件的，才能确认为无形资产：

（一）完成该无形资产以使其能够使用或出售在技术上具有可行性；

（二）具有完成该无形资产并使用或出售的意图；

（三）无形资产产生经济利益的方式，包括能够证明运用该无形资产生产的产品存在市场或无形资产自身存在市场，无形资产将在内部使用的，应当证明其有用性；

（四）有足够的技术、财务资源和其他资源支持，以完成该无形资产的开发，并有能力使用或出售该无形资产；

（五）归属于该无形资产开发阶段的支出能够可靠地计量。

第十条　企业取得的已作为无形资产确认的正在进行中的研究开发项目，在取得后发生的支出应当按照本准则第七条至第九条的规定处理。

第十一条　企业自创商誉以及内部产生的品牌、报刊名等，不应确认为无形资产。

第三章　初始计量

第十二条　无形资产应当按照成本进行初始计量。

外购无形资产的成本，包括购买价款、相关税费以及直接归属于使该项资产达到预定用途所发生的其他支出。购买无形资产的价款超过正常信用条件延期支付，实质上具有融资性质的，无形资产的成本以购买价款的现值为基础确定。实际支付的价款与购买价款的现值之间的差额，除按照《企业会计准则第 17 号——借款费用》应予资本化的以外，应当在信用期间内计入当期损益。

第十三条　自行开发的无形资产，其成本包括自满足本准则第四条和第九条规定后至达到预定用途前所发生的支出总额，但是对于以前期间已经费用化的支出不再调整。

第十四条　投资者投入无形资产的成本，应当按照投资合同或协议约定的价值确定，但合同或协议约定价值不公允的除外。

第十五条　非货币性资产交换、债务重组、政府补助和企业合并取得的无形资产的成本，应当分别按照《企业会计准则第 7 号——非货币性资产交换》《企业会计准则第 12 号——债务重组》《企业会计准则第 16 号——政府补助》和《企业会计准则第 20 号——企业合并》确定。

第四章　后续计量

第十六条　企业应当于取得无形资产时分析判断其使用寿命。无形资产的使用寿命为有限的，应当估计该使用寿命的年限或者构成使用寿命的产量等类似计量单位数量；无法预见无形资产为企业带来经济利益期限的，应当视为使用寿命不确定的无形资产。

第十七条　使用寿命有限的无形资产，其应摊销金额应当在使用寿命内系统合理摊销。企业摊销无形资产，应当自无形资产可供使用时起，至不再作为无形资产确认时止。企业选择的无形资产摊销方法，应当反映与该项无形资产有关的经济利益的预期实现方式。无法可靠确定预期实现方式的，应当采用直线法摊销。无形资产的摊销金额一般应当计入当期损益，其他会计准则另有规定的除外。

第十八条　无形资产的应摊销金额为其成本扣除预计残值后的金额。已计提减值准备的无形资产，还应扣除已计提的无形资产减值准备累计金额。使用寿命有限的无形资产，其残值应当视为零，但下列情况除外：

（一）有第三方承诺在无形资产使用寿命结束时购买该无形资产。

（二）可以根据活跃市场得到预计残值信息，并且该市场在无形资产使用寿命结束时很可能存在。

第十九条 使用寿命不确定的无形资产不应摊销。

第二十条 无形资产的减值，应当按照《企业会计准则第8号——资产减值》处理。

第二十一条 企业至少应当于每年年度终了，对使用寿命有限的无形资产的使用寿命及摊销方法进行复核。无形资产的使用寿命及摊销方法与以前估计不同的，应当改变摊销期限和摊销方法。企业应当在每个会计期间对使用寿命不确定的无形资产的使用寿命进行复核。如果有证据表明无形资产的使用寿命是有限的，应当估计其使用寿命，并按本准则规定处理。

第五章 处置和报废

第二十二条 企业出售无形资产，应当将取得的价款与该无形资产账面价值的差额计入当期损益。

第二十三条 无形资产预期不能为企业带来经济利益的，应当将该无形资产的账面价值予以转销。

第六章 披 露

第二十四条 企业应当按照无形资产的类别在附注中披露与无形资产有关的下列信息：

（一）无形资产的期初和期末账面余额、累计摊销额及减值准备累计金额。

（二）使用寿命有限的无形资产，其使用寿命的估计情况；使用寿命不确定的无形资产，其使用寿命不确定的判断依据。

（三）无形资产的摊销方法。

（四）用于担保的无形资产账面价值、当期摊销额等情况。

（五）计入当期损益和确认为无形资产的研究开发支出金额。

第二十五条 企业应当披露当期确认为费用的研究开发支出总额。

五、参考答案

【情境演练5-1】

业务1：2019年7月1日：

借：无形资产	120 000	
应交税费——应交增值税（进项税额）	7 200	
贷：银行存款		127 200

业务2：2019年7月至12月，每月月末：

借：管理费用	2 000	
贷：累计摊销		2 000

业务3：2019年12月31日：

借：资产减值损失	13 000	
贷：无形资产减值准备		13 000

业务4：2020年1月：

借：银行存款　　106 000

　　无形资产减值准备　　13 000

　　累计摊销　　12 000

　　贷：无形资产　　120 000

　　　　应交税费——应交增值税（销项税额）　　6 000

　　　　资产处置损益　　5 000

【情境演练5－2】

业务1：装修领用原材料时：

借：长期待摊费用——租赁固定资产装修　　351 000

　　贷：原材料　　351 000

业务2：辅助生产车间为装修工程提供劳务时：

借：长期待摊费用——租赁固定资产装修　　150 000

　　贷：生产成本——辅助生产成本　　150 000

业务3：确认有关人员工资时：

借：长期待摊费用——租赁固定资产装修　　96 000

　　贷：应付职工薪酬　　96 000

业务4：每月摊销装修支出时：

借：管理费用　　4 975

　　贷：长期待摊费用——租赁固定资产装修　　4 975

6 学习情境六 对外投资的核算

情境学习目标

■ 能充分理解交易性金融资产、持有至到期投资、长期股权投资的概念；

■ 能正确识别和区分各项金融资产；

■ 能正确编制和审核对外投资业务会计凭证；

■ 能完成交易性金融资产、持有至到期投资、长期股权投资及相关科目总账、明细账的建立；

■ 能完成交易性金融资产、持有至到期投资、长期股权投资及相关科目账簿的登记；

■ 能充分了解对外投资账务处理结果提供的会计信息。

情境关键术语

■ 对外投资

■ 交易性金融资产

■ 持有至到期投资

■ 长期股权投资

情境有关参考资料

■《企业会计准则第2号——长期股权投资》

■《企业会计准则第22号——金融工具确认和计量》

■《企业会计准则讲解》第三章、第二十三章

■《初级会计实务》——全国会计专业技术初级资格考试辅导用书

学习子情境一
交易性金融资产的核算

☞ 科目设置

为完成有关交易性金融资产业务的核算工作，应设置“交易性金融资产”科目，该科目属于资产类，核算企业为交易目的而持有的债券投资、股票投资、基金投资等交易性金融资产的公允价值。本科目按交易性金融资产的类别和品种，分别设置“成本”“公允价值变动”两个明细账。“成本”明细账核算交易性金融资产取得时的成本，“公允价值变动”明细账核算资产负债表日，交易性金融资产的变动额。

企业还应当设置“公允价值变动损益”科目，该科目属于损益类，核算企业交易性金融资产因公允价值变动而产生的应计入当期损益的利得或损失。本科目按交易性金融资产、交易性金融负债、投资性房地产等进行明细核算。

▣ 核算内容

一、交易性金融资产的概念

金融资产是指企业在交易中取得的库存现金、应收账款、应收票据、贷款、其他应收款、应收股利、应收利息、债券投资、股权投资、基金投资、衍生金融资产等。企业应当结合自身业务的特点和风险管理的要求，将取得的金融资产在初始确认时分为以下几类：以公允价值计量且其变动计入当期损益的金融资产；持有至到期投资；贷款和应收款项；可供出售的金融资产。

以公允价值计量且其变动计入当期损益的金融资产称为“交易性金融资产”。它是企业为了近期内出售而持有的金融资产，如企业以赚取差价为目的从二级市场购入的股票、债券、基金等；或者是在初始确认时属于集中管理的可辨认金融工具组合的一部分，且有客观证据表明近期实际存在短期获利模式的金融资产等，如企业管理的以公允价值进行业绩考核的某项投资组合。

从企业管理金融资产的业务模式（即企业如何管理其金融资产以产生现金流量）看，企业关键管理人员决定对交易性金融资产进行管理的业务目标是“交易”，而非为收取合同现金流量（即与基本借贷安排相一致，如本金加利息）而持有，也不是为既以收取合同现金流量为目标又以出售该金融资产为目标而持有，仅仅是通过“交易性”

活动，即频繁地购买和出售，从市场价格的短期波动中，赚取买卖差价，使企业闲置的资金能获得较高的投资回报。

二、交易性金融资产的确认

满足下列条件之一的金融资产，应当划分为交易性金融资产：

(1) 取得该金融资产的目的，主要是为了近期内出售。

(2) 属于进行集中管理的可辨认金融工具组合的一部分，且有客观证据表明企业近期采用短期获利方式对该组合进行管理。

(3) 属于衍生工具。但被指定为有效套期工具的衍生工具、属于财务担保合同的衍生工具、与在活跃市场中没有报价且公允价值不能可靠计量的权益工具投资挂钩并须通过交付该权益工具结算的衍生工具除外。

交易性金融资产业务的主要内容包括：交易性金融资产取得的核算，持有交易性金融资产期间取得现金股利或利息的核算，交易性金融资产的期末计价以及交易性金融资产处置的核算。

三、主要业务账务处理

(一) 交易性金融资产的取得

企业取得交易性金融资产，按其公允价值，借记交易性金融资产（成本），按发生的交易费用，借记“投资收益”科目，按已到付息期但尚未领取的利息或已宣告但尚未发放的现金股利，借记“应收利息”或“应收股利”科目，按实际支付的金额，贷记“银行存款”等科目。

(二) 资产负债表日，交易性金融资产公允价值变动

资产负债表日，交易性金融资产的公允价值高于其账面余额的差额，借记“交易性金融资产（公允价值变动）”，贷记“公允价值变动损益”科目；公允价值低于其账面余额的差额作相反的会计分录。

思考：因公允价值变动而产生的利得或损失，为何不计入“投资收益”账户，而计入“公允价值变动损益”账户？

分析：因公允价值变动而产生的利得或损失，是一项未实现的投资损益，而“投资收益”账户核算的是已实现的投资损益，只有当该项交易性金融资产出售时，未实现的投资损益，才转化为已实现的投资损益。因此，因公允价值变动而产生的利得或损失，应计入“公允价值变动损益”账户。

(三) 持有期间取得现金股利、利息

交易性金融资产持有期间被投资单位宣告发放的现金股利，或在资产负债表日按分期付息、一次还本债券投资的票面利率计算的利息，借记“应收股利”或“应收利息”科目，贷记“投资收益”科目。

（四）出售交易性金融资产

出售交易性金融资产，应按实际收到的金额，借记“银行存款”等科目，按该金融资产的账面余额，贷记“交易性金融资产”科目，按其差额，贷记或借记“投资收益”科目。同时，将原计入该金融资产的公允价值变动转出，借记或贷记“公允价值变动损益”科目，贷记或借记“投资收益”科目。

典型案例

1. 取得交易性金融资产

案例 6－1：2019 年 12 月 4 日，吉峰农机公司从证券市场购入三鑫股份公司股票 1 000 股，买价：每股 12 元（含已宣告而未发放的现金股利每股 0.2 元），另付交易费用 200 元。吉峰农机公司将该股票划分为交易性金融资产。

该项交易性金融资产初始确认的金额应为：1 000×12－1 000×0.2＝11 800（元）

借：交易性金融资产——三鑫公司（成本）　11 800
　　应收股利　200
　　投资收益　200
　　贷：银行存款　12 200

取得现金股利时，

借：银行存款　200
　　贷：应收股利　200

案例 6－2：2019 年 12 月 21 日，吉峰农机公司从证券市场购入四川路桥股份公司 2017 年 2 月 20 日发行的三年期一次还本付息债券，面值 50 000 元，票面利率 5%。买价 50 800 元，另付交易费用 600 元。吉峰农机公司将该债券划分为交易性金融资产。

该项交易性金融资产初始确认的金额应为：50 800 元

借：交易性金融资产——四川路桥（成本）　50 800
　　投资收益　600
　　贷：银行存款　51 400

2. 资产负债表日，交易性金融资产公允价值变动

案例 6－3：接案例 6－1 和案例 6－2，2019 年 12 月 31 日，三鑫股份公司股票的市价为每股 12.5 元，四川路桥股份公司债券的市价为 50 500 元。

借：交易性金融资产——三鑫公司——公允价值变动　700
　　贷：交易性金融资产——四川路桥——公允价值变动　300
　　　　公允价值变动损益——交易性金融资产　400

3. 持有期间取得现金股利、利息

案例 6－4：接案例 6－3，2019 年 2 月 20 日，三鑫股份公司宣告发放

2019年下半年现金股利，每股0.5元，实际派发日为2019年3月2日。吉峰农机公司拥有三鑫公司股票1 000股。

2019年2月20日：

借：应收股利　　500

　　贷：投资收益　　500

2019年3月2日：

借：银行存款　　500

　　贷：应收股利　　500

4. 出售交易性金融资产

案例6-5：2019年12月20日，吉峰农机公司将持有的2 000股康佳股份公司股票的一半售出（吉峰公司将该股票划分为交易性金融资产）。售出前该股票的账面余额为8 400元（成本8 000元，公允价值变动400元）。售价4 600元，另付交易费用100元。

借：银行存款　　4 500

　　贷：交易性金融资产——成本　　4 000

　　　　　　　　　　——公允价值变动　　200

　　　　投资收益　　300

借：公允价值变动损益　　200

　　贷：投资收益　　200

情境演练6-1

宏达公司2016年1月设立，主营机电产品的制造、销售。公司的交易性金融资产按公允价值计量，每年6月30日和12月31日核算公允价值变动损益。2019年4月至2020年2月有关交易性金融资产的业务如下：

业务1：2019年4月8日，宏达公司从证券市场购入三佳公司股票2 000股，买价：每股4元，另付交易费用50元。三佳公司已于2019年4月5日宣告发放现金股利，每股为0.2元。公司将该股票划分为交易性金融资产。

业务2：2019年4月20日，收到三佳公司派发的现金股利。

业务3：2019年6月30日，三佳公司股票市价：每股6元。2019年12月31日，三佳公司股票市价：每股4.8元。

业务4：2020年2月10日，宏达公司将持有的三佳公司股票500股售出，卖价：每股6.2元，另付交易费用20元。

要求：(1) 查找资料，了解上述业务完成的过程以及涉及的部门；

(2) 确认上述业务发生或完成时应取得的单据；

(3) 根据上述业务，填制记账凭证，并登记交易性金融资产有关总账及其所属明细并结账。

学习子情境二
债权投资的核算

科目设置

为了完成债权投资相关业务的核算工作，应设置“债权投资”科目，该科目属于资产类，核算企业债权投资的摊余成本。“债权投资”科目的借方登记债权投资的取得成本、一次还本付息债券投资在资产负债表日按照票面利率计算确定的应收未收利息等；贷方登记企业出售债权投资时结转的成本。企业可以按照债权投资的类别和品种，分别设置“成本”“利息调整”“应计利息”等明细科目进行核算。

企业还应当设置“债权投资减值准备”科目，该科目属于资产类，核算公司债权投资发生减值时计提的减值准备。本科目应当按照债权投资类别和品种进行明细核算。

核算内容

一、债权投资的内容

债权投资是指到期日固定、回收金额固定或可确定，且企业有明确意图和能力持有至到期的非衍生金融资产。通常情况下，包括企业持有的、在活跃市场上有公开报价的国债、企业债券、金融债券等。

(1)“到期日固定、回收金额固定或可确定”是指相关合同明确了投资者在确定的期间内获得或应收取现金流量（例如，投资利息和本金等）的金额和时间。因此，权益工具投资不能划分为债权投资。

(2)“有明确意图持有至到期”是指投资者在取得投资时意图就是明确的，除非遇到一些企业所不能控制、预期不会重复发生且难以合理预计的独立事件，否则将持有至到期。

(3)“有能力持有至到期”是指企业有足够的财务资源，并不受外部因素影响将投资持有至到期。

二、债权投资的核算

（一）债权投资的取得

企业取得债权投资应当按照公允价值计量，取得债权投资所发生的交易费用计入债权投资的初始确认金额。

企业取得债权投资支付的价款中包含已到付息期但尚未领取的债券利息，应当单独确认为应收项目，不构成债权投资的初始确认金额。

企业取得的债权投资，应当按照该投资的面值，借记“债权投资——成本”科目，按照支付的价款中包含的已到付息期但尚未领取的利息，借记“应收利息”科目，按照实际支付的金额，贷记“银行存款”等科目，按照其差额，借记或贷记“债权投资——利息调整”科目。

（二）债权投资的持有

企业在债权投资的会计期间，所涉及的会计处理主要有两个方面：一是在资产负债表日确认债券利息收入，二是在资产负债表日核算发生的减值损失。

1. 债权投资的债券利息收入

企业在债权投资的会计期间，应当按照摊余成本对债权投资进行计量。在资产负债表日，按照债权投资摊余成本和实际利率计算确定的债券利息收入，应当作为投资收益进行会计处理。

摊余成本，是指金融资产的初始确认金额经下列调整后的结果：

（1）扣除已偿还的本金；

（2）加上或减去采用实际利率法将该初始确认金额与到期日金额之间的差额进行摊销形成的累计摊销额；

（3）扣除已发生的减值损失。

摊余成本是用实际利率作计算利息的基础，投资的成本减去利息后的金额。债权投资的摊余成本实际上相当于该金融资产的账面价值。

需要说明的是，如果有客观证据表明该金融资产的实际利率计算的各期利息收入与名义利率计算的相差很小，也可以采用名义利率替代实际利率使用。

债权投资为分期付息、一次还本债券投资的，企业应当在资产负债表日按照债权投资的面值和票面利率计算确定的应收未收利息，借记“应收利息”科目，按照债权投资的摊余成本和实际利率计算确定的利息收入，贷记“投资收益”科目，按照其差额，借记或贷记“债权投资——利息调整”科目。

债权投资为到期一次还本付息债券投资的，企业应当在资产负债表日按照债权投资的面值和票面利率计算确定的应收未收利息，借记“持有至到期投资——应计利息”科目，按照债权投资的摊余成本和实际利率计算确定的利息收入，贷记“投资收益”科目，按照其差额，借记或贷记“债权投资——利息调整”科目。

2. 债权投资的减值

（1）计提。资产负债表日，账面价值高于预计未来现金流量现值的，应当将账面价值减记至预计未来现金流量现值，将减记的金额作为“资产减值损失”，同时计提“债权投资减值准备”。

（2）转回。已计提减值准备的债权投资的账面价值以后又得以恢复的，应当在原已计提的减值准备金额范围内，按照已恢复的金额转回。

（三）债权投资的出售

企业出售债权投资时，应当将取得的价款与账面价值之间的差额作为投资损益进行会计处理。如果对债权投资计提了减值准备，还应当同时结转减值准备。

企业出售债权投资，应当按照实际收到的金额，借记“银行存款”等科目，按照该债权投资的账面余额，贷记“债权投资——成本、利息调整、应计利息”科目，按照其差额，贷记或借记“投资收益”科目。已计提减值准备的，还应同时结转减值准备。

典型案例

1. 债权投资的取得

案例6-6：2019年1月1日，甲公司以银行存款支付价款2 000 000元（含交易费用）从上海证券交易所购入H公司同日发行的5年期公司债券12 500份，债券票面价值总额2 500 000元，票面年利率4.72%，于每年年末支付本年度债券利息（即每年利息为118 000元），本金在债券到期时一次性偿还。甲公司将其划分为债权投资，实际利率为10%。

借：债权投资——成本　　2 500 000
　贷：银行存款　　2 000 000
　　　债权投资——利息调整　　500 000

2. 债权投资的持有

案例6-7：接案例6-6，根据约定：2019年12月31日，甲公司按期收到H公司支付的第1年债券利息118 000元，并按照摊余成本和实际利率确认的投资收益为200 000元；2020年12月31日，甲公司按期收到H公司支付的第2年债券利息118 000元，并按照摊余成本和实际利率确认的投资收益为208 200元；2021年12月31日，甲公司按期收到H公司支付的第3年债券利息118 000元，并按照摊余成本和实际利率确认的投资收益为217 220元；2022年12月31日，甲公司按期收到H公司支付的第4年债券利息118 000元，并按照摊余成本和实际利率确认的投资收益为227 142元。

（1）2019年12月31日，确认实际利息收入。

借：应收利息　　118 000
　　债权投资——利息调整　　82 000
　贷：投资收益　　200 000

同时：

借：银行存款　　118 000
　贷：应收利息　　118 000

（2）2020年12月31日，确认实际利息收入。

借：应收利息　　118 000

债权投资——利息调整 90 200

贷：投资收益 208 200

同时：

借：银行存款 118 000

贷：应收利息 118 000

(3) 2021年12月31日，确认实际利息收入。

借：应收利息 118 000

债权投资——利息调整 99 220

贷：投资收益 217 220

同时：

借：银行存款 118 000

贷：应收利息 118 000

(4) 2022年12月31日，确认实际利息收入。

借：应收利息 118 000

债权投资——利息调整 109 142

贷：投资收益 227 142

同时：

借：银行存款 118 000

贷：应收利息 118 000

案例6-8：接案例6-6，2020年12月31日，有客观证据表明H公司发生了严重财务困难，假定甲公司对债券投资确定的减值损失为766 000元。2021年12月31日，有客观证据表明H公司债券价值已恢复，且客观上与确认该损失后发生的事项有关的，假定应恢复的金额为700 000元。

(1) 2020年12月31日，确认减值损失。

借：资产减值损失 766 000

贷：债权投资减值准备 766 000

(2) 2021年12月31日，转回已确认的减值损失。

借：债权投资减值准备 700 000

贷：资产减值损失 700 000

3. 债权投资的出售

案例6-9：接案例6-6和案例6-7，2022年1月15日，甲公司将所持有的12 500份H公司债券全部出售，取得价款2 400 000元。该日，甲公司债券投资的账面余额2 380 562元，其中：成本明细科目为借方余额2 500 000元，利息调整科目为贷方余额119 438元。假定该债券投资在持有期间未发生减值。

借：银行存款 2 400 000

债权投资——利息调整 119 438

贷：债权投资——成本 2 500 000

投资收益　　19 438

情境演练 6-2

甲股份有限公司（以下简称甲公司）为上市公司。甲公司持有的债券投资准备持有到期，于每年年末计提债券利息，并采用实际利率法摊销债券溢折价。甲公司发生的有关债券投资业务如下：

业务 1：2015 年 12 月 31 日，以 219 092 000 元的价格购入乙公司于 2015 年 1 月 1 日发行的 5 年期一次还本、分期付息债券，债券面值总额为 200 000 000 元，付息日为每年 1 月 1 日，票面年利率为 6%，实际年利率为 5%。未发生其他相关税费。

业务 2：2016 年 1 月 1 日，收到乙公司发放的债券利息，存入银行。

业务 3：2016 年 12 月 31 日，计提债券利息并摊销债券溢价。

业务 4：2017 年 1 月 1 日，收到乙公司发放的债券利息，存入银行。

业务 5：2017 年 12 月 31 日，计提债券利息，并摊销债券溢价。

业务 6：2018 年 1 月 1 日，收到乙公司发放的债券利息，存入银行。

业务 7：2018 年 12 月 31 日，计提债券利息，并摊销债券溢价。

业务 8：2019 年 1 月 1 日，收到乙公司发放的债券利息，存入银行。

业务 9：2019 年 12 月 31 日，计提债券利息，并摊销债券溢价。

业务 10：2020 年 1 月 1 日，该债券到期，收到乙公司发放的债券本金和利息，存入银行。

假定各年实际利率均为 5%，不考虑其他因素。

要求：

（1）计算该债券年票面利息。

（2）计算各年的投资收益和溢价摊销额。

（3）逐笔编制上述各项业务的会计分录。

学习子情境三 长期股权投资的核算

☞ 科目设置

为完成有关交易性金融资产业务的核算工作，应设置“长期股权投资”科目，该科目属于资产类，核算企业持有的对其子公司、合营企业及联营企业的权益性投资以及企业持有的对被投资单位不具有控制、共同控制或重大影响，并且在活跃市场中没有报价、公允价值不能可靠计量的权益性投资。长期股权投资采用权益法核算的，应当分别设置“成本”“损益调整”“其他权益变动”明细账。“成本”明细账核算长期股权投资初始投资成本；“损益调整”明细账核算因被投资单位实现净损益而调整的长期股权投资账面价值；“其他权益变动”核算因被投资单位除实现净损益外所有者权益其他变动而调整的长期股权投资账面价值。

核算内容

一、长期股权投资的概念

长期股权投资是指企业持有的对其子公司、合营企业及联营企业的权益性投资以及企业持有的对被投资单位不具有控制、共同控制或重大影响，并且在活跃市场中没有报价、公允价值不能可靠计量的权益性投资。

二、长期股权投资的四种类型

(1) 投资企业能够对被投资单位实施控制的权益性投资，即对子公司投资。

控制，是指有权决定一个企业的财务和经营政策，并能据以从该企业的经营活动中获取利益。

(2) 投资企业与其他合营方一同对被投资单位实施共同控制的权益性投资，即对合营企业投资。

共同控制，合营各方在对合营企业的重要财务和生产经营政策制定过程中，必须由合营各方均同意才能通过。

(3) 投资企业对被投资单位具有重大影响的权益性投资，即对联营企业投资。

重大影响，是指对一个企业的财务和经营政策有参与决策的权力，但并不能够控制或者与其他方一起共同控制这些政策的制定。实务中，重大影响通常体现为在被投资单位的董事会或类似权力机构中派有代表，通过在被投资单位生产经营决策制定过程中的发言权实施重大影响。

（4）投资企业持有的对被投资单位不具有控制、共同控制或重大影响，并且在活跃市场中没有报价、公允价值不能可靠计量的权益性投资。

表 6－1　　长期股权投资不同类型

类型	一般判断标准	企业关系	后续计量方法
控制	持股比例在 50% 以上	母子公司关系	成本法
共同控制	以合同、章程为基础	合营企业关系	权益法
重大影响	持股比例在 20%（含）~50%（含）	联营企业关系	权益法

思考：

（1）A 公司持有 B 公司 40% 的有表决权资本，根据持股比例是否即能判断 A 公司和 B 公司是一种联营企业关系？

（2）X 公司持有 T 公司 2% 的有表决权资本，T 公司股票在活跃市场有报价且公允价值能够可靠确定，X 公司对 T 公司的投资应划分为何种资产？

解析：

（1）仅凭持股比例无法正确判断 A 公司和 B 公司的企业关系是否属于联营企业关系。若合同中约定 A 公司因持股 40% 而对 B 公司的生产经营活动和财务政策有重大影响，应判断为联营企业关系；若合同中约定，A 公司对 B 公司的生产经营活动和财务政策有决策权（控制权），则 A 公司与 B 公司是一种母子公司关系；若合同中约定，A 公司对 B 公司的生产经营活动和财务政策有共同决策权（控制权），则双方的关系为合营企业关系。

（2）根据持有的目的、时间和风险管理要求，X 公司对 T 公司的投资可划分为交易性金融资产或可供出售的金融资产。若为交易目的而持有，且持有时间较短（一般不超过一年），应划分为交易性金融资产，否则应划分为可供出售金融资产。

三、成本法下长期股权投资的核算

（一）成本法的概述

1. 成本法的含义

成本法是指长期股权投资的账面价值除初始投资或追加投资外一般不会因被投资单位所有者权益的变动而发生变动。

2. 成本法的适用范围

长期股权投资准则规定，应当采用成本法核算的长期股权投资包括两类：一是企业持有的对子公司投资；二是对被投资单位不具有控制、共同控制或重大影响，且在活跃市场中没有报价、公允价值不能可靠计量的长期股权投资。

（二）长期股权投资初始投资成本的确定

1. 企业合并以外其他方式取得的长期股权投资

以支付现金取得的长期股权投资，应当按照实际支付的购买价款作为初始投资成本，包括购买过程中支付的手续费等必要支出，但所支付价款中包含的被投资单位已宣告但尚未发放的现金股利或利润应作为应收项目，不作为取得长期股权投资的成本。

除上述以支付现金资产方式取得长期股权投资外，企业还可以以发行权益性证券、投资者投入、债务重组、非货币性资产交换等方式取得长期股权投资，其初始投资成本的确定依据《长期股权投资》《债务重组》《非货币性资产交换》等准则的相关规定确定。

2. 企业合并方式取得的长期股权投资

依据《长期股权投资》准则相关规定确定长期股权投资初始投资成本，见表6－2。

表6－2　　长期股权投资初始投资成本的确定

形成方式		长期股权投资的初始投资成本
企业合并以外方式	支付现金资产方式	买价＋相关税费
	发行权益性证券方式	所发行权益性证券的公允价值
	投资者投入长期股权投资	合同或协议约定的价值
企业合并方式	同一控制下的企业合并	合并日取得被合并方所有者权益账面价值份额
	非同一控制下的企业合并	合并成本（支付的资产、发生或承担的负债、发行的权益性证券的公允价值＋直接费用）

提示：企业合并是将两个或两个以上单独的企业合并形成一个报告主体的交易或事项。包括控股合并、吸收合并和新设合并。长期股权投资与企业控股合并有关，而与吸收合并、新设合并无关。

（三）取得长期股权投资

长期股权投资取得时，应按照初始投资成本计价。除企业合并形成的长期股权投资以外，以支付现金、非现金资产等其他方式取得的长期股权投资，应按照上述规定确定的长期股权投资初始投资成本，借记“长期股权投资”科目，贷记“银行存款”等科目。如果实际支付的价款中包含有已宣告但尚未发放的现金股利或利润，借记“应收股利”科目，贷记“长期股权投资”科目。

（四）被投资单位宣告发放现金股利或利润

长期股权投资持有期间被投资单位宣告分派利润或现金股利时，投资方按应享有的份额确认为当期投资收益。借记“应收股利”科目，贷记“投资收益”科目。

（五）长期股权投资的处置

处置长期股权投资时，按实际取得的价款与长期股权投资账面价值的差额确认为投资损益，并应同时结转已计提的长期股权投资减值准备。其会计处理是：企业处置长期股权投资时，应按实际收到的金额，借记“银行存款”等科目，按原已计提减值准备，借记“长期股权投资减值准备”科目，按该项长期股权投资的账面余额，贷记“长期股权投资”科目，按尚未领取的现金股利或利润，贷记“应收股利”科目，按其差额，贷记或借记“投资收益”科目。

四、权益法下长期股权投资的核算

（一）权益法的含义

权益法是指除初始投资或追加投资增加长期股权投资的账面价值外，长期股权投资的账面价值随被投资单位所有者权益的变动而变动。

（二）权益法的适用范围

长期股权投资准则规定，应当采用权益法核算的长期股权投资包括两类：一是对合营企业投资；二是对联营企业投资。

（三）权益法的核算

长期股权投资采用权益法核算的，应当分别“投资成本”“损益调整”“其他权益变动”“其他综合收益”等明细科目进行明细核算。

1.“成本”明细科目的会计处理

（1）长期股权投资的初始投资成本大于投资时应享有被投资单位可辨认净资产公允价值份额的，不调整已确认的初始投资成本。

（2）长期股权投资的初始投资成本小于投资时应享有被投资单位可辨认净资产公允价值份额的，该部分差额，借记“长期股权投资——成本”科目，贷记“营业外收入”科目。

2. 被投资单位宣告发放现金股利或利润

被投资单位分得的现金股利或利润未超过已经确认的损益调整，应抵减“长期股权投资——损益调整”明细。

借：应收股利

　　贷：长期股权投资——损益调整

3. 超额亏损的确认

投资企业确认被投资单位发生的净亏损，应当以长期股权投资的账面价值以及其他实质上构成对被投资单位净投资的长期权益减记至零为限，投资企业负有承担额外损失义务的除外。在确认应分担被投资单位发生的亏损时，应当按照以下顺序进行处理：

借：投资收益

　　贷：长期股权投资——损益调整

　　　　长期应收款

　　　　预计负债

除上述情况，仍未确认的应分担的被投资单位的损失，应在账外备查登记。被投资单位以后期间实现盈利的，扣除未确认的亏损分担额后，应按与上述顺序相反的顺序处理，减记已确认预计负债的账面余额、恢复长期应收款和长期股权投资的账面价值，同时确认投资收益。

4. 其他变动

应享有的被投资单位除净损益、利润分配之外的其他净资产变动，例如被投资单位其他综合收益发生变动、其他所有者权益变动，投资企业应编制的会计分录：

借：长期股权投资——其他综合收益
　　　　　　　——其他权益变动
　贷：其他综合收益
　　　资本公积——其他资本公积

或做相反处理。

投资企业因处置等原因对有关股权投资终止采用权益法核算时，应当将与剩余股权投资相关的这部分权益转入当期损益。投资企业应编制的会计分录（或做相反处理）：

借：其他综合收益
　　资本公积——其他资本公积
　贷：投资收益

【归纳】长期股权投资后续计量的会计核算，见表6－3。

表6－3

业务	成本法	权益法
对初始投资成本的调整	×（不编制会计分录）	借：长期股权投资——成本 　贷：营业外收入
被投资企业实现净利润	×	借：长期股权投资——损益调整 　贷：投资收益
被投资企业发生超额亏损	×	借；投资收益 　贷：长期股权投资——损益调整 　　长期应收款 　　预计负债
被投资企业宣告分配的现金股利	借：应收股利 　贷：投资收益	借：应收股利 　贷：长期股权投资——损益调整
被投资单位因其他综合收益变动	×	借：长期股权投资——其他综合收益 　贷：其他综合收益 　或作相反分录
被投资单位因其他所有者权益变动	×	借：长期股权投资——其他权益变动 　贷：资本公积 　或作相反分录
被投资企业宣告分配的股票股利	×	×
被投资企业提取盈余公积	×	×
被投资单位以股本溢价转增股本	×	×
被投资单位以税后利润补亏	×	×
被投资单位以盈余公积金弥补亏损	×	×

（四）长期股权投资的处置

处置长期股权投资时，按实际取得的价款与长期股权投资账面价值的差额确认为投资损益，并应同时结转已计提的长期股权投资减值准备。其会计处理是：企业处置长期股权投资时，应按实际收到的金额，借记“银行存款”等科目，按原已计提减值准备，借记“长期股权投资减值准备”科目，按该长期股权投资的账面余额，贷记“长期股权投资”科目，按尚未领取的现金股利或利润，贷记“应收股利”科目，按其差额，贷记或借记“投资收益”科目。同时，还应结转原记入资本公积的相关金额，借记或贷记“资本公积——其他资本公积”科目，贷记或借记“投资收益”科目。

五、长期股权投资减值的核算

（一）长期股权投资减值金额的确定

长期股权投资在按照规定进行核算确定其账面价值的基础上，如果存在减值迹象的，应当按照相关准则进行减值测试并计提减值准备。

（1）企业对子公司、合营企业及联营企业的长期股权投资在资产负债表日的可收回金额低于其账面价值的，应将该股权投资的账面价值减记至可收回金额。

（2）企业对被投资单位不具有控制、共同控制或重大影响、在活跃市场中没有报价、公允价值不能可靠计量的长期股权投资，应当将该股权投资在资产负债表日的账面价值与按照类似金融资产当时市场收益率对未来现金流量折现确定的现值之间的差额，确认为减值损失，计提减值准备金。长期期股权投资在提取减值准备之后，不允许转回。

（二）长期股权投资减值的会计处理

企业计提长期股权投资减值准备，应当设置“长期股权投资减值准备”科目核算。企业按应减记的金额，借记“资产减值损失——计提的长期股权投资减值准备”科目，贷记“长期股权投资减值准备”科目。

长期股权投资减值损失一经确认，在以后会计期间不得转回。

典型案例

1. 成本法下长期股权投资的核算

案例 6－10： 吉峰农机公司 2019 年 1 月 10 日购买长江股份有限公司发行的股票 50 000 股准备长期持有，从而拥有长江股份有限公司 5% 的股份，每股买入价为 6 元，另外购买该股票时发生有关税费 5 000 元，款项已由银行存款支付。

初始投资成本＝50 000×6＋5 000＝305 000（元）

借：长期股权投资——长江股份有限公司　　305 000

　　贷：银行存款　　305 000

案例 6－11： 华亿世贸公司 2019 年 5 月 15 日以银行存款购买远征股份有限公司的股票 100 000 股作为长期投资，每股买入价为 10 元，每股价格中包含有 0.2 元的已宣告分派的现金股利，另以银行存款支付相关税费 7 000 元。2019 年 6 月 20 日收到现金股利 20 000 元。

初始投资成本＝100 000×（10－0.2）＋7 000＝987 000（元）

2019 年 5 月 15 日：

借：长期股权投资——远征股份有限公司　　987 000

　　应收股利　　20 000

　　贷：银行存款　　1 007 000

2019年6月20日：

借：银行存款　　20 000

　　贷：应收股利　　20 000

案例6－12：接案例6－11，如果华亿世贸公司于2019年6月20日收到远征股份有限公司宣告发放现金股利的通知，应分得现金股利5 000元。

借：应收股利　　5 000

　　贷：投资收益　　5 000

案例6－13：南方公司将其作为长期投资持有的威海股份有限公司15 000股股票，以每股10元的价格卖出，支付相关税费1 000元，取得价款149 000元，款项已由银行收妥。该长期股权投资账面价值为140 000元，假定没有计提减值准备。

借：银行存款　　149 000

　　贷：长期股权投资——威海股份有限公司　　140 000

　　　　投资收益　　9 000

2. 权益法下长期股权投资的核算

案例6－14：2019年4月2日，吉峰农机公司以支付现金资产方式取得丰田股份有限公司普通股200 000股，拥有丰田公司30%的有表决权资本，每股买价4元，另支付相关税费8 000元，吉峰农机公司对丰田股份有限公司具有重大影响，将该股权划分为长期股权投资。购入时，丰田股份有限公司可辨认净资产公允价值为3 000 000元（账面价值与公允价值相等）。

初始投资成本＝200 000×4＋8 000＝808 000（元）

应享有的被投资单位可辨认净资产公允价值份额＝3 000 000×30%

＝900 000（元）

借：长期股权投资——成本　　900 000

　　贷：银行存款　　808 000

　　　　营业外收入　　92 000

案例6－15：保利房产公司公司2019年1月20日购买虹彩股份有限公司发行的股票5 000 000股准备长期持有，占虹彩股份有限公司股份的30%。每股买入价为6元，另外，购买该股票时发生相关税费500 000元，款项已由银行存款支付。2017年12月31日，虹彩股份有限公司的所有者权益的账面价值（与其公允价值不存在差异）为100 000 000元。

初始投资成本＝5 000 000×6＋500 000＝30 500 000（元）

应享有的被投资单位可辨认净资产公允价值份额＝100 000 000×30%

＝30 000 000（元）

借：长期股权投资——成本　　30 500 000

　　贷：银行存款　　30 500 000

案例 6-16：接案例 6-15，2019 年虹彩股份有限公司实现净利润 10 000 000 元。保利房产公司公司按照持股比例确认投资收益 3 000 000 元。2019 年 5 月 15 日，虹彩股份有限公司已宣告发放现金股利。每 10 股派 3 元，保利房产公司公司可分派到 1 500 000 元。2019 年 6 月 15 日，保利房产公司收到虹彩股份有限公司分派的现金股利。

2019 年末确认虹彩股份有限公司实现的投资收益时，

借：长期股权投资——损益调整　　3 000 000
　　贷：投资收益　　3 000 000

2019 年 5 月 15 日，虹彩股份有限公司宣告发放现金股利时，

借：应收股利　　1 500 000
　　贷：长期股权投资——损益调整　　1 500 000

2019 年 6 月 15 日，收到虹彩股份有限公司宣告发放的现金股利时，

借：银行存款　　1 500 000
　　贷：应收股利　　1 500 000

案例 6-17：接案例 6-16，2019 年虹彩股份有限公司可供出售金融资产的公允价值增加了 4 000 000 元。保利房产公司公司按照持股比例确认相应的资本公积 1 200 000 元。

借：长期股权投资——其他权益变动　　1 200 000
　　贷：资本公积——其他资本公积　　1 200 000

案例 6-18：接案例 6-17，2019 年 7 月 20 日，保利房产公司出售所持虹彩股份有限公司的股票 5 000 000 股，每股出售价为 10 元，款项已收回。

借：银行存款　　50 000 000
　　贷：长期股权投资——成本　　30 500 000
　　　　　　　　　　——损益调整　　1 500 000
　　　　　　　　　　——其他权益变动　　1 200 000
　　　　投资收益　　16 800 000

同时：

借：资本公积——其他资本公积　　1 200 000
　　贷：投资收益　　1 200 000

3. 长期股权投资减值

案例 6-19：福林公司持有通佳公司 30% 的普通股，采用权益法核算。至 2019 年末，该项长期股权投资的账面价值为 3 624 000 元。通佳公司因自然灾害导致资产巨额损失，出现财务危机，股票价格出现非暂时性的严重下跌。2019 年 12 月 31 日，福林公司对持有通佳公司股份进行减值测试，确定的可收回金额为 2 000 000 元。

借：资产减值损失　　1 624 000
　　贷：长期股权投资减值准备　　1 624 000

情境演练6－3

武陵股份有限公司（以下简称“武陵公司”）于2016年9月10日设立，注册资本为40 000万元，主要经营水泵和离心机的生产与销售。2017年至2019年发生下列与长期股权投资相关的经济业务：

业务1：2017年1月4日，武陵公司与东方机械股份有限公司共同投资设立大华有限责任公司（以下简称“大华公司”），投资合同约定武陵公司出资现金资产12 000 000元，持有大华公司有表决权股份12 000 000股（普通股，每股面值1元），占其总股份的10%，公司已按合同约定划转款项，并办妥投资有关手续。武陵公司对大华公司无控制、共同控制或重大影响，且大华公司的股份无活跃市场，公允价值无法可靠计量。

业务2：2017年1月5日，武陵公司通过公开市场购入通佳公司股票90 000 000股，支付买价每股3.2元，另支付印花税、佣金等交易费用576 000元，所持股份占通佳公司有表决权资本的30%，全部款项已通过武陵公司在成华证券公司账户支付。投资后，武陵公司对通佳公司财务与经营政策能够实施重大影响。2017年1月5日，通佳公司可辨认净资产公允价值为1 200 000 000元，其账面价值与可辨认净资产公允价值相等。

业务3：2017年4月20日，武陵公司所持有的阳光有限责任公司（以下简称“阳光公司”）宣告分配现金股利26 000 000元，实际发放日为2017年5月18日。阳光公司股份系武陵公司2016年取得，持股比例为10%，投资成本为18 000 000元，其公允价值无法可靠计量，武陵公司采用成本法核算该项投资。

业务4：2017年12月31日，通佳公司提供的有关资料显示2017年其实现净利润为20 000 000元。

业务5：2019年4月28日，通佳公司宣告发放现金股利12 000 000元，股利发放日为2019年5月10日。

业务6：通佳公司因自然灾害导致资产巨额损失，出现财务危机，股票价格出现非暂时性的严重下跌。2019年12月31日，武陵公司对持有通佳公司股份进行减值测试，可收回金额为200 000 000元，对其计提长期股权投资减值准备。

业务7：2019年2月3日，武陵公司通过公开交易市场出售所持通佳公司股份45 000 000股，每股售价2.0元，支付交易费用50 000元。出售部分股票后，武陵公司对通佳公司仍能够实施重大影响。

要求：（1）查找资料，了解上述业务完成的过程以及涉及的部门；
（2）确认上述业务发生或完成时应取得的单据；
（3）根据上述业务，填制记账凭证，并登记长期股权投资有关总账及其所属明细并结账。

知识拓展

一、金融资产投资管理流程

以长期股权投资为例，其投资管理流程如图 6－1 所示：

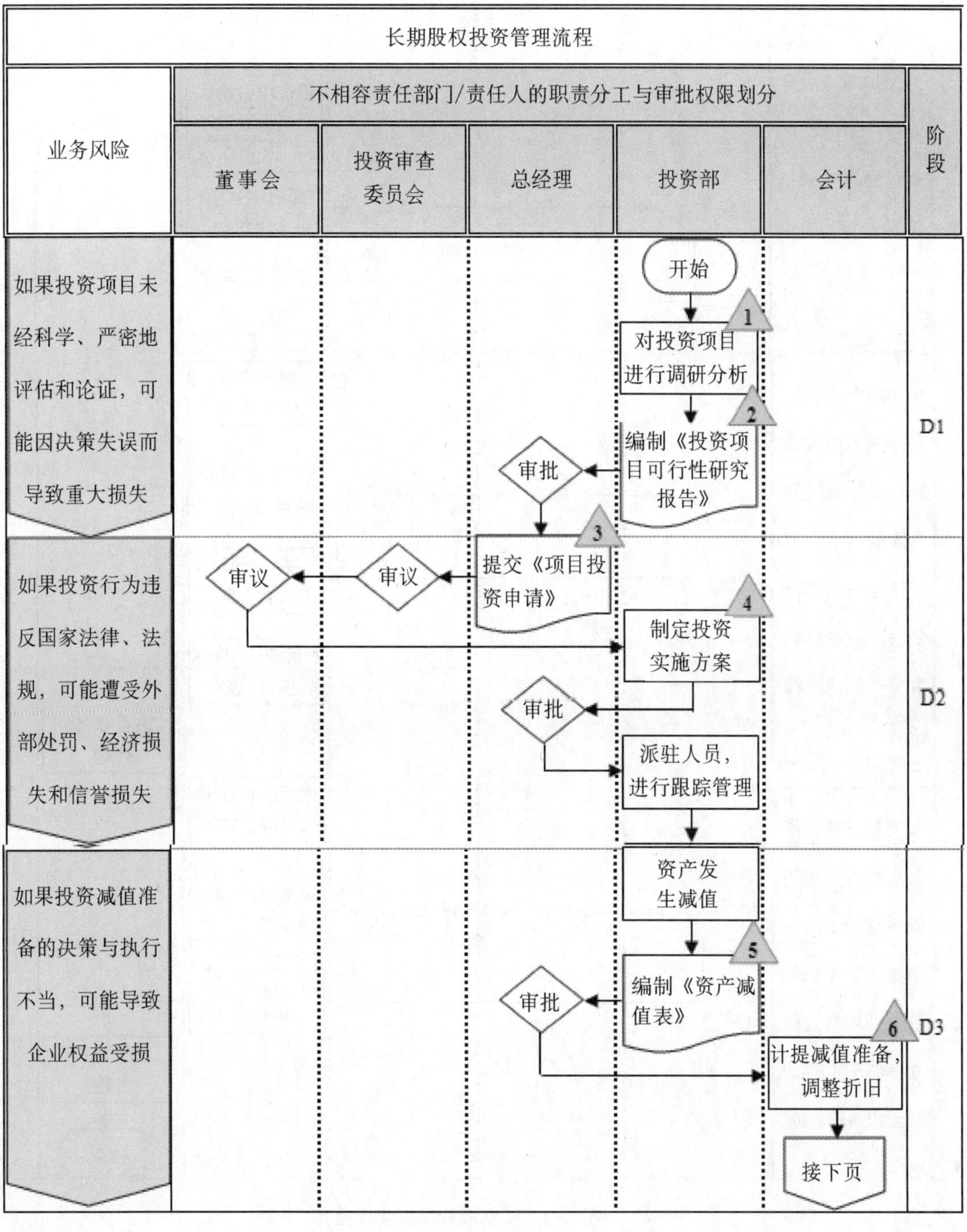

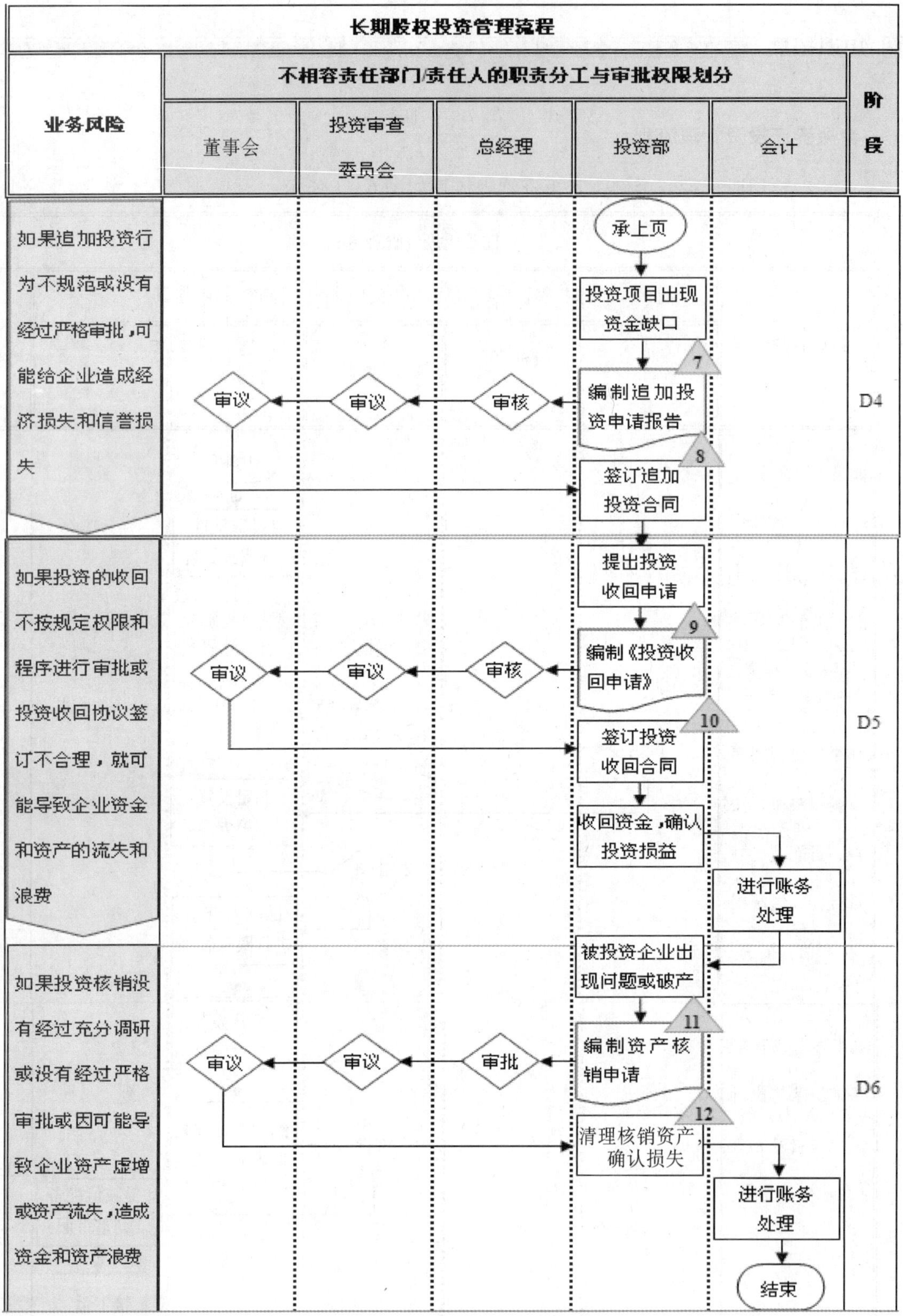

图6-1 长期股权投资管理流程

二、对外投资内部控制制度

企业在建立和实施对外投资内部控制中，至少应当强化对以下关键方面或者关键环节的风险控制，并采取相应的控制措施：职责分工、权限范围和审批程序应当明确，机构设置和人员配备应当科学合理；投资项目建议书和可行性研究报告的内容应当真实，支持投资建议和可行性的依据与理由应当充分、可靠；对外投资实施方案应当科学完整，投资合同或协议的签订应当征求法律顾问的意见，对投资项目的跟踪管理应当全面及时，投资收益的确认应当符合规定，投资权益证书的管理应当严格有效，计提对外投资减值准备的依据应当充分、审批程序应当明确；对外投资处置的方式、权限范围和审批程序应当明确，与投资处置有关的文件资料和凭证记录应当真实完整。

1. 职责分工与授权批准

企业应当建立对外投资业务的情境责任制，明确相关部门和情境的职责权限，确保办理对外投资业务的不相容情境相互分离、制约和监督。

对外投资不相容情境至少应当包括：对外投资项目的可行性研究与评估；对外投资的决策与执行；对外投资处置的审批与执行；对外投资绩效评估与执行。

企业应当配备合格的人员办理对外投资业务。办理对外投资业务的人员应当具备良好的职业道德，掌握金融、投资、财会、法律等方面的专业知识。企业可以根据具体情况，对办理对外投资业务的人员定期进行岗位轮换。

企业应当建立对外投资授权制度和审核批准制度，并按照规定的权限和程序办理对外投资业务。

企业应当根据对外投资类型制定相应的业务流程，明确对外投资中主要业务环节的责任人员、风险点和控制措施等。

对实际发生的对外投资业务，企业应当设置相应的记录或凭证，如实记载各环节业务的开展情况，加强内部审计，确保对外投资全过程得到有效控制。

企业应当加强对审批文件、投资合同或协议、投资方案书、对外投资处置决议等文件资料的管理，明确各种文件资料的取得、归档、保管、调阅等各个环节的管理规定及相关人员的职责权限。

2. 对外投资可行性研究、评估与决策控制

企业应当加强对外投资可行性研究、评估与决策环节的控制，对投资项目建议书的提出、可行性研究、评估、决策等作出明确规定，确保对外投资决策合法、科学、合理。

企业应当编制对外投资项目建议书，由相关部门或人员对投资建议项目进行分析与论证，对被投资企业资信情况进行尽责调查或实地考察，并关注被投资企业管理层或实际控制人的能力、资信等情况。对外投资项目如有其他投资者，应当根据情况对其他投资者的资信情况进行了解或调查。

企业应当由相关部门或人员或委托具有相应资质的专业机构对可行性研究报告进行独立评估，形成评估报告。评估报告应当全面反映评估人员的意见，并由所有评估人员签章。对重大对外投资项目，必须委托具有相应资质的专业机构对可行性研究报告进行独立评估。

3. 对外投资执行控制

企业应当制定对外投资实施方案，明确出资时间、金额、出资方式及责任人员等内容。对外投资实施方案及方案的变更，应当经企业董事会或其授权人员审查批准。

对外投资业务需要签订合同的，应当征询企业法律顾问或相关专家的意见，并经授权部门或人员批准后签订。

企业应当指定专门的部门或人员对投资项目进行跟踪管理，掌握被投资企业的财务状况、经营情况和现金流量，定期组织对外投资质量分析，发现异常情况，应当及时向有关部门和人员报告，并采取相应措施。

企业可以根据管理需要和有关规定向被投资企业派出董事、监事、财务负责人或其他管理人员。

企业应当加强投资收益的控制，投资收益的核算应当符合国家统一的会计制度的规定，对外投资取得的股利以及其他收益，均应当纳入企业会计核算体系，严禁账外设账。

企业应当加强对外投资有关权益证书的管理，指定专门部门或人员保管权益证书，建立详细的记录。未经授权人员不得接触权益证书。财会部门应当定期和不定期地与相关管理部门和人员清点核对有关权益证书。

被投资企业股权结构等发生变化的，企业应当取得被投资企业的相关文件，及时办理相关产权变更手续，反映股权变更对本企业的影响。

企业应当定期和不定期地与被投资企业核对有关投资账目，保证对外投资的安全、完整。

4. 对外投资处置控制

企业应当加强对外投资处置环节的控制，对投资收回、转让、核销等的决策和授权批准程序作出明确规定。

对外投资的收回、转让与核销，应当按规定权限和程序进行审批，并履行相关审批手续。

对应收回的对外投资资产，要及时足额收取。

转让对外投资应当由相关机构或人员合理确定转让价格，并报授权批准部门批准；必要时，可委托具有相应资质的专门机构进行评估。

核销对外投资，应当取得因被投资企业破产等原因不能收回投资的法律文书和证明文件。

企业财会部门应当认真审核与对外投资处置有关的审批文件、会议记录、资产回收清单等相关资料，并按照规定及时进行对外投资处置的会计处理，确保资产处置真实、合法。

三、参考答案

【情境演练6-1】

业务1：

借：交易性金融资产——成本（三佳公司股票） 7 600

　　应收股利——三佳公司 400

投资收益——三佳公司股票　　50

贷：其他货币资金——存出投资款　　8 050

业务2：

借：银行存款　　400

贷：应收股利——三佳公司　　400

业务3：

6月30日：借：交易性金融资产——公允价值变动（三佳公司股票）

4 400

贷：公允价值变动损益——三佳公司股票　　4 400

12月31日：借：公允价值变动损益——三佳公司股票　　2 400

贷：交易性金融资产——公允价值变动（三佳公司股票）

2 400

业务4：

借：其他货币资金——存出投资款　　3 080

贷：交易性金融资产——成本（三佳公司股票）　　1 900

——公允价值变动（三佳公司股票）　　500

投资收益——三佳公司股票　　680

借：公允价值变动损益——三佳公司股票　　500

贷：投资收益——三佳公司股票　　500

【情境演练6-2】

（1）债券每年的票面利息 = 20 000 × 6% = 1 200（万元）

（2）甲公司该债券的利息调整总额 = 21 909.2 − 20 000 × 6% − 20 000

= 709.2（万元）

2016年投资收益 = (20 000 + 709.2) × 5% = 1 035.46（万元）

2016年利息调整额 = 1 200 − 1 035.46 = 164.54（万元）

2017年投资收益 = (20 000 + 709.2 − 164.5) × 5% = 1 027.23（万元）

2017年利息调整额 = 1 200 − 1 027.23 = 172.77（万元）

2018年投资收益 = (20 000 + 709.2 − 164.5 − 172.77) × 5% = 1 018.60（万元）

2018年利息调整额 = 1 200 − 1 018.60 = 181.40（万元）

2019年利息调整额* = 709.2 − 164.5 − 172.77 − 181.40 = 190.53（万元）

2019年投资收益* = 1 200 − 190.53 = 1 009.47（万元）

（*因为以前年度的数据保留了小数位数，且不是精确数据，所以最后一年应先倒挤出利息调整额，再计算确定投资收益。否则，各年的利息调整总额不等于709.2万元）

（3）逐笔编制上述各项业务的会计分录。

业务1：

借：债权投资——成本　　200 000 000

应收利息　　12 000 000

债权投资——利息调整　　7 092 000

贷：银行存款　　219 092 000

业务2:

借:银行存款	12 000 000	
贷:应收利息		12 000 000

业务3:

借:应收利息	12 000 000	
贷:投资收益		10 354 600
债权投资——利息调整		1 645 400

业务4:

借:银行存款	12 000 000	
贷:应收利息		12 000 000

业务5:

借:应收利息	12 000 000	
贷:投资收益		10 272 300
债权投资——利息调整		1 727 700

业务6:

借:银行存款	12 000 000	
贷:应收利息		12 000 000

业务7:

借:应收利息	12 000 000	
贷:投资收益		10 186 000
债权投资——利息调整		1 814 000

业务8:

借:银行存款	12 000 000	
贷:应收利息		12 000 000

业务9:

借:应收利息	12 000 000	
贷:投资收益		10 094 700
债权投资——利息调整		1 905 300

业务10:

借:银行存款	212 000 000	
贷:应收利息		12 000 000
债权投资——成本		200 000 000

【情境演练6-3】

业务1:

借:长期股权投资——大华公司	12 000 000	
贷:银行存款		12 000 000

业务2:

借:长期股权投资——成本(通佳公司)	288 576 000	
贷:其他货币资金——存出投资款		288 576 000

借：长期股权投资——成本（通佳公司）　71 424 000
　　贷：营业外收入　71 424 000

业务3：

借：应收股利——武陵公司　2 600 000
　　贷：投资收益——武陵公司　2 600 000
借：银行存款　2 600 000
　　贷：应收股利——武陵公司　2 600 000

业务4：

借：长期股权投资——损益调整（通佳公司）　6 000 000
　　贷：投资收益——通佳公司　6 000 000

业务5：

借：应收股利——通佳公司　3 600 000
　　贷：长期股权投资——损益调整（通佳公司）　3 600 000
借：银行存款　3 600 000
　　贷：应收股利——通佳公司　3 600 000

业务6：

借：资产减值损失　163 600 000
　　贷：长期股权投资减值准备——通佳公司　163 600 000

业务7：

借：银行存款　89 950 000
　　长期股权投资减值准备——通佳公司　81 800 000
　　投资收益——通佳公司　9 450 000
　　贷：长期股权投资——成本（通佳公司）　180 000 000
　　　　　　　　　——损益调整（通佳公司）　1 200 000

7

学习情境七
职工薪酬的核算

情境学习目标

- 能正确判断职工薪酬核算的职工范畴;
- 能充分了解职工薪酬核算的内容;
- 能正确编制和审核职工薪酬业务会计凭证;
- 能完成应付职工薪酬总账、明细账的建立;
- 能完成应付职工薪酬账簿的登记;
- 能了解职工薪酬的处理程序及核算结果提供的管理信息。

情境关键术语

- 职工
- 职工薪酬
- 职工薪酬主要包括的内容

情境有关参考资料

- 《企业会计准则第9号——职工薪酬》
- 《企业会计准则第9号——职工薪酬应用指南》
- 《初级会计实务》——全国会计专业技术初级资格考试辅导用书

学习子情境一
货币性职工薪酬的核算

☞ 科目设置

设置“应付职工薪酬”一级科目，该科目属于负债类，贷方记录按照准则应支付的各项职工薪酬金额，借方记录实际发生的职工薪酬金额。明细科目分别按工资、职工福利、五种保险费、住房公积金、工会经费、职工教育经费等薪酬内容设置二级科目。

核算内容

一、职工范围及职工薪酬组成

职工薪酬，是指企业为获得职工提供的服务或解除劳动关系而给予的各种形式的报酬或补偿。职工包括：①与企业订立劳动合同的所有人员，含全职、兼职和临时职工；②未与企业订立劳动合同，但由企业正式任命的企业治理层和管理层人员，如董事会成员、监事会成员等；③在企业的计划和控制下虽未与企业订立劳动合同或未由其正式任命但为其提供与职工类似服务的人员。

二、职工薪酬主要包括的内容

职工薪酬包括短期薪酬、离职后福利、辞退福利和其他长期职工福利。企业提供给职工配偶、子女、受赡养人、已故员工遗嘱及其他受益人等的福利，也属于职工薪酬。

（1）短期薪酬，是指企业在职工提供相关服务的年度报告期间结束后12个月内需要全部予以支付的职工薪酬，因解除与职工的劳动关系给予的补偿除外。短期薪酬具体包括：职工工资、奖金、津贴和补贴，职工福利费，医疗保险费、工伤保险费和生育保险费等社会保险费，住房公积金，工会经费和职工教育经费，短期带薪缺勤，短期利润分享计划，非货币性福利以及其他短期薪酬。

（2）带薪缺勤，是指企业支付工资或提供补偿的职工缺勤，包括年休假、病假、短期伤残、婚假、产假、丧假、探亲假等。

（3）利润分享计划，是指因职工提供服务而与职工达成的基于利润或其他经营成果提供薪酬的协议。

（4）离职后福利，是指企业为获得职工提供的服务而在职工退休或与企业解除劳动关系后，提供的各种形式的报酬和福利，短期薪酬和辞退福利除外。

(5) 辞退福利，是指企业在职工劳动合同到期之前解除与职工的劳动关系，或者为鼓励职工自愿接受裁减而给予职工的补偿。

(6) 其他长期职工福利，是指除短期薪酬、离职后福利、辞退福利之外所有的职工薪酬，包括长期带薪缺勤、长期残疾福利、长期利润分享计划等。

三、职工薪酬的确认和计量

企业应当在职工为其提供服务的会计期间，将应付的职工薪酬确认为负债，除辞退福利外，应当根据职工提供服务的受益对象，分别下列情况处理：

(1) 应由生产产品、提供劳务负担的职工薪酬，计入产品成本或劳务成本。生产产品、提供劳务中的直接生产人员和直接提供劳务人员发生的职工薪酬，计入存货成本，但非正常消耗的直接生产人员和直接提供劳务人员的职工薪酬，应当在发生时确认为当期损益。

(2) 应由在建工程、无形资产负担的职工薪酬，计入建造固定资产或无形资产成本。自行建造固定资产和自行研究开发无形资产过程中发生的职工薪酬，能否计入固定资产或无形资产成本，取决于相关资产的成本确定原则。比如企业在研究阶段发生的职工薪酬不能计入自行开发无形资产的成本，在开发阶段发生的职工薪酬，符合无形资产资本化条件的，应当计入自行开发无形资产的成本。

(3) 上述 (1) 和 (2) 两项之外的其他职工薪酬，计入当期损益。除直接生产人员、直接提供劳务人员、建造固定资产人员、开发无形资产人员以外的职工，包括公司总部管理人员、董事会成员、监事会成员等人员相关的职工薪酬，因难以确定直接对应的受益对象，均应当在发生时计入当期损益。

对于职工薪酬，在确定应付职工薪酬和应当计入成本费用的职工薪酬金额时，企业应当区分两种情况：

(1) 具有明确计提标准的短期薪酬。对于国务院有关部门、省、自治区、直辖市人民政府或经批准的企业年金计划规定了计提基础和计提比例的职工薪酬项目，企业应当按照规定的计提标准，计量企业承担的职工薪酬义务和计入成本费用的职工薪酬。其中：①“五险一金”。对于医疗保险费、养老保险费、失业保险费、工伤保险费、生育保险费和住房公积金，企业应当按照国务院、所在地政府或企业年金计划规定的标准计量应付职工薪酬金额和应计入成本费用的薪酬金额。②工会经费和职工教育经费，企业应当按照国家规定，分别按照职工应付工资总额的2%和2.5%计量应付职工薪酬金额和应计入成本费用的薪酬金额。

(2) 没有明确计提标准的职工薪酬。对于国家（包括省、市、自治区政府）相关法律法规没有明确规定计提基础和计提比例的职工薪酬，企业应当根据历史经验数据和自身实际情况，计算确定应付职工薪酬金额和应计入成本费用的薪酬金额。

典型案例

1. 支付职工工资

通常单位在本月月初按上月末计算的实际支付额支付上月职工工资，

发放工资时同时代扣个人应交所得税。

案例7-1：东方纺织公司根据工资结算单发放工资200万元，代扣个人应交所得税18.7万元。

借：应付职工薪酬——工资　　2 187 000
　　贷：银行存款　　2 000 000
　　　　应交税费——应交所得税　　187 000

2. 支付五险一金，包括个人部分和单位部分

案例7-2：根据国家的有关规定，东方纺织公司开出转账支票向社会保障部门交纳本月职工基本养老保险75.6万元（其中个人交纳部分21.6万元，单位交纳部分54万元），基本医疗保险29.7万元（其中个人交纳部分5.4万元，单位交纳部分24.3万元），失业保险8.1万元（其中个人交纳部分2.7万元，单位交纳部分5.4万元）；向住房公积金管理部门交纳住房公积金43.2万元（其中个人交纳部分21.6万元，单位交纳部分21.6万元）。

借：应付职工薪酬——住房公积金　　216 000
　　　　　　　——养老保险　　540 000
　　　　　　　——医疗保险　　243 000
　　　　　　　——失业保险　　54 000
　　　　　　　——工资　　513 000
　　贷：银行存款　　1 566 000

3. 支付职工福利费，工会组织活动或职工培训发生的各项费用

职工福利费用主要用于职工的医疗费，医护人员的工资，医务经费，职工因公负伤赴外地就医路费，职工生活困难补助，职工浴室、理发室、幼儿园、托儿所人员的工资，以及按照国家规定开支的其他福利支出。

案例7-3：东方纺织公司纺纱车间工人陈剑因工伤到外地就医，报销路费1 500元，以现金支付。

借：应付职工薪酬——职工福利　　1 500
　　贷：库存现金　　1 500

案例7-4：东方纺织公司工会为组织职工联欢会购买饮料、水果等物品报销费用9 000元，退回多余的借款1 000元。

借：应付职工薪酬——工会经费　　9 000
　　库存现金　　1 000
　　贷：其他应收款　　10 000

案例7-5：东方纺织公司按照培训计划已完成本阶段职工培训，开出转账支票支付培训费2万元。

借：应付职工薪酬——职工教育经费　　20 000
　　贷：银行存款　　20 000

4. 月末根据考勤等由劳资部门计算并编制工资结算单，按照国家规定的计提比例计提“五险一金”、工会经费和职工教育经费，财务部门依

据上述计算编制薪酬费用分配表分配职工薪酬费用

养老保险包括：①根据国家规定的标准向社会保险经办机构缴纳的基本养老保险费；②根据企业年金计划向企业年金基金相关管理人缴纳的补充养老保险费；③以购买商业保险形式提供给职工的各种保险待遇。

案例7-6：东方纺织公司计算本月应付职工工资总额270万元，工资费用分配表中列示：生产工人工资150万元，车间管理人员工资8万元，行政管理部门人员工资90万元，辅助生产车间人员工资5万元，销售人员工资17万元。

借：生产成本——基本生产成本　　1 500 000
　　　　　　——辅助生产成本　　50 000
　　制造费用　　80 000
　　管理费用　　900 000
　　销售费用　　170 000
　　贷：应付职工薪酬——工资　　2 700 000

案例7-7：东方纺织公司根据本月应付职工工资总额计提基本养老保险、基本医疗保险、失业保险和住房公积金，计提工会经费和职工教育经费。计提比例为基本养老保险20%、基本医疗保险9%、失业保险2%、住房公积金8%；计提工会经费2%和职工教育经费2.5%。

借：生产成本——基本生产成本　　652 500
　　　　　　——辅助生产成本　　21 750
　　制造费用　　34 800
　　管理费用　　391 500
　　销售费用　　73 950
　　贷：应付职工薪酬——养老保险　　540 000
　　　　　　　　　　——医疗保险　　243 000
　　　　　　　　　　——失业保险　　54 000
　　　　　　　　　　——住房公积金　　216 000
　　　　　　　　　　——工会经费　　54 000
　　　　　　　　　　——职工教育经费　　67 500

5. 月末对本月实际发生的职工困难补助等职工福利按照职工所在部门进行分配

案例7-8：东方纺织公司分配本月支付王某的职工福利1 500元。

借：生产成本——基本生产成本　　1 500
　　贷：应付职工薪酬——职工福利　　1 500

情境演练 7－1

大路公司主要生产并销售 $1^{\#}$ 产品，设有一、二两个基本生产车间，2019 年 5 月末，应付职工薪酬总账余额 1 342 500 元，其中明细账余额分别为：工资 750 000 元，工会经费 120 000 元，职工教育经费 150 000 元，基本养老保险 150 000 元，基本医疗保险 67 500 元，失业保险 15 000 元，住房公积金 90 000 元。

6 月份大路公司有关职工薪酬的业务如下：

业务 1：4 日，根据工资结算单实付工资总额 583 500 元，开出转账支票交银行工资科发放工资。

业务 2：6 日，根据开出转账支票向社会保障局支付各种保险 309 000元，其中基本养老保险 210 000 元（单位 150 000 元，个人 60 000 元），基本医疗保险 82 500 元（单位 67 500 元，个人 15 000 元），失业保险 16 500 元（单位 15 000 元，个人 1 500 元）；向住房公积金管理处支付住房公积金 180 000 元（单位 90 000 元，个人 90 000 元）。

业务 3：10 日，因一车间生产工人李某家庭生活困难，以现金支付生活困难补助 2 000 元。

业务 4：15 日，以转账支票结算委托鹏达培训机构培训技术工人的技术培训费 30 000 元。

业务 5：31 日，根据出勤等各种考核表编制工资计算单和工资费用分配表，本月应付职工工资 750 000 元，其中一车间生产工人 220 000 元，车间管理人员 30 000 元；二车间生产工人 180 000 元，车间管理人员 30 000 元；销售人员 90 000 元，行政管理人员 200 000 元。

业务 6：31 日，根据应付工资总额按 12%计提住房公积金，20%计提基本养老保险，9%计提基本医疗保险，1%计提失业保险，2%计提工会经费，2.5%计提职工教育经费，编制各项费用计提和费用分配表，分配计提的各项费用。

业务 7：31 日，根据本月发生的货币性职工福利费用额及享有人员所在部门编制费用分配表，分配实际发生的职工福利费。

要求：（1）查找资料，了解上述业务完成的过程以及涉及的部门；

（2）确认上述业务发生或完成时应取得的单据；

（3）编制上述业务的会计分录。

学习子情境二
非货币性职工薪酬的核算

☞ 科目设置

在“应付职工薪酬”一级科目下设置“非货币性福利”二级科目，借方核算实际发生和分配的非货币性职工薪酬费用。

核算内容

非货币性职工薪酬，包括企业以自己的产品或外购商品作为福利发放给职工；企业提供自有资产供职工无偿使用或租赁资产供职工无偿使用。比如给企业高级管理人员提供的免费使用的住房、车等，免费为职工提供的医疗保健服务或向职工提供企业支付了一定补贴的商品或服务等，以低于成本的价格向职工出售住房就属于补贴形式的非货币性职工薪酬。

非货币性福利按照实际发生额在月末按照受益对象进行分配。

企业向职工提供的非货币性职工薪酬，应当分别情况处理：

（1）以自产产品或外购商品发放给职工作为福利。企业以其生产的产品作为非货币性福利提供给职工的，应当按照该产品的公允价值和相关税费，计量应计入成本费用的职工薪酬金额，并确认为主营业务收入，其销售成本的结转和相关税费的处理，与正常商品销售相同。以外购商品作为非货币性福利提供给职工的，应当按照该商品的公允价值和相关税费，计量应计入成本费用的职工薪酬金额。

（2）将拥有的房屋等资产无偿提供给职工使用，或租赁住房等资产供职工无偿使用。企业将拥有的房屋等资产无偿提供给职工使用的，应当根据受益对象，将住房每期应计提的折旧计入相关资产成本或费用，同时确认应付职工薪酬。租赁住房等资产供职工无偿使用的，应当根据受益对象，将每期应付的租金计入相关资产成本或费用，并确认应付职工薪酬。难以认定受益对象的，直接计入当期损益，并确认应付职工薪酬。

典型案例

1. 单位以自产的产品作为福利发放

案例 7－9：大陆公司管理层决定以自产的热水器作为福利，每位职工发放一台。该热水器每台成本 800 元，市场售价每台 1 200 元。公司自开增值税专用发票，发票中注明售出热水器 300 台，每台售价 1 200 元，价款总计 360 000 元，增值税 46 800 元。

（1）发放热水器：

借：应付职工薪酬——非货币性福利　　406 800

　　贷：主营业务收入　　360 000

　　　　应交税费——应交增值税（销项税额）　　46 800

（2）结转销售成本：

借：主营业务成本　　240 000

　　贷：库存商品　　240 000

2. 购买商品作为福利发放

案例 7－10：东风公司购进成套厨房用品作为福利每位员工发放一套，取得的增值税发票上注明：数量 400 套，售价 160 元，增值税额 8 320 元。货款已经支付，商品已经发放。

借：应付职工薪酬——非货币性福利　　72 320

　　贷：银行存款　　72 320

3. 租入住房提供员工无偿使用

案例 7－11：阳光公司租入公寓房无偿提供员工住宿，本月应支付房屋租金 2 000 元。

借：应付职工薪酬——非货币性福利　　2 000

　　贷：其他应付款　　2 000

4. 为员工无偿提供自有固定资产使用

案例 7－12：太力公司为 4 位部门经理每人配备轿车一辆，本月每辆轿车应计提折旧 700 元。

借：应付职工薪酬——非货币性福利　　2 800

　　贷：累计折旧　　2 800

5. 月末按受益对象分配实际支付的非货币性福利费用

案例 7－13：接案例 7－9，月末大陆公司分配本月发生的非货币性职工福利 40 680 元。受益对象分别是：生产车间工人 200 人，车间管理人员 20 人，销售人员 30 人，行政管理人员 50 人。

借：生产成本——基本生产成本　　27 120

　　制造费用　　2 712

　　管理费用　　4 068

　　销售费用　　6 780

　　贷：应付职工薪酬——非货币性福利　　40 680

情境演练 7－2

长鸿有限公司共有职工 200 名，其中生产工人 158 人，车间管理人员 2 名，行政管理人员 20 名，销售人员 20 名，2019 年 6 月发生如下经济业务：

业务1：1日，以转账支票支付为总经理租住的房子一年的租金价税合计1 500元，取得房屋租赁公司的增值税发票。

业务2：10日，公司管理层决定给每位员工发放一台本公司生产的电暖器作为福利。12日，将电暖器从库房领出发放到每位员工手中，该电暖器每台成本200元，销售价格280元，开出增值税发票，发票中注明售价56 000元，增值税7 280元。

业务3：31日，编制的折旧费用计提表中，为公司经理配车计提折旧1 000元。

业务4：31日，根据本月实际发生的非货币性福利费用额，按照享有人员的服务部门编制非货币性福利费用分配表，分配实际发生的非货币性福利费。

要求：(1) 查找资料，了解上述业务完成的过程以及涉及的部门；

(2) 确认上述业务发生或完成时应取得的单据；

(3) 编制上述业务的会计分录。

知识拓展

一、工资核算流程（如图7-1所示）

二、内部管理制度

（一）职工薪酬核算岗位职责

根据人事劳资部门提供的各种凭证计算职工应发工资和实发工资；审核发放工资、奖金；计算各种工资附加；负责工资的明细核算；负责工资分配的核算。

（二）内部控制制度

(1) 工资的发放数额必须以工资标准、考勤记录、工时记录、产量记录和考核记录为依据；

(2) 工资的变动必须以主管部门授权批准的文件方可办理变动手续；

(3) 对各部门提供的与工资结算有关的原始凭证，人事劳资部门应首先进行真实性、合法性审核，然后交财务部门；

(4) 财会部门工资情境根据人事劳资部门提供的工资结算依据进行复审，据以编制工资结算单；

(5) 财会部门工资情境将工资单合计数与工资结算汇总表、工资分配表合计数核对相符；

(6) 依据工资单发放工资；

(7) 工资提现凭证只有经过有关会计主管审核批准方可提现；

(8) 工资发放必须由领款人签收，签收的工资单副本交由会计部门归档保存。

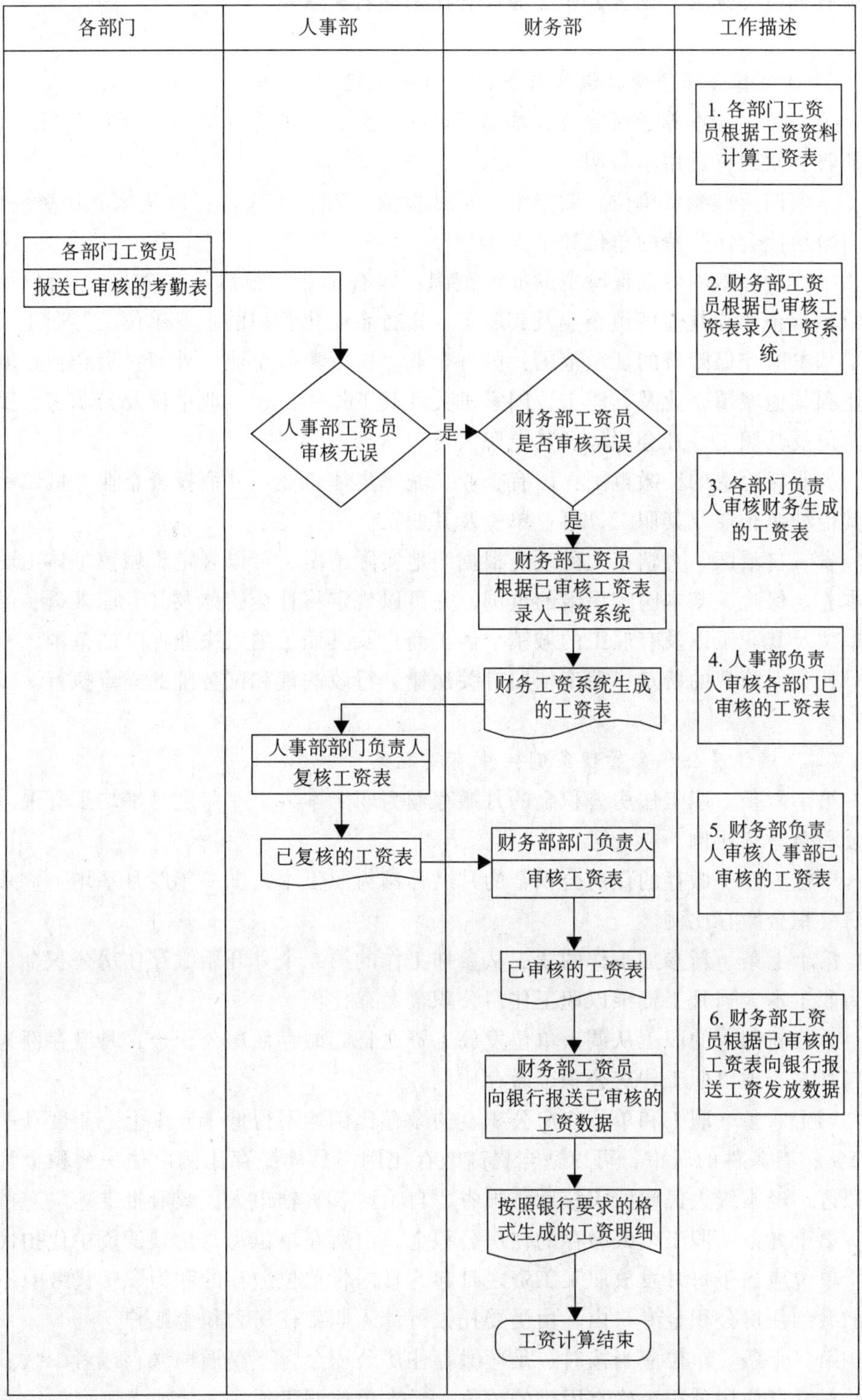
各部门
人事部
财务部
工作描述
1. 各部门工资员根据工资资料计算工资表
各部门工资员
报送已审核的考勤表
2. 财务部工资员根据已审核工资表录入工资系统
人事部工资员审核无误
是
财务部工资员是否审核无误
是
3. 各部门负责人审核财务生成的工资表
财务部工资员
根据已审核工资表录入工资系统
4. 人事部负责人审核各部门已审核的工资表
财务工资系统生成的工资表
人事部部门负责人
复核工资表
已复核的工资表
财务部部门负责人
审核工资表
5. 财务部负责人审核人事部已审核的工资表
已审核的工资表
6. 财务部工资员根据已审核的工资表向银行报送工资发放数据
财务部工资员
向银行报送已审核的工资数据
按照银行要求的格式生成的工资明细
工资计算结束

图 7－1 工资核算流程图

三、国家有关各种保险、住房公积金等计提比例的有关规定

(一)《社会保险费征缴暂行条例》有关规定

第二条 基本养老保险费、基本医疗保险费、失业保险费(以下统称社会保险费)的征收、缴纳,适用本条例。

本条例所称缴费单位、缴费个人,是指依照有关法律、行政法规和国务院的规定,应当缴纳社会保险费的单位和个人。

第三条 基本养老保险费的征缴范围:国有企业、城镇集体企业、外商投资企业、城镇私营企业和其他城镇企业及其职工,实行企业化管理的事业单位及其职工。

基本医疗保险费的征缴范围:国有企业、城镇集体企业、外商投资企业、城镇私营企业和其他城镇企业及其职工,国家机关及其工作人员,事业单位及其职工,民办非企业单位及其职工,社会团体及其专职人员。

失业保险费的征缴范围:国有企业、城镇集体企业、外商投资企业、城镇私营企业和其他城镇企业及其职工,事业单位及其职工。

省、自治区、直辖市人民政府根据当地实际情况,可以规定将城镇个体工商户纳入基本养老保险、基本医疗保险的范围,并可以规定将社会团体及其专职人员、民办非企业单位及其职工以及有雇工的城镇个体工商户及其雇工纳入失业保险的范围。

社会保险费的费基、费率依照有关法律、行政法规和国务院的规定执行。

(二)《住房公积金管理条例》中有关规定

第十六条 职工住房公积金的月缴存额为职工本人上一年度月平均工资乘以职工住房公积金缴存比例。

单位为职工缴存的住房公积金的月缴存额为职工本人上一年度月平均工资乘以单位住房公积金缴存比例。

第十七条 新参加工作的职工从参加工作的第二个月开始缴存住房公积金,月缴存额为职工本人当月工资乘以职工住房公积金缴存比例。

单位新调入的职工从调入单位发放工资之日起缴存住房公积金,月缴存额为职工本人当月工资乘以职工住房公积金缴存比例。

第十八条 职工和单位住房公积金的缴存比例均不得低于职工上一年度月平均工资的5%;有条件的城市,可以适当提高缴存比例。具体缴存比例由住房公积金管理委员会拟订,经本级人民政府审核后,报省、自治区、直辖市人民政府批准。

第十九条 职工个人缴存的住房公积金,由所在单位每月从其工资中代扣代缴。

单位应当于每月发放职工工资之日起5日内将单位缴存的和为职工代缴的住房公积金汇缴到住房公积金专户内,由受委托银行计入职工住房公积金账户。

第二十条 单位应当按时、足额缴存住房公积金,不得逾期缴存或者少缴。

对缴存住房公积金确有困难的单位,经本单位职工代表大会或者工会讨论通过,并经住房公积金管理中心审核,报住房公积金管理委员会批准后,可以降低缴存比例或者缓缴;待单位经济效益好转后,再提高缴存比例或者补缴缓缴。

第二十一条　住房公积金自存入职工住房公积金账户之日起按照国家规定的利率计息。

第二十二条　住房公积金管理中心应当为缴存住房公积金的职工发放缴存住房公积金的有效凭证。

四、企业会计准则第 9 号——职工薪酬

第一章　总　则

第一条　为了规范职工薪酬的确认、计量和相关信息的披露，根据《企业会计准则——基本准则》，制定本准则。

第二条　职工薪酬，是指企业为获得职工提供的服务或解除劳动关系而给予的各种形式的报酬或补偿。职工薪酬包括短期薪酬、离职后福利、辞退福利和其他长期职工福利。企业提供给职工配偶、子女、受赡养人、已故员工遗属及其他受益人等的福利，也属于职工薪酬。

短期薪酬，是指企业在职工提供相关服务的年度报告期间结束后十二个月内需要全部予以支付的职工薪酬，因解除与职工的劳动关系给予的补偿除外。短期薪酬具体包括：职工工资、奖金、津贴和补贴，职工福利费，医疗保险费、工伤保险费和生育保险费等社会保险费，住房公积金，工会经费和职工教育经费，短期带薪缺勤，短期利润分享计划，非货币性福利以及其他短期薪酬。

带薪缺勤，是指企业支付工资或提供补偿的职工缺勤，包括年休假、病假、短期伤残、婚假、产假、丧假、探亲假等。

利润分享计划，是指因职工提供服务而与职工达成的基于利润或其他经营成果提供薪酬的协议。离职后福利，是指企业为获得职工提供的服务而在职工退休或与企业解除劳动关系后，提供的各种形式的报酬和福利，短期薪酬和辞退福利除外。

辞退福利，是指企业在职工劳动合同到期之前解除与职工的劳动关系，或者为鼓励职工自愿接受裁减而给予职工的补偿。

其他长期职工福利，是指除短期薪酬、离职后福利、辞退福利之外所有的职工薪酬，包括长期带薪缺勤、长期残疾福利、长期利润分享计划等。

第三条　本准则所称职工，是指与企业订立劳动合同的所有人员，含全职、兼职和临时职工，也包括虽未与企业订立劳动合同但由企业正式任命的人员。

未与企业订立劳动合同或未由其正式任命，但向企业所提供服务与职工所提供服务类似的人员，也属于职工的范畴，包括通过企业与劳务中介公司签订用工合同而向企业提供服务的人员。

第四条　下列各项适用其他相关会计准则：

（一）企业年金基金，适用《企业会计准则第 10 号——企业年金基金》。

（二）以股份为基础的薪酬，适用《企业会计准则第 11 号——股份支付》。

第二章　短期薪酬

第五条　企业应当在职工为其提供服务的会计期间，将实际发生的短期薪酬确认为

负债，并计入当期损益，其他会计准则要求或允许计入资产成本的除外。

第六条　企业发生的职工福利费，应当在实际发生时根据实际发生额计入当期损益或相关资产成本。职工福利费为非货币性福利的，应当按照公允价值计量。

第七条　企业为职工缴纳的医疗保险费、工伤保险费、生育保险费等社会保险费和住房公积金，以及按规定提取的工会经费和职工教育经费，应当在职工为其提供服务的会计期间，根据规定的计提基础和计提比例计算确定相应的职工薪酬金额，并确认相应负债，计入当期损益或相关资产成本。

第八条　带薪缺勤分为累积带薪缺勤和非累积带薪缺勤。企业应当在职工提供服务从而增加了其未来享有的带薪缺勤权利时，确认与累积带薪缺勤相关的职工薪酬，并以累积未行使权利而增加的预期支付金额计量。企业应当在职工实际发生缺勤的会计期间确认与非累积带薪缺勤相关的职工薪酬。

累积带薪缺勤，是指带薪缺勤权利可以结转下期的带薪缺勤，本期尚未用完的带薪缺勤权利可以在未来期间使用。

累积带薪缺勤，是指带薪缺勤权利不能结转下期的带薪缺勤，本期尚未用完的带薪缺勤权利将予以取消，并且职工离开企业时也无权获得现金支付。

第九条　利润分享计划同时满足下列条件的，企业应当确认相关的应付职工薪酬：

（一）企业因过去事项导致现在具有支付职工薪酬的法定义务或推定义务；

（二）因利润分享计划所产生的应付职工薪酬义务金额能够可靠估计。属于下列三种情形之一的，视为义务金额能够可靠估计：

1. 在财务报告批准报出之前企业已确定应支付的薪酬金额。

2. 该短期利润分享计划的正式条款中包括确定薪酬金额的方式。

3. 过去的惯例为企业确定推定义务金额提供了明显证据。

第十条　职工只有在企业工作一段特定期间才能分享利润的，企业在计量利润分享计划产生的应付职工薪酬时，应当反映职工因离职而无法享受利润分享计划福利的可能性。

如果企业在职工为其提供相关服务的年度报告期间结束后十二个月内，不需要全部支付利润分享计划产生的应付职工薪酬，该利润分享计划应当适用本准则其他长期职工福利的有关规定。

第三章　离职后福利

第十一条　企业应当将离职后福利计划分类为设定提存计划和设定受益计划。

离职后福利计划，是指企业与职工就离职后福利达成的协议，或者企业为向职工提供离职后福利制定的规章或办法等。其中，设定提存计划，是指向独立的基金缴存固定费用后，企业不再承担进一步支付义务的离职后福利计划；设定受益计划，是指除设定提存计划以外的离职后福利计划。

第十二条　企业应当在职工为其提供服务的会计期间，将根据设定提存计划计算的应缴存金额确认为负债，并计入当期损益或相关资产成本。

根据设定提存计划，预期不会在职工提供相关服务的年度报告期结束后十二个月内支付全部应缴存金额的，企业应当参照本准则第十五条规定的折现率，将全部应缴存金额以折现后的金额计量应付职工薪酬。

第十三条 企业对设定受益计划的会计处理通常包括下列四个步骤：

（一）根据预期累计福利单位法，采用无偏且相互一致的精算假设对有关人口统计变量和财务变量等做出估计，计量设定受益计划所产生的义务，并确定相关义务的归属期间。企业应当按照本准则第十五条规定的折现率将设定受益计划所产生的义务予以折现，以确定设定受益计划义务的现值和当期服务成本。

（二）设定受益计划存在资产的，企业应当将设定受益计划义务现值减去设定受益计划资产公允价值所形成的赤字或盈余确认为一项设定受益计划净负债或净资产。

设定受益计划存在盈余的，企业应当以设定受益计划的盈余和资产上限两项的孰低者计量设定受益计划净资产。其中，资产上限，是指企业可从设定受益计划退款或减少未来对设定受益计划缴存资金而获得的经济利益的现值。

（三）根据本准则第十六条的有关规定，确定应当计入当期损益的金额。

（四）根据本准则第十六条和第十七条的有关规定，确定应当计入其他综合收益的金额。

在预期累计福利单位法下，每一服务期间会增加一个单位的福利权利，并且需对每一个单位单独计量，以形成最终义务。企业应当将福利归属于提供设定受益计划的义务发生的期间。这一期间是指从职工提供服务以获取企业在未来报告期间预计支付的设定受益计划福利开始，至职工的继续服务不会导致这一福利金额显著增加之日为止。

第十四条 企业应当根据预期累计福利单位法确定的公式将设定受益计划产生的福利义务归属于职工提供服务的期间，并计入当期损益或相关资产成本。

当职工后续年度的服务将导致其享有的设定受益计划福利水平显著高于以前年度时，企业应当按照直线法将累计设定受益计划义务分摊确认于职工提供服务而导致企业第一次产生设定受益计划福利义务至职工提供服务不再导致该福利义务显著增加的期间。在确定该归属期间时，不应考虑仅因未来工资水平提高而导致设定受益计划义务显著增加的情况。

第十五条 企业应当对所有设定受益计划义务予以折现，包括预期在职工提供服务的年度报告期间结束后的十二个月内支付的义务。折现时所采用的折现率应当根据资产负债表日与设定受益计划义务期限和币种相匹配的国债或活跃市场上的高质量公司债券的市场收益率确定。

第十六条 报告期末，企业应当将设定受益计划产生的职工薪酬成本确认为下列组成部分：

（一）服务成本，包括当期服务成本、过去服务成本和结算利得或损失。其中，当期服务成本，是指职工当期提供服务所导致的设定受益计划义务现值的增加额；过去服务成本，是指设定受益计划修改所导致的与以前期间职工服务相关的设定受益计划义务现值的增加或减少。

（二）设定受益计划净负债或净资产的利息净额，包括计划资产的利息收益、设定受益计划义务的利息费用以及资产上限影响的利息。

（三）重新计量设定受益计划净负债或净资产所产生的变动。

除非其他会计准则要求或允许职工福利成本计入资产成本，上述第（一）项和第

(二)项应计入当期损益;第(三)项应计入其他综合收益,并且在后续会计期间不允许转回至损益,但企业可以在权益范围内转移这些在其他综合收益中确认的金额。

第十七条 重新计量设定受益计划净负债或净资产所产生的变动包括下列部分:

(一)精算利得或损失,即由于精算假设和经验调整导致之前所计量的设定受益计划义务现值的增加或减少。

(二)计划资产回报,扣除包括在设定受益计划净负债或净资产的利息净额中的金额。

(三)资产上限影响的变动,扣除包括在设定受益计划净负债或净资产的利息净额中的金额。

第十八条 在设定受益计划下,企业应当在下列日期孰早日将过去服务成本确认为当期费用:

(一)修改设定受益计划时。

(二)企业确认相关重组费用或辞退福利时。

第十九条 企业应当在设定受益计划结算时,确认一项结算利得或损失。

设定受益计划结算,是指企业为了消除设定受益计划所产生的部分或所有未来义务进行的交易,而不是根据计划条款和所包含的精算假设向职工支付福利。设定受益计划结算利得或损失是下列两项的差额:

(一)在结算日确定的设定受益计划义务现值。

(二)结算价格,包括转移的计划资产的公允价值和企业直接发生的与结算相关的支付。

第四章 辞退福利

第二十条 企业向职工提供辞退福利的,应当在下列两者孰早日确认辞退福利产生的职工薪酬负债,并计入当期损益:

(一)企业不能单方面撤回因解除劳动关系计划或裁减建议所提供的辞退福利时。

(二)企业确认与涉及支付辞退福利的重组相关的成本或费用时。

第二十一条 企业应当按照辞退计划条款的规定,合理预计并确认辞退福利产生的应付职工薪酬。辞退福利预期在其确认的年度报告期结束后十二个月内完全支付的,应当适用短期薪酬的相关规定;辞退福利预期在年度报告期结束后十二个月内不能完全支付的,应当适用本准则关于其他长期职工福利的有关规定。

第五章 其他长期职工福利

第二十二条 企业向职工提供的其他长期职工福利,符合设定提存计划条件的,应当适用本准则第十二条关于设定提存计划的有关规定进行处理。

第二十三条 除上述第二十二条规定的情形外,企业应当适用本准则关于设定受益计划的有关规定,确认和计量其他长期职工福利净负债或净资产。在报告期末,企业应当将其他长期职工福利产生的职工薪酬成本确认为下列组成部分:

(一)服务成本。

(二)其他长期职工福利净负债或净资产的利息净额。

（三）重新计量其他长期职工福利净负债或净资产所产生的变动。

为简化相关会计处理，上述项目的总净额应计入当期损益或相关资产成本。

第二十四条　长期残疾福利水平取决于职工提供服务期间长短的，企业应当在职工提供服务的期间确认应付长期残疾福利义务，计量时应当考虑长期残疾福利支付的可能性和预期支付的期限；长期残疾福利与职工提供服务期间长短无关的，企业应当在导致职工长期残疾的事件发生的当期确认应付长期残疾福利义务。

第六章　披　　露

第二十五条　企业应当在附注中披露与短期职工薪酬有关的下列信息：

（一）应当支付给职工的工资、奖金、津贴和补贴及其期末应付未付金额。

（二）应当为职工缴纳的医疗保险费、工伤保险费和生育保险费等社会保险费及其期末应付未付金额。

（三）应当为职工缴存的住房公积金及其期末应付未付金额。

（四）为职工提供的非货币性福利及其计算依据。

（五）依据短期利润分享计划提供的职工薪酬金额及其计算依据。

（六）其他短期薪酬。

第二十六条　企业应当披露所设立或参与的设定提存计划的性质、计算缴费金额的公式或依据，当期缴费金额以及期末应付未付金额。

第二十七条　企业应当披露与设定受益计划有关的下列信息：

（一）设定受益计划的特征及与之相关的风险。

（二）设定受益计划在财务报表中确认的金额及其变动。

（三）设定受益计划对企业未来现金流量金额、时间和不确定性的影响。

（四）设定受益计划义务现值所依赖的重大精算假设及有关敏感性分析的结果。

第二十八条　企业应当披露支付的因解除劳动关系所提供辞退福利及其期末应付未付金额。

第二十九条　企业应当披露提供的其他长期职工福利的性质、金额及其计算依据。

第七章　衔接规定

第三十条　对于本准则施行日存在的离职后福利计划、辞退福利、其他长期职工福利，除本准则三十一条规定外，应当按照《企业会计准则第 28 号——会计政策、会计估计变更和差错更正》的规定采用追溯调整法处理。

第三十一条　企业比较财务报表中披露的本准则施行之前的信息与本准则要求不一致的，不需要按照本准则的规定进行调整。

第八章　附　　则

第三十二条　本准则自 2014 年 7 月 1 日起施行。

五、参考答案

【情境演练7-1】

本组业务涉及的原始凭证：支票存根，银行发放工资回单，个税计算表，行政单位收费收据，困难补助情况说明，费用报销单，工资结算单，费用分配表。

业务1：借：应付职工薪酬——工资　583 500
　　贷：银行存款　583 500

业务2：借：应付职工薪酬——养老保险　150 000
　　——医疗保险　67 500
　　——失业保险　15 000
　　——住房公积金　90 000
　　——工资　166 500
　　贷：银行存款　489 000

业务3：借：应付职工薪酬——职工福利　2 000
　　贷：库存现金　2 000

业务4：借：应付职工薪酬——职工教育经费　30 000
　　贷：银行存款　30 000

业务5：借：生产成本——基本生产成本——一车间　220 000
　　——基本生产成本——二车间　180 000
　　制造费用——一车间　30 000
　　——二车间　30 000
　　销售费用　90 000
　　管理费用　200 000
　　贷：应付职工薪酬——工资　750 000

业务6：借：生产成本——基本生产成本——一车间　102 300
　　——基本生产成本——二车间　83 700
　　制造费用——一车间　13 950
　　——二车间　13 950
　　销售费用　41 850
　　管理费用　93 000
　　贷：应付职工薪酬——养老保险　150 000
　　——医疗保险　67 500
　　——失业保险　7 500
　　——住房公积金　90 000
　　——工会经费　15 000
　　——职工教育经费　18 750

业务7：借：生产成本——基本生产成本——一车间　2 000
　　贷：应付职工薪酬——职工福利　2 000

【情境演练 7－2】

本组业务涉及的原始凭证：增值税发票，出库单，领取单，折旧计提表，费用分配表。

业务 1：借：应付职工薪酬——非货币性福利　　1 500
　　贷：银行存款　　1 500

业务 2：（1）借：应付职工薪酬——非货币性福利　　63 280
　　贷：主营业务收入——电暖器　　56 000
　　　　应交税费——应交增值税（销项税额）　　7 280

（2）借：主营业务成本——电暖器　　40 000
　　贷：库存商品——电暖器　　40 000

业务 3：借：应付职工薪酬——非货币性福利　　1 000
　　贷：累计折旧　　1 000

业务 4：借：生产成本——基本生产成本　　49 991.2
　　制造费用　　632.8
　　销售费用　　6 328
　　管理费用　　8 828
　　贷：应付职工薪酬——非货币性福利　　65 780

8 学习情境八 税费的核算

情境学习目标

- 能正确取得或填制并审核各种涉税的票证;
- 能根据经审核的各种涉税票证准确的编制记账凭证;
- 能根据企业涉及所得税的资料进行正确的纳税调整;
- 能准确核算所得税费用和应交的所得税;
- 能正确取得或填制并审核各种涉及期间费用的票据;
- 能根据经审核的各种涉及期间费用的票据准确的编制记账凭证;
- 能参与办税的相关事宜、期间费用预算编制和日常控制等工作。

情境关键术语

- 应交税费
- 所得税费用
- 暂时性差异
- 递延所得税资产
- 递延所得税负债
- 期间费用

情境有关参考资料

- 《企业会计准则第18号——所得税》
- 《初级会计实务》——全国会计专业技术初级资格考试辅导用书
- 《会计实务》——中级会计师资格考试用书
- 《中华人民共和国增值税暂行条例实施细则》
- 《中华人民共和国消费税暂行条例实施细则》
- 《营业税改征增值税试点实施办法》
- 《营业税改征增值税试点有关事项的规定》

- 《营业税改征增值税试点过渡政策的规定
- 《跨境应税行为适用增值税零税率和免税政策的规定》
- 《中华人民共和国企业所得税暂行条例实施细则》

学习子情境一
应交税费的核算

科目设置

企业根据税法规定应交纳的各种税费包括：增值税、消费税、企业所得税、城市维护建设税、资源税、环境保护税、土地增值税、房产税、车船税、城镇土地使用税、教育费附加、矿产资源补偿费、印花税、耕地占用税、契税、车辆购置税等。

企业应通过“应交税费”科目，核算各种税费的应交、交纳等情况。该科目贷方登记应交纳的各种税费等，借方登记实际交纳的税费；期末余额一般在贷方，反映企业尚未交纳的税费，期末余额如在借方，反映企业多交或尚未抵扣的税费。本科目按应交税费项目设置明细科目进行明细核算。

企业代扣代交的个人所得税，也通过“应交税费”科目核算，而企业交纳的印花税、耕地占用税等不需要预计应交数的税金，不通过“应交税费”科目核算。

应交增值税还应分别“进项税额”“已交税金”“销项税额”“出口退税”“进项税额转出”“转出未交增值税”“转出多交增值税”“减免税款”“出口抵减内销产品应纳税额”等设置专栏进行明细核算。

核算内容

一、应交增值税的核算

增值税是以商品（含应税劳务）在流转过程中产生的增值额作为计税依据而征收的一种流转税。从计税原理上说，增值税是对商品生产、流通、劳务服务中多个环节的新增价值或商品的附加值征收的一种流转税。实行价外税，也就是由消费者负担，有增值才征税没增值不征税。

增值税是对销售货物或者提供加工、修理修配劳务以及进口货物的单位和个人就其实现的增值额征收的一个税种。增值税已经成为中国最主要的税种之一，增值税的收入占中国全部税收的60%以上，是最大的税种。增值税由国家税务局负责征收，税收收入中50%为中央财政收入，50%为地方收入。进口环节的增值税由海关负责征收，税收收入全部为中央财政收入。

按照纳税人的经营规模及会计核算的健全程度，增值税纳税人分为一般纳税人和小规模纳税人。一般纳税人应纳增值税额，根据当期销项额减去当期进项额计算确定；小规模纳税人应纳增值税额，按照销售额和规定的征收率计算确定。

目前，一般纳税人增值税税率一共有4档：13%，9%，6%，0%，见表8－1。

表8－1

序号	税目	税率
1	销售或者进口货物（除9－12项外）	13%
2	加工、修理修配劳务	13%
3	有形动产租赁服务	13%
4	不动产租赁服务	9%
5	销售不动产	9%
6	建筑服务	9%
7	运输服务	9%
8	转让土地使用权	9%
9	饲料、化肥、农药、农机、农膜	9%
10	粮食等农产品、食用植物油、食用盐	9%
11	自来水、暖气、冷气、热水、煤气、石油液化气、天然气、二甲醚、沼气、居民用煤炭制品	9%
12	图书、报纸、杂志、音像制品、电子出版物	9%
13	邮政服务	9%
14	基础电信服务	9%
15	增值电信服务	6%
16	金融服务	6%
17	现代服务	6%
18	生活服务	6%
19	销售无形资产（除土地使用权外）	6%
20	出口货物	0%
21	跨境销售国务院规定范围内的服务、无形资产	0%

（1）销售交通运输服务、邮政、基础电信、建筑、不动产租赁服务，销售不动产，转让土地使用权以及销售或进口的农产品等货物税率为9%；加工修理修配劳务、有形动产租赁服务和进口税率为13%；销售无形资产（除土地使用权）为6%，出口货物税率为0；

（2）其余的：货物是13%，服务是6%。

（3）小规模纳税人使用征收率为3%。

（一）一般纳税人应纳增值税的核算

增值税的一般纳税企业从税务角度看，一是可以使用增值税专用发票，企业销售货物或提供劳务可以开具增值税专用发票（或完税凭证、购进免税农产品凭证、外购物资支付的运输费用的结算单据等）；二是购入货物时支付的符合规定的增值税额可以用销项税额抵扣；三是如果企业销售货物或者提供劳务采用销售额和销项税额合并定价方法的，按公式“销售额=含税销售额/（1+增值税税率）”还原为不含税销售额，并按不含税销售额计算销项税额。

按照增值税暂行条例规定，一般纳税人购入货物或接受劳务必须具备以下凭证，其进项税额才能予以扣除：一是从销售方取得的增值税专用发票；二是从海关取得的进口货物的完税凭证；三是购进免税农产品时取得的经税务机关批准的收购凭证；四是从境外单位或者个人购进服务、无形资产或者不动产，自税务机关或者扣缴义务人取得的解缴税款的完税凭证上注明的增值税额。

企业购入货物或者接受应税劳务，没有按照规定取得并保存增值税扣税凭证，或者增值税扣税凭证上未按照规定注明增值税额及其他有关事项的，其进项税额不能从销项税额中抵扣。会计核算中，如果企业不能取得有关的扣税证明，则购进货物或接受应税劳务支付的增值税额不能作为进项税额扣税，其已支付的增值税只能记入购入货物或接受劳务的成本。

1. 一般购销业务的处理

一般纳税企业在账务处理上的主要特点：一是在购进阶段，会计处理时实行价与税的分离，价与税分离的依据为增值税专用发票上注明的价款与增值税，属于价款部分，计入购入货物的成本；属于增值税额部分，计入进项税额。二是在销售阶段，销售收入中不应含税，如果定价时含税，应还原为不含税价格作为销售收入，向购买方收取的增值税作为销项税额。

2. 购入免税产品的处理

按照增值税暂行条例规定，对农业生产者销售的自产农业产品等部分项目免征增值税。企业销售免征增值税项目的货物，不能开具增值税专用发票，只能开具普通发票。企业购进免税产品，一般情况下不能扣税，但按税法规定，对于购入的免税农业产品、收购废旧物资等可以按买价（或收购金额）的一定比率计算进项税额，并准予从销项税额中抵扣。这里的买价是指购进免税农产品或收购废旧物资时取得的经税务机关批准的收购凭证上的价款。在会计核算时，一是按购进时取得的收购凭证上确定的金额扣除一定比例的进项税额作为购进物资的成本；二是扣除的部分作为进项税额，待以后用销项税额抵扣。

3. 视同销售的处理

按照增值税暂行条例实施细则的规定，对于企业将自产、委托加工或购买的货物分配给股东或投资者；将自产、委托加工的货物用于集体福利或个人消费等行为，单位或者个体工商户向其他单位或者个人无偿提供服务，无偿转让无形资产或者不动产，但用于公益事业或者以社会公众为对象的除外，视同销售货物，需计算交纳增值税。对于税法上某些视同销售的行为，从会计角度看不属于销售行为，不会增加现金流量，因此会计核算不作为销售处理，按成本转账。但是，无论会计上是否作销售处理，只要税法规定需要交纳增值税的，应当计算交纳增值税销项税额，并计入“应交税费——应交增值税”科目中的“销项税额”专栏。财政部和国家税务总局规定的其他情形。

4. 不予抵扣项目的处理

按照增值税暂行条例及其实施细则的规定，企业购进非生产经营用固定资产、用于非应税项目的购进货物或者应税劳务等按规定不予抵扣增值税进项税额。

属于购入货物和服务时即能认定其进项税额不能抵扣的，如购入的货物和服务直接用于免税项目、直接用于非应税项目，或者直接用于集体福利和个人消费的，进行会计处理时，其增值税专用发票上注明的增值税额，计入购入货物及接受劳务的成本。非正常损失（纳税人管理不善、违法违规等造成的货物或不动产被没收、销毁、拆除等造成的损失）的购进货物，以及相关的加工修理修配劳务和交通运输服务，非正常损失的在产品、产成品所耗用的购进货物（不包括固定资产）、加工修理修配劳务和交通运输服务，非正常损失的不动产，以及该不动产所耗用的购进货物、设计服务和建筑服务，非正常损失的不动产在建工程所耗用的购进货物、设计服务和建筑服务，属于进项税额不得抵扣的情形。一般纳税人购进的旅客运输服务、贷款服务、餐饮、居民日常服务、娱乐服务等进项税额不得抵扣；属于购入货物和服务时，不能直接认定其进项税额能否抵扣的，增值税专用发票上注明的增值税额，按照增值税会计处理方法记入“应交税费——应交增值税（进项税额）”科目；如果这部分购入货物以后用于按规定不得抵扣进项税额项目的，应将原已计入进项税额并已支付的增值税转入有关的承担者予以承担，通过“应交税费——应交增值税（进项税额转出）”科目转入有关的“在建工程”“应付职工薪酬——职工福利”“待处理财产损溢”等科目。

5. 增值税的账户设置

在应交税费下设置二级明细应交增值税和未交增值税，应交增值税借方设置进项税额、已交税金、减免税款、转出未交增值税项目；贷方设置销项税额、进项税额转出、出口退税、转出多交增值税项目；未交增值税反映一般纳税人企业月终时转入的应交未交增值税额及转入多交的增值税。月份终了，企业计算出当月应交未交的增值税，借记“应交税费——应交增值税（转出未交增值税）”科目，贷记“应交税费——未交增值税”科目；当月多交的增值税，借记“应交税费——未交增值税”科目，贷记“应交税费——应交增值税（转出多交增值税）”科目，经过结转后，月份终了，“应交税费——应交增值税”科目的余额在借方，反映企业尚未抵扣的增值税。

值得注意的是，企业当月交纳当月的增值税，仍然通过“应交税费——应交增值税（已交税金）”科目核算；当月交纳以前各期未交的增值税，通过“应交税费——未交增值税”科目，不通过“应交税费——应交增值税（已交税金）”科目核算。过渡期再增设“应交税费——待抵扣进项税额”科目。

6. 一般纳税人增值税的核算

（1）购进商品、服务、无形资产、不动产等时，借方登记原材料、管理费用、销售费用、固定资产、无形资产等和应交税费——应交增值税（进项税额）；贷方登记银行存款/应付账款等；

（2）销售商品、服务、无形资产、出租时，借方登记银行存款/应收账款等，贷方登记主营业务收入/其他业务收入和应交税费——应交增值税（销项税额）；

（3）缴纳增值税款时，借记应交税费——应交增值税（已交税金），贷方登记银行存款；

（4）购进商品材料物资改变用途，用于增值税非应税项目时，借记应付职工薪酬——职工福利费等，贷记原材料/库存商品和应交税费——应交增值税（进项税额转出）；

（5）增值税有留抵税额时，借记应交税费——增值税留抵税额等，贷记应交税费——应交增值税（进项税额转出）；

（6）月末结转未交增值税时，借记应交税费——应交增值税（转出未交增值税），贷记应交税费——未交增值税；

（7）辅导期内购进货物、劳务等，借记库存商品/固定资产和应交税费——待抵扣进项税额等，贷记银行存款；次月允许抵扣时，借记应交税费——应交增值税（进项税额），贷记应交税费——待抵扣销项税额。

（二）小规模纳税人的会计处理

与增值税一般纳税人相比较，小规模纳税企业的特点有：一是小规模纳税企业销售货物或者提供应税劳务，一般情况下只能开具普通发票，不能开具增值税专用发票；二是小规模纳税企业销售货物或提供应税劳务，实行简易办法计算应纳税额，按照销售额的一定比例计算；三是小规模纳税企业的销售收入不包括其应纳税额。采用销售额和应纳税额合并定价方法的，按照公式“销售额＝含税销售额/（1＋征收率）”还原为不含税销售额计算。

从会计核算角度看，首先，小规模纳税企业购入货物无论是否具有增值税专用发票，其支付的增值税额均不计入进项税额，应计入购入货物的成本。相应的，其他企业从小规模纳税企业购入货物或接受劳务支付的增值税额，如果不能取得经税务部门认可的发票，也不能作为进项税额抵扣，而应计入购入货物或应税劳务的成本；其次，小规模纳税企业“应交税费——应交增值税”科目，应采用三栏式科目，而不设置专栏进行核算。

小规模纳税人提供应税服务，试点期间按照营业税改征增值税有关规定，允许从销售额中扣除其支付给非试点纳税人价款的，按规定扣减销售额而减少的应交增值税，应直接冲减“应交税费——应交增值税”科目。企业接受应税服务时，按规定允许扣减销售额而减少的应交增值税，借记“应交税费——应交增值税”科目，按实际支付或应付的金额与上述增值税额的差额，借记“主营业务成本”等科目，按实际支付或应付的金额，贷记“银行存款”“应付账款”等科目。对于期末一次性进行账务处理的企业，期末，按规定当期允许扣减销售额而减少的应交增值税，借记“应交税费——应交增值税”科目，贷记“主营业务成本”等科目。

小规模纳税人购进商品、服务、无形资产、不动产等时，借记原材料、库存商品、管理费用、销售费用、固定资产、无形资产等，贷记银行存款/应付账款等；销售商品、服务、无形资产等时，借记银行存款/应收账款等，贷记主营业务收入和应交税费——应交增值税；缴纳增值税款时，借记应交税费——应交增值税，贷记银行存款。

典型案例

1. 一般纳税人的账务处理：包括进项税额、进项税额转出、销项税额、视同销售业务的核算

案例8-1：星源公司为增值税一般纳税人，2019年10月8日向巩丰公司购入一批原材料——钢材，增值税专用发票上注明的原材料价款为600万元，增值税额为78万元。货款已经支付，材料已经到达并验收入库。

借：原材料——钢材	6 000 000	
应交税费——应交增值税（进项税额）	780 000	
贷：银行存款		6 780 000

案例8-2：星源公司2019年10月10日向荣怡公司销售产品——V型机械，收入为1 200万元（不含应向购买者收取的增值税），符合收入确认条件，货款尚未收到。该产品不缴纳消费税。

借：应收账款——荣怡公司	13 560 000	
贷：主营业务收入——V型机械		12 000 000
应交税费——应交增值税（销项税额）		1 560 000

案例8-3：星源公司本期收购一批农业产品一批，实际支付的价款为20万元，规定的扣除率为9%，收购的原木已验收入库，款项已经支付。

借：原材料	182 000	
应交税费——应交增值税（进项税额）	18 000	
贷：银行存款		200 000

案例8-4：星源公司本期以自产产品发动机对旺方公司投资（非同一控制，占旺方公司有表决权资本的51%），双方协议按产品的售价作价。该批产品的成本185万元，售价和计税价格均为232万元，增值税率为13%。

借：长期股权投资——旺方公司	2 621 600	
贷：主营业务收入——发动机		2 320 000
应交税费——应交增值税（销项税额）		301 600
借：主营业务成本——发动机	1 850 000	
贷：库存商品——发动机		1 850 000

案例8-5：星源公司本期购入一批材料橡胶用于厂房程建设项目，增值税专用发票上注明的增值税额为15.6万元，材料价款120万元。

借：原材料——橡胶	1 200 000	
应交税费——应交增值税（进项税额）	156 000	
贷：银行存款		1 356 000

案例8-6：红星公司从事旅游业务，当月取得旅游服务全部价款和价外费用100万元，其中包括向旅游者代收的支付给其他单位或个人的住

宿费 20 万元、餐饮费 10 万元、交通费 5 万元、门票费 10 万元，共计 45 万元，当月购进办公设备支付价税合计 11.3 万元。计算红星公司本月应交增值税额并作出相关业务的处理（单位：万元）。

应交增值税 =（100 - 20 - 10 - 5 - 10）÷（1 + 6%）× 6% - 11.3 ÷（1 + 13%）× 13% = 1.81（万元）

借：银行存款　　1 000 000

　贷：主营业务收入　　531 900

　　其他应付款　　450 000

　　应交税费——应交增值税（销项税额）　　18 100

2. 小规模纳税人的账务处理

案例 8 - 7：瑞华企业被税务部门认定为小规模纳税人，2019 年 10 月 3 日向祥武棉纺厂购入原材料——棉纱，按照增值税专用发票上记载的原材料价款为 100 万元，支付的增值税额为 13 万元，企业开出承兑的商业汇票，材料尚未到达。

借：在途物资——棉纱　　1 130 000

　贷：应付票据——祥武棉纺厂　　1 130 000

案例 8 - 8：瑞华企业 2019 年 10 月 18 日向利华公司销售一批产品——精纺布，销售价格总额为 90 万元（含税），假定符合收入确认条件，货款尚未收到。根据上述经济业务，企业应作如下账务处理：

不含税价格 = 900 000 ÷（1 + 3%）= 873 786.41（元）

应交增值税 = 873 786.41 × 3% = 26 213.59（元）

借：应收账款——利华公司　　900 000

　贷：主营业务收入　　873 786.41

　　应交税费——应交增值税（销项税额）　　26 213.59

二、应交消费税的核算

（一）消费税的有关规定

为了正确引导消费方向，国家在普遍征收增值税的基础上，选择部分消费品，再征收一道消费税。消费税的征收方法采取从价定率和从量定额两种方法。实行从价定率办法计征的应纳税额的税基为销售额，如果企业应税消费品的销售额中未扣除增值税税款，或者因不能开具增值税专用发票而发生价款和增值税税款合并收取的，在计算消费税时，按公式“应税消费品的销售额 = 含税销售额/(1 + 增值税税率或征收率)”换算为不含增值税税额的销售额。实行从量定额办法计征的应纳税额的销售数量是指应税消费品的数量；属于销售应税消费品的，为应税消费品的销售数量；属于自产自用应税消费品的，为应税消费品的移送使用数量；属于委托加工应税消费品的，为纳税人收回的应税消费品数量；进口的应税消费品，为海关核定的应税消费品进口征税数量。

（二）应税消费品销售的处理

企业销售应税消费品时应交纳的消费税，应分别情况进行处理：

（1）企业将生产的产品直接对外销售的，对外销售产品应交纳的消费税，通过“税金及附加”科目核算。

（2）企业用应税消费品对外投资，或用于在建工程、非生产机构等其他方面按规定应交纳的消费税，应计入有关的成本。例如，企业以应税消费品对外投资，应交的消费税计入投资的初始投资成本；企业以应税消费品用于在建工程项目，应交的消费税计入在建工程成本。

（3）委托加工应税消费品的处理。按照税法规定，企业委托加工的应税消费品，由受托方在向委托方交货时代收代缴税款（除受托加工或翻新改制金银首饰按规定由受托方交纳消费税外）。委托加工的应税消费品，委托方用于连续生产应税消费品的，符合税法规定的情况下，所纳税款准予抵扣。这里的委托加工应税消费品，是指由委托方提供原料和主要材料，受托方只收取加工费和代垫部分辅助材料加工的应税消费品，对于由受托方提供原材料生产的应税消费品，或者受托方先将原材料卖给委托方，然后再接受加工的应税消费品，以及由受托方以委托方名义购进原材料生产的应税消费品，都不作为委托加工应税消费品，而应当按照销售自制应税消费品交纳消费税。委托加工的应税消费品直接出售的，不再征收消费税。

典型案例

1. 一般销售行为

符合收入确认条件的，应确认收入，并结转成本以及确认应缴纳的消费税额。

案例 8－9：华宇公司为增值税一般纳税人（采用计划成本核算原材料），2014 年 10 月 4 日向瑞琪公司销售其生产的应纳消费税产品——摩托车（汽缸容量 500 毫升），售价为 24 万元（不含应向购买者收取的增值税额），产品成本为 15 万元。该产品的增值税税率为 13%，消费税税率为 10%。产品已经发出，符合收入确认条件，款项尚未收到。

借：应收账款——瑞琪公司	271 200	
贷：主营业务收入——摩托车		240 000
应交税费——应交增值税（销项税额）		31 200
借：税金及附加	24 000	
贷：应交税费——应交消费税		24 000
借：主营业务成本——摩托车	150 000	
贷：库存商品——摩托车		150 000

2. 视同销售行为

案例 8－10：华宇公司为将生产的应纳消费税产品——摩托车（汽缸容量 500 毫升）作为福利发放给生产工人，其售价为 12 万元（不含应向购买者收取的增值税额)，成本为 8 万元。该产品的增值税税率为 13%，消费税税率为 10%。

借：应付职工薪酬——非货币性福利　147 600
　贷：主营业务收入——摩托车　120 000
　　应交税费——应交增值税（销项税额）　15 600
　　　　——应交消费税　12 000
借：主营业务成本——摩托车　80 000
　贷：库存商品——摩托车　80 000

3. 委托加工行为

案例 8-11：华宇公司委托贵华加工厂加工摩托车，原材料价款 200 万元，加工费用 50 万元（取得了增值税专用发票），由受托方代收代缴的消费税 5 万元（不考虑增值税），摩托车已经加工完毕验收入库，加工费用尚未支付。假定该企业材料采用实际成本核算。

(1) 如果华宇公司收回加工后的摩托车用于继续生产应税消费品，委托方的会计处理如下：

①发出原材料：
借：委托加工物资——摩托车　2 000 000
　贷：原材料　2 000 000

②支付加工费及税金：
借：委托加工物资——摩托车　500 000
　应交税费——应交消费税　50 000
　　——应交增值税（进项税额）　6 500
　贷：应付账款——贵华加工厂　556 500

③收回委托加工物资：
借：原材料——委托加工半成品　2 500 000
　贷：委托加工物资——摩托车　2 500 000

(2) 如果华宇公司收回加工后的材料直接用于销售，委托方的账务处理如下：

①发出原材料：
借：委托加工物资——摩托车　2 000 000
　贷：原材料　2 000 000

②支付加工费及税金：
借：委托加工物资——摩托车　550 000
　应交税费——应交增值税（进项税额）　6 500
　贷：应付账款　556 500

③收回委托加工物资：
借：库存商品——摩托车　2 550 000
　贷：委托加工物资——摩托车　2 550 000

三、其他小税种的核算

（一）应交城市维护建设税

为了加强城市的维护建设，扩大和稳定城市维护建设资金的来源，国家开征了城市维护建设税。城市维护建设税是以增值税、消费税为计税依据征收的一种税。其纳税人为交纳增值税、消费税的单位和个人，税率因纳税人所在地不同规定了1%、5%、7%三档差别比例税率。计算公式为：

应纳税额 =（应交增值税 + 应交消费税）×适用税率

在会计核算时，企业按规定计算出的城市维护建设税，记入“税金及附加”科目。

（二）应交教育费附加

教育费附加是为了发展教育事业而向企业征收的附加费用，企业按应交流转税的一定比例计算交纳。企业应交的教育费附加，记入“税金及附加”科目。

（三）应交资源税

财政部于2016年5月10日发布关于全面推进资源税改革的通知。通知要求，通过全面实施清费立税、从价计征改革，理顺资源税费关系，建立规范公平、调控合理、征管高效的资源税制度，有效发挥其组织收入、调控经济、促进资源节约集约利用和生态环境保护的作用。通知指出，此次资源税从价计征改革及水资源税改革试点，自2016年7月1日起实施。此次改革的主要内容，包括扩大资源税征收范围，开展水资源税改革试点工作；实施矿产资源税从价计征改革；全面清理涉及矿产资源的收费基金；合理确定资源税税率水平；加强矿产资源税收优惠政策管理，提高资源综合利用效率等。

对外销售应税产品应交纳的资源税应记入“税金及附加”科目；自产自用应税产品应交纳的资源税应记入“生产成本”“制造费用”等科目。

（四）应交土地增值税

土地增值税是指在我国境内有偿转让土地使用权及地上建筑物和其他附着物产权的单位和个人，就其土地增值额征收的一种税。土地增值额是指转让收入减去规定扣除项目金额后的余额。转让收入包括货币收入、实物收入和其他收入。扣除项目主要包括取得土地使用权所支付的金额、开发土地的费用、新建及配套设施的成本、旧房及建筑物的评估价格等。

企业应交的土地增值税视情况记入不同科目：企业转让的土地使用权连同地上建筑物及其附着物一并在“固定资产”等科目核算的，转让时应交的土地增值税，借记“固定资产清理”科目，贷记“应交税费——应交土地增值税”科目；土地使用权在“无形资产”科目核算的，按实际收到的金额，借记“银行存款”科目，按应交的土地增值税，贷记“应交税费——应交土地增值税”科目，同时冲销土地使用权的账面价值，贷记“无形资产”科目，按其差额，借记“营业外支出”科目或贷记“营业外收入”科目。

(五) 应交房产税、土地使用税、车船使用税

房产税是国家对在城市、县城、建制县和工矿区征收的由产权所有人缴纳的一种税。房产税依照房产原值一次减除10%至30%后的余额计算交纳。没有房产原值作为依据的，由房产所在地税务机关参考同类房产核定；房产出租的，以房产租金收入为房产税的计税依据。

土地使用税是国家为了合理利用城镇土地，调节土地级差收入，提高土地使用效益，加强土地管理而开征的一种税，以纳税人实际占用的土地面积为计税依据，依照规定税额计算征收。

车船使用税由拥有并且使用车船的单位和个人交纳。车船使用税按照适用税额计算交纳。

企业应交的房产税、土地使用税、车船使用税，记入“管理费用”科目。

(六) 应交印花税、耕地占用税和车辆购置税

耕地占用税是国家为了利用土地资源，加强土地管理，保护农用耕地而征收的一种税。耕地占用税以实际占用的耕地面积计税，按照规定税额一次征收。企业交纳的耕地占用税，不需要通过“应交税费”科目核算。企业按规定计算交纳耕地占用税时，借记“在建工程”科目。

印花税是对书立、领受购销合同等凭证行为征收的税款，实行由纳税人根据规定自行计算应纳税额，购买并一次贴足印花税票的交纳方法。由于企业交纳的印花税，是由纳税人根据规定自行计算应纳税额以购买并一次贴足印花税票的方法交纳的税款。因此企业交纳的印花税，不会发生应付未付税款的情况，不需要预计应纳税金额，同时也不存在与税务机关结算或清算的问题，因此，企业交纳的印花税不需要通过“应交税费”科目核算，于购买印花税票时，直接借记“管理费用”科目，贷记“银行存款”科目。

车辆购置税是对在境内购买、进口、自产、受赠、获奖或者以其他方式取得并自用应税车辆的行为所征收的税款。企业购置（包括购买、进口、自产、受赠、获奖或者以其他方式取得并自用）应税车辆，按规定交纳的车辆购置税，借记“固定资产”等科目，贷记“银行存款”科目。

典型案例

1. 应交城市维护建设税

案例8－12： 华宇公司本期实际应上交增值税400 000元，消费税240 000元。该企业适用的城市维护建设税税率为7%。该企业的有关会计处理如下：

应交的城市维护建设税＝(400 000＋240 000)×7%＝44 800（元）

借：税金及附加　　44 800

　　贷：应交税费——应交城市维护建设税　　44 800

用银行存款上交城市维护建设税时：

借：应交税费——应交城市维护建设税　　44 800

　　贷：银行存款　　44 800

2. 应交教育费附加

案例8-13：接案例8-12，该公司适用的教育附加费比例为3%。

应交的教育费附加 =(400 000 + 240 000)×3% = 19 200（元）

借：税金及附加　　19 200

　　贷：应交税费——应交教育费附加　　19 200

3. 应交资源税

案例8-14：新元矿业公司对外销售资源税应税矿产品磷矿石2 000吨，每吨应交资源税15元。

企业对外销售应税产品而应交的资源税 = 2 000×15 = 30 000（元）

借：税金及附加　　30 000

　　贷：应交税费——应交资源税　　30 000

案例8-15：新元矿业公司将自产的资源税应税矿产品磷矿石500吨用于企业的产品生产，每吨应交资源税15元。

企业自产自用应税矿产品而应交纳的资源税 = 500×15 = 7 500（元）

借：生产成本　　7 500

　　贷：应交税费——应交资源税　　7 500

情境演练8-1

西王公司为一般纳税人，存货按实际成本核算，货物生产适用增值税税率13%、适用消费税税率10%，城建税税率为7%，教育费附加征收率为3%。2019年5月发生如下经济业务：

业务1：向意林公司采购A#材料，增值税专用发票上注明价款9 000 000元、增值税1 170 000元，另有运费2 000元。发票账单已经到达，材料已经验收入库，货款及运费以银行存款支付。

业务2：销售XY-1产品5 000件，单位售价200元，单位成本150元。该产品需同时交纳增值税与消费税。产品已经发出，货款已委托银行收取，相关手续办理完毕。

业务3：委托元异公司加工一批原材料，发出材料成本为100 000元。加工费用25 000元。加工过程中发生的增值税3 250元、消费税2 500元，由受托单位代收代交。材料加工完毕并验收入库，准备直接对外销售。加工费用和应交的增值税、消费税已用银行存款与D公司结算。

业务4：购入设备一台，增值税专用发票上注明价款180 000元、增值税23 400元。设备已投入使用，款项已通过银行存款支付。

业务5：公司在建的办公大楼因施工需要，领用原材料一批，成本50 000元。

业务6：月底对原材料进行盘点，盘亏金额4 000元，原因待查。

要求：（1）熟悉业务完成获取的涉税凭证；

（2）编制上述业务的会计分录；

（3）按当期应交增值税、消费税计算应交的城建税和教育费附加并进行会计处理。

学习子情境二
所得税的核算

科目设置

为完成所得税业务的核算工作，应设置“所得税费用”“递延所得税资产”和“递延所得税负债”科目。

（1）“所得税费用”科目是损益类科目中的费用科目，借方记录根据所得税准则确认的应从当期利润总额中扣除的所得税费用，贷方记录期末结转至“本年利润”的金额，结转后本科目应无余额。

（2）“递延所得税资产”科目属于资产类科目，本科目用来核算企业确认的可抵扣暂时性差异产生的递延所得税资产，借方记录根据所得税准则应予确认的递延所得税资产和资产负债表日递延所得税资产的应有余额大于其账面余额的差额，贷方记录资产负债表日递延所得税资产的应有余额小于其账面余额的差额，该科目期末为借方余额，反映企业确认的递延所得税资产。本科目应当按照可抵扣暂时性差异等项目进行明细核算。

（3）“递延所得税负债”科目属于负债类科目，本科目核算企业根据所得税准则确认的应纳税暂时性差异产生的所得税负债。贷方记录根据所得税准则应予确认的递延所得税负债和资产负债表日递延所得税负债的应有余额大于其账面余额的差额，借方记录资产负债表日递延所得税负债的应有余额小于其账面余额的差额。本科目期末为贷方余额，反映企业已确认的递延所得税负债的余额。本科目应当按照应纳税暂时性差异项目进行明细核算。

核算内容

一、应交所得税的核算

中华人民共和国境内的企业和其他取得收入的组织，其生产、经营所得和其他所得，依照有关所得税暂行条例及其细则的规定需要缴纳所得税。应交所得税额等于应纳税所得额乘以适用税率，即：

应交所得税额=应纳税所得额×所得税税率-减免税额-抵免税额

企业所得税实行比例税率，基本税率为25%。其中应纳税所得额的基本公式为：

应纳税所得额=收入总额-不征税收入-免税收入-各项扣除-以前年度亏损（直接计算法）

或：　　　　=会计利润总额±纳税调整项目金额（间接计算法）

从上面的计算公式可以看出会计利润和应纳税所得额是不完全一致的，会计利润是按会计准则的规定计算，而应纳税所得额 按税法的规定计算，由于会计准则和税法两者的目的不同，所以对收益、费用、资产、负债等的确认时间和范围也不同，从而导致会计利润与应税所得之间的不同。

二、所得税费用的核算

我国所得税会计采用了资产负债表债务法，因为这种方法较为完全地体现了资产负债观。它要求企业从资产负债表出发，通过比较资产负债表上列示的资产、负债按照会计准则规定确定的账面价值与按照税法规定确定的计税基础，将两者之间的差异区分为应纳税暂时性差异与可抵扣暂时性差异，从而确认相关的递延所得税负债与递延所得税资产，并在此基础上确定每一会计期间利润表中的所得税费用。

（一）认识资产负债的计税基础

1. 资产的计税基础

资产的计税基础，是指企业收回资产账面价值过程中，计算应纳税所得额时按照税法规定可以自应税经济利益中抵扣的金额，即某一项资产在未来期间计税时按照税法规定可以税前扣除的金额。资产在初始确认时，其计税基础一般为取得成本，即企业为取得某项资产支付的成本在未来期间准予税前扣除。在资产持续持有的过程中，其计税基础是指资产的取得成本减去以前期间按照税法规定已经税前扣除的金额后的余额。用公式表示即为：

资产的计税基础=未来可税前列支的金额

=资产成本-以前期间按照税法规定已税前列支的金额

如固定资产，以各种方式取得的固定资产，初始确认时按照会计准则规定确定的入账价值基本上是被税法认可的，即取得时其账面价值一般等于计税基础。固定资产在持有期间进行后续计量时，会计准则规定按照“成本-累计折旧-固定资产减值准备”进行计量，税法则以“成本-按税法规定计提的累计折旧”进行计量，两者的差异主要产生于折旧方法、折旧年限的不同以及固定资产减值准备的提取。

2. 负债的计税基础

负债的计税基础，是指负债的账面价值减去未来期间计算应纳税所得额时按照税法规定可予抵扣的金额。用公式表示即为：

负债的计税基础=账面价值-未来期间按照税法规定可予税前扣除的金额

负债的确认与偿还一般不会影响企业的损益，也不会影响其应纳税所得额，未来期间计算应纳税所得额时按照税法规定可予抵扣的金额为零，计税基础即为账面价值。但是，某些情况下，负债的确认可能会影响企业的损益，进而影响不同期间的应纳税所得额，使得其计税基础与账面价值之间产生差额，如企业因销售产品承诺提供3年的保修服务，在当年度利润表中确认了400万元的销售费用，同时确认为预计负债，当年度未发生任何保修支出。该项预计负债在资产负债表中的账面价值为400万元。因税法规定与产品保修相关的支出在未来期间实际发生时允许税前扣除，则该项负债未来期间计算应纳税所得额时按照税法规定可予抵扣的金额为400万元，该项负债的计税基础＝400万元－400万元＝0。

（二）认识暂时性差异

暂时性差异是指资产、负债的账面价值与其计税基础不同产生的差额。因资产、负债的账面价值与其计税基础不同，产生了在未来收回资产或清偿负债的期间内，应纳所得额增加或减少并导致未来期间应交所得税增加或减少的情况，形成企业的资产和负债，在有关暂时性差异发生当期，符合确认条件的情况下，应当确认相关的递延所得税负债或递延所得税资产。

根据暂时性差异对未来期间应纳税所得额的影响，分为应纳税暂时性差异和可抵扣暂时性差异。

1. 应纳税暂时性差异

应纳税暂时性差异，是指在确定未来收回资产或清偿负债期间的应纳税所得额时，将导致产生应税金额的暂时性差异，即在未来期间不考虑该事项影响的应纳税所得额的基础上，由于该暂时性差异的转回，会进一步增加转回期间的应纳税所得额和应交所得税金额，在其产生当期应当确认相关的递延所得税负债。应纳税暂时性差异通常产生于以下情况：

（1）资产的账面价值大于其计税基础。资产的账面价值代表的是企业在持续使用或最终出售该项资产时将取得的经济利益的总额，而计税基础代表的是资产在未来期间可予税前扣除的总金额。资产的账面价值大于其计税基础，该项资产未来期间产生的经济利益不能全部税前抵扣，两者之间的差额需要交税，产生应纳税暂时性差异。

（2）负债的账面价值小于其计税基础。负债的账面价值为企业预计在未来期间清偿该项负债时的经济利益流出，而其计税基础代表的是账面价值在扣除税法规定未来期间允许税前扣除的金额之后的差额。负债的账面价值与其计税基础不同产生的暂时性差异，实质上是税法规定就该项负债在未来期间可以税前扣除的金额（即与该项负债相关的费用支出在未来期间可予税前扣除的金额）。负债的账面价值小于其计税基础，则意味着就该项负债在未来期间可以税前抵扣的金额为负数，即应在未来期间应纳税所得额的基础上调增，增加应纳税所得额和应交所得税金额，产生应纳税暂时性差异，应确认相关的递延所得税负债。

2. 可抵扣暂时性差异

可抵扣暂时性差异是指在确定未来收回资产或清偿负债期间的应纳税所得额时，将导致产生可抵扣金额的暂时性差异。该差异在未来期间转回时会减少转回期间的应纳税所得额，减少未来期间的应交所得税。在可抵扣暂时性差异产生当期，符合确认条件时，应当确认相关的递延所得税资产。可抵扣暂时性差异一般产生于以下情况：

（1）资产的账面价值小于其计税基础，意味着资产在未来期间产生的经济利益少，按照税法规定允许税前扣除的金额多，两者之间的差额可以减少企业在未来期间的应纳税所得额并减少应交所得税，符合有关条件时，应当确认相关的递延所得税资产。

（2）负债的账面价值大于其计税基础，负债产生的暂时性差异实质上是税法规定就该项负债可以在未来期间税前扣除的金额。负债的账面价值大于其计税基础，意味着未来期间按照税法规定与负债相关的全部或部分支出可以自未来应税经济利益中扣除，减少未来期间的应纳税所得额和应交所得税。符合有关确认条件时，应确认相关的递延所得税资产。

3. 特殊项目产生的暂时性差异

（1）未作为资产、负债确认的项目产生的暂时性差异。某些交易或事项发生以后，因为不符合资产、负债确认条件而未体现为资产负债表中的资产或负债，但按照税法规定能够确定其计税基础的，其账面价值零与计税基础之间的差异也构成暂时性差异。

如企业发生的符合条件的广告费，除另有规定外，不超过销售收入15%的部分准予扣除；超过部分准予向以后纳税年度结转扣除。该类费用在发生时按照会计准则规定即计入当期损益，不形成资产负债表中的资产。但按照税法规定可以确定其计税基础，两者之间的差异也形成暂时性差异。

（2）可抵扣亏损及税款抵减产生的暂时性差异。按照税法规定可以结转以后年度的未弥补亏损及税款抵减，虽不是因资产、负债的账面价值与计税基础不同产生的，但与可抵扣暂时性差异具有同样的作用，均能够减少未来期间的应纳税所得额，进而减少未来期间的应交所得税，会计处理上视同可抵扣暂时性差异，符合条件的情况下，应确认与其相关的递延所得税资产。

（三）递延所得税负债及递延所得税资产的确认和计量

企业在计算确定了应纳税暂时性差异与可抵扣暂时性差异后，应当按照所得税会计准则规定的原则确认相关的递延所得税负债以及递延所得税资产。

1. 递延所得税负债的确认和计量

（1）递延所得税负债的确认。递延所得税负债产生于应纳税暂时性差异。因应纳税暂时性差异在转回期间将增加企业的应纳税所得额和应交所得税，导致企业经济利益的流出，在其发生当期，构成企业应支付税金的义务，应作为负债确认。

企业在确认递延所得税负债时，应遵循以下原则：除所得税准则中明确规定可不确认递延所得税负债的情况以外，企业对于所有的应纳税暂时性差异均应确认相关的递延所得税负债。除与直接计入所有者权益的交易或事项以及企业合并中取得资产、负债相关的以外，在确认递延所得税负债的同时，应增加利润表中的所得税费用。

（2）递延所得税负债的计量。所得税准则规定，资产负债表日，对于递延所得税负债，应当根据适用税法规定，按照预期收回该资产或清偿该负债期间的适用税率计量。即递延所得税负债应以相关应纳税暂时性差异转回期间按照税法规定适用的所得税税率计量。无论应纳税暂时性差异的转回期间如何，相关的递延所得税负债不要求折现。

2. 递延所得税资产的确认和计量

（1）递延所得税资产的确认。递延所得税资产产生于可抵扣暂时性差异。确认递延所得税资产的一般原则是：应以未来期间可能取得的应纳税所得额为限。在可抵扣暂时性差异转回的未来期间内，企业无法产生足够的应纳税所得额用以利用可抵扣暂时性差异的影响，使得与可抵扣暂时性差异相关的经济利益无法实现的，不应确认递延所得税资产；企业有明确的证据表明其于可抵扣暂时性差异转回的未来期间能够产生足够的应纳税所得额，进而利用可抵扣暂时性差异的，则应以可能取得的应纳税所得额为限，确认相关的递延所得税资产。

（2）递延所得税资产的计量。同递延所得税负债的计量原则相一致，确认递延所得税资产时，应当以预期收回该资产期间的适用所得税税率为基础计算确定。无论相关的可抵扣暂时性差异转回期间如何，递延所得税资产均不要求折现。

企业在确认了递延所得税资产以后，资产负债表日，应当对递延所得税资产的账面价值进行复核。如果未来期间很可能无法取得足够的应纳税所得额用以利用可抵扣暂时性差异带来的利益，应当减记递延所得税资产的账面价值。减记的递延所得税资产，除原确认时记入所有者权益的，其减记金额亦应记入所有者权益外，其他的情况均应增加所得税费用。

因无法取得足够的应纳税所得额利用可抵扣暂时性差异减记递延所得税资产账面价值的，以后期间根据新的环境和情况判断能够产生足够的应纳税所得额利用可抵扣暂时性差异，使得递延所得税资产包含的经济利益能够实现的，应相应恢复递延所得税资产的账面价值。

另外，无论是递延所得税资产还是递延所得税负债的计量，均应考虑资产负债表日企业预期收回资产或清偿负债方式的所得税影响，在计量递延所得税资产和递延所得税负债时，应当采用与收回资产或清偿债务的预期方式相一致的税率和计税基础。例如，企业持有的某项固定资产，一般情况下是为企业的正常生产经营活动提供必要的生产条件，但在某一时点上，企业决定将该固定资产对外出售，实现其为企业带来的未来经济利益，且假定税法规定长期资产处置时适用的所得税税率与一般情况有所不同，则企业在计量因该资产产生的应纳税暂时性差异或可抵扣暂时性差异的所得税影响时，应考虑该资产带来的经济利益预期实现方式的影响。

典型案例

1. 按照相关会计准则规定确定资产负债表中除递延所得税资产和递延所得税负债以外的其他资产和负债项目的账面价值

案例8－16：俊鹏机械有限公司2019年度利润表中利润总额为6 000万元，该公司适用的所得税税率为25%。递延所得税资产及递延所得税负债不存在期初余额。与所得税核算有关的情况如下：

(1) 2019年1月开始计提折旧的一项固定资产，成本为3 000万元，使用年限为10年，净残值为0，会计处理按双倍余额递减法计提折旧，税收按年限平均法扣除折旧额。假定税法规定的使用年限与会计规定相同。

（2）向关联企业捐赠现金650万元。假定按照税法规定，企业向关联方的捐赠不允许税前扣除。

（3）当期取得作为交易性金融资产核算的股票投资成本为880万元，2019年12月31日的公允价值为1 090万元。税法规定，以公允价值计量的金融资产持有期间市价变动不计入应纳税所得额。

（4）违反环保法规定应支付罚款320万元。

（5）期末对持有的存货2 000万元计提了150万元的存货跌价准备。

固定资产的账面价值 $=3\ 000-3\ 000\times\frac{2}{10}=2\ 400$（万元）

交易性金融资产的账面价值 $=880+210=1\ 090$（万元）

存货的账面价值 $=2\ 000-150=1\ 850$（万元）

其他应付款账面价值 $=320$（万元）

2. 按照会计准则中对于资产和负债计税基础的确定方法，以适用的税收法规为基础，确定资产负债表中有关资产、负债项目的计税基础

案例8－17：接案例8－16

固定资产的计税基础 $=3\ 000-(3\ 000\div 10)=2\ 700$（万元）

交易性金融资产的计税基础 $=880$（万元）

存货的计税基础 $=2\ 000$（万元）

其他应付款计税基础 $=320$（万元）

3. 比较资产、负债的账面价值与其计税基础，对于两者之间存在差异的，分析其性质，除准则中规定的特殊情况外，分别应纳税暂时性差异与可抵扣暂时性差异，确定资产负债表日递延所得税负债和递延所得税资产的应有金额，并与期初递延所得税资产和递延所得税负债的余额相比，确定当期应予进一步确认的递延所得税资产和递延所得税负债金额或应予转销的金额，作为递延所得税

递延所得税是指按照所得税准则规定当期应予确认的递延所得税资产和递延所得税负债金额，即递延所得税资产及递延所得税负债当期发生额的综合结果。用公式表示即为：

递延所得税＝当期递延所得税负债的增加＋当期递延所得税资产的减少－当期递延所得税负债的减少－当期递延所得税资产的增加

案例8－18：接案例8－17

固定资产的账面价值＜固定资产的计税基础：形成可抵扣暂时性差异 $=2\ 700-2\ 400=300$（万元）

交易性金融资产的账面价值＞交易性金融资产的计税基础：形成应纳税暂时性差异 $=1\ 090-880=210$（万元）

存货的账面价值＜存货的计税基础：形成可抵扣暂时性差异 $=2\ 000-1\ 850=150$（万元）

其他应付款账面价值＝其他应付款计税基础：没有差异

因此综合来看，可抵扣暂时性差异 = 300 + 150 = 450（万元）：形成当期递延所得税资产 = 450 × 25% = 112.5（万元）

应纳税暂时性差异 = 210（万元）：形成当期递延所得税负债 = 210 × 25% = 52.5（万元）

4. 就企业当期发生的交易或事项，按照适用的税法规定计算确定当期应纳税所得额，将应纳税所得额与适用的所得税税率计算的结果确认为当期应交所得税，作为当期所得税费用

当期所得税是指企业按照税法规定计算确定的针对当期发生的交易和事项，应交纳给税务部门的所得税金额，即当期应交所得税。

当期应交所得税 = 当期应纳税所得额 × 适用所得税税率

案例 8 - 19：接案例 8 - 18

当期应纳税所得额 = 6 000 + 300 + 650 - 210 + 320 + 150 = 7 210（万元）

当期应交所得税 = 7 210 × 25% = 1 802.5（万元）

5. 确定利润表中的所得税费用。利润表中的所得税费用包括当期所得税（当期应交所得税）和递延所得税两个组成部分，企业在计算确定了当期所得税和递延所得税后，两者之和（或之差），是利润表中的所得税费用，即：所得税费用 = 当期所得税 + 递延所得税

递延所得税 = 52.5 - 112.5 = -60（万元）

所得税费用 = 1 802.5 - 60 = 1 742.5（万元）

借：所得税费用　　1 742.5

　　递延所得税资产　　112.5

　　贷：应交税费——应交所得税　　1 802.5

　　　　递延所得税负债　　52.5

情境演练 8 - 2

接案例 8 - 16，俊鹏机械有限公司 2020 年度利润表中利润总额为 6 020 万元。与所得税核算有关的情况如下：

（1）当年没有发生固定资产的增减变化，上年 1 月开始计提折旧的固定资产，会计处理仍按双倍余额递减法计提折旧，税收处理仍按年限平均法扣除折旧。假定税法规定的使用年限与会计规定相同依然是相同的。

（2）购买国债获得利息收入 234 万元。

（3）当期持有作为交易性金融资产核算的股票投资成本为 1 880 万元，2020 年 12 月 31 日的公允价值为 2 190 万元。税法规定，以公允价值计量的金融资产持有期间市价变动不计入应纳税所得额。

（4）非广告性赞助支出 208 万元。

(5) 期末对持有的存货4 200万元计提了239万元的存货跌价准备。

要求:(1) 按照所得税会计核算步骤计算2019年的所得税费用;

(2) 编制确认所得税费用的会计分录。

学习子情境三
期间费用的核算

☞ 科目设置

为完成有关期间费用业务的核算工作,应分别设置"管理费用""销售费用""财务费用"三个科目,三个科目均属于损益类中费用科目,借方记录实际发生的各项期间费用,贷方记录期间费用的减少数和期末转入"本年利润"数,结转后期末无余额。三个科目均按费用项目设置明细科目,一般采用多栏式账页进行登记。

■ 核算内容

一、费用及其确认

(一) 费用的概念和特点

费用,是指企业在日常活动中发生的、会导致所有者权益减少的、与向所有者分配利润无关的经济利益的总流出。根据费用的定义,费用具有以下几方面的特征:

1. 费用是企业在日常活动中形成的

费用必须是企业在其日常活动中所形成的,这些日常活动的界定与收入定义中涉及的日常活动的界定相一致。因日常活动所产生的费用通常包括销售成本(营业成本)、管理费用等。将费用界定为日常活动所形成的,目的是为了将其与损失相区分,企业非日常活动所形成的经济利益的流出不能确认为费用,而应当计入损失。

2. 费用会导致所有者权益的减少

与费用相关的经济利益的流出应当会导致所有者权益的减少,否则将不符合费用的定义,不应确认为费用。

3. 费用是与向所有者分配利润无关的经济利益的总流出

费用的发生应当会导致经济利益的流出,从而导致资产的减少或者负债的增加(最终也会导致资产的减少)。其表现形式包括现金或者现金等价物的流出,存货、固定资产和无形资产等的流出或者消耗等。鉴于企业向所有者分配利润也会导致经济利益的流出，而该经济利益的流出属于所有者权益的抵减项目，不应确认为费用，应当将其排除在费用的定义之外。

（二）费用的确认条件

费用的确认除了应当符合定义之外，还应严格的满足至少以下条件：

（1）与费用相关的经济利益应当很可能流出企业；

（2）经济利益流出企业的结果会导致资产的减少或者负债的增加；

（3）经济利益的流出额能够可靠计量。

二、期间费用及其特点

期间费用是企业当期发生的费用中的重要组成部分，是指本期发生的、不能直接或间接归入某种产品成本的、直接计入损益的各项费用，包括管理费用、销售费用和财务费用。

与产品成本相比，期间费用有如下几个特点：

（一）与产品生产的关系不同

期间费用的发生是为产品生产提供正常的条件和进行管理的需要，而与产品的生产本身并不直接相关；生产成本是指与产品生产直接相关的成本，它们应直接计入或分配计入有关的产品中去。

（二）与会计期间的关系不同

期间费用只与费用发生的当期有关，不影响或不分摊到其他会计期间；生产成本中当期完工部分当期转为产品成本，未完工部分则结转下一期继续加工，与前后会计期间都有联系。

（三）与会计报表的关系不同

期间费用直接计入当期损益，列入当期利润表；生产成本完工部分转为产品成品，已销售产成品的生产成本再转入利润表列作产品销售成本，而未售产品和未完工的产品都应作为存货列入资产负债表。因此也可把生产成本称为可盘存成本，把期间费用称为不可盘存成本。

（四）与所有者权益的关系不同

期间费用的发生会直接导致所有者权益减少，而产品成本的发生不会直接导致使用者权益减少。

三、期间费用的确认和计量

期间费用的确认和费用确认的条件一样。基于费用和资产的特殊联系，费用可以根据投入价值基础和产出价值基础，分别采用历史成本、重置成本、可变现净值、公允价值等计量。但由于按照历史成本（实际成本）进行费用的计量易于验证，因此历史成本（实际成本）已经成为会计实务中广泛采用的费用计量属性。

四、期间费用核算内容

（一）管理费用核算内容

管理费用核算企业为组织和管理企业生产经营所发生的费用，包括企业的董事会和行政管理部门在企业的经营管理中发生的或者应由企业统一负担的公司经费（比如行政管理部门职工薪酬、修理费、物料消耗、低值易耗品摊销、办公费和差旅费等）、工会经费、董事会费（包括董事会成员津贴、会议费和差旅费等）、聘请中介机构费、咨询费（含顾问费）、诉讼费、业务招待费、房产税、车船使用税、土地使用税、印花税、技术转让费、矿产资源补偿费、研究费用、排污费等。企业与固定资产有关的后续支出，包括固定资产发生的日常修理费、大修理费用、更新改造支出、房屋的装修费用等，没有满足固定资产准则规定的固定资产确认条件的，也在管理费用里核算。

商品流通企业管理费用不多的，可将管理费用的核算内容可并入销售费用核算。

（二）销售费用核算内容

销售费用核算企业销售商品和材料、提供劳务的过程中发生的各种费用，包括保险费、包装费、展览费和广告费、商品维修费、预计产品质量保证损失、运输费、装卸费等以及为销售本企业商品而专设的销售机构（含销售网点、售后服务网点等）的职工薪酬、业务费、折旧费用等。

（三）财务费用核算内容

财务费用核算企业为筹集生产经营所需资金等而发生的筹资费用，包括利息支出（减利息收入）、汇兑差额以及相关的手续费、企业发生的现金折扣或收到的现金折扣等。企业为购建或生产满足资本化条件的资产发生的应予资本化借款费用，通过“在建工程”“制造费用”等科目核算，不在财务费用中核算。

典型案例

1. 期间费用的日常发生。企业日常发生的费用会比较多且比较频繁，会计应判断哪些费用是期间费用以及属于哪一种期间费用，进行正确的核算

案例8－20：俊鹏机械有限公司采购部用银行存款1 500元购入了一批打印纸作为日常办公之用。

借：管理费用——公司经费　　1 500

　　贷：银行存款　　1 500

案例8－21：俊鹏机械有限公司转账支付给华亚广告公司新产品广告设计费40 000元。

借：销售费用——广告费　　40 000

贷：银行存款 40 000

案例 8 - 22：俊鹏机械有限公司月末预提短期借款的利息支出 23 000 元。

借：财务费用——利息支出 23 000

贷：应付利息 23 000

2. 期末结转期间费用。期末企业应将期间费用余额全部结转到“本年利润”，以便进行利润和所得税费用的计算

案例 8 - 23：期末俊鹏机械有限公司结转当期发生的管理费用 213 000 元、销售费用 325 000 元、财务费用 32 000 元。

借：本年利润 541 200

贷：管理费用 213 000

销售费用 325 000

财务费用 32 000

情境演练 8 - 3

俊鹏机械有限公司 2019 年 10 月发生的有关期间费用的业务如下：

业务 1：2 日，用现金购买行政办公用品——笔记本和签字笔 300 元。

业务 2：3 日，签发转账支票一张支付油机进气管产品广告费9 000 元。

业务 3：5 日，以银行存款支付排污费 18 000 元。

业务 4：9 日，以现金支付在销售商品时应由本企业负担的运输费 600 元，保险费 100 元。

业务 5：18 日，财务部张力报销到北京出差的差旅费 2 000 元。

业务 6：25 日，支付本季短期借款利息 6 000 元。

业务 7：25 日，接到银行通知，第二季度存款利息收入为 3 000 元。

业务 8：28 日，以现金购买印花税票 500 元。

业务 9：28 日，支付银行承兑汇票手续费 2 000 元。

业务 10：31 日，分配本月职工工资薪酬，其中行政管理人员工资为 20 000 元，专设销售机构人员的工资为 18 000 元，医疗保险、养老保险、住房公积金、工会经费和职工教育经费的计提比例分别是 8%、20%、12%、2%和 2.5%。

业务 11：31 日，计提行政管理部门和销售部门固定资产折旧费分别是 6 700 元和 5 000 元。

业务 12：31 日，结转当月的期间费用。

要求：（1）查找资料，了解上述业务完成的过程以及涉及的部门；

（2）判断上述业务发生或完成时应取得的单据；

（3）编制上述业务的会计分录。

知识拓展

一、业务流程

(一)税务开票流程(如图8-1所示)

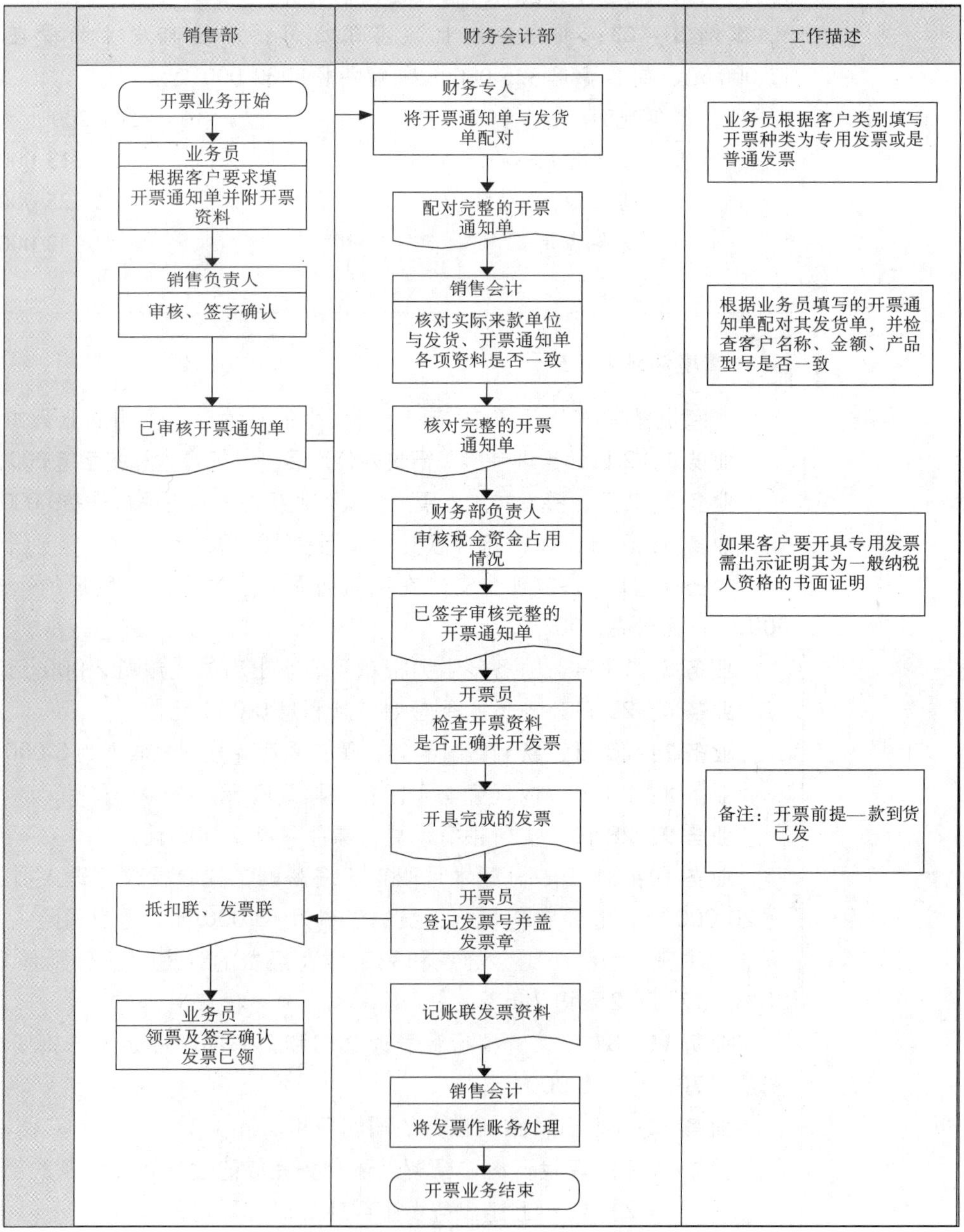

图8-1 开具税务发票流程图

（二）税务申报流程（如图 8-2 所示）

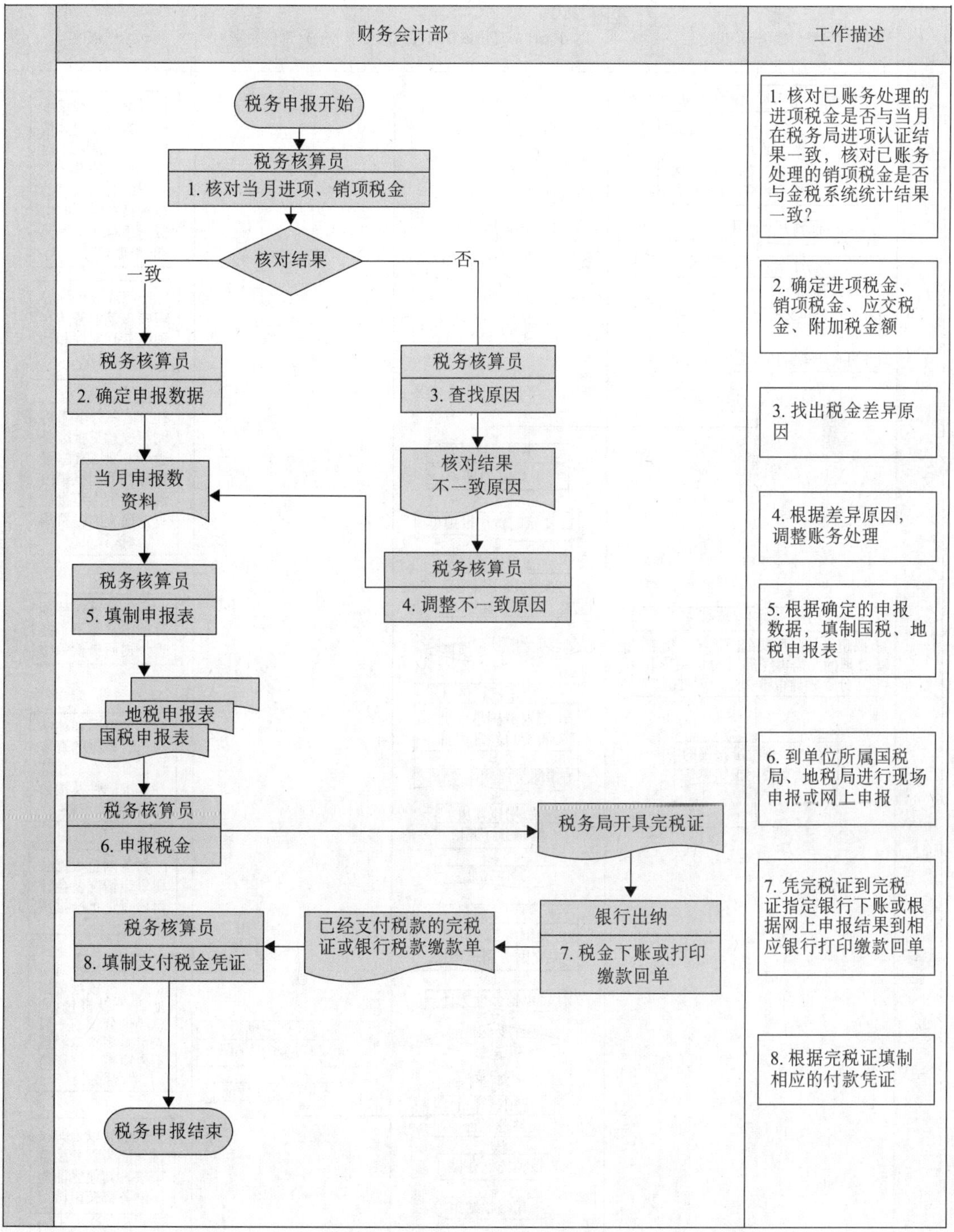

图 8-2　税务申报流程图

（三）费用报销流程（如图 8－3 所示）

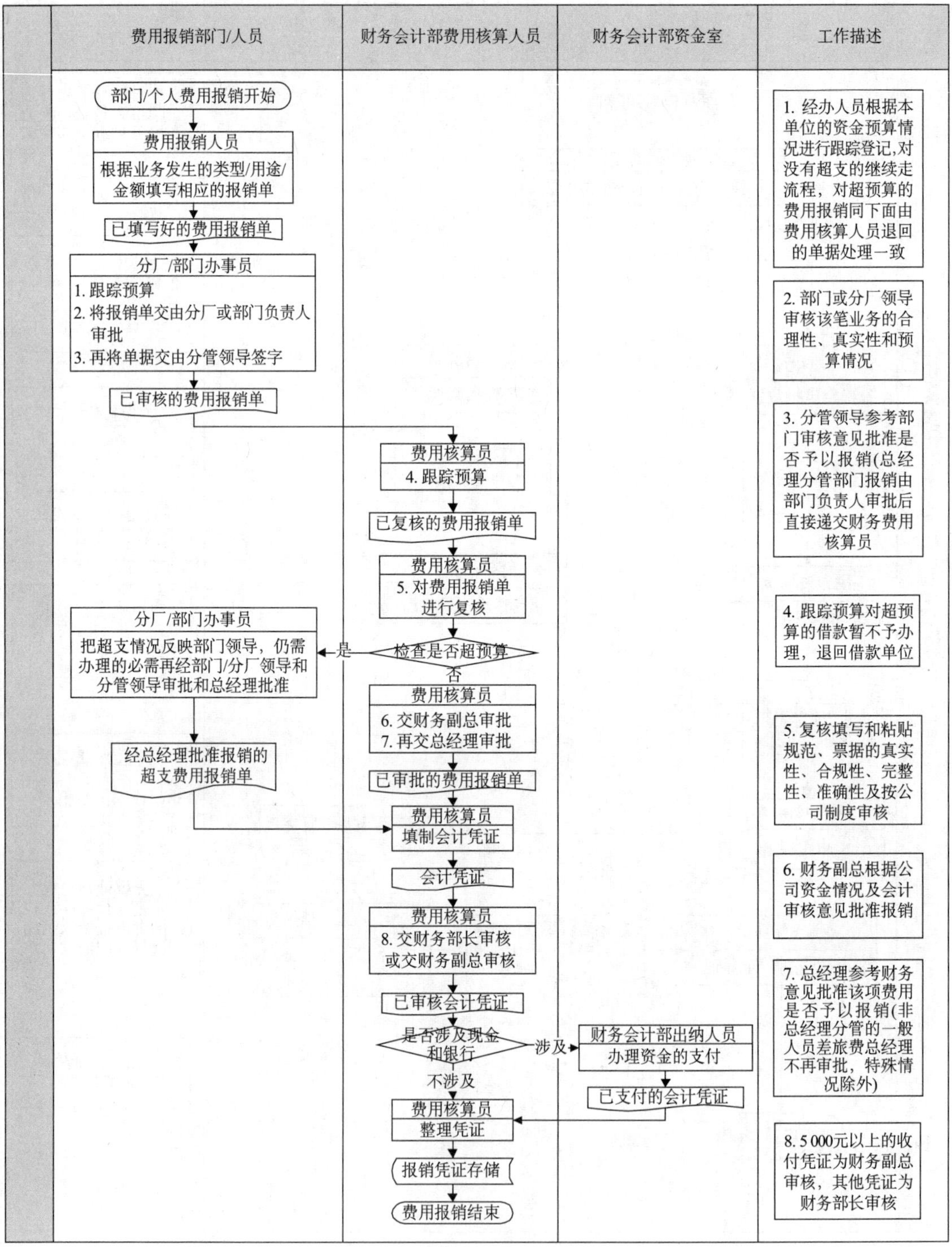

图 8－3 费用报销流程图

二、参考答案

【情境演练8－1】

业务1：借：原材料——A#材料　　9 002 000
　　应交税费——应交增值税（进项税额）　　1 170 000
　　贷：银行存款　　10 172 000

业务2：借：应收账款　　1 130 000
　　贷：主营业务收入　　1 000 000
　　　应交税费——应交增值税（销项税额）　　130 000
借：主营业务成本　　750 000
　　贷：库存商品　　750 000

业务3：借：委托加工物资　　100 000
　　贷：原材料　　100 000
借：委托加工物资　　27 500
　　应交税费——应交增值税（进项税额）　　3 250
　　贷：银行存款　　30 750
借：原材料——委托加工半成品　　127 500
　　贷：委托加工物资　　127 500

业务4：借：固定资产　　180 000
　　应交税费——应交增值税（进项税额）　　23 400
　　贷：银行存款　　203 400

业务5：借：在建工程　　50 000
　　贷：原材料　　50 000

业务6：借：待处理财产损溢　　56 500
　　贷：原材料　　50 000
　　　应交税费——应交增值税（进项税额转出）　　6 500

【情境演练8－2】

2020年所得税费用的计算：

（1）应纳税所得额＝6 020＋10－234－310＋208＋239＝5 933

（2）应交所得税＝5 933×25%＝1 483.25

（3）递延所得税资产＝（239＋10）×25%＝62.25

（4）递延所得税负债＝310×25%＝77.5

（5）所得税费用＝（77.5－62.25）＋1 483.25＝1 498.5

借：所得税费用　　1 498.5
　　递延所得税资产　　62.25
　　贷：应交税费——应交所得税　　1 483.25
　　　递延所得税负债　　77.5

【情境演练8－3】

业务1：借：管理费用　　300

贷：库存现金		300
业务2：借：销售费用	9 000	
贷：银行存款		9 000
业务3：借：管理费用	18 000	
贷：银行存款		18 000
业务4：借：销售费用	700	
贷：银行存款		700
业务5：借：管理费用	2 000	
库存现金	400	
贷：其他应收款		2 400
业务6：借：财务费用	2 000	
应付利息	4 000	
贷：银行存款		6 000
业务7：借：银行存款	3 000	
贷：财务费用		3 000
业务8：借：管理费用——印花税	500	
贷：库存现金		500
业务9：借：财务费用——手续费	2 000	
贷：银行存款		2 000
业务10：借：管理费用	20 000	
销售费用	18 000	
贷：应付职工薪酬——工资		38 000
业务11：借：管理费用	6 700	
销售费用	5 000	
贷：累计折旧		11 700
业务12：借：本年利润	97 110	
贷：管理费用		56 400
销售费用		40 710

9 学习情境九 销售的核算

情境学习目标

- 能充分理解收入的概念和涵盖的内容；
- 能正确判断收入的确认时点；
- 能正确编制和审核收入业务会计凭证；
- 能了解利润的形成过程并掌握损益类账户结转的办法；
- 能完成收入和利润分配总账、明细账的建立；
- 能完成收入和利润分配相关账簿的登记；
- 能了解收入和利润分配账务处理结果提供的会计信息。

情境关键术语

- 收入
- 利润分配

情境有关参考资料

- 《企业会计准则第 14 号——收入》
- 《企业会计准则讲解》第 15 章
- 《初级会计实务》——全国会计专业技术初级资格考试辅导用书

学习子情境一 收入的核算

知识准备

收入作为影响利润指标的重要因素，越来越受到企业和投资者等众多信息使用者的重视。《企业会计准则第14号——收入》（以下简称收入准则）主要规范了收入的确认、计量和相关信息的披露要求，有助于如实反映企业的生产经营成果，准确核算企业实现的损益。

收入的核算内容包括：销售商品收入、提供劳务收入和让渡资产使用权收入。另外，企业发生的与经常性活动相关的其他活动，企业发生的既不属于经常性活动也不属于与经常性活动相关的其他活动不属于收入。

一、收入概念

收入是指企业在日常活动中形成的、会导致所有者权益增加的、与所有者投入资本无关的经济利益的总流入。其中，日常活动是指企业为完成其经营目标所从事的经常性活动以及与之相关的其他活动。

二、收入分类

按照企业从事日常活动的性质，收入分为销售商品收入、提供劳务收入、让渡资产使用权收入、建造合同收入等。其中，销售商品收入是指企业通过销售商品实现的收入，如工业企业制造并销售产品、商业企业销售商品等实现的收入。提供劳务收入是指企业通过提供劳务实现的收入，如咨询公司提供咨询服务、软件开发企业为客户开发软件、安装公司提供安装服务等实现的收入，如商业银行对外贷款、租赁公司出租资产等实现的收入。建造合同收入是指企业承担建造合同所形成的收入。

按照企业从事日常活动在企业的重要性，可将收入分为主营业务收入、其他业务收入等。其中，主营业务收入是指企业为完成其经营目标从事的经常性活动实现的收入。如工业企业制造并销售产品、商业企业销售商品、保险公司签发保单、咨询公司提供咨询服务、软件开发企业为客户开发软件、安装公司提供安装服务、商业银行对外贷款、租赁公司出租资产等实现的收入。

三、收入的确认和计量

企业在确认和计量收入时，应遵循的基本原则是：确认收入的方式应当反映其向客户转让商品或提供服务的模式，收入的金额应当反映企业因转让商品或提供服务而预期有权收取的对价金额。通过收入确认和计量能进一步如实地反映企业的生产经营成果，准确核算企业实现的损益。

（一）收入确认的原则

企业应当在履行了合同中的履约义务，即在客户取得相关商品控制权时确认收入，取得相关商品控制权，是指客户能够主导该商品的使用并从中获得几乎全部经济利益，也包括有能力阻止其他方主导该商品的使用并从中获得经济利益。取得商品控制权包括三个要素：一是客户必须拥有现时权利，能够主导该商品的使用并从中获得几乎全部经济利益。如果客户只能在未来的某一期间主导该商品的使用并从中获益，则表明其尚来取得该商品的控制权。二是客户有能力主导该商品的使用，即客户在其活动中有权使用该商品，或者能够允许或阻止其他方使用该商品。三是客户能够获得商品几乎全部的经济利益。商品的经济利益是指商品的潜在现金流量，既包括现金流入的增加，也包括现金流量的减少。客户可以通过使用、消耗、出售、处置、交换、抵押或持有等多种方式直接或间接地获得商品的经济利益。

需要说明的是，本部分所称的客户是指与企业订立合同以向该企业购买其日常活动产出的商品并支付对价的一方；所称的商品包括商品和服务。本章的收入不涉及企业对外出租资产收取的租金、进行债权投资收取的利息、进行股权投资取得的现金股利以及保费收入等。

（二）收入确认的前提条件

企业与客户之间的合同同时满足下列五项条件的，企业应当在客户取得相关商品控制权时确认收入：

（1）合同各方已批准该合同并承诺将履行各自义务；

（2）该合同明确了合同各方与所转让商品相关的权利和义务；

（3）该合同有明确的与所转让商品相关的支付条款；

（4）该合同具有商业实质，即履行该合同将改变企业未来现金流量的风险、时间分布或金额；

（5）企业因向客户转让商品而有权取得的对价很有可能收回。

四、收入确认和计量的步骤

根据《企业会计准则第 14 号——收入》（2018），收入确认和计量大致分为五步：

第一步，识别与客户订立的合同。

合同是指双方或多方订立的有法律约束力的权利义务的协议。合同有书面形式、口头形式以及其他形式。合同的存在是企业确认客户会同是指双方或多方之间订立有法律约束力的权合同收入的前提，企业与客户之间的合同一经签订，企业即享有从客户取得与以商品及服务对价的权利，同时负有向客户转移商品和服务的履约义务。

第二步，识别合同中的单项履约义务。履约义务是指合同中企业向客户转让可明确区分商品或服务的承诺。企业应当将向客户转让可明确区分商品（或者商品的组合）的承诺以及向客户转让一系列实质相同且转让模式相同的、可明确区分商品的承诺作为单项履约义务。例如，企业与客户签订合同，向其销售商品并提供安装服务，该安装服务简单，除该企业外其他供应商也可以提供此类安装服务，该合同中销售商品和提供安装服务为两项单项履约义务。若该安装服务复杂且商品需要按客户定制要求修改，则合同中销售商品和提供安装服务合并为单项履约义务。

第三步，确定交易价格。交易价格是指企业因向客户转让商品面预期有权收家的对价金额，不包括企业代第三方收取的款项（如增值税）以及企业预期将退还给客户的款项。合同条款所承诺的对价，可能是固定金额、可变金额或两者兼有。例如，甲公司与发户签订合同为其建造一栋厂房，约定的价款为100万元，4个月完工，交易价格就是约定金额100万元；假如合同中约定若提前1个月完工，客户将额外奖励甲公司10万元，甲公司对合同估计工程提前1个月完工的概率为95%，则甲公司预计有权收取的对价为10万元，因此交易价格包括固定金额100万元和可变金额10万元，总计为110万元。

第四步，将交易价格分摊至各单项履约义务。当合同中包含两项或多项履约义务时，需要将交易价格分摊至各单项履约义务，分摊的方法是在合同开始日，按照各单项履约义务所承诺商品的单独售价（企业向客户单独销售商品的价格）的相对比例，将交易价格分摊至各单项履约义务。通过分摊交易价格，使企业分摊至各单项履约义务的交易价格能够反映其因向客户转让已承诺的相关商品而有权收取的对价金额。例如，企业与客户签订合同，向其销售A、B、C三件产品，不含增值税的合同总价款为10 000元。A、B、C产品的不含增值税单独售价分别为5 000元、3 500元和7 500元，合计16 000元。按照交易价格分摊原则，A产品应当分摊的交易价格为3 125元（5 000 + 16 000 × 10 000），B产品应当分摊的交易价格为2 187.5元（3 500 + 16 000 × 10 000），C产品应当分摊的交易价格为4 687.5元（7 500 + 16 000 × 10 000）。

第五步，履行各单项履约义务时确认收入。当企业将商品转移给客户，客户取得了相关商品的控制权，意味着企业履行了合同履约义务，此时，企业应确认收入。企业将商品控制权转移给客户，可能是在某一时段内（即履行履约义务的过程中）发生，也可能在某一时点（即履约义务完成时）发生。企业应当根据实际情况，首先判断履约义务是否满足在某一时段内履行的条件，如不满足，则该履约义务属于在某一时点履行的履约义务。收入确认和计量五个步骤中，第一步、第二步和第五步主要与收入的确认有关，第三步和第四步主要与收入的计量有关。

需要说明的是，一般而言，确认和计量任何一项合同收入应考虑全部的五个步骤。但履行某些合同义务确认收入不一定都经过五个步骤，如企业按照第二步确定某项合同仅为单项履约义务时，可以从第三步直接进入第五步确认收入，不需要第四步（分摊交易价格）。

☞ **科目设置**

为了核算企业与客户之间的合同产生的收入及相关的成本费用，一般需要设置“主营业务收入”“其他业务收入”“主营业务成本”“其他业务成本”“合同取得成本”“合同履约成本”“合同资产”“合同负债”等科目。其中：

(1)“主营业务收入”科目核算企业确认的销售商品、提供服务等主营业务的收入。该科目贷方登记企业主营业务活动实现的收入，借方登记期末转入“本年利润”科目的主营业务收入，结转后该科目应无余额。该科目可按主营业务的种类进行明细核算。

(2)“其他业务收入”科目核算企业确认的除主营业务活动以外的其他经营活动实现的收入，包括出租固定资产、出租无形资产、出租包装物和商品、销售材料、用材料进行非货币性交换（非货币性资产交换具有商业实质且公允价值能够可靠计量）或债务重组等实现的收入。该科目贷方登记企业其他业务活动实现的收入，借方登记期末转入“本年利润”科目的其他业务收入，结转后该科目应无余额。该科目可按其他业务的种类进行明细核算。

(3)“主营业务成本”科目核算企业确认销售商品、提供服务等主营业务收入时应结转的成本。该科目借方登记企业应结转的主营业务成本，贷方登记期末转入“本年利润”科目的主营业务成本，结转后该科目应无余额。该科目可按主营业务的种类进行明细核算。

(4)“其他业务成本”科目核算企业确认的除主营业务活动以外的其他经营活动所形成的成本，包括出租固定资产的折旧额、出租无形资产的摊销额、出租包装物的成本或摊销额、销售材料的成本等。该科目借方登记企业应结转的其他业务成本，贷方登记期末转入“本年利润”科目的其他业务成本，结转后该科目应无余额。该科目可按其他业务的种类进行明细核算。

(5)“合同取得成本”科目核算企业取得合同发生的、预计能够收回的增量成本。该科目借方登记发生的合同取得成本，贷方登记摊销的合同取得成本，期末借方余额，反映企业尚未结转的合同取得成本。该科目可按合同进行明细核算。

(6)“合同履约成本”科目核算企业为履行当前或预期取得的合同所发生的、不属于其他企业会计准则规范范围且按照收入准则应当确认为一项资产的成本。该科目借方登记发生的合同履约成本，贷方登记摊销的合同履约成本，期末借方余额，反映企业尚未结转的合同履约成本。该科目可按合同分别“服务成本”“工程施工”等进行明细核算。

(7)“合同资产”科目核算企业已向客户转让商品而有权收取对价的权利，且该权利取决于时间流逝之外的其他因素（如履行合同中的其他履约义务）。该科目借方登记因已转让商品而有权收取的对价金额，贷方登记取得无条件收款权的金额，期末借方余额，反映企业已向客户转让商品而有权收取的对价金额。该科目按合同进行明细核算。

(8)“合同负债”科目核算企业已收或应收客户对价而应向客户转让

商品的义务。该科目贷方登记企业在向客户转让商品之前，已经收到或已经取得无条件收取合同对价权利的金额；借方登记企业向客户转让商品时冲销的金额，期末贷方余额反映企业在向客户转让商品之前已经收到的合同对价或已经取得的无条件收取合同对价权利的金额。该科目按合同进行明细核算。

此外，企业发生减值的，还应当设置"合同履约成本减值准备""合同取得成本减值准备""合同资产减值准备"等科目进行核算。

核算内容

一、履行履约义务确认收入的账务处理

(一) 在某一时点履行履约义务确认收入

对于在某一时点履行的履约义务，企业应当在客户取得相关商品控制权时点确认收入，在判断控制权是否转移时，企业应当综合考虑下列迹象：

(1) 企业就该商品享有现时收款权利，即客户就该商品负有现时付款义务。例如，甲企业与客户签订销售商品合同，约定客户有权定价且在收到商品无误后10日内付款。在客户收到甲企业开具的发票、商品验收入库后，客户能够自主确定商品的销售价格或商品的使用情况，此时甲企业享有收款权利，客户负有现时付款义务。

(2) 企业已将该商品的法定所有权转移给客户，即客户已拥有该商品的法定所有权。例如，房地产企业向客户销售商品房，在客户付款后取得房屋产权证时，表明企业已将该商品房的法定所有权转移给客户。

(3) 企业已将该商品实物转移给客户，即客户已占有该商品实物。例如，企业与客户签订交款提货合同，在企业销售商品并送货到客户指定地点，客户验收合格并付款，表明企业已将该商品实物转移给客户，即客户已占有该商品实物。

(4) 企业已将商品所有权上的主要风险和报酬。例如，甲房地产公司向客户销售商品房办理产权转移手续该商品房价格上涨或下跌带来的利益或损失全部属于客户，表明客户已取得该商品房所有权上的主要风险和报酬。

(5) 客户已接受该商品。例如，企业向客户销售为其定制生产的节能设备，客户收到并验收合格后办理入库手续，表明客户已接受该商品。

(6) 其他表明客户已取得商品控制权的迹象。

典型案例

1. 一般销售商品业务收入的账务处理

案例9-1： 甲公司向乙公司销售商品一批，开具的增值税专用发票上注明售价为400 000元，增值税税额为52 000元；甲公司收到乙公司开出的不带息银行承兑汇票一张，票面金额为452 000元，期限为2个月；

甲公司以银行存款支付代垫运费，增值税专用发票上注明运输费2 000元，增值税税额为180元，所垫运费尚未收到；该批商品成本为320 000元；乙公司收到商品并验收入库。

本例中甲公司已经收到乙公司开出的不带息银行承兑汇票，客户乙公司收到商品并验收入库，因此，销售商品为单项履约义务且属于在某一时点履行的履约义务。甲公司应编制如下会计分录：

(1) 确认收入时：

借：应收票据	452 000	
贷：主营业务收入		400 000
应交税费——应交增值税（销项税额）		52 000
借：主营业务成本	320 000	
贷：库存商品		320 000

(2) 代垫运费时：

借：应收账款	2 180	
贷：银行存款		2 180

2. 已经发出商品但不能确认收入的账务处理

企业按合同发出商品，合同约定客户只有在商品售出取得价款后才支付货款。企业向客户转让商品的对价未达到“很可能收回”收入确认条件。在发出商品时，企业不应确认收入，将发出商品的成本记入“发出商品”科目，借记“发出商品”科目，贷记“库存商品”科目。如已发出的商品被客户退回，应编制相反的会计分录。“发出商品”科目核算企业商品已发出但客户没有取得商品的控制权的商品成本。当收到货款或取得收取货款权利时，确认收入，借记“银行存款”“应收账款”科目，贷记“主营业务收入”科目，贷记“应交税费—— 应交增值税（销项税额）”科目，同时结转已销商品成本，借记“主营业务成本”科目，贷记“发出商品”科目。

案例9-2：2019年6月3日，汇源公司采用托收承付结算方式向琳达公司销售一批商品，开出的增值税专用发票注明售价为100 000元，增值税税额为17 000元；该批商品成本为70 000元。汇源公司在销售该批商品时已得知琳达公司资金流转发生暂时困难，但为了减少存货积压，同时也为了维持与琳达公司长期以来建立的商业关系，汇源公司仍将商品发出，并办妥托收手续。汇源公司销售该批商品的纳税义务已经发生。

发出商品时：

借：发出商品	70 000	
贷：库存商品		70 000
借：应收账款	17 000	
贷：应交税费——应交增值税（销项税额）		17 000

（分析：如果销售该批商品的纳税义务尚未发生，则不作这笔分录，待纳税义务发生时再作应交增值税的分录）

3. 销售商品涉及现金折扣、商业折扣、销售折让的处理

(1) 现金折扣，是指债权人为鼓励债务人在规定的期限内付款而向债务人提供的债务扣除。企业销售商品涉及现金折扣的，应当按照扣除现金折扣前的金额确定销售商品收入金额。现金折扣在实际发生时计入财务费用。

(2) 商业折扣，是指企业为促进商品销售而在商品标价上给予的价格扣除。企业销售商品涉及商业折扣的，应当按照扣除商业折扣后的金额确定销售商品收入金额。

(3) 销售折让，是指企业因售出商品的质量不合格等原因而在售价上给予的减让。对于销售折让，企业应分别不同情况进行处理：①已确认收入的售出商品发生销售折让的，通常应当在发生时冲减当期销售商品收入；②已确认收入的销售折让属于资产负债表日后事项的，应当按照有关资产负债表日后事项的相关规定进行处理。

案例9-3：宏大公司为增值税一般纳税企业，适用的增值税税率为13%。2019年5月1日，向红星公司销售某商品1 000件，每件标价2 000元，实际售价1 800元（售价中不含增值税额），成本1 600元/件，已开出增值税专用发票，商品已交付给乙公司。为了及早收回货款，宏大公司在合同中规定的现金折扣条件为：2/10，1/20，*n*/30。假定现金折扣时不考虑增值税。红星公司在5月8日按合同规定付款，宏大公司收到款项并存入银行。

借：应收账款	2 034 000	
贷：主营业务收入		1 800 000
应交税费——应交增值税（销项税额）		234 000
借：主营业务成本	1 600 000	
贷：库存商品		1 600 000
借：银行存款	1 998 000	
财务费用	36 000	
贷：应收账款		2 034 000

案例9-4：宏大公司销售一批商品给乙公司，开出的增值税专用发票上注明的售价为100 000元，增值税税额为13 000元。该批商品的成本为70 000元。货到后红星公司发现商品质量不符合合同的要求，要求在价格上给予5%的折让。红星公司提出的销售折让要求符合原合同的约定，宏大公司同意并办妥了相关手续，开具了增值税专用发票（红字）。假定此前宏大公司未确认该批商品的销售收入，销售款项尚未收到。

(1) 发出商品时：

借：发出商品	70 000	
贷：库存商品		70 000

(2) 宏大公司确认销售收入时：

借：应收账款	107 350	

贷：主营业务收入　　　　95 000（100 000 - 100 000 × 5%）
　　应交税费——应交增值税（销项税额）　　　　12 350
借：主营业务成本　　　　70 000
　　贷：发出商品　　　　70 000
（3）实际收到款项时：
借：银行存款　　　　107 350
　　贷：应收账款　　　　107 350

思考：若发生销售折让前，宏大公司已经确认该批商品的销售收入，则在发生销售折让时，宏大公司应该做怎样的会计处理？

分析：宏大公司在发生销售折让时，应当直接冲减收入，冲减税费。

4. 销售退回的处理

销售退回，是指企业售出的商品由于质量、品种不符合要求等原因而发生的退货。对于销售退回，企业应分别不同情况进行会计处理：

（1）对于未确认收入的售出商品发生销售退回的，企业应按已记入"发出商品"科目的商品成本金额，借记"库存商品"科目，贷记"发出商品"科目。采用计划成本或售价核算的，应按计划成本或售价记入"库存商品"科目，同时计算产品成本差异或商品进销差价。

（2）对于已确认收入的售出商品发生退回的，企业应在发生时冲减当期销售商品收入，同时冲减当期销售商品成本。如该项销售退回已发生现金折扣的，应同时调整相关财务费用的金额；如该项销售退回允许扣减增值税额的，应同时调整"应交税费——应交增值税（销项税额）"科目的相应金额。已确认收入的售出商品发生的销售退回属于资产负债表日后事项的，应当按照有关资产负债表日后事项的相关规定进行会计处理。

案例9-5：琳达公司在2019年6月18日向大兴公司销售一批商品，开出的增值税专用发票上注明的售价为50 000元，增值税税额为6 500元。该批商品成本为26 000元。为及早收回货款，琳达公司和大兴公司约定的现金折扣条件为：2/10，1/20，*n*/30。大兴公司在2019年6月27日支付货款。2019年9月5日，该批商品因质量问题被大兴公司退回，琳达公司当日支付有关退货款。假定计算现金折扣时不考虑增值税。

（1）2019年6月18日销售实现时：
借：应收账款　　　　56 500
　　贷：主营业务收入　　　　50 000
　　　　应交税费——应交增值税（销项税额）　　　　6 500
借：主营业务成本　　　　26 000
　　贷：库存商品　　　　26 000

（2）2019年6月27日收到货款时，发生现金折扣1 000（50 000 × 2%）元，实际收款55 500（56 500 - 1 000）元：

借：银行存款　　55 500
　　财务费用　　1 000
　　贷：应收账款　　55 500

(3) 2019年9月5日发生销售退回时：

借：主营业务收入　　50 000
　　应交税费——应交增值税（销项税额）　　6 500
　　贷：银行存款　　55 500
　　　　财务费用　　1 000

借：库存商品　　26 000
　　贷：主营业务成本　　26 000

5. 预收款销售商品

预收款销售商品，是指购买方在商品尚未收到前按照合同或协议约定分期付款，销售方在收到最后一笔款项时才交货的销售方式。在这种方式下，销售方直到收到最后一笔款项才将商品交付购货方，表明商品所有权上的主要风险和报酬只有在收到最后一笔款时才转移给购货方，企业通常应在发出商品时确认收入，在此之前预收的货款应确认为负债。

案例9-6：汉斯公司与宏大公司签订协议，采用预收款方式向宏大公司销售一批商品。该批商品实际成本为600 000元。协议约定，该批商品售价为800 000元，增值税额为104 000元；宏大公司应在协议签订时预付50%的货款（按销售价格计算），剩余货款于2个月后支付。

(1) 收到50%货款时：

借：银行存款　　400 000
　　贷：预收账款——宏大公司　　400 000

(2) 发出商品时：

借：预收账款——宏大公司　　904 000
　　贷：主营业务收入　　800 000
　　　　应交税费——应交增值税（销项税额）　　104 000

借：主营业务成本　　600 000
　　贷：库存商品　　600 000

(3) 收到剩余货款时：

借：银行存款　　504 000
　　贷：预收账款——宏大公司　　504 000

6. 收取手续费方式委托代销商品的处理

在这种方式下，委托方在发出商品时通常不应确认销售商品收入，而应在收到受托方开出的代销清单时确认销售商品收入；受托方应在商品销售后，按合同或协议约定的方法计算确定的手续费确认收入。

案例9-7：红星公司委托吕燕公司销售商品200件，商品已经发出，每件成本为60元。合同约定吕燕公司应按每件100元对外销售，红星公司按售价的10%向吕燕公司支付手续费。吕燕公司对外实际销售100件，开出的增值税专用发票上注明的销售价格为10 000元，增值税税额为1 300元，款项已经收到。红星公司收到吕燕公司开具的代销清单时，向吕燕公司开具一张相同金额的增值税专用发票。假定：红星公司发出商品时纳税义务尚未发生；红星公司采用实际成本核算，吕燕公司采用进价核算代销商品。

(1) 红星公司的会计处理如下：

①发出商品时：

借：发出商品　12 000

　　贷：库存商品　12 000

②收到代销清单时：

借：应收账款——吕燕公司　11 300

　　贷：主营业务收入　10 000

　　　　应交税费——应交增值税（销项税额）　1 300

借：主营业务成本　6 000

　　贷：发出商品　6 000

借：销售费用　1 000

　　贷：应收账款——吕燕公司　1 000

代销手续费金额 = 10 000 × 10% = 1 000（元）

③收到吕燕公司支付的货款时：

借：银行存款　10 300

　　贷：应收账款——吕燕公司　10 300

(2) 吕燕公司的会计处理如下：

①收到商品时：

借：代理业务资产　20 000

　　贷：代理业务负债　20 000

②对外销售时：

借：银行存款　11 300

　　贷：代理业务资产　10 000

应交税费——应交增值税（销项税额）　1 300

③收到增值税专用发票时：

借：应交税费——应交增值税（进项税额）　1 300

　　贷：应付账款——红星公司　1 300

借：代理业务负债　10 000

　　贷：应付账款——红星公司　10 000

④支付货款并计算代销手续费时：

借：应付账款——红星公司　11 300

　　贷：银行存款　10 300

　　　　其他业务收入　1 000

（二）在某一时段内履行履约义务确认收入

对于在某一时段内履行的履约义务，企业应当在该段时间内按照履约进度确认收入，履约进度不能合理确定的除外。满足下列条件之的，属于在某一时段内履行的履约义务：①客户在企业履约的同时即取得并消耗企业履约所带来的经济利益。②客户能够控制企业履约过程中在建的商品。③企业履约过程中所产出的商品具有不可替代用途，且该企业在整个合同期间内有权就累计至今已完成的履约部分收取款项。

企业应当考虑商品的性质，采用实际测量的完工进度、评估已实现的结果、时间进度、已完工或交付的产品等产出指标，或采用投入的材料数量、花费的人工工时、机器工时、发生的成本和时间进度等指标确定恰当的履约进度，并且在确定履约进度时，应当扣除那些控制权尚未转移给客户的商品和服务。资产负债表日，企业按照合同的交易价格总额乘以履约进度扣除以前会计期间累计已确认的收入后的金额，确认当期收入。

案例9-8：甲公司为增值税一般纳税人，装修服务适用增值税税率为9%。2019年12月1日，甲公司与乙公司签订一项为期3个月的装修合同，合同约定装修价款为50 000元，增值税税额为45 000元，装修费用每月末按完工进度支付。2019年12月31日，经专业测量师测量后，确定该项劳务的完工程度为25%；乙公司按完工进度支付价款及相应的增值税款。截至2019年12月31日，甲公司为完成该合同累计发生劳务成本100 000元（假定均为装修人员薪酬），估计还将发生劳务成本300 000元。

假定该业务属于甲公司的主营业务，全部由其自行完成；该装修服务构成单项履约义务，并属于在某一时段内履行的履约义务，甲公司按照实际测量的完工进度确定履约进度。

甲公司应编制如下会计分录：

（1）实际发生劳务成本100 000元：

借：合同履约成本　　100 000

　　贷：应付职工薪酬　　100 000

（2）2019年12月31日确认劳务收入并结转劳务成本：

2019年12月31日确认的劳务收入 = 500 000 × 25% − 0

= 125 000（元）

借：银行存款　　136 250

　　贷：主营业务收入　　125 000

　　　　应交税费——应交增值税（销项税额）　　11 250

借：主营业务成本　　100 000

　　贷：合同履约成本　　100 000

2020年1月31日，经专业测量师测量后，确定该项劳务的完工程度为70%；乙公司按完工进度支付价款同时支付对应的增值税款。2020年1月，为完成该合同发生劳务成本180 000元（均为装修人员薪酬)，为完成合同估计还将发生劳务成120 000元。甲公司应编制如下会计分录：

(1) 实际发生劳务成本180 000元：

借：合同履约成本　　180 000
　贷：应付职工薪酬　　180 000

(2) 2020年1月31日确认劳务收入并结转劳务成本：

2020年1月31日确认的劳务收入＝500 000×70%－125 000
＝225 000(元)

借：银行存款　　245 250
　贷：主营业务收入　　225 000
　　应交税费——应交增值税(销项税额)　　20 250
借：主营业务成本　　180 000
　贷：合同履约成本　　180 000

2020年2月28日，装修完工，乙公司验收合格，按完工进度支付价款同时支付对应的增值税款。2020年2月，为完成该合同发生劳务成本120 000元(假定均为装修人员薪酬)。甲公司应编制如下会计分录：

(1) 实际发生劳务成本120 000元：

借：合同履约成本　　120 000
　贷：应付职工薪酬　　120 000

(2) 2020年2月28日确认劳务收入并结转劳务成本：

2020年2月28日确认的劳务收入＝5 000 000－125 000－225 000
＝150 000(元)

借：银行存款　　163 500
　贷：主营业务收入　　150 000
　　应交税费——应交增值税(销项税额)　　13 500
借：主营业务成本　　120 000
　贷：合同履约成本　　120 000

二、合同成本

企业在与客户之间建立合同关系过程中发生的成本主要有合同取得成本和合同履约成本。

(一) 合同取得成本

企业为取得合同发生的增量成本预期能够收回的，应作为合同取得成本确认为一项资产。增量成本是指企业不取得合同就不会发生的成本，也就是企业发生的与合同直接相关，但又不是所签订合同的对象或内容(如建造商品或提供服务)本身所直接发生的费用，例如销售佣金等，如果销售佣金等预期可通过未来的相关服务收入予以补偿，该销售佣金(即增量成本)应在发生时确认为一项资产，即合同取得成本。

企业取得合同发生的增量成本已经确认为资产的，应当采用与该资产相关的商品收入确认相同的基础进行摊销，计入当期损益。为简化实务操作，该资产摊销期限不超过一年的，可以在发生时计入当期损益。

企业为取得合同发生的。除预期能够收回的增量成本之外的其他支出，例如，无论取得是否取得合同均会发生的差旅费、投标费、为准备投标资料发生的相关费用，应当在发生时计入当期损益，除非这些支出明确由客户承担。

案例9-9：甲公司是一家咨询公司，通过竞标赢得一个服务期为5年的客户，该客户每年末支付含税咨询费1 908 000元。为取得与该客户的合同，甲公司聘请外部律师进行尽职调查支付相关费用15 000元，为投标而发生的差旅费10 000元，支付销售人员佣金50 000元。甲公司预期这些支出未来均能够收回。此外，甲公司根据其年度销售目标、整体盈利情况及个人业绩等，向销售部门经理支付年度奖金10 000元。

在本例中，甲公司因签订该客户合同而向销售人员支付的佣金属于取得合同发生的增量成本，应当将其作为合同取得成本确认为一项资产；甲公司聘请外部律师进行尽职调查发生的支出、为投标发生的差旅费以及向销售部门经理支付的年度奖金（不能直接归属于可识别的合同）不属于增量成本，应当于发生时直接计入当期损益。甲公司应编制如下会计分录：

（1）支付相关费用：

借：合同取得成本　　50 000
　　管理费用　　25 000
　　销售费用　　10 000
　　贷：银行存款　　85 000

（2）每月确认服务收入，摊销销售佣金：

服务收入 = 1 908 000 + (1 + 6%) + 12 = 150 000（元）

销售佣金摊销额 = 50 000 + 5 + 12 = 833.33（元）

借：应收账款　　159 000
　　销售费用　　833.33
　　贷：合同取得成本　　833.33
　　　　主营业务收入　　150 000
　　　　应交税费——应交增值税（销项税额）　　9 000

（二）合同履约成本

合同履约成本是指为履行当前或预期取得的合同所发生的、属于《企业会计准则第14号——收入》（2018）规范范围并且按照该准则应当确认一项资产的成本。

企业为履行合同会发生各种成本：企业在确认收入的同时应对这些成本进行分析，属于《企业会计准则第14号——收入》（2018）准则规范范围且同时满足下列条件的，应当作为合同履约成本确认为一项资产：

1. 该成本与一份当前或预期取得的合同直接相关

（1）与合同直接相关的成本。包括：A. 直接人工（如支付给直接为客户提供所承诺服务的人员的工资、奖金等）；B. 直接材料（如为履行合同耗用的原材料、辅助材料、构配件、零件、半成品的成本和周转材料的摊销及租赁费用等)；C. 制造费用或类似费用（如组织和管理相关生产、施工、服务等活动发生的费用，包括管理人员的职工薪酬、劳动保护费、固定资产折旧费及修理费、物料消耗、取暖费、水电费、办公费、差旅费财产保险费、工程保修费、临时设施摊销费等）。

(2) 明确由客户承担的成本以及仅因该合同面发生的其他成本（如支付给分包商的成本、机械使用费、设计和技术援助费用、施工现场二次规运费、生产工具和用具使用费、检验试验费、工程定位复测费、工程点交费用、场地清理费等）。

2. 该成本增加了企业未来用于履行（包括持续履行）履约义务的资源

3. 该成本预期能够收回

企业应当在下列支出发生时，将其计入当期损益：①管理费用，除非这些费用明确由客户承担。②非正常消耗的直接材料、直接人工和制造费用（或类似费用），这些支出为履行合同发生，但未反映在合同价格中。③与履约义务中已履行（包括已全部履行或部分履行）部分相关的支出，即该支出与企业过去的履约活动相关。④无法在尚未履行的与已履行（或已部分履行）的履约义务之间区分的相关支出。

企业发生合同履约成本时，借记“合同履约成本”科目，贷记“银行存款”“应付职工薪酬”“原材料”等科目；对合同履约成本进行摊销时，借记“主营业务成本”“其他业务成本”等科目，贷记“合同履约成本”科目。涉及增值税的，还应进行相应的处理。

案例 9－10：甲公司经营一家酒店，该酒店是甲公司的自有资产。2019 年 12 月甲公司计提与酒店经营直接相关的酒店、客房以及客房内的设备家具等折旧 120 000 元，酒店土地使用权摊销费用 65 000 元。经计算，当月确认房费、餐饮等服务含税收入 42 400 元，全部存入银行。

本例中，甲公司经营酒店主要是通过提供客房服务赚取收入，而客房服务的提供直接依赖于酒店物业（包含土地）以及家具等相关资产，这些资产折旧和摊销属于甲公司为履行与客户的合同而发生的合同履约成本。已确认的合同履约成本在收入确认时予以摊销，计入营业成本。甲公司应编制如下会计分录：

(1) 确认资产的折旧费、摊销费：

借：合同履约成本	185 000	
贷：累计折旧		120 000
累计摊销		65 000

(2) 12 月确认酒店服务收入并摊销合同履约成本：

借：银行存款	424 000	
贷：主营业务收入		400 000
应交税费——应交增值税（销项税额）		24 000
借：主营业务成本	185 000	
贷：合同履约成本		185 000

情境演练 9－1

航大有限公司于 2019 年 1 月设立，主营机电产品的制造、销售，以及提供开发软件的劳务。2019 年 12 月航大有限公司有关收入的业务如下：

业务 1：2 日，采用托收承付结算方式销售一批商品，开出的增值税专用发票上注明售价为 600 000 元，增值税税率是 13%，税额为 78 000 元；商品已经发出，并已向银行办妥托收手续；该批商品的成本为 420 000 元。

业务 2：8 日，采用托收承付结算方式向黄河公司销售一批商品，开出的增值税专用发票注明售价为 100 000 元，增值税税率是 13%，增值税税额为 13 000 元；该批商品成本为 60 000 元。在销售该批商品时已得知黄河公司资金流转发生暂时困难，但为了减少存货积压，同时也为了维持与黄河公司长期以来建立的商业关系，航大公司仍将商品发出，并办妥托收手续。假定航大公司销售该批商品的纳税义务已经发生。

业务 3：9 日，上月 30 日销售商品 10 000 件，每件商品标价 20 元（不含增值税），每件商品实际成本 12 元。航大公司销售商品适用的增值税税率为 13%；由于是成批销售，航大公司给予购货方 10% 的商业折扣，并在销售合同中规定了现金折扣条件 2/10，1/20，n/30；购货方于 9 日付款。假定计算现金折扣时考虑增值税。

业务 4：15 日，上月销售给长江公司的商品价款 10 000 元，增值税 1 300 元，款未收。货到后长江公司发现商品质量不符合合同的要求，要求在价格上给予 5% 的折让。航大公司同意并办妥了相关手续，开具了增值税专用发票（红字）。航大公司上月已确认该批商品的销售收入并已结转销售成本。

业务 5：20 日，上月销售给宏达公司的商品质量出现了严重问题，宏达公司将该批商品全部退回。航大公司同意退货，于当日支付了退货款，并按规定向购货方开具了红字增值税专用发票。该批商品价款 20 000 元，增值税 2 600 元，款已收，并且航大公司对该项销售已经确认了收入并结转了销售成本。

业务 6：22 日，与宜家公司签订协议，采用预收款方式销售一批商品。该批商品实际成本 600 000 元。协议约定，该批商品销售价格 800 000 元，增值税额为 104 000 元。根据合同，宜家公司在协议签订时预付 60% 的货款（按销售价格计算），剩余货款于 2 日后支付。

业务 7：24 日，向宜家公司发出货物，收到剩余货款。

业务 8：25 日，委托大红门公司销售商品 200 件，商品已经发出，每件成本 60 元。合同约定大红门公司按每件 100 元对外销售，航大公司按售价的10%向大红门公司支付手续费。

业务9：28日，大红门公司对外实际销售100件，开出的增值税专用发票上注明的销售价款为10 000元，增值税额为1 300元，款项已经收到。

业务10：30日，航大公司收到大红门公司开具的代销清单时，向大红门公司开具一张相同金额的增值税专用发票并收到货款。

情境演练9－2

东立有限公司于2019年1月设立，主要业务开发软件。2019年12月东立公司有关的业务如下：

业务1：4日，与华润公司签订合同，为华润公司开发一项办公软件，工期5个月。合同总收入8 000 000元。预收劳务款5 000 000元。

业务2：31日，已发生劳务成本总计4 400 000元（假定均为开发人员薪酬），预计开发该软件还将发生成本1 600 000元。经专业测量师测量，该软件的完工进度为60%。

学习子情境二
利润及其分配核算

☞ 科目设置

为完成有关利润及利润分配业务的核算工作，应设置“本年利润”“利润分配”科目，属于所有者权益类，本年利润账户贷方反映该期间取得的收入和结转计入利润分配的亏损、借方反映该期间发生的费用和结转计入利润分配的盈利；利润分配账户则反映本期利润分配的过程和结果，明细科目分别按提取盈余公积、应付股利、未分配利润等设置。

（1）本年利润：本账户为所有者权益类账户，贷方登记本期收入和计入利润的利得的合计额，借方登记本期费用和计入利润的损失的合计额，并登记净利润的结转额，结转后无余额。

（2）利润分配：本账户为所有者权益类账户，借方登记本期分配的利润额，贷方登记本期转入的净利润额和其他转入的金额，贷方余额为未分配利润，借方余额为累计亏损额。

核算内容

一、利润概述

（一）概念：

利润是指企业在一定会计期间的经营成果。利润包括收入减去费用后的净额、直接计入当期利润的利得和损失等。

（二）利润相关计算公式如下：

1. 营业利润 = 营业收入 - 营业成本 - 税金及附加 - 销售费用 - 管理费用 - 财务费用 - 资产减值损失 + 公允价值变动收益（ - 公允价值变动损失） + 投资收益（ - 投资损失）

其中，营业收入是指企业经营业务所确定的收入总额，包括主营业务收入和其他业务收入；营业成本是指企业经营业务所发生的实际成本总额，包括主营业务成本和其他业务成本；资产减值损失是指企业计提各项资产减值准备所形成的损失；公允价值变动收益（或损失）是指企业交易性金融资产等公允价值变动形成的应计入当期损益的利得（或损失）；投资收益（或损失）是指企业以各种方式对外投资所取得的收益（或发生的损失）。

2. 利润总额 = 营业利润 + 营业外收入 - 营业外支出

其中，营业外收入（或支出）是指企业发生的与日常活动无直接关系的、直接计入当期损益的各项利得（或损失）。

3. 净利润 = 利润总额 - 所得税费用

其中，所得税费用是指企业确认的应从当期利润总额中扣除的所得税费用。

二、利润形成与分配的核算

会计期末，企业应将“主营业务收入”“其他业务收入”“营业外收入”等科目的余额分别转入“本年利润”科目的贷方，将“主营业务成本”“其他业务成本”“税金及附加”“销售费用”“管理费用”“财务费用”“资产减值损失”“营业外支出”“所得税费用”等科目的余额分别转入“本年利润”科目的借方。企业还应将“公允价值变动损益”“投资收益”科目的净收益转入“本年利润”科目的贷方，将“公允价值变动损益”“投资收益”科目的净损失转入“本年利润”科目的借方。结转后“本年利润”科目如为贷方余额，表示当年实现的净利润；如为借方余额，表示当年发生的净亏损。

年度终了，企业还应将“本年利润”科目的本年累计余额转入“利润分配——未分配利润”科目。如“本年利润”为贷方余额，借记“本年利润”科目，贷记“利润分配——未分配利润”科目；如为借方余额，作相反的会计分录。结转后“本年利润”科目应无余额。按照准则规定，利润分配的顺序是：①弥补以前年度亏损；②提取法定盈余公积金；③支付股东股利。

典型案例

伊达公司2019年有关损益类科目的年末余额见表9-1（该企业采用表结法年末一次结转损益类科目，所得税税率为25%，假设该公司2019年度不存在所得税纳税调整因素）：

表9-1

科目名称	借或贷	结账前余额
主营业务收入	贷	6 000 000
其他业务收入	贷	700 000
公允价值变动损益	贷	150 000
投资收益	贷	600 000
营业外收入	贷	50 000
主营业务成本	借	4 000 000
其他业务成本	借	400 000
税金及附加	借	80 000
销售费用	借	500 000
管理费用	借	770 000
财务费用	借	200 000
资产减值损失	借	100 000
营业外支出	借	250 000

（1）将各损益类科目年末余额结转入“本年利润”科目：

①结转各项收入、利得类科目：

借：主营业务收入　　6 000 000
　　其他业务收入　　700 000
　　公允价值变动损益　　150 000
　　投资收益　　600 000
　　营业外收入　　50 000
　　贷：本年利润　　7 500 000

②结转各项费用、损失类科目：

借：本年利润　　6 300 000
　　贷：主营业务成本　　4 000 000
　　　　其他业务成本　　400 000
　　　　税金及附加　　80 000
　　　　销售费用　　500 000
　　　　管理费用　　770 000

财务费用 200 000
资产减值损失 100 000
营业外支出 250 000

(2) 应交所得税 = 1 200 000 × 25% = 300 000 (元)

①确认所得税费用:

借:所得税费用 300 000
贷:应交税费——应交所得税 300 000

②将所得税费用结转入"本年利润"科目:

借:本年利润 300 000
贷:所得税费用 300 000

(3) 将"本年利润"科目年末余额900 000 (7 500 000 - 6 300 000 - 300 000) 元转入"利润分配——未分配利润"科目:

借:本年利润 900 000
贷:利润分配——未分配利润 900 000

情境演练 9-3

北极公司2019年1月设立,主要生产保暖内衣系列产品。2019年12月发生以下经济业务:

业务1:2日,因延期付款支付销毁单位违约金2 000元。

业务2:4日,结转设备销售净收入10 000元。

业务3:月末将主营业务收入1 000万元,其他业务收入2万元,投资收益55万元,公允价值变动收益5万元,营业外收入1万元转入"本年利润"账户。

业务4:将管理费用300万元,财务费用70万元,销售费用70万元,主营业务成本500万元,其他业务成本0.1万元,税金及附加1万元,资产减值损失0.5万元,营业外支出0.2万元转入"本年利润"账户。

业务5:12月应纳税所得额1 100 000元,所得税税率20%,因应纳税暂时性差异本期确认递延所得税负债发生额500元。

业务6:将所得税费用转入"本年利润"。

业务7:将净利润转入"利润分配"。

业务8:经股东大会通过决议,按全年净利润991 500元的10%提取法定盈余公积,向普通股股东发放现金股利300 000元。

业务9:北极公司结转除未分配利润明细账以外的所有"利润分配"明细账合计额。

知识拓展

一、业务流程（如图 9－1 所示）

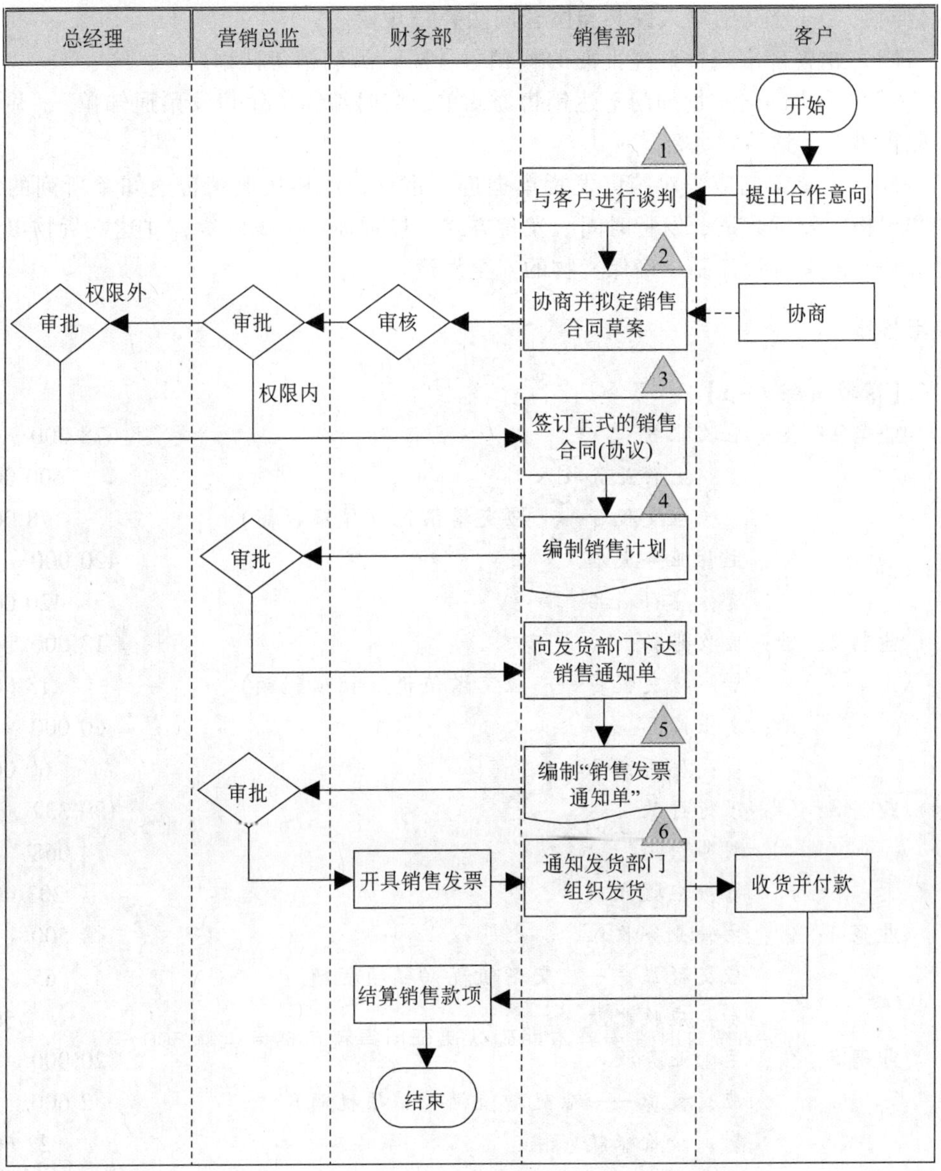

图 9－1　销售业务流程图

二、内部控制

（1）在销售合同签订之前，销售员应就销售价格、信用政策、发货及收款方式等具体事项与客户进行谈判。对谈判中涉及的重要事项，应当有完整的书面记录。

(2)销售部与客户协商后,拟定《销售合同草案》,提交给营销总监和总经理审批,营销总监和总经理依照企业规定的不同合同金额审批权限进行审批,营销总监/总经理应当对《销售合同草案》中提出的销售价格、信用政策、发货及收款方式等严格审查并建立客户信息档案。重要的销售合同,应当征询法律顾问或专家的意见。

(3)销售合同草案经审批同意后,销售部经理应与客户签订正式《销售合同》。签订合同应当符合《中华人民共和国合同法》的规定。

(4)销售部应当按照经批准的《销售合同》编制销售计划。

(5)销售部向发货部门下达销售通知单,同时编制"销售发票通知单",并经营销总监审批后下达给财务部。

(6)发货部门应当对销售发货单据进行审核,严格按照销售通知单所列的发货品种和规格、发货数量、发货时间、发货方式、接货地点组织发货,并建立货物出库、发运等环节的岗位责任制,确保货物的安全发运。

三、参考答案

【情境演练9-1】

业务1:	借:应收账款	678 000	
	贷:主营业务收入		600 000
	应交税费——应交增值税(销项税额)		78 000
	借:主营业务成本	420 000	
	贷:库存商品		420 000
业务2:	借:应收账款	13 000	
	贷:应交税费——应交增值税(销项税额)		13 000
	借:发出商品	60 000	
	贷:库存商品		60 000
业务3:	借:银行存款	199 332	
	财务费用	4 068	
	贷:应收账款		203 400
业务4:	借:主营业务收入	500	
	应交税费——应交增值税(销项税额)	65	
	贷:应收账款		565
业务5:	借:主营业务收入	20 000	
	应交税费——应交增值税(销项税额)	2 600	
	贷:应收账款		22 600
	借:库存商品	10 000	
	贷:主营业务成本		10 000
业务6:	借:银行存款	480 000	
	贷:预收账款		480 000
业务7:	借:预收账款	810 400	
	贷:主营业务收入		800 000

应交税费——应交增值税（销项税额）　　10 400

借：主营业务成本　　600 000

　贷：库存商品　　600 000

借：银行存款　　456 000

　贷：预收账款　　456 000

业务8：借：委托代销商品　　12 000

　贷：库存商品　　12 000

业务9：借：应收账款　　11 300

　贷：主营业务收入　　10 000

　　应交税费——应交增值税（销项税额）　　1 300

借：主营业务成本　　6 000

　贷：委托代销商品　　6 000

借：银行存款　　10 300

销售费用　　1 000

　贷：应收账款　　11 300

【情境演练9-2】

业务1：借：银行存款　　5 000 000

　贷：预收账款　　5 000 000

业务2：借：劳务成本　　4 400 000

　贷：应付职工薪酬　　4 400 000

借：预收账款　　4 800 000

　贷：主营业务收入　　4 800 000

借：主营业务成本　　3 600 000

　贷：劳务成本　　3 600 000

【情境演练9-3】

业务1：借：营业外支出　　2 000

　贷：银行存款　　2 000

业务2：借：固定资产清理　　10 000

　贷：营业外收入　　10 000

业务3：借：主营业务收入　　10 000 000

其他业务收入　　20 000

投资收益　　550 000

公允价值变动损益　　50 000

营业外收入　　10 000

　贷：本年利润　　10 630 000

业务4：借：本年利润　　9 418 000

　贷：管理费用　　3 000 000

　　财务费用　　700 000

　　销售费用　　700 000

主营业务成本		5 000 000
其他业务成本		1 000
税金及附加		10 000
资产减值损失		5 000
营业外支出		2 000
业务5：借：所得税费用	220 500	
贷：应交税费——应交所得税		220 000（1 100 000×20%）
递延所得税负债		500
业务6：借：本年利润	220 500	
贷：所得税费用		220 500
业务7：借：本年利润	991 500	
贷：利润分配——未分配利润		991 500
业务8：借：利润分配——提取的盈余公积	99 150	
——应付普通股股利	300 000	
贷：盈余公积		99 150
应付股利——应付普通股股利		300 000
业务9：借：利润分配——未分配利润	399 150	
贷：利润分配——提取盈余公积		99 150
——应付普通股股利		300 000

10 学习情境十 筹集资金的核算

情境学习目标

- 能正确掌握短期、长期借款的概念；
- 能正确掌握应付债券的概念；
- 能正确掌握实收资本、资本公积、盈余公积的概念；
- 能充分了解短期、长期借款的内容；
- 能充分了解应付债券主要经济业务的内容；
- 能充分了解权益资本主要经济业务的内容；
- 能正确编制和审核短期、长期借款业务会计凭证；
- 能正确编制和审核应付债券业务会计凭证；
- 能正确编制和审核权益资本增减变动业务会计凭证；
- 能完成短期、长期借款相关总账、明细账的建立；
- 能完成应付债券相关总账、明细账的建立；
- 能完成审核权益资本增减变动业务相关总账、明细账的建立；
- 能完成短期、长期借款账簿的登记；
- 能完成应付债券账簿的登记；
- 能完成权益资本增减变动业务账簿的登记；
- 能了解短期、长期借款账务处理结果提供的会计信息；
- 能了解应付债券账务处理结果提供的会计信息；
- 能了解权益资本增减变动业务账务处理结果提供的会计信息。

情境关键术语

- 借款
- 应付债券
- 所有者权益

情境有关参考资料

- 《企业会计准则基本准则》
- 《企业会计准则第17号——借款费用》
- 《初级会计实务》——全国会计专业技术初级资格考试辅导用书

学习子情境一 借款的核算

科目设置

为完成有关短期借款的核算工作，应设置“短期借款”科目，“短期借款”科目是用来核算企业向银行或其他金融机构等借入的期限在1年以下（含1年）的各种借款。该科目属于负债类账户，贷方记录借入的本金，借方记录偿还的本金。

为完成有关长期借款的核算工作，应设置“长期借款”科目，“短期借款”科目是用来核算企业向银行或其他金融机构等借入的期限在1年以上的各种借款。该科目属于负债类账户，贷方登记长期借款本息的增加额，借方登记本息的减少额，贷方余额表示企业尚未偿还的长期借款。该科目可按照贷款单位和贷款种类设置明细账，分别“本金”“利息调整”等进行明细核算。

核算内容

一、借款概述

企业日常核算中的借款有特定的形成渠道，必须是从金融机构取得。按照还款时间是否在一年内分为短期借款和长期借款。

短期借款是指企业从银行或其他金融机构取得的偿还期在1年（含1年）以内的借款。短期借款的目的是满足日常流动资金周转的需要。短期借款的内容包括临时借款，生产经营周转借款，票据贴现借款，结算借款等。短期借款业务的主要内容包括取得短期借款，期末计提利息以及借款到期还本付息。

长期借款是指企业从银行或其他金融机构取得的偿还期在1年（不含1年）以上

的借款。长期借款的主要目的是满足长期资产购建的需要。长期借款的内容包括基建借款、更新改造借款、技术研发借款等。长期借款业务的主要内容包括取得长期借款，期末计提利息以及借款到期还本付息。

二、短期借款的账务处理

企业借入的各种短期借款，借记“银行存款”科目，贷记“短期借款”；归还时作相反的会计分录。在实际工作中，如果短期借款利息是按期支付的，如按季度支付利息，或者利息是再借款到期时连同本金一起归还，并且数额较大的，企业应采用月末预提方式进行短期借款利息的核算。资产负债表日，应按计算确定的利息费用，借记“财务费用”等科目，贷记“银行存款”“应付利息”等科目。

三、长期借款的账务处理

企业借入长期借款，应按实际收到的金额，借记“银行存款”科目，贷记“长期借款——本金”。如存在差额，还应借记“长期借款——利息调整”。资产负债表日，应按摊余成本和实际利率计算确定的长期借款的利息费用，借记“在建工程”“制造费用”“财务费用”“研发支出”等科目，按合同利率确定的应付未付利息，贷记“应付利息”科目，按其差额，贷记“长期借款——利息调整”。归还长期借款本金，借记“长期借款——本金”，贷记“银行存款”科目。同时，存在利息调整余额的，借记或贷记“在建工程”“制造费用”“财务费用”“研发支出”等科目，贷记或借记“长期借款——利息调整”。

典型案例

1. 短期借款的取得、归还和利息的核算

案例 10－1：2019 年 1 月 1 日，利佰公司从银行取得一笔期限为 6 个月的借款 200 万元，年利率 6%。利息于每季度最后一个月支付，利佰公司按月计提利息（会计分录金额单位：万元）。

2019 年 1 月 1 日：

借：银行存款　　2 000 000

　贷：短期借款　　2 000 000

2019 年 1 月 31 日，计提利息＝计提利息＝200×6%/12＝1（万元）

借：财务费用　　10 000

　贷：应付利息　　10 000

2019 年 2 月 28 日，计提利息＝200×6%/12＝1（万元）

借：财务费用　　10 000

　贷：应付利息　　10 000

2019 年 3 月 31 日，支付利息＝200×6%/12＝1（万元）

借：应付利息　　20 000

　　财务费用　　10 000

贷：银行存款 30 000

2019 年 4 月 30 日，计提利息 =200×6%/12=1（万元）

借：财务费用 10 000

贷：应付利息 10 000

2019 年 5 月 31 日，计提利息 =200×6%/12=1（万元）

借：财务费用 10 000

贷：应付利息 10 000

2019 年 6 月 30 日，支付利息 =200×6%/12=1（万元）

借：应付利息 20 000

财务费用 10 000

短期借款 2 000 000

贷：银行存款 2 030 000

2. 长期借款的取得、归还和利息的核算

案例 10-2：2018 年 1 月 1 日，福耀玻璃股份有限公司从银行取得一笔期限为三年的借款 100 万元，年利率 6%（实际利率与合同利率相同），利息于每年 1 月 1 日支付。所筹资金用于建造一栋厂房。工程于 2020 年 2 月 1 日发生第一笔资产支出，2020 年 4 月 1 日动工建造，2021 年 6 月 30 日达到预定可使用状态。福耀玻璃股份有限公司按年计提利息。借款费用资本化金额不考虑未动用借款产生的收益。

开始资本化的时间为：2020 年 4 月 1 日

停止资本化的时间为：2021 年 6 月 30 日

费用化期间为：2020 年 1 月 1 日至 2020 年 3 月 31 日和 2021 年 7 月 1 日至 2022 年 12 月 31 日。

2020 年 1 月 1 日，取得借款，

借：银行存款 1 000 000

贷：长期借款——本金 1 000 000

按期计提利息，2020 年 12 月 31 日计提利息，

应提利息 =100×6%×1=6（万元）

应予资本化的借款利息 =100×6%/12×9=4.5（万元）

应予费用化的借款利息 =6-4.5=1.5（万元）

借：在建工程 45 000

财务费用 15 000

贷：应付利息 60 000

2021 年 1 月 1 日结息，

借：应付利息 60 000

贷：银行存款 60 000

2021 年 12 月 31 日计提利息，应提利息 =6（万元）

应予资本化的借款利息 =100×6%/12×6=3（万元）

应予费用化的借款利息 =6-3=3（万元）

借：在建工程　30 000

　　财务费用　30 000

　　贷：应付利息　60 000

2022 年 1 月 1 日结息，同 2023 年 1 月 1 日。

2022 年 12 月 31 日，借款利息应全部费用化，

借：财务费用　60 000

　　贷：应付利息　60 000

2023 年 1 月 1 日，还本付息，

借：长期借款——本金　1 000 000

　　应付利息　60 000

　　贷：银行存款　1 060 000

情境演练 10－1

利佰商场是一家大型商品零售企业。2020 年发生下列与借款有关的部分经济业务。企业的短期借款业务按月计提利息，每季最后一个月与银行结息。长期借款于每年 6 月 30 日和 12 月 31 日计提利息，结息按银行约定时间办理。长期借款利息的资本化期间为 2020 年 7 月 1 日至 2021 年 6 月 30 日。不考虑未使用长期借款产生的收益。

业务 1：5 月 1 日，从工商银行取得一笔期限为 3 个月的流动资金借款 300 万元，年利率 6%。

业务 2：6 月 1 日，从建设银行取得一笔期限为 2 年的借款 2 000 万元，年利率 6%，该笔借款用于修建营业用房。工程于 2020 年 6 月 10 日发生第一笔资产支出，2020 年 7 月 1 日动工建造。从次年起每年 7 月 1 日支付一年的利息。

业务 3：5 月 31 日，计提 5 月 1 日从工商银行取得的短期借款利息。

业务 4：6 月 30 日，计提并向工商银行支付 5 月 1 日借入的短期借款利息。

业务 5：6 月 30 日，计提长期借款利息。

业务 6：7 月 31 日，计提短期借款利息。

业务 7：8 月 1 日，偿还短期借款本息。

业务 8：12 月 31 日，计提长期借款利息。

要求：（1）查找资料，了解上述业务完成的过程以及涉及的部门；

（2）确认上述业务发生或完成时应取得的单据；

（3）编制上述业务的会计分录。

学习子情境二
应付债券的核算

☞ 科目设置

“应付债券”科目，负债类账户，核算应付债券发行、计提利息、还本付息等情况。该科目的贷方登记应付债券的本金和利息，借方登记归还的债券本金和利息，期末贷方余额表示企业尚未偿还的长期债券。该科目按“面值”“利息调整”“应计利息”等进行明细核算。企业应当设置“企业债券备查簿”，详细登记企业债券的票面金额、债券票面利率、还本付息期限与方式、发行总额、发行日期和编号、委托代售单位等资料。企业债券到期兑付，在备查簿中应予注销。

核算内容

一、应付债券概述

企业按法定程序发行的偿还时间在1年（不含1年）以上的债券。企业应达到国家规定的债券发行条件（资本金规模、盈利能力、信誉状况等），按法定程序发行。

发行债券筹资程序：发行债券应先由股东大会作出决议；向国务院证券管理部门提出申请并提交公司登记证明、公司章程、公司债券募集办法以及资产评估报告和验资报告等；制定公司债券募集办法，其主要内容包括公司名称、债券总额和票面金额、债券利率、还本付息的期限和方式、债券发行的起止日期、公司净资产、已发行尚未到期债券总额以及公司债券的承销机构等；同债券承销机构签订债券承销协议或包销合同。

债券发行价格：平价发行，溢价发行，折价发行。

债券付息方式：一次还本付息，一次还本分期付息。

二、应付债券的核算

（一）债券发行成功时的处理

企业发行债券，应按实际收到的金额，借记“银行存款”等科目，按债券票面金额，贷记本科目（面值）。存在差额的，还应借记或贷记本科目（利息调整）。

（二）期末计提利息的处理

资产负债表日，对于分期付息、一次还本的债券，应按摊余成本和实际利率计算确定的债券利息费用，借记“在建工程”“制造费用”“财务费用”“研发支出”等科目，按票面利率确定的应付未付利息，贷记“应付利息”科目，按其差额，借记或贷记本科目（利息调整）。对于一次还本付息的债券，应按摊余成本和实际利率计算确定的债券利息费用，借记“在建工程”“制造费用”“财务费用”“研发支出”等科目，按票面利率确定的应付未付利息，贷记本科目（应计利息），按其差额，借记或贷记本科目（利息调整）。

（三）应付债券到期时的处理

应付债券到期，支付债券本息，借记“应付债券（面值、应计利息）”“应付利息”等科目，贷记“银行存款”等科目。同时存在利息调整余额的，借记或贷记本科目（利息调整），贷记或借记“在建工程”“制造费用”“财务费用”“研发支出”等科目。

典型案例

1. 债券发行

案例 10－3： 2019 年 4 月 22 日，力帆公司成功发行一笔 5 年期一次还本付息债券，面值 1 000 万元，票面利率 8%，发行价格 1 000 万元。不考虑发行费用等其他因素。

借：银行存款　　100 000 000

　　贷：应付债券——面值　　10 000 000

2. 计提利息的处理

案例 10－4： 2019 年 12 月 31 日，嘉华公司计提一次还本分期付息债券利息 21 万元，按规定其中应予资本化的部分为 18 万元，应予费用化的部分 3 万元。该债券属于建造固定资产的专门借款。不考虑未使用资金产生的收益。

借：在建工程　　180 000

　　财务费用　　30 000

　　贷：应付利息　　210 000

3. 应付债券到期时的处理

案例 10－5： 利通公司偿还已到期的一笔三年期一次还本付息债券本息共计 560 万元，其中本金 500 万元，利息 60 万元（已按规定计提）。

借：应付债券——面值　　5 000 000

　　　　　　——应计利息　　600 000

　　贷：银行存款　　5 600 000

情境演练 10－2

2019 年 7 月 1 日，东方公司面值发行三年期一次还本付息债券 200 万元，票面利率 6%（实际利率与票面利率相等）。不考虑债券发行费用。所筹集的资金用于建造一条生产线。该生产线 2019 年 7 月 1 日开工（借款利息开始资本化），2020 年 6 月 30 日完工，达到预定可使用状态。假定固定资产达到预定可使用状态前的借款利息全部予以资本化。东方公司于每年 6 月 30 日和 12 月 31 日计提利息。

业务 1：2019 年 7 月 1 日，债券发行成功收到资金 200 万元。

业务 2：2019 年 12 月 31 日，计提债券利息。

业务 3：2020 年 6 月 30 日，计提债券利息。

业务 4：2020 年 12 月 31 日，计提债券利息。

业务 5：2021 年 6 月 30 日，2021 年 12 月 31 日，2022 年 6 月 30 日计提债券利息。

业务 6：2022 年 7 月 1 日，还本付息。

要求：（1）查找资料，了解上述业务完成的过程以及涉及的部门；
（2）确认上述业务发生或完成时应取得的单据；
（3）编制上述业务的会计分录。

学习子情境三
所有者权益的核算

☞ 科目设置

（1）“实收资本”科目，股份制企业称“股本”，所有者权益性质，核算企业接受投资者投入的资本金。

（2）“资本公积”科目，所有者权益性质，核算企业接受投资者出资额超出其在注册资本或股本中所占份额的部分以及直接计入所有者权益的利得和损失。该科目应分别设置“资本公积——资本（股本）溢价”“其他资本公积”进行明细核算。

（3）“其他综合收益”科目，所有者权益性质，核算是指未在当期损益中确认的各项利得和损失。

（4）“盈余公积”科目，所有者权益性质，核算企业从净利润中提取的盈余公积。设置“法定盈余公积金”和“任意盈余公积金”进行明细核算。

核算内容

一、所有者权益概述

所有者权益是指资产减去负债后由所有者享有的剩余权益。其来源包括投资者投入的资本、直接计入所有者权益的利得和损失以及从净利润中形成的留存收益。所有者权益的特征：

（1）除非发生减资、清算或分派现金股利，企业不需要偿还所有者权益；

（2）企业清算时，只有在清偿所有的负债后，所有者权益才返还给所有者；

（3）所有者凭借所有者权益能够参与企业利润的分配。

所有者权益通常包括：实收资本（或股本）、其他权益工具、资本公积、其他综合收益、盈余公积和未分配利润。

实收资本是指全体股东或发起人实际交付并经公司登记机关依法登记的出资额或者股本总额。实收资本的构成比例即投资者的出资比例或股东的股权比例，是确定所有者在企业所有者权益中份额的基础，也是企业进行利润或股利分配的主要依据。实收资本的构成包括国家投入资本、企业投入资本、外商投入资本、个人投入资本。实收资本的形成方式包括接受现金资产投资、接受非现金资产投资。

资本公积是指企业接受投资过程中收到投资者出资额超出其在注册资本或股本中所占份额的部分或直接计入所有者权益的利得或损失，由全体所有者共享的一种所有者权益。资本公积包括资本（股本）溢价、其他资本公积。

其他综合收益是指未在当期损益中确认的各项利得和损失。

留存收益是指企业从税后利润中形成的积累。包括：盈余公积和未分配利润。

二、实收资本的核算

（一）接受现金资产投资

按实际收到的现金资产，借记“银行存款”，按投资者在注册资本或股本中所占的份额，贷记“实收资本（或股本）”，按其差额，贷记“资本公积——资本溢价”。

（二）接受非现金资产投资

非现金资产的入账价值按投资合同或协议约定的价值入账，合同或协议价不公允的除外。实收资本按投资方在企业注册资本中享有的份额入账。资产的入账价值与实收资本入账价值的差额，计入“资本公积——资本溢价”。

（三）实收资本减少

有限责任公司按法定程序减资，按减少的资本金借记“实收资本”，贷记“银行存款”等科目。股份有限公司按法定程序通过股份回购的方式减资。回购股份时，按回购价借记“库存股”，贷记“银行存款”科目，注销股本时，按回购股份的面值借记

"股本",按回购价贷记"库存股",若回购价大于回购股份的面值,按其差额冲减"资本公积——股本溢价",股本溢价不足冲减的部分,依次冲减盈余公积和未分配利润;若回购价小于回购股份的面值,按其差额,贷记"资本公积——股本溢价"。

三、资本公积的核算

(一)资本公积的形成

长期股权投资采用权益法核算的,在持股比例不变的情况下,被投资单位除净损益以外所有者权益的其他变动,企业按持股比例计算应享有的份额,借记或贷记"长期股权投资——其他权益变动"科目,贷记或借记"资本公积——其他资本公积"。

(二)资本公积减少

依据公司法的规定,资本公积只能用于转增资本。借记"资本公积"科目,贷记"实收资本"科目。

四、其他综合收益

是指企业根据其他会计准则规定未在当期损益中确认的各项利得和损失。根据其他相关会计准则的规定分为下列两类列报:

(一)以后会计期间不能重分类进损益的其他综合收益项目

(1)重新计量设定受益计划净负债或净资产导致的变动:《CAS. 9——职工薪酬》。

(2)按照权益法核算的在被投资单位以后会计期间不能重分类进损益的其他综合收益所享有的份额:《CAS. 2——长期股权投资》。

(二)以后会计期间满足规定条件时将重分类进损益的其他综合收益项目

(1)按照权益法核算的在被投资单位以后会计期间满足条件时将重分类进损益的其他综合收益所享有的份额:《CAS. 2——长期股权投资》。

(2)可供出售金融资产公允价值变动、持有至到期投资重分类为可供出售金融资产:《CAS. 22——金融工具确认和计量》。

(3)现金流量套期工具生产的利得或损失中属于有效套期的部分:《CAS. 24——套期保值》。

(4)外币财务报表折算差额:《CAS. 19——外币折算》。

(5)自用资产转为投资性房地产,转换日公允价值大于该资产原账面价值的部分:《CAS. 3——投资性房地产》等。

五、留存收益的核算

(一)盈余公积形成

企业从净利润中提取盈余公积金应借记"利润分配——提取法定公积金""利润分配——提取任意盈余公积金"科目,贷记"盈余公积——法定盈余公积金""盈余公积金——任意盈余公积金"科目。

（二）盈余公积减少

依据公司法的规定企业的盈余公积金可用于弥补亏损、转增资本、派发现金股利。企业动用盈余公积金弥补以前年度亏损，应借记“盈余公积”科目，贷记“利润分配——盈余公积补亏”科目；企业用盈余公积金转增资本，应借记“盈余公积”科目，贷记“实收资本”等科目；企业用盈余公积金派发现金股利，应借记“盈余公积”科目，贷记“应付股利”科目。

典型案例

1. 接受现金资产投资

案例 10－6：张三、李四、王五三位同学商定办一家小型超市。三方在企业章程中约定，公司名称为“三四五便利店”，注册资本金 50 万元，三方的出资额分别为张三 20 万元，李四 20 万元，王五 10 万元，出资时间为 2020 年 6 月 30 日前交付完毕。该商店在 6 月 30 日前如期收到三方交付的资金分别为 20 万元、20 万元、10 万元，并于 2020 年 6 月 30 日办妥公司登记的相关手续，同时向张三、李四、王五出具出资证明书。

2020 年 6 月 30 日，

借：银行存款	500 000	
贷：实收资本——张三		200 000
——李四		200 000
——王五		100 000

案例 10－7：新味副食品有限责任公司，由王某一人出资设立，注册资本 100 万元，已有两年的经营历史。为扩大经营规模，现接受另一投资人赵某加盟。投资合同约定赵某交付现金资产 130 万元，享有 50% 的注册资本份额。接受赵某投资后，2020 年 8 月 20 日，新味副食品有限责任公司注册资本变更为 200 万元。

2020 年 8 月 20 日，

借：银行存款	1 300 000	
贷：实收资本——赵某		1 000 000
资本公积——资本溢价		300 000

案例 10－8：长安福特股份有限公司董事会决定并按法定程序获得批准增发股票 1 000 万股，每股面值 1 元。与银河证券公司达成承销协议：售价每股 3 元，按售价金额的 0.3% 扣收手续费等发行费用。股票发行期间产生冻结资产利息收入 2 万元。2019 年 10 月 20 日股票出售完毕，银行证券公司将股款划入长安福特公司账户。

2019 年 10 月 20 日，

借：银行存款	29 930 000	
贷：股本		10 000 000

资本公积——股本溢价　　19 930 000

2. 接受非现金资产投资

案例10－9：创融房地产开发公司与伊博商贸公司达成协议，共同出资设立悠悠商场（零售企业），注册资本5 000万元，各享有50%的注册资本份额。双方约定：创融公司以其拥有的价值3 000万元（评估价）一幢房屋的两层楼出资，伊博公司以2 000万元现金资产出资。2020年5月20日，悠悠商场办妥企业设立的相关手续。

借：固定资产　　30 000 000
　　银行存款　　20 000 000
　　贷：实收资本——创融公司　　25 000 000
　　　　　　　　——伊博公司　　25 000 000

3. 实收资本的减少

案例10－10：龙一公司2019年12月31日的股本为100 000 000股，面值为1元，资本公积（股本溢价）为30 000 000元，盈余公积为40 000 000元。经股东大会批准，公司以现金回购本公司股票20 000 000股并注销。假定公司按每股2元的价格回购股票，假定不考虑其他因素。

（1）回购本公司股份时：

借：库存股　　40 000 000
　　贷：银行存款　　40 000 000

库存股成本＝20 000 000×2＝40 000 000（元）。

（2）注销本公司股份时：

借：股本　　20 000 000
　　资本公积　　20 000 000
　　贷：库存股　　40 000 000

应冲减的资本公积＝20 000 000×2－20 000 000×1
　　　　　　　　＝20 000 000（元）

【延伸】假定按每股3元的价格回购股票，相关的会计分录为：

（1）回购本公司股份时：

借：库存股　　60 000 000
　　贷：银行存款　　60 000 000

（2）注销本公司股份时：

借：股本　　20 000 000
　　资本公积　　30 000 000
　　盈余公积　　10 000 000
　　贷：库存股　　60 000 000

【延伸】如果回购价格为0.9元，则账务处理为：

（1）回购本公司股份时：

借：库存股　　18 000 000
　　贷：银行存款　　18 000 000

（2）注销本公司股份时：

借：股本　　20 000 000

　　贷：库存股　　18 000 000

　　　　资本公积——股本溢价　　2 000 000

4. 资本公积的形成

案例 10－11：吉峰农机公司对新路公司的长期股权投资采用权益法核算，拥有新路公司 30% 的普通股。投资后第三年，新路公司实现净利润 60 万元，除实现净利润外其他综合收益增加 20 万元。

借：长期股权投资——损益调整　　180 000

　　　　　　　　——其他综合收益　　60 000

　　贷：投资收益　　180 000

　　　　其他综合收益　　60 000

5. 资本公积的减少

案例 10－12：吉峰农机公司董事会决定，将资本公积金 40 万元转增资本。2019 年 9 月 10 日，完成相关增资手续。

2019 年 9 月 10 日：

借：资本公积　　400 000

　　贷：实收资本　　400 000

6. 盈余公积的形成

案例 10－13：吉峰农机公司年初“利润分配”账户有贷方余额 60 万元。2020 年全年实现净利润 80 万元。董事会决定按税后利润的 10% 提取法定盈余公积金。

借：利润分配——提取法定公积金　　80 000

　　贷：盈余公积——法定盈余公积金　　80 000

7. 盈余公积的减少

案例 10－14：世博有限责任公司董事会决定，动用盈余公积金 90 万元弥补以前年度亏损。

借：盈余公积　　900 000

　　贷：利润分配——盈余公积补亏　　900 000

案例 10－15：鑫鑫公司董事会决定，将盈余公积金 80 万元转增资本，将盈余公积金 40 万元用于派发现金股利。2019 年 5 月 20 日，股东大会审议通过董事会的利润分配方案，当日宣告派发。2019 年 7 月 20 日办妥有关增资手续。

2019 年 5 月 20 日：

借：盈余公积　　400 000

　　贷：应付股利　　400 000

2019 年 7 月 20 日：

借：盈余公积　　800 000

　　贷：实收资本　　800 000

情境演练 10－3

宏达公司2020年1月设立，主营机电产品的制造、销售。2020年有关所有者权益的业务如下：

业务1：2020年4月8日，接受鑫源公司投入现金资产50万元，原材料一批，合同约定原材料价值200万元，增值税专用发票注明原材料进项税34万元。鑫源公司在宏达公司注册资本中享有的份额为200万元。

业务2：2020年4月20日，公司董事会决定：将资本公积40万元转增资本，动用盈余公积金30万元向股东派发现金股利。

要求：(1) 查找资料，了解上述业务完成的过程以及涉及的部门；

(2) 确认上述业务发生或完成时应取得的单据；

(3) 编制上述业务的会计分录。

知识拓展

一、业务流程（如图10－1所示）

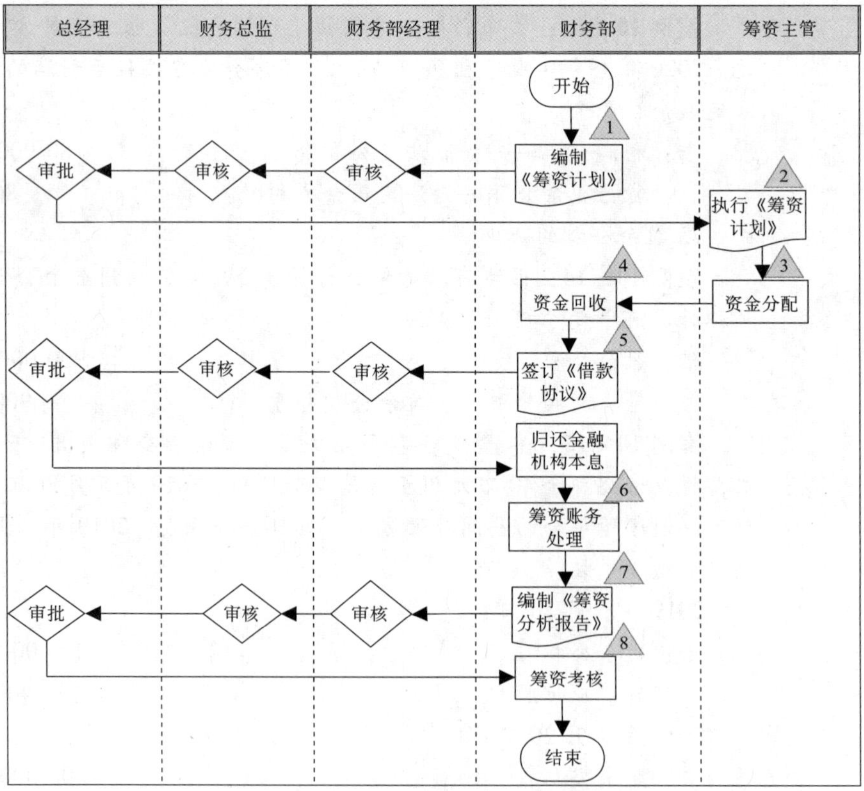

图10－1 筹集资金的业务流程图

二、内部管理制度

企业在建立和实施筹资内部控制制度中，至少应当强化对以下关键方面或者关键环节的风险控制：权责分配和职责分工应当明确，机构设置和人员配备应当科学合理；筹资决策、执行与偿付各环节的控制流程应当清晰，筹资方案的拟订与审批、筹资合同的审核和签订、筹集资金的收取与使用、还本付息的审批与办理等应当有明确规定；筹资业务的会计处理应当符合国家统一的会计制度的规定。

（一）情境分工与授权批准

企业应当建立筹资业务的情境责任制，明确有关部门和情境的职责、权限，确保办理筹资业务的不相容情境相互分离、制约和监督。同一部门或个人不得办理筹资业务的全过程。筹资业务的不相容情境至少包括：筹资方案的拟订与决策；筹资合同或协议的审批与订立；与筹资有关的各种款项偿付的审批与执行；筹资业务的执行与相关会计记录。

企业应当对筹资业务建立严格的授权批准制度，明确授权批准方式、程序和相关控制措施，规定审批人的权限、责任以及经办人的职责范围和工作要求。

企业应当制定筹资业务流程，明确筹资决策、执行、偿付等环节的内部控制要求，并设置相应的记录或凭证，如实记载各环节业务的开展情况，确保筹资全过程得到有效控制。

企业应当建立筹资决策、审批过程的书面记录制度以及有关合同或协议、收款凭证、支付凭证等资料的存档、保管和调用制度，加强对与筹资业务有关的各种文件和凭据的管理，明确相关人员的职责权限。

（二）筹资决策控制

企业应当建立筹资业务决策环节的控制制度，对筹资方案的拟订设计、筹资决策程序等作出明确规定，确保筹资方式符合成本效益原则，筹资决策科学、合理。

企业拟订的筹资方案应当符合国家有关法律法规、政策和企业筹资预算要求，明确筹资规模、筹资用途、筹资结构、筹资方式和筹资对象，并对筹资时机选择、预计筹资成本、潜在筹资风险和具体应对措施以及偿债计划等作出安排和说明。

企业拟订筹资方案，应当考虑企业经营范围、投资项目的未来效益、目标资本结构、可接受的资金成本水平和偿付能力。

在海外筹集资金的，还应当考虑筹资所在国的政治、法律、汇率、利率、环保、信息安全等风险以及财务风险等因素。

企业对重大筹资方案应当进行风险评估，形成评估报告，报董事会或股东大会审批。评估报告应当全面反映评估人员的意见，并由所有评估人员签章。未经风险评估的方案不能进行筹资。

企业拟定筹资方案，应具备多过一个方案作为比较分析。企业需要综合筹资成本和风险评估等因素对方案进行选定。

企业对于重大筹资方案，应当实行集体决策审批或者联签制度。决策过程应有完整的书面记录。企业筹资方案需经国家有关管理部门或上级主管单位批准的，应及时报请批准。

企业应当建立筹资决策责任追究制度。对重大筹资项目应当进行后评估，明确相关部门及人员的责任，定期或不定期地进行检查。

（三）筹资执行控制

企业应当建立筹资决策执行环节的控制制度，对筹资合同的订立与审核、资产的收取等作出明确规定。

企业应当根据经批准的筹资方案，按照规定程序与筹资对象，与中介机构订立筹资合同或协议。企业相关部门或人员应当对筹资合同或协议的合法性、合理性、完整性进行审核，审核情况和意见应有完整的书面记录。

筹资合同或协议的订立应当符合《中华人民共和国合同法》及其他相关法律法规的规定，并经企业有关授权人员批准。重大筹资合同或协议的订立，应当征询法律顾问或专家的意见。

企业筹资通过证券经营机构承销或包销企业债券或股票的，应当选择具备规定资质和资信良好的证券经营机构，并与该机构签订正式的承销或包销合同或协议。

企业变更筹资合同或协议，应当按照原审批程序进行。

企业应当按照筹资合同或协议的约定及时足额取得相关资产。

企业取得货币性资产，应当按实有数额及时入账。

企业取得非货币性资产，应当根据合理确定的价值及时进行会计记录，并办理有关财产转移手续。对需要进行评估的资产，应当聘请有资质的中介机构及时进行评估。

企业应当加强对筹资费用的计算、核对工作，确保筹资费用符合筹资合同或协议的规定。

企业应当结合偿债能力、资金结构等，保持足够的现金流量，确保及时、足额偿还到期本金、利息或已宣告发放的现金股利等。

企业应当按照筹资方案所规定的用途使用对外筹集的资金。由于市场环境变化等特殊情况导致确需改变资金用途的，应当履行审批手续，并对审批过程进行完整的书面记录。严禁擅自改变资金用途。

企业应建立持续符合筹资合同条款的内部控制制度，其中应包括预算不符合条款要求的预警和调整制度。

国家法律、行政法规或者监管协议规定应当披露的筹资业务，企业应及时予以公告和披露。

（四）筹资偿付控制

企业应当建立筹资业务偿付环节的控制制度，对支付偿还本金、利息、租金、股利（利润）等步骤、偿付形式等作出计划和预算制度安排，并正确计算、核对，确保各项款项偿付符合筹资合同或协议的规定。

企业应当指定财会部门严格按照筹资合同或协议规定的本金、利率、期限及币种计算利息和租金，经有关人员审核确认后，与债权人进行核对。本金与应付利息必须和债权人定期对账。如有不符，应查明原因，按权限及时处理。

企业支付筹资利息、股息、租金等，应当履行审批手续，经授权人员批准后方可支付。

企业通过向银行等金融机构举借债务筹资，其利息的支付方式也可按照双方在合同、协议中约定的方式办理。

企业委托代理机构对外支付债券利息，应清点、核对代理机构的利息支付清单，并及时取得有关凭据。

企业应当按照股利（利润）分配方案发放股利（利润），股利（利润）分配方案应当按照企业章程或有关规定，按权限审批。

企业委托代理机构支付股利（利润），应清点、核对代理机构的股利（利润）支付清单，并及时取得有关凭据。

企业以非货币资产偿付本金、利息、租金或支付股利（利润）时，应当由相关机构或人员合理确定其价值，并报授权批准部门批准，必要时可委托具有相应资质的机构进行评估。

企业财会部门在办理筹资业务款项偿付过程中，发现已审批拟偿付的各种款项的支付方式、金额或币种等与有关合同或协议不符的，应当拒绝支付并及时向有关部门报告，有关部门应当查明原因，作出处理。

企业以抵押、质押方式筹资，应当对抵押物资进行登记。业务终结后，应当对抵押或质押资产进行清理、结算、收缴，及时注销有关担保内容。

企业对外筹资业务的会计处理，应当符合国家统一的会计制度的规定。

三、参考答案

【情境演练 10－1】

业务1：借：银行存款　　3 000 000
　　贷：短期借款　　3 000 000

业务2：借：银行存款　　20 000 000
　　贷：短期借款　　20 000 000

业务3：借：财务费用　　10 500
　　贷：应付利息　　10 500

业务4：借：财务费用　　10 500
　　应付利息　　10 500
　　贷：银行存款　　21 000

业务5：借：财务费用　　104 500
　　贷：应付利息　　104 500

业务6：借：财务费用　　15 000
　　贷：应付利息　　15 000

业务7：借：财务费用　　5 000
　　应付利息　　19 500
　　贷：银行存款　　24 500

业务8：	借：在建工程	600 000	
	贷：应付利息		600 000

【情境演练10-2】

业务1：	借：银行存款	2 000 000	
	贷：应付债券		2 000 000
业务2：	借：在建工程	60 000	
	贷：应付债券——应计利息		60 000
业务3：	借：在建工程	60 000	
	贷：应付债券——应计利息		60 000
业务4：	借：财务费用	60 000	
	贷：应付债券——应计利息		60 000
业务5：	借：财务费用	60 000	
	贷：应付债券——应计利息		60 000
业务6：	借：应付债券——应计利息	360 000	
	——面值	2 000 000	
	贷：银行存款		2 360 000

【情境演练10-3】

业务1：	借：银行存款	500 000	
	原材料	2 000 000	
	应交税费——应交增值税（进项税额）	340 000	
	贷：实收资本——鑫源公司		2 840 000
业务2：	借：资本公积	400 000	
	贷：实收资本		400 000
	借：盈余公积	300 000	
	贷：应付股利		300 000

11 学习情境十一 会计报表的编制

情境学习目标

■ 能够了解资产负债表、利润表、现金流量表、所有者权益变动表的性质、用途、结构和编制依据；理解资产负债表、利润表、现金流量表、所有者权益变动表内各项目所反映的内容；掌握资产负债表、利润表、现金流量表、所有者权益变动表内各项目的数据来源和填列方法。

■ 能够根据企业的会计资料合理确定各项目数据的来源；能够根据会计准则的要求填列资产负债表、利润表、现金流量表、所有者权益变动表各项目内容；能够运用会计职业判断进行会计信息披露。

■ 能够了解利润表的原理和作用；理解利润表的构成内容；掌握利润表编制的数据来源；掌握利润表的编制方法。

■ 能够能熟悉利润表的构成内容；能够正确获取利润表编制的数据来源并能灵活应用；能够正确编制利润表；能够运用会计职业判断进行会计信息披露。

■ 能够了解现金流量表的性质、用途、结构和编制依据；理解现金流量表内各项目所反映的内容；掌握现金流量表内各项目的数据来源和填列方法。

■ 能够根据企业的会计资料合理确定各项目数据的来源；能够根据会计准则的要求正确填列现金流量表的正表；能够运用会计职业判断进行会计信息披露。

■ 能够了解所有者权益变动表的原理、作用和结构；理解所有者权益变动表内各项目所反映的内容；掌握所有者权益变动表内各项目的数据来源和编制方法。

■ 能够熟悉所有者权益变动表的构成内容；能够正确认识所有者权益变动表编制的数据来源；能够正确编制所有者权益变动表；能够运用会计职业判断进行会计信息披露。

■ 能够了解附注披露的原理和作用；理解附注披露的内容、基本要求；掌握报表附注的编制。

- 能够熟悉附注披露的内容；能够正确地编制报表附注。

情境关键术语

- 资产负债表
- 利润表
- 现金流量表
- 所有者权益变动表

情境有关参考资料

- 《企业会计准则》
- 《初级会计实务》——全国会计专业技术初级资格考试辅导用书

学习子情境一 资产负债表的编制

一、资产负债表概述

资产负债表，又称财务状况表，是反映企业在某一特定日期的财务状况的会计报表。它是一张静态报表，是根据“资产＝负债＋所有者权益”这一会计等式，依照一定的分类标准和顺序，将企业在一定日期的全部资产、负债、所有者权益项目进行适当分类、汇总、计算、排列后编制而成的。

资产负债表是企业的基本会计报表之一，能提供企业某一特定日期所拥有或控制的经济资源，所承担的现实义务和所有者对净资产的要求权。使用者还可以通过对资产负债表中的有关项目进行组合、分析，了解企业的偿债能力、筹资能力、资本结构以及预测企业未来的财务状况。因此，所有独立核算的企业单位都必须按期编制，对外报送。

二、资产负债表的作用

资产负债表是综合反映企业某一特定日期财务状况的报表，既反映企业所拥有或控制的经济资源，也反映企业所承担的现实义务，即负债情况，同时反映了企业所有者对企业净资产的要求权。编制资产负债表的用途在于：

（1）通过编制资产负债表，可以反映企业某一特定日期拥有或控制的经济资源及其分布情况，经营者可以分析企业资产分布是否合理。

（2）通过编制资产负债表，可以反映企业某一特定日期的负债总额及其结构，分析企业目前与未来需要支付的债务数额，投资者和债权人可以据此分析所面临的财务风险。

(3) 通过编制资产负债表，可以反映企业某一特定日期的所有者权益总额及其构成状况，了解企业现有的投资者在企业资产总额中所占的份额，分析企业资本结构的合理性，并据此判断资产保值、增值的情况以及对负债的保证程度。

(4) 通过编制资产负债表，可以帮助报表使用者全面了解企业的财务状况，分析企业的偿还债务的能力，从而为未来的经营决策提供参考信息。

(5) 通过对前后资产负债表的对比分析，可以了解企业资本结构及其变化趋势，掌握财务状况的变化情况。

三、资产负债表的内容

前已述及，资产负债表的编制依据是“资产 = 负债 + 所有者权益”的会计等式，所以其内容不外乎就是资产、负债和所有者权益三大部分。

(一) 资产

资产是指过去的交易或事项形成的，企业拥有或控制的能给企业带来经济利益的资源。资产负债表中各资产项目通常按流动性强弱，划分为流动资产与非流动资产，并进一步分项列示。

流动资产是指预计在一个正常营业周期中变现、出售或耗用，或者主要为交易目的而持有，或者预计在资产负债表日起 1 年内（含 1 年）变现的资产，或者自资产负债表日起 1 年内交换其他资产或清偿负债的能力不受限制的现金或现金等价物。

流动资产项目通常包括货币资金、交易性金融资产、应收票据、应收账款、预付账款、其他应收款 、存货、应收利息、应收股利等。在交易性金融资产、应收账款、其他应收款、存货等项目计提了跌价准备或坏账准备的情况下，资产负债表中以上四个项目的金额应为抵减了各该减值或坏账准备项目后的净额。

非流动资产项目通常包括长期股权投资、可供出售金融资产和持有至到期投资、投资性房地产、固定资产、无形资产等。在固定资产、在建工程和无形资产等因减值而计提了减值准备的情况下，资产负债表中以上项目的金额应为抵减了各该减值准备项目后的净额。

(二) 负债

负债是指过去的交易或者事项形成的，预期会导致经济利益流出企业的现实义务。负债按流动性强弱分为流动负债和非流动负债。

流动负债是指预计在一个正常营业周期中清偿，或者主要为交易目的而持有，或者自资产负债表日起 1 年内（含 1 年）到期应予以清偿，或者企业无权自主地将清偿推迟至资产负债表日后 1 年以上的负债。

流动负债项目包括短期借款、交易性金融负债、应付票据、应付账款、预收账款、应付职工薪酬、应交税费、应付利息、应付股利、其他应付款、一年内到期的非流动负债等。

非流动负债包括长期借款、应付债券、长期应付款、其他非流动负债等。

（三）所有者权益

所有者权益，是指企业资产扣除负债后，由所有者享有的剩余权益。一般按照实收资本（或股本）、其他权益工具、资本公积、其他综合收益、盈余公积和未分配利润分项列示。

四、资产负债表的结构

资产负债表由表头、表身和表尾等部分组成。表头部分列明报表名称、编表单位名称、编制日期和金额计量单位；表身部分是资产负债表的主体和核心，采用资产总额和负债与所有者权益总额相平衡对照的结构，反映资产、负债和所有者权益的内容；表尾部分为补充说明。

资产负债表的格式主要有报告式和账户式两种。我国采用账户式结构。

（一）报告式

报告式资产负债表，又称垂直式资产负债表，是依据书面报告的传统习惯，将资产、负债和所有者权益自上而下排列，上部分列示资产项目，下部分列示负债和所有者权益项目，且上下两部分总计金额相等。

报告式资产负债表见表 11－1。

表 11－1　　　　资产负债表（报告式）

编制单位：XXXX　　　　年　月　日　　　　单位：元

资产		
	流动资产	
	非流动资产	
	资产合计	
负债		
	流动负债	
	非流动负债	
	负债合计	
所有者权益		
	实收资本	
	资本公积	
	盈余公积	
	未分配利润	
	所有者权益合计	

（二）账户式

账户式资产负债表，又称平衡式资产负债表。是将表分为左右两方，左方列示资产项目，右方列示负债与所有者权益项目，资产负债表左方资产合计数与右方负债和所有者权益合计数相等。因此，通过账户式资产负债表，可以反映资产、负债、所有者权益之间的内在关系，即“资产 = 负债 + 所有者权益”。目前，我国财政部针对是否执行新金融工具准则、新收入准则和新租赁准则的企业颁布了两套格式的资产负债表。

账户式资产负债表格式（适用于未执行新金融工具准则、新收入准则和新租赁准则的企业）见表 11 - 2。

表 11 - 2　　**资产负债表（账户式）**　　会企 01 表

编制单位：　　年　月　日　　单位：元

资　产	年初数	年末数	负债及所有者权益（或股东权益）	年初数	年末数
流动资产：			流动负债：		
货币资金			短期借款		
交易性金融资产			交易性金融负债		
衍生金融资产			衍生金融负债		
应收票据			应付票据		
应收账款			应付账款		
应收账款融资			预收款项		
预付款项			合同负债		
其他应收款			应付职工薪酬		
存货			应交税费		
合同资产			其他应付款		
持有待售资产			持有至待售负债		
一年内到期的非流动资产			一年内到期的非流动负债		
其他流动资产			其他流动负债		
流动资产合计			流动负债合计		
非流动资产：			非流动负债：		
债权投资			长期借款		
其他债权投资			应付债券		
长期应收款			其中：优先股		
长期股权投资			永续债		
其他权益工具投资			租赁负债		
投资性房地产			长期应付款		
固定资产			预计负债		
在建工程			递延收益		
生产性生物资产			递延所得税负债		
油气资产			其他非流动负债		
使用权资产			非流动负债合计		
无形资产			负债合计		

续表

资　产	年初数	年末数	负债及所有者权益（或股东权益）	年初数	年末数
开发支出			所有者权益（或股东权益）：		
商誉			实收资本（或股本）		
长期待摊费用			其他权益工具		
递延所得税资产			其中：优先股		
其他非流动资产			永续债		
非流动资产合计			资本公积		
			减：库存股		
			其他综合收益		
			专项储备		
			盈余公积		
			未分配利润		
			所有者权益（或股东权益）合计		
资产总计			负债和所有者权益（或股东权益）总计		

不论是报告式资产负债表还是账户式资产负债表，资产项目按其流动性排列，流动性强的资产排在前面，反之排在后面。负债项目按偿还的先后顺序排列，偿还期限短的排在前面，反之排在后面。权益项目一般按其来源依次分为实收资本、资本公积、盈余公积和未分配利润等项目。另外，为了提高利用效率，设计时都采用了前后期对比方式填列，表中各项目分别列出年初数和期末数，便于报表使用者将两年的数据进行比较，了解企业财务状况变动情况以及企业经营发展趋势。

如有下列情况，应当在资产负债表中调整或增设相关项目：

（1）高危行业企业如有按国家规定提取安全生产费的，应当在资产负债表所有者权益项下的“其他综合收益”项目和“盈余公积”项目之间增设“专项储备”项目，反映企业提取的安全生产费期末余额。

（2）企业衍生金融工具业务具有重要性的，应当在资产负债表资产项下“交易性金融资产”项目和“应收票据”项目之间增设“衍生金融资产”项目，在资产负债表负债项下“交易性金融负债”项目和“应付票据”项目之间增设“衍生金融负债”项目，分别反映企业衍生工具形成资产和负债的期末余额。

五、资产负债表的数据来源

资产负债表的编制，关键在于明确资产负债表的数据来源。

通常，资产负债表的各项目中需填列“年初数”和“期末数”两栏。其中，资产负债表“年初数”栏内各项数字，应根据上年年末资产负债表“期末余额”栏内相应项目的数字填列。如果本年度资产负债表规定的各个项目的名称和内容同上一年度不一致，则按编报本年的口径对上年年末资产负债表各项目的名称和数字进行调整，填入报表“年初数”栏内。

资产负债表“期末余额”栏根据会计报表的编报时间，可分为月末、季末或年末的数字。“期末数”主要是通过对本会计期间的会计核算记录的数据加以归集、整理而成。各项目的数据填列依据有以下几个方面：

（一）根据总账账户余额直接填列

大多数资产负债表项目的数据来源是总账账户余额，而试算平衡表是各总账账户余额的汇总，在这种情况下可以直接从试算平衡表中取得数据。如“短期借款”项目，可以根据“短期借款”总账科目的期末余额直接填列；“应付职工薪酬”项目，可以根据“应付职工薪酬”总账科目的期末余额直接填列。

（二）根据总账账户余额计算填列

资产负债表的有些项目需要根据几个账户的余额计算填列，如“货币资金”项目，根据库存现金、银行存款、其他货币资金三个总账账户的期末余额的合计数计算填列。“存货”项目应根据“在途物资”“材料采购”“原材料”“周转材料”“库存商品”“生产成本”等账户的期末余额合计填列；材料采用计划成本核算，以及库存商品采用计划成本或售价核算的企业，还应按加上或减去“材料成本差异”“商品进销差价”账户余额后的金额填列。“未分配利润”项目，反映企业尚未分配的利润，应根据“本年利润”账户和“利润分配”账户的期末余额分析计算填列。

（三）根据明细账户余额计算填列

资产负债表的某些项目不能根据总账账户余额直接填列，也不能根据总账账户的余额计算填列，而需要根据明细账户的期末余额分析计算填列。如“应收账款”项目，应根据“应收账款”和“预收账款”账户所属明细账的期末借方余额计算填列；“应付账款”项目，应根据“应付账款”和“预付账款”账户所属明细账的期末贷方余额计算填列等。

（四）根据总账账户和明细账户分析计算填列

资产负债表的某些项目需要根据总账账户和明细账户余额分析填列，如“长期借款”项目，根据“长期借款”总账账户余额扣除“长期借款”所属明细账户中反映的将于一年内到期、且企业不能自主地将清偿义务展期的长期借款后的金额计算填列。

（五）根据账户余额减去其备抵项目后的净额填列

有些项目要以净额反映在资产负债表上，如资产负债表中的“应收账款”项目、“存货”项目、“在建工程”项目、“无形资产”项目等，都反映的是该资产的账面价值。如“应收账款”项目，应根据“应收账款”账户的期末余额减去“坏账准备”账户余额后的净额填列。“固定资产”项目，应当根据“固定资产”账户的期末余额减去“累计折旧”“固定资产减值准备”备抵账户余额后的净额填列。

（六）综合运用上述填列方法分析填列

资产负债表中的某些项目不能只用单一的某种方法填列，而需要综合运用上述填列方法分析填列。如“存货”项目，需要根据“原材料”“库存商品”“委托加工物资”“周转材料”“材料采购”“在途物资”“发出商品”“材料成本差异”等总账账户余额的分析汇总数再减去“存货跌价准备”账户余额后的净额填列。

六、资产负债表的分析填列

资产负债表反映的是企业某一特定日期的资产、负债及其所有者权益的构成情况，其数据要根据各项目反映的经济内容分析填列。

资产负债表的“期末数”栏各项目主要是根据有关账户记录编制的，其填列内容和方法如下：

（一）资产类项目

（1）“货币资金”项目，反映企业库存现金、银行结算账户存款、外埠存款、银行汇票存款、银行本票存款、信用卡存款、信用证保证金存款等的合计数。本项目应根据“库存现金”“银行存款”“其他货币资金”账户的期末余额合计数填列。其他货币资金包括外埠存款、银行汇票存款、信用卡存款、信用证保证金存款等。

（2）“交易性金融资产”项目，反映企业资产负债表日分类为以公允价值计量且其变动计入当期损益的金融资产，以及企业持有的直接指定为以公允价值计量且其变动计入当期损益的金融资产的期末账面价值。该项目应根据“交易性金融资产”科目的相关明细科目期末余额分析填列。自资产负债表日起超过一年到期且预期持有超过一年的以公允价值计量且其变动计入当期损益的非流动金融资产的期末账面价值，在“其他非流动金融资产”项目反映。

（3）“应收票据”项目，反映企业收到的未到期和未向银行贴现的应收票据，包括商业承兑汇票和银行承兑汇票。本项目应根据“应收票据”账户的期末余额，减去“坏账准备”账户中有关应收票据计提的坏账准备期末余额后的金额填列。已向银行贴现和已背书转让的应收票据不包括在本项目内，其中已贴现的商业承兑汇票应在会计报表附注中单独披露。

（4）“应收账款”项目，反映企业因销售商品、产品和提供劳务等而应向买方收取的各种款项，减去已计提的坏账准备后的净额。本项目应根据“应收账款”和“预收账款”两个账户所属各明细账户的期末借方余额合计，减去“坏账准备”账户中有关应收账款计提的坏账准备期末余额后的金额填列。如“应收账款”账户所属明细账户期末有贷方余额，应在本表“预收账款”项目内填列。

（5）“预付款项”项目，反映企业预付给供应单位的款项。本项目应根据“预付账款”和“应付账款”两个账户所属各明细账户的期末借方余额合计填列。如“预付账款”账户所属有关明细账户期末有贷方余额的，应在本表“应付账款”项目内填列。

（6）“其他应收款”项目，反映企业除应收票据及应收账款、预付账款等经营活动以外的其他各种应收、暂付的款项。本项目应根据“应收利息”“应收股利”“其他应收款”科目的期末余额合计数，减去“坏账准备”科目中相关坏账准备期末余额后的金额填列。

（7）“存货”项目，反映企业期末在库、在途和在加工中的各项存货的可变现净值，包括各种材料、商品、在产品、半成品、周转材料、发出商品、委托代销商品、受托代销商品等。本项目应根据“在途物资”“材料采购”“原材料”“库存商品”“周转材料”“发出商品”“委托加工物资”“委托代销商品”“生产成本”等账户的期末余额合计，减去“存货跌价准备”账户期末余额后的金额填列。材料采用计划成本核算，以及库存商品采用计划成本或售价核算的企业，还应按加上或减去“材料成本差异”“商品进销差价”等账户余额后的金额填列。

（8）“合同资产”项目，反映企业按照《企业会计准则第 14 号——收入》（2017 年修订）的相关规定，根据本企业履行履约义务与客户付款之间的关系在资产负债表中列示合同资产。“合同资产”项目应根据“合同资产”科目的相关明细科目期末余额分析填列。

（9）“持有待售资产”项目，反映资产负债表日划分为持有待售类别的非流动资产及划分为持有待售类别的处置组中的流动资产和非流动资产的期末账面价值。该项目应根据“持有待售资产”科目的期末余额，减去“持有待售资产减值准备”科目的期末余额后的金额填列。

（10）“一年内到期的非流动资产”项目，反映企业将在一年内到期的非流动资产项目金额。“长期待摊费用”账户中在 1 年内（含 1 年）摊销的部分，也在资产负债表“一年内到期的非流动资产”项目填列。

（11）“其他流动资产”项目，反映企业除以上流动资产项目外的其他流动资产，本项目应根据有关账户的期末余额填列。如其他流动资产价值较大的，应在会计报表附注中披露其内容和金额。

（12）“债权投资”项目，反映资产负债表日企业以摊余成本计量的长期债权投资的期末账面价值。该项目应根据“债权投资”科目的相关明细科目期末余额，减去“债权投资减值准备”科目中相关减值准备的期末余额后的金额分析填列。自资产负债表日起一年内到期的长期债权投资的期末账面价值，在“一年内到期的非流动资产”项目反映。企业购入的以摊余成本计量的一年内到期的债权投资的期末账面价值，在“其他流动资产”项目反映。

（13）“其他债权投资”项目，反映资产负债表日企业分类为以公允价值计量且其变动计入其他综合收益的长期债权投资的期末账面价值。该项目应根据“其他债权投资”科目的相关明细科目期末余额分析填列。自资产负债表日起一年内到期的长期债权投资的期末账面价值，在“一年内到期的非流动资产”项目反映。企业购入的以公允价值计量且其变动计入其他综合收益的一年内到期的债权投资的期末账面价值，在“其他流动资产”项目反映。

（14）“长期应收款”项目，反映企业的长期应收款项，包括融资租赁产生的应收款项、采用递延方式具有融资性质的销售商品或提供劳务等产生的应收款项。本项目应根据“长期应收款”账户的期末余额减去“未实现融资收益”账户和“坏账准备”账户所属相关明细账户期末余额后的金额填列。

(15)“长期股权投资”项目，反映企业对子公司、联营企业、合营企业的权益性投资，以及对被投资单位不具有控制、共同控制或重大影响的权益性投资。本项目应根据“长期股权投资”账户的期末余额，减去“长期股权投资减值准备”科目中有关股权投资减值准备期末余额后的金额填列。

(16)“其他权益工具投资”项目，反映资产负债表日企业指定为以公允价值计量且其变动计入其他综合收益的非交易性权益工具投资的期末账面价值。该项目应根据“其他权益工具投资”科目的期末余额填列。

(17)“固定资产”项目，反映资产负债表日企业固定资产的期末账面价值和企业尚未清理完毕的固定资产清理净损益。该项目应根据“固定资产”科目的期末余额，减去“累计折旧”和“固定资产减值准备”科目的期末余额后的金额，以及“固定资产清理”科目的期末余额填列。

(18)“在建工程”项目，反映资产负债表日企业尚未达到预定可使用状态的在建工程的期末账面价值和企业为在建工程准备的各种物资的期末账面价值。该项目应根据“在建工程”科目的期末余额，减去“在建工程减值准备”科目的期末余额后的金额，以及“工程物资”科目的期末余额，减去“工程物资减值准备”科目的期末余额后的金额填列。

(19)“使用权资产”项目，反映资产负债表日承租人企业持有的使用权资产的期末账面价值。该项目应根据“使用权资产”科目的期末余额，减去“使用权资产累计折旧”和“使用权资产减值准备”科目的期末余额后的金额填列。

(20)“无形资产”项目，反映企业持有的专利权、非专利技术、商标权、著作权、土地使用权等无形资产的成本减去累计摊销和减值准备后的净值。本项目应根据“无形资产”科目的期末余额，减去“累计摊销”和“无形资产减值准备”科目期末余额后的净额填列。

(21)“开发支出”项目，反映企业开发无形资产过程中能够资本化形成无形资产成本的支出部分。本项目应当根据“研发支出”科目中所属的“资本化支出”明细科目期末余额填列。

(22)“长期待摊费用”项目，反映企业已经发生但应由本期和以后各期负担的分摊期限在1年以上的各项费用。长期待摊费用中在1年内（含1年）摊销的部分，在资产负债表“1年内到期的非流动资产”项目填列。本项目应根据“长期待摊费用”科目的期末余额减去将于1年内（含1年）摊销的数额后的金额分析填列。

(23)“商誉”项目，反映企业合并中形成商誉的价值。本项目应根据“商誉”账户的期末余额减去“商誉减值准备”账户的期末余额后的金额填列。

(24)“递延所得税资产”项目，反映企业期末尚未转销的递延所得税资产的余额。本项目应根据“递延所得税资产”账户的期末余额填列。

(25)“其他非流动资产”项目，反映企业除以上资产以外的其他长期资产。本项目应根据有关账户期末余额填列。如其他长期资产价值较大的，应在报表附注中披露其内容和金额。

(二) 负债类项目

(1)“短期借款”项目，反映企业向银行或其他金融机构等借入的期限在1年以下

（含 1 年）的各种借款。本项目应根据“短期借款”账户的期末余额填列。

（2）“交易性金融负债”项目，反映企业资产负债表日承担的交易性金融负债，以及企业持有的直接指定为以公允价值计量且其变动计入当期损益的金融负债的期末账面价值。本项目应根据“交易性金融负债”科目的相关明细科目期末余额填列。

（3）“应付票据”项目，反映企业购买材料、商品和接受劳务供应等开出、承兑的商业汇票，包括银行承兑汇票和商业承兑汇票。本项目应根据“应付票据”账户的期末余额填列。

（4）“应付账款”项目，反映企业购买原材料、商品和接受劳务等经营活动应支付的款项。本项目应根据“应付账款”和“预付账款”账户所属各明细账户的期末贷方余额合计填列。如“应付账款”账户所属明细账户期末有借方余额的，应在资产负债表“预付款项”项目内填列。

（5）“预收款项”项目，反映企业按合同规定预收的款项。本项目应根据“预收账款”和“应收账款”账户所属各有关明细账户的期末贷方余额合计填列。如“预收账款”账户所属有关明细账户有借方余额的，应在资产负债表“应收账款”项目内填列。

（6）“合同负债”项目，反映企业按照《企业会计准则第 14 号——收入》（2017 年修订）的相关规定，根据本企业履行履约义务与客户付款之间的关系在资产负债表中列示合同负债。“合同负债”项目应根据“合同负债”的相关明细科目期末余额分析填列。

（7）“应付职工薪酬”项目，反映企业根据有关规定应付给职工的工资、职工福利、社会保险费、住房公积金、工会经费、职工教育经费、非货币性福利、辞退福利等各种薪酬。外商投资企业按规定从净利润中提取的职工奖励及福利基金，也在本项目列示。本项目应根据“应付职工薪酬”账户期末贷方余额填列。如“应付职工薪酬”账户期末为借方余额，以“－”号填列。

（8）“应交税费”项目，反映企业按照税法规定计算应缴纳的各种税费，包括增值税、消费税、所得税、资源税、土地增值税、城市维护建设税、房产税、土地使用税、车船税、教育费附加、矿产资源补偿费以及企业代扣代缴的个人所得税等。本项目应根据“应交税费”账户的期末贷方余额填列。如“应交税费”账户期末为借方余额，以“－”号填列。

（9）“其他应付款”项目，反映企业除应付票据、应付账款、预收账款、应付职工薪酬、应交税费等经营活动以外的其他各项应付、暂收的款项。本项目应根据“应付股利”“应付利息”“其他应付款”科目的期末余额合计数填列。

（10）“持有待售负债”项目，反映资产负债表日处置组中与划分为持有待售类别的资产直接相关的负债的期末账面价值。本项目应根据“持有待售负债”科目的期末余额填列。

（11）“一年内到期的非流动负债”项目，反映企业非流动负债中将于资产负债表日后一年内到期部分的金额，如将于一年内偿还的长期借款。本项目应根据有关账户的期末余额分析计算填列。

（12）“长期借款”项目，反映企业向银行或其他金融机构等借入的期限在 1 年以上（不含 1 年）的各种借款。本项目应根据“长期借款”账户的期末余额填列。

(13)“应付债券”项目，反映企业为筹集（长期）资金而发行债券的本金和利息。本项目应根据“应付债券”账户的期末余额填列。

(14)“租赁负债”项目，反映资产负债表日承租人企业尚未支付的租赁付款额的期末账面价值。该项目应根据“租赁负债”科目的期末余额填列。自资产负债表日起一年内到期应予以清偿的租赁负债的期末账面价值，在“一年内到期的非流动负债项目反映”。

(15)“长期应付款”项目，反映企业除长期借款和应付债券以外的其他各种长期应付款项。本项目应根据“长期应付款”账户的期末余额填列。

(16)“预计负债”项目，反映企业确认的对外提供担保、未决诉讼、产品质量保证、重组义务、亏损性合同等预计负债。本项目应根据“预计负债”账户的期末余额填列。

(17)“递延收益”项目，反映尚待确认的收入或收益。本项目核算包括企业根据政府补助准则确认的应在以后期间计入当期损益的政府补助金额、售后租回形成融资租赁的售价与资产账面价值差额等其他递延性收入。本项目应根据“递延收益”科目的期末余额填列。

(18)“递延所得税负债”项目，反映企业确认的应纳税暂时性差异产生的所得税负债。本项目应根据“递延所得税负债”账户的期末余额填列。

(19)“其他非流动负债”项目，反映企业除长期借款、应付债券等负债以外的其他非流动负债。本项目应根据有关账户的期末余额填列。

(三) 所有者权益项目

(1)“实收资本（或股本)”项目，反映企业各投资者实际投入的资本（或股本）总额。本项目应根据“实收资本（或股本)”科目的期末余额填列。

(2)“其他权益工具”项目，反映企业发行的除普通股以外分类为权益工具的金融工具的账面价值，并下设“优先股”和“永续债”两个项目，分别反映企业发行的分类为权益工具的优先股和永续债的账面价值。

(3)“资本公积”项目，反映企业收到投资者出资超出其在注册资本或股本中所占的份额以及直接计入所有者权益的利得和损失等。本项目应根据“资本公积”科目的期末余额填列。

(4)“其他综合收益”项目，反映企业其他综合收益的期末余额。本项目应根据“其他综合收益”科目的期末余额填列。

(5)“专项储备”项目，反映高危行业企业按国家规定提取的安全生产费的期末账面价值。本项目应根据“专项储备”科目的期末余额填列。

(6)“盈余公积”项目，反映企业盈余公积的期末余额。本项目应根据“盈余公积”科目的期末余额填列。

(7)“未分配利润”项目，反映企业尚未分配的利润。本项目应根据“本年利润”科目和“利润分配”科目的余额计算填列。未弥补的亏损在本项目内以“-”号填列。

七、资产负债表编制举例

【例11-1】 南方股份有限公司（以下简称南方公司）为上市公司，增值税一般纳税企业，适用的增值税率为13%。企业所得税税率为25%，按净利润的10%提取盈余公积。2019年12月31日资产负债表（年初余额略）和2020年12月31日的科目余额表分别见表11－3和表11－4。

表11－3　　**资产负债表**

编制单位：南方公司　　2019年12月31日　　单位：元

资产	期末余额	年初余额	负债和股东权益	期末余额	年初余额
流动资产：			流动负债：		
货币资金	1 400 000		短期借款	300 000	
交易性金融资产	15 000		交易性金融负债	0	
应收票据	250 000		应付票据	200 000	
应收账款	300 000		应付账款	950 000	
预付款项	100 000		预收款项	0	
其他应收款	5 000		应付职工薪酬	110 000	
存货	2 580 000		应交税费	39 000	
一年内到期的非流动资产	0		应付利息	1 000	
其他流动资产	100 000		应付股利	0	
流动资产合计	4 750 000		其他应付款	50 000	
非流动资产			一年内到期的非流动负债	1 000 000	
债权投资	0		其他流动负债	0	
其他债权投资	0		流动负债合计	2 650 000	
长期应收款	0		非流动负债：		
长期股权投资	250 000		长期借款	600 000	
投资性房地产	0		应付债券	0	
固定资产	1 100 000		长期应付款	0	
在建工程	1 500 000		专项应付款	0	
生产性生物资产	0		预计负债	0	
油气资产	0		递延所得税负债	0	
无形资产	600 000		其他非流动负债	0	
开发支出	0		非流动负债合计	600 000	
商誉	0		负债合计	3 250 000	
长期待摊费用	0		所有者权益（或股东权益）		
递延所得税资产	0		实收资本（或股本）	5 000 000	
其他非流动资产	200 000		资本公积	0	
非流动资产合计	3 650 000		减：库存股		
			盈余公积	100 000	
			未分配利润	50 000	
			所有者权益（或股东权益）合计	5 150 000	
资产总计	8 400 000		负债和所有者权益（或股东权益）总计	8 400 000	

表11－4 科目余额表

2020年12月31日 单位：元

账户名称	借方余额	账户名称	贷方余额
库存现金	2 000	短期借款	50 000
银行存款	805 800	应付票据	100 000
其他货币资金	7 300	应付账款	953 800
交易性金融资产	0	其他应付款	50 000
应收票据	66 000	应付职工薪酬	180 000
应收账款	600 000	预收账款	0
其中：应收账款——姬发公司贷方余额400 000；东方电气公司借方余额1 000 000		其中：预收账款——棕榈公司借方余额12 000；建设证券贷方余额12 000	
坏账准备	－1 800	应交税费	219 200
预付账款	100 000	应付利息	0
其他应收款	5 000	应付股利	32 000
材料采购	275 000	一年内到期的长期负债	60 000
原材料	45 000	长期借款	1 100 000
周转材料	38 050	股本	5 000 000
库存商品	2 122 400	盈余公积	124 000
材料成本差异	4 250	利润分配（未分配利润）	219 000
其他流动资产	100 000		
长期股权投资	250 000		
固定资产	2 401 000		
累计折旧	－170 000		
固定资产减值准备	－30 000		
工程物资	300 000		
在建工程	428 000		
无形资产	600 000		
累计摊销	－60 000		
递延所得税资产	0		
其他长期资产	200 000		
合计	8 088 000	合计	8 088 000

根据上述资料，编制南方公司2020年12月31日的资产负债表，见表11－5。

表 11－5　　资产负债表

编制单位：南方公司　　2020 年 12 月 31 日　　单位：元

资产	期末余额	年初余额	负债和股东权益	期末余额	年初余额
流动资产：			流动负债：		
货币资金	815 100	1 400 000	短期借款	50 000	300 000
交易性金融资产	0	15 000	交易性金融负债	0	0
应收票据	66 000	250 000	应付票据	100 000	200 000
应收账款	1 010 200	300 000	应付账款	953 800	950 000
预付款项	100 000	100 000	预收款项	412 000	0
其他应收款	5 000	5 000	应付职工薪酬	180 000	110 000
存货	2 484 700	2 580 000	应交税费	219 200	39 000
一年内到期的非流动资产	0	0	应付利息	0	1 000
其他流动资产	100 000	100 000	应付股利	32 000	0
流动资产合计	4 169 000	4 750 000	其他应付款	50 000	50 000
非流动资产			一年内到期的非流动负债	60 000	1 000 000
债权投资	0	0	其他流动负债	0	0
其他债权投资	0	0	流动负债合计	1 585 000	2 650 000
长期应收款	0	0	非流动负债：		
长期股权投资	250 000	250 000	长期借款	1 100 000	600 000
投资性房地产	0	0	应付债券	0	0
固定资产	2 201 000	1 100 000	长期应付款	0	0
在建工程	728 000	1 500 000	专项应付款	0	0
生产性生物资产	0	0	预计负债	0	0
油气资产	0	0	递延所得税负债	0	0
无形资产	540 000	600 000	其他非流动负债	0	0
开发支出	0	0	非流动负债合计	1 160 000	600 000
商誉	0	0	负债合计	2 745 000	3 250 000
长期待摊费用	0	0	所有者权益（或股东权益）		
递延所得税资产	0	0	实收资本（或股本）	5 000 000	5 000 000
			资本公积	0	0
其他非流动资产	200 000	200 000	减：库存股		
非流动资产合计	3 919 000	3 650 000	其他综合收益		
			盈余公积	124 000	100 000
			未分配利润	219 000	50 000
			所有者权益（或股东权益）合计	5 343 000	5 150 000
资产总计	8 088 000	8 400 000	负债和所有者权益（或股东权益）总计	8 088 000	8 400 000

部分项目计算过程如下：

货币资金 = 2 000 + 805 800 + 7 300 = 815 100（元）

应收账款 = 600 000 - 1 800 = 598 200（元）

存货 = 275 000 + 45 000 + 38 050 + 2 122 400 + 4 250 = 2 484 700（元）

固定资产 = 2 401 000 - 170 000 - 30 000 = 2 201 000（元）

无形资产 = 600 000 - 60 000 = 540 000（元）

应收账款 = 1 000 000 + 12 000 - 1 800 = 1 010 200（元）

预收账款 = 400 000 + 12 000 = 412 000（元）

学习子情境二 利润表的编制

一、利润表的原理

利润表也称为损益表、收益表，是反映企业在一定会计期间经营成果的报表。与反映某一特定时点情况的静态报表不同，利润表反映的是某一期间的情况，所以，又称为动态报表。

它是企业财务报告中一张重要的报表之一。利润表反映企业的经营成果，也即展示了企业的动态会计要素——收入、费用和利润的形成和构成情况。其建立的基础是会计等式：收入 - 费用 = 利润。

二、利润表的作用

利润表反映企业的经营成果，定期编制利润表，具有非常重要的意义。具体体现在以下几个方面：

（一）提供有关企业经营成果方面的信息

经营成果具体体现在收入、费用和利润三个会计要素上。通过利润表，可以反映企业一定会计期间的收入、费用、利润的实现及其构成情况。首先，对于收入来讲，利润表既能够反映企业在一定期间获得的收入的总额，又能够区分不同的收入来源，分别反映主营业务收入、其他业务收入、投资收益、营业外收入的形成情况；其次，对于费用来讲，利润表既可以反映一定会计期间的费用耗费总额，又可以具体反映费用的构成，例如，主营业务成本、税金及附加、销售费用、管理费用、财务费用、营业外支出等等；最后，利润表还可以反映企业生产经营活动的成果，即净利润的实现情况，据以判断资本保值、增值情况。

（二）将利润表中的信息与资产负债表中的信息相结合，提供财务分析的基本资料

作为基本的财务报表之一，利润表上的信息被广泛的运用在财务分析中，作为财务

分析的重要依据。利润表常常与资产负债表相结合，借以分析企业的获利能力及盈利增长趋势，为做出经济决策提供依据。比如，将赊销收入净额与应收账款平均余额进行比较，计算出应收账款周转率，可以表现企业资金的周转速度，进而反映企业资产创造利润的能力。

（三）便于会计报表使用者判断企业未来的发展趋势，做出经济决策

利润表的分析不仅可以用在单一年度的分析上，还可以通过利润表提供的不同时期的比较数字，如本月数、本年累计数、上年数，分析企业的获利能力及利润的未来发展趋势，了解投资者投入资本的保值增值情况。

三、利润表的编制

（一）利润表的格式

利润表的格式目前国际上通行的一般有两种：单步式利润表和多步式利润表。

单步式利润表是将所有的收入、所有的费用、所有的损失分别汇总，再将收入类总金额扣减费用支出类总金额，只通过一步便计算出本期净利润。这个方法由于只存在一个抵减的步骤，所以得名“单步式”。其基本格式见表 11－6。

表 11－6　　利　润　表

编制单位：　　年度　　单位：元

项　　目	行次	本月数	本年累计数
一、收入			
主营业务收入			
其他业务收入			
投资收益（亏损以”－”号填列）			
营业外收入			
收入合计			
二、费用			
主营业务成本			
税金及附加			
其他业务成本			
销售费用			
管理费用			
财务费用			
资产减值损失			
营业外支出			
所得税费用			
费用合计			
三、净利润（亏损以”－”号填列）			

这种格式比较简单，便于编制。但是这种格式无法揭示各类收入、费用之间的联系，不便于对利润构成部分的分析，以及企业不同期间利润表与行业间利润表的纵向和横向的比较和分析。

多步式利润表是指按企业最终损益形成的主要环节，依次分步计算最终得出损益的表达式。多步式利润表将不同性质的收入和费用类别进行配比，从而可以得出一些中间性的利润数据，便于报表使用者理解企业经营成果的不同来源。在这种方式下从营业收入开始到净利润结束，要经过三个环节的计算步骤，依次计算出三个层次的利润——营业利润、利润总额和净利润，三个层次依次递进，层层深入，上一个层次总是下一个层次利润计算的基础。由此，多步式格式下利润表的主要内容包括：

(1) 构成营业利润的各项要素。以营业收入为基础，减去营业成本、税金及附加、销售费用、管理费用、财务费用、资产减值损失、信用减值损失，加上其他收益、公允价值变动收益（减去公允价值变动损失）、投资收益（减去投资损失）和资产处置收益（或减去资产处置损失），计算出营业利润。

(2) 构成利润总额的各项要素。以营业利润为基础，加上营业外收入，减去营业外支出，计算出利润总额。

(3) 构成净利润的各项要素。以利润总额为基础，减去所得税费用，计算出净利润（或净亏损）。

(4) 其他综合收益。具体分为“以后会计期间不能重分类进损益的其他综合收益项目”和“以后会计期间在满足规定条件时将重分类进损益的其他综合收益项目”两类，并以扣除相关所得税影响后的净额列报。

(5) 综合收益总额。净利润加上其他综合收益税后净额，即为综合收益总额。

(6) 每股收益。普通股或潜在普通股已公开交易的企业，以及正处于公开发行普通股或潜在普通股过程中的企业，还应当在利润表中列示每股收益信息。

多步式的利润表格式见表11-7。

表11-7　　利　润　表

编制单位：　　年度　　单位：元

项　目	本期金额	上期金额
一、营业收入		
减：营业成本		
税金及附加		
销售费用		
管理费用		
研发费用		
财务费用		
其中：利息费用		
利息收入		
加：其他收益		

续表

项　　目	本期金额	上期金额
投资收益（损失以"－"号填列）		
其中：对联营企业和合营企业的投资收益		
以摊余成本计量的金融资产终止确认收益（损失以"－"号填列）		
净敞口套期收益（损失以"－"号填列）		
公允价值变动收益（损失以"－"号填列）		
信用减值损失（损失以"－"号填列）		
资产减值损失（损失以"－"号填列）		
资产处置收益（损失以"－"号填列）		
二、营业利润（亏损以"－"号填列）		
加：营业外收入		
减：营业外支出		
三、利润总额（亏损总额以"－"号填列）		
减：所得税费用		
四、净利润（净亏损以"－"号填列）		
（一）持续经营净利润（净亏损以"－"号填列）		
（二）终止经营净利润（净亏损以"－"号填列）		
五、其他综合收益的税后净额		
（一）不能重分类进损益的其他综合收益		
1. 重新计量设定受益计划变动额		
2. 权益法下不能转损益的其他综合收益		
3. 其他权益工具投资公允价值变动		
4. 企业自身信用风险公允价值变动		
……		
（二）将重分类进损益的其他综合收益		
1. 权益法下可转损益的其他综合收益		
2. 其他债权投资公允价值		
3. 金融资产重分类计入其他综合收益的金额		
4. 其他债权投资信用减值准备		
5. 现金流量套期		
6. 外币财务报表折算差额		
……		
六、综合收益总额		
七、每股收益		
（一）基本每股收益		
（二）稀释每股收益		

多步式利润表的优点是，能全面反映企业损益及其构成项目的形成情况，便于不同企业之间进行比较，更重要的是有助于正确评估企业管理业绩和预测未来收益及盈利能力。目前，我国的利润表采用多步式结构。

（二）利润表的编制

1. 利润表的数据来源

利润表的编制以企业的损益类科目为编制基础。期末编制利润表时，除“每股收益”项目外，通常需要根据当期损益类科目的发生额编制科目发生额汇总表，并以此作为编制利润表的直接依据。

此外，利润表各项目均需填列“本期金额”和“上期金额”两栏。

在年度利润表的编制中，“上期金额”栏的数字应该根据上年该期利润表“本期金额”栏内所列的数字填列。“本期金额”栏反映各项目全年累计实际发生额。

2. 利润表的具体项目填制

（1）“营业收入”项目，反映企业经营主要业务和其他业务所确认的收入总额。本项目应根据“主营业务收入”和“其他业务收入”科目的发生额分析填列。

（2）“营业成本”项目，反映企业经营主要业务和其他业务所发生的成本总额。本项目应根据“主营业务成本”和“其他业务成本”科目的发生额分析填列。

（3）“税金及附加”项目，反映企业经营业务应负担的消费税、城市维护建设税、资源税、土地增值税、教育费附加、房产税、车船税、城镇土地使用税、印花税等相关税费。本项目应根据“税金及附加”科目的发生额分析填列。

（4）“销售费用”项目，反映企业在销售商品过程中发生的包装费、广告费等费用和为销售本企业商品而专设的销售机构的职工薪酬、业务费等经营费用。本项目应根据“销售费用”科目的发生额分析填列。

（5）“管理费用”项目，反映企业为组织和管理生产经营发生的管理费用。本项目应根据“管理费用”科目的发生额分析填列。

（6）“研发费用”项目，反映企业进行研究与开发过程中发生的费用化支出。该项目应根据“管理费用”科目下的“研发费用”明细科目的发生额分析填列。

（7）“财务费用”项目，反映企业为筹集生产经营所需资金等而发生的筹资费用。本项目应根据“财务费用”科目的相关明细科目的发生额分析填列。

（8）“资产减值损失”项目，反映企业各项资产发生的减值损失。本项目应根据“资产减值损失”科目的发生额分析填列。

（9）“信用减值损失”项目，反映企业计提的各项金融工具减值准备所形成的预期信用损失。该项目应根据“信用减值损失”科目的发生额分析填列。

（10）“其他收益”项目，反映计入其他收益的政府补助等。本项目应根据“其他收益”科目的发生额分析填列。

（11）“投资收益”项目，反映企业以各种方式对外投资所取得的收益。本项目应根据“投资收益”科目的发生额分析填列。如为投资损失，本项目以“-”号填列。

（12）“公允价值变动收益”项目，反映企业应当计入当期损益的资产或负债公允价值变动收益。本项目应根据“公允价值变动损益”科目的发生额分析填列，如为净损失，本项目以“－”号填列。

（13）“资产处置收益”项目，反映企业出售划分为持有待售的非流动资产（金融工具、长期股权投资和投资性房地产除外）或处置组（子公司和业务除外）时确认的处置利得或损失，以及处置未划分为持有待售的固定资产、在建工程、生产性生物资产及无形资产而产生的处置利得或损失。债务重组中因处置非流动资产产生的利得或损失、非货币性资产交换中换出非流动资产产生的利得或损失也包括在本项目内。本项目应根据“资产处置损益”科目的发生额分析填列；如为处置损失，以“－”号填列。

（14）“营业利润”项目，反映企业实现的营业利润。如为亏损，本项目以“－”号填列。

（15）“营业外收入”项目，反映企业发生的除营业利润以外的收益。本项目应根据“营业外收入”科目的发生额分析填列。

（16）“营业外支出”项目，反映企业发生的除营业利润以外的损失。本项目应根据“营业外支出”科目的发生额分析填列。

（17）“利润总额”项目，反映企业实现的利润。如为亏损，本项目以“－”号填列。

（18）“所得税费用”项目，反映企业应从当期利润总额中扣除的所得税费用。本项目应根据“所得税费用”科目的发生额分析填列。

（19）“净利润”项目，反映企业实现的净利润。如为亏损，本项目以“－”号填列。

（20）“其他综合收益的税后净额”项目，反映企业根据企业会计准则规定未在损益中确认的各项利得和损失扣除所得税影响后的净额。

（21）“综合收益总额”项目，反映企业净利润与其他综合收益（税后净额）的合计金额。

（22）“每股收益”项目，包括基本每股收益和稀释每股收益两项指标，反映普通股或潜在普通股已公开交易的企业，以及正处在公开发行普通股或潜在普通股过程中的企业的每股收益信息。

3. 利润表编制举例

［例 11－2］ 南方工业公司为某大型制造企业，2019 年 12 月有关损益类科目的本期发生额见表 11－8，根据这些资料编制 2019 年该公司利润表，见表 11－9。

表 11－8　　南方工业公司损益类科目 2019 年度发生额汇总表　　单位：元

科目名称	借方发生额	贷方发生额
主营业务收入		1 250 000
其他业务收入		20 000
主营业务成本	750 000	
其他业务成本	10 000	
税金及附加	2 000	
销售费用	30 000	

续表

科目名称	借方发生额	贷方发生额
管理费用	157 100	
财务费用	41 500	
资产减值损失	30 900	
投资收益		31 500
营业外收入		50 000
营业外支出	19 700	
所得税费用	85 300	

关键项目计算说明：

营业收入 = 主营业务收入 + 其他业务收入 = 1 250 000 + 20 000 = 1 270 000（元）

营业成本 = 主营业务成本 + 其他业务成本 = 750 000 + 10 000 = 760 000（元）

表 11-9 **利 润 表** 会企 02 表

编制单位：南方工业公司 2019 年度 单位：元

项　　目	本期金额	上期金额
一、营业收入	1 270 000	
减：营业成本	760 000	
税金及附加	2 000	
销售费用	30 000	
管理费用	157 100	
研发费用	0	
财务费用	41 500	
加：其他收益		
投资收益（损失以“-”号填列）	31 500	
其中：对联营企业和合营企业的投资收益	0	
净敞口套期收益（损失以“-”号填列）		
公允价值变动收益（损失以“-”号填列）	0	
信用减值损失（损失以“-”号填列）	0	
资产减值损失（损失以“-”号填列）	30 900	
资产处置收益（损失以“-”号填列）		
二、营业利润（亏损以“-”号填列）	280 000	
加：营业外收入	50 000	
减：营业外支出	19 700	
其中：非流动资产处置损失		
三、利润总额（亏损总额以“-”号填列）	310 300	
减：所得税费用	85 300	
四、净利润（净亏损以“-”号填列）	225 000	

续表

项　　目	本期金额	上期金额
五、其他综合收益的税后净额		
（一）以后不能重分类进损益的其他综合收益		
（二）以后将重分类进损益的其他综合收益		
权益法下被投资单位以后将重分类进损益的其他综合收益中享有的份额		
六、综合收益总额		
七、每股收益		
（一）基本每股收益		
（二）稀释每股收益		

学习子情境三 现金流量表的编制

一、现金流量表概述

现金流量表是以现金为基础编制的反映企业一定会计期间内有关现金和现金等价物的流入和流出信息的会计报表，是一张动态报表，表明企业获得现金和现金等价物的能力。

这里所指的现金包括库存现金、可以随时用于支付的存款以及现金等价物。库存现金是指企业持有的可随时用于支付的现金；银行存款是指企业存在金融企业随时可以用于支付的存款；其他货币资金是指企业存在金融企业有特定用途的资金，如外埠存款、银行汇票存款、银行本票存款、信用证保证金存款、信用卡存款等；现金等价物是指企业持有的期限短、流动性强、易于转换为已知金额的现金和价值变动风险很小的投资（除特别声明外，以下所指的现金均含现金等价物）。

从编制原则上看，现金流量表与前两张报表不同，为了真实地反映企业现金流入和流出的情况，它需要按照收付实现制原则，将权责发生制下的盈利信息调整为收付实现制下的现金流量信息，以便信息使用者了解企业净利润的质量。通过现金流量表，报表使用者能够了解现金流量的影响因素，评价企业的支付能力、偿债能力和周转能力，预测企业未来现金流量，为其决策提供有力的证据。

二、现金流量表的作用

现金流量表通过报告企业过去的现金变化过程，为报表使用者提供至关重要的信息。

（一）预测未来现金流量

从财务角度讲，企业价值取决于其创造未来现金流量的能力。因此，股东、债权人等外部投资者，以及企业经理等内部管理者，都有预测企业未来现金流量的动机。而企业过去年度的现金流量状况，显然是未来现金流量的一个很好的预测参考。

（二）评价现金管理途径

为了判断企业的投资价值，投资者不仅需要了解企业在过去年度中创造了多少现金流量，而且需要更具体地了解企业管理当局获取和运用现金的途径。这是因为，不同途径获取的现金，其未来继续获取的可能性是不尽相同的——有些是可持续的，有些则是暂时性或一次性的。不同的现金使用途径，则能够用来评价管理当局资金使用的合理性和有效性。

（三）衡量股利支付能力和偿债能力

企业还本付息和股利支付能力，是债权人和股东关心的一个重要问题。这种能力很大程度上依赖于盈利能力，由于企业的现金流量变化不仅取决于经营活动创造利润的情况，而且还要受到融资和投资活动的影响，即便是经营活动创造的利润，由于利润核算采取权责发生制为基础，因而，其与经营活动创造的现金流量还是存在差异的。因此，衡量公司在到期日支付利息和股息以及清偿债务的能力时，就有必要使用现金流量表提供的信息。

三、现金流量表的内容

现金流量是指企业某一期间内现金和现金等价物流入和流出的数量。通常按照企业经济业务发生的性质，将企业一定期间内产生的现金流量归为以下三类：

（一）经营活动产生的现金流量

经营活动是指企业投资活动和筹资活动以外的所有交易和事项，包括销售商品或提供劳务、经营性租赁、购买货物、接受劳务、制造产品、广告宣传、推销产品、缴纳税款等。

（二）投资活动产生的现金流量

投资活动是指企业长期资产的购建和不包括在现金等价物范围内的投资及其处置活动。这里的长期资产是指固定资产、在建工程、无形资产、其他资产等持有期限在一年或一个营业周期以上的资产。主要包括取得或收回投资，购建和处置固定资产、无形资产和其他长期资产等，不包括作为现金等价物的投资。

（三）筹资活动产生的现金流量

筹资活动是指导致企业资本及债务规模和构成发生变化的活动，包括吸收投资、发行股票、分配利润等。这里的债务是指企业对外举债所借入的款项，如发行债券、向金融企业借入款项以及偿还债务等。

现金流量表以现金的流入和流出反映企业在一定会计期间内的经营活动、投资活动和筹资活动的动态情况，反映企业现金流入和流出的全貌。

四、现金流量表的结构

（一）正表

现金流量表正表是以“现金流入－现金流出＝现金流量净额”为基础，采取多步式，将企业一定期间产生的现金流量分为经营活动产生的现金流量、投资活动产生的现金流量和筹资活动产生的现金流量，分项报告企业的现金流入量和流出量。

（二）补充资料

现金流量表补充资料又细分为三部分：

（1）将净利润调节为经营活动的现金流量，即所谓现金流量表编制的净额法；

（2）不涉及现金收支的重大投资和筹资活动；

（3）现金及现金等价物净变动情况。

五、现金流量表的编制方法

现金流量表是以现金为基础编制的反映企业一定会计期间内有关现金和现金等价物的流入和流出信息的会计报表。现金流量表的数据是通过对资产负债表、利润表及各项经济业务内容分析填列。

在具体编制现金流量表时，可以采用工作底稿法或T形账户法编制，也可以直接根据有关账户记录分析填列。

（一）工作底稿法

采用工作底稿法编制现金流量表，是以工作底稿为手段，以利润表和资产负债表数据为基础，对每一项目进行分析并编制调整分录，从而编制出现金流量表。工作底稿法的程序是：

第一步，将资产负债表的期初数和期末数过入工作底稿的期初数栏和期末数栏。

第二步，对当期业务进行分析并编制调整分录。调整分录大体有这样几类：第一类涉及利润表中的收入、成本和费用项目，以及资产负债表中的资产、负债及所有者权益项目，通过调整，将权责发生制下的收入、费用转换为现金基础；第二类是涉及资产负债表和现金流量表中的投资、筹资项目，反映投资和筹资活动的现金流量；第三类是涉及利润表和现金流量表中的投资和筹资项目，目的是将利润表中有关投资和筹资方面的收入和费用列入现金流量表投资、筹资现金流量中去。此外，还有一些调整分录并不涉及现金收支，只是为了核对资产负债表项目的期末数变动。

在调整分录中，有关现金和现金等价物的事项，并不直接借记或贷记“现金”，而是分别记入“经营活动产生的现金流量”“投资活动产生的现金流量”“筹资活动产生的现金流量”有关项目，借方表明现金流入；贷方表明现金流出。

第三步，将调整分录过入工作底稿中的相应部分。

第四步，核对调整分录，借贷合计应当相等，资产负债表项目期初数加减调整分录中的借贷金额以后，应当等于期末数。

第五步，根据工作底稿中的现金流量表项目部分编制正式的现金流量表。

（二）T形账户法

T形账户法是以T形账户为手段，以利润表和资产负债表数据为基础，对某一项目进行分析并编制调整分录，从而编制出现金流量表。采用T形账户法编制现金流量表的程序如下：

第一步，为所有的非现金项目（包括资产负债表项目和利润表项目）分别开设T形账户，并将各自的期末期初变动数过入各该账户。

第二步，开设一个大的“现金及现金等价物”T形账户，每边分为经营活动、投资活动和筹资活动三个部分，左边记现金流入，右边记现金流出。与其他账户一样，过入期末期初变动数。

第三步，以利润表项目为基础，结合资产负债表分析每一个非现金项目的增减变动，并据此编制调整分录。

第四步，将调整分录过入各T形账户，并进行核对，该账户借贷相抵后的余额与原先过入的期末期初变动数应当一致。

第五步，根据大的“现金及现金等价物”T形账户编制正式的现金流量表。

（三）分析填列法

分析填列法是直接根据资产负债表、利润表和有关会计科目明细账的记录，分析计算现金流量表中各项目的金额，并据以编制现金流量表的一种方法。

六、现金流量表各项目的填列方法

（一）经营活动产生的现金流量的填列

经营活动产生的现金流量通常可以采用直接法和间接法两种方法。

直接法是通过现金收入和现金支出的主要类别反映来自企业经营活动的现金流量。采用直接法编制经营活动的现金流量时，一般以利润表中的营业收入为起算点，调整与经营活动有关的项目的增减变动，然后计算出经营活动的现金流量。

间接法是以本期净利润为起算点，调整不涉及现金的收入、费用、营业外收支等有关项目的增减变动，据此计算出经营活动的现金流量。

我国会计准则和制度规定现金流量表以直接法编制，因为，采用直接法提供的信息有助于评价企业未来现金流量。但是，在现金流量表的补充资料中应按照间接法反映经营活动现金流量的情况。

经营活动现金流量各项目的内容包括：

（1）“销售商品、提供劳务收到的现金”项目，反映企业销售商品、提供劳务实际收到的现金（含销售收入和应向购买者收取的增值税额），包括本期销售商品、提供劳务收到的现金，以及前期销售和前期提供劳务本期收到的现金和本期预收的账款，减去本期退回本期销售的商品和前期销售本期退回的商品支付的现金。企业销售材料和代购代销业务收到的现金，也在本项目反映。本项目可以根据“库存现金”“银行存款”“应收账款”“应收票据”“预收账款”“主营业务收入”“其他业务收入”等账户的记录分析填列。

(2)“收到的税费返还”项目，反映企业收到返还的各种税费，如收到的增值税、消费税、所得税、教育费附加返还等。本项目可以根据“库存现金”“银行存款”“税金及附加”等账户的记录分析填列。

(3)“收到的其他与经营活动有关的现金”项目，反映企业除了上述各项目外，收到的其他与经营活动有关的现金流入，如罚款收入、经营租赁固定资产收回的现金、投资性房地产收到的租金收入、流动资产损失中由个人赔偿的现金收入、除税费返还外的其他政府补助收入等。其他与经营活动有关的现金流入，如价值较大的，应单列项目反映。本项目可以根据“库存现金”“银行存款”“管理费用”“销售费用”等账户的记录分析填列。

(4)“购买商品、接受劳务支付的现金”项目，反映企业购买材料、商品、接受劳务实际支付的现金，包括本期购入材料、商品、接受劳务支付的现金（包括增值税进项税额)，以及本期支付前期购入商品、接受劳务的未付款项和本期预付款项。本期发生的销货退回收到的现金应从本项目内减去。本项目可以根据“库存现金”“银行存款”“应付账款”“应付票据”“主营业务成本”等账户的记录分析填列。

(5)“支付给职工以及为职工支付的现金”项目，反映企业实际支付给职工，以及为职工支付的现金，包括本期实际支付给职工的工资、奖金、各种津贴和补助等，以及为职工支付的其他费用。不包括支付的离退休人员的各项费用和支付给在建工程人员的工资等。企业支付给退休人员的各项费用，在“支付的其他与经营活动有关的现金”项目中反映；支付的在建工程人员的工资，在“购建固定资产、无形资产和其他长期资产所支付的现金”项目反映。本项目可以根据“应付职工薪酬”“库存现金”“银行存款”等账户的记录分析填列。

企业为职工支付的养老和失业等社会保险基金、补充养老保险、住房公积金、支付给职工的住房困难补助，以及企业支付给职工或为职工支付的其他福利费用等，应按职工的工作性质和服务对象，分别在本项目和在“购建固定资产、无形资产和其他长期资产所支付的现金”项目反映。

(6)“支付的各项税费”项目，反映企业按规定支付的各项税费，包括本期发生并支付的税费，以及本期支付以前各期发生的税费和预缴的税金，如支付的所得税、增值税、消费税、印花税、房产税、土地增值税、车船税、教育费附加等。本项目可以根据“应交税费”等账户的记录分析填列。

(7)“支付的与经营活动有关的其他现金”项目，反映企业支付的除上述各项目外，与经营活动有关的其他现金流出，如罚款支出、支付的差旅费、业务招待费、保险费、捐赠的现金支出、经营租赁支付的现金等。其他与经营活动有关的现金，如果金额较大的，应单列项目反映。本项目可以根据“销售费用”“管理费用”“营业外支出”等账户的记录分析填列。

(二) 投资活动产生的现金流量的填列

(1)“收回投资所收到的现金”项目，反映企业出售、转让或到期收回除现金等价物以外的交易性金融资产和长期股权投资而收到的现金。不包括长期债权投资收回的利息，以及收回的非现金资产。本项目可以根据“交易性金融资产”“长期股权投资”

“库存现金”“银行存款”等账户的记录分析填列。

(2)“取得投资收益所收到的现金”项目，反映企业因股权性投资和债权性投资而取得的现金股利、利息，以及从子公司、联营企业和合营企业分回利润收到的现金。不包括股票股利。本项目可以根据“库存现金”“银行存款”“投资收益”等账户的记录分析填列。

(3)“处置固定资产、无形资产和其他长期资产所收回的现金净额”项目，反映企业处置固定资产、无形资产和其他长期资产所取得的现金，减去为处置这些资产而支付的有关费用后的净额。由于自然灾害所造成的固定资产等长期资产损失而收到的保险赔偿收入，也在本项目反映。本项目可以根据“固定资产清理”“库存现金”“银行存款”等账户的记录分析填列。

(4)“处置子公司及其他营业单位收到的现金净额”项目，反映企业处置子公司及其他营业单位所取得的现金减去子公司或其他营业单位持有的现金和现金等价物以及相关处置费用后的净额。

(5)“收到其他与投资活动有关的现金”项目，反映企业收到的其他与投资活动有关的现金，如果价值较大的，应单列项目反映。本项目可以根据有关科目的记录分析填列。

(6)“购建固定资产、无形资产和其他长期资产所支付的现金”项目，反映企业购买、建造固定资产，取得无形资产和其他长期资产所支付的现金，不包括为购建固定资产而发生的借款利息资本化的部分，以及融资租入固定资产支付的租赁费、借款利息和融资租入固定资产支付的租赁费，在筹资活动产生的现金流量中反映。本项目可以根据“固定资产”“在建工程”“无形资产”“库存现金”“银行存款”等账户的记录分析填列。

(7)“投资支付的现金”项目，反映企业进行权益性投资和债权性投资支付的现金，包括企业取得的除现金等价物以外的短期股票投资、短期债券投资、长期股权投资、长期债权投资支付的现金，以及支付的佣金、手续费等附加费用。本项目可以根据“长期股权投资”“持有至到期投资”“交易性金融资产”“库存现金”“银行存款”等账户的记录分析填列。

企业购买股票和债券时，实际支付的价款中包含的已宣告但尚未领取的现金股利或已到付息期但尚未领取的债券的利息，应在投资活动的“支付的其他与投资活动有关的现金”项目反映；收回购买股票和债券时支付的已宣告但尚未领取的现金股利或已到付息期但尚未领取的债券的利息，在投资活动的“收到的其他与投资活动有关的现金”项目反映。

(8)“取得子公司及其他营业单位支付的现金净额”项目，反映企业取得子公司及其他营业单位购买出价中以现金支付的部分，减去子公司或其他营业单位持有的现金和现金等价物后的净额。本项目可以根据有关科目的记录分析填列。

整体购买一个单位，其结算方式是多种多样的，如购买方全部以现金支付或一部分以现金支付而另一部分以实物清偿。同时，企业购买子公司及其他营业单位是整体交易，子公司和其他营业单位除有固定资产和存货外，还可能持有现金和现金等价物。这样，整体购买子公司或其他营业单位的现金流量，就应以购买出价中以现金支付的部分减去子公司或其他营业单位持有的现金和现金等价物后的净额反映，如为负数，应在“收到其他与投资活动有关的现金”项目中反映。

(9)“支付的其他与投资活动有关的现金”项目，支付或收到的其他与投资活动有关的现金流出。其他现金流出如价值较大的，应单列项目反映。

(三) 筹资活动产生的现金流量的填列

(1)“吸收投资收到的现金”项目，反映企业收到的投资者投入的现金，包括以发行股票等方式筹集资金实际收到的款项净额（发行收入减去支付的佣金等发行费用后的净额)。以发行股票方式筹集资金而由企业直接支付的审计、咨询等费用，在“支付的其他与筹资活动有关的现金”项目反映，不从本项目内减去。本项目可以根据“实收资本（或股本)”“库存现金”“银行存款”等账户的记录分析填列。

(2)“取得借款收到的现金”项目，反映企业举借各种短期、长期借款所收到的现金和发行债券实际收到的款项净额。本项目可以根据“短期借款”“长期借款”“库存现金”“银行存款”等账户的记录分析填列。

(3)“收到其他与筹资活动有关的现金”项目，反映企业除上述各项目外，收到的其他与筹资活动有关的现金。其他与筹资活动有关的现金，如果价值较大的，应单列项目反映。本项目可根据有关科目的记录分析填列。

(4)“偿还债务所支付的现金”项目，反映企业以现金偿还债务的本金，包括偿还金融企业的借款本金、偿还债券本金等。企业偿还的借款利息、债券利息，在“分配股利、利润或偿付利息所支付的现金”项目反映，不包括在本项目内。本项目可以根据“短期借款”“长期借款”“库存现金”“银行存款”等账户的记录分析填列。

(5)“分配股利、利润或偿付利息所支付的现金”项目，反映企业实际支付的现金股利，支付给其他投资单位的利润以及支付的借款利息、债券利息等。本项目可以根据“应付股利”“财务费用”“长期借款”“库存现金”“银行存款”等账户的记录分析填列。

(6)“支付的其他与筹资活动有关的现金”项目，反映企业除上述各项目外，支付的其他与筹资活动有关的现金，如以发行股票、债券等方式筹集资金而由企业直接支付的审计、咨询等费用，融资租赁各期支付的现金、以分期付款方式购建固定资产、无形资产等各期支付的现金等。其他与筹资活动有关的现金，如果价值较大的，应单列项目反映。

(四)“汇率变动对现金的影响”项目的填列

“汇率变动对现金的影响”项目反映企业外币现金流量及境外子公司的现金流量折算为人民币时，所采用的现金流量发生日的汇率或平均汇率折算的人民币金额，与“现金及现金等价物净增加额”中外币现金净增加额按期末汇率折算的人民币金额之间的差额。

(五) 补充资料项目的填列

1.“将净利润调节为经营活动的现金流量”各项目的填列

（1）“资产减值准备”项目，反映企业计提的各项资产的减值准备。本项目可以根据“资产减值损失”账户的记录分析填列。

（2）“固定资产折旧、油气资产折耗、生物性生物资产折旧”项目，反映企业本期累计提取的固定资产折旧、油气资产折耗、生物性生物资产折旧。本项目可以根据“累计折旧”“累计折耗”等账户的贷方发生额分析填列。

（3）“无形资产摊销”和“长期待摊费用摊销”两个项目，分别反映企业本期累计摊入成本费用的无形资产的价值及长期待摊费用。这两个项目可以根据“累计摊销”“长期待摊费用”账户的贷方发生额分析填列。

（4）“处置固定资产、无形资产和其他长期资产的损失（减：收益）”，反映企业本期由于处置固定资产、无形资产和其他长期资产而发生的净损失。本项目可以根据“营业外收入”“营业外支出”“其他业务收入”“其他业务成本”等账户所属有关明细账户的记录分析填列。如为净收益，以“－”号填列。

（5）“固定资产报废损失”项目，反映企业本期固定资产盘亏（减：盘盈）后的净损失。本项目可以根据“营业外支出”“营业外收入”账户所属有关明细账户中固定资产盘亏损失减去固定资产盘盈收益后的差额填列。

（6）“公允价值变动损失”项目，该项目反映企业本期交易性金融资产等发生的公允价值变动损益。本项目可以根据“公允价值变动损益”账户的发生额填列。如为收益，以“－”号填列。

（7）“财务费用”项目，反映企业本期发生的应属于投资活动或筹资活动的财务费用。可以根据“财务费用”账户的本期借方发生额分析填列。如为收益，以“－”号填列。

（8）“投资损失（减：收益）”项目，反映企业本期投资所发生的损失减去收益后的净损失。本项目可以根据利润表“投资收益”项目的数字填列。如为投资收益，以“－”号填列。

（9）“递延所得税资产减少（增加以‘－’号填列）”项目，反映企业确认的可抵扣暂时性差异产生的递延所得税资产的减少。本项目应根据“递延所得税资产”账户期初、期末余额的差额填列；期末数大于期初数的差额，以“－”号填列。

（10）“递延所得税负债增加（减少以‘－’号填列）”项目，反映企业确认的应纳税暂时性差异产生的所得税负债的减少。本项目应根据“递延所得税负债”账户期初、期末余额的差额填列；期末数小于期初数的差额，以“－”号填列。

（11）“存货的减少（减：增加）”项目，反映企业本期存货的减少（减：增加）。本项目可以根据资产负债表“存货”项目的期初、期末余额的差额填列；期末数大于期初数的差额，以“－”号填列。

（12）“经营性应收项目的减少（减：增加）”项目，反映企业本期经营性应收项目（包括应收账款、应收票据、其他应收款和预付账款中与经营活动有关的部分及应收的增值税销项税额等）的减少（减：增加）。

（13）“经营性应付项目的增加（减：减少）”项目，反映企业本期经营性应付项目（包括应付账款、应付票据、应交税费、其他应付款和预收账款中与经营活动有关的部分以及应付的增值税进项税额等）的增加（减：减少）。

2. “不涉及现金收支的投资和筹资活动”项目的填列

“不涉及现金收支的投资和筹资活动”项目反映企业一定期间内影响资产或负债但不形成该期现金收支的所有投资和筹资活动的信息。不涉及现金收支的投资和筹资活动各项目的填列方法如下：

（1）“债务转为资本”项目，反映企业本期转为资本的债务金额。

（2）“一年内到期的可转换公司债券”项目，反映企业一年内到期的可转换公司债券的本息。

（3）“融资租入固定资产”项目，反映企业本期融资租入固定资产记入“长期应付款”账户的金额。

3. “现金及现金等价物净变动情况”项目的填列

“现金及现金等价物净变动情况”项目反映企业一定会计期间现金及现金等价物的期末余额减去期初余额后的净增加额（或净减少额），是对现金流量表中“现金及现金等价物净增加额”项目的补充说明。该项目的金额与现金流量表“现金及现金等价物净增加额”项目的金额核对相符。

七、现金流量表编制举例

[例 11－3] 北方股份有限公司（以下简称北方公司）为上市公司，增值税一般纳税企业，适用的增值税率为17%。各年企业所得税税率为25%，按净利润的10%提取盈余公积。2017年有关资料如下：

1. 部分账户年初数、本年发生额和年末余额见表11－10：

表 11－10　　**账户发生额和余额**

编制单位：北方公司　　2017年12月31日　　单位：万元

账户名称	年初余额		本年发生额		年末余额	
	借方	贷方	借方	贷方	借方	贷方
交易性金融资产	100		500	400	200	
应收票据	300			200	100	
应收账款	500		3 000	2 800	700	
预付账款	100		550	100	550	
应收股利			10	10		
存货	500		3 600	3 500	600	
固定资产	5 000		400	1 000	4 400	
累计折旧		2 000	800	200		1 400
在建工程	1 000		400		1 400	
短期借款			200	250		50
应付账款		300	1 300	1 200		200
应付职工薪酬		0	750	750		0
预收账款		150		50		200
应交税费		530				843
应交增值税		500	207（已交） 340（进项税额）	850 （销项税额）		803
应交所得税		30	240	250		40

2. 北方公司2017年利润表数据见表11－11：

表11－11　利润表（部分项目）

编制单位：北方公司　2017年　单位：万元

项　目	本期金额
一、营业收入	5 000.00
减：营业成本	3 500.00
税金及附加	53.00
销售费用	300.00
管理费用	500.00
财务费用	20.00
资产减值损失	0.00
加：公允价值变动收益（损失以“－”号填列）	0.00
投资收益（损失以“－”号填列）	30.00
二、营业利润（亏损以“－”号填列）	657.00
加：营业外收入	363.00
减：营业外支出	20.00
三、利润总额（亏损总额以“－”号填列）	1 000.00
减：所得税费用	250.00
四、净利润（净亏损以“－”号填列）	750.00

3. 北方公司2017年度其他资料如下：

（1）交易性金融资产的取得均已现金结算，且交易性金融资产均不属于现金等价物。

（2）企业期初和期末存货类项目只有原材料和库存商品有余额。

（3）“固定资产”账户借方发生额为现金购入的固定资产400万元；“在建工程”账户借方发生额含用现金支付的资本化利息费用30万元。

（4）本期支付的应付职工薪酬中750万元中包括生产经营人员的工资及福利费450万元，离退休人员的工资及费用200万元，在建工程人员的工资100万元。

（5）“管理费用”账户500万元中含200万元折旧费用。

（6）“财务费用”账户借方发生额20万元为用现金支付的利息。

（7）“投资收益”账户贷方发生额含出售股票获得的投资收益20万元以及收到的现金股利。

（8）“营业外支出”账户借方发生额为出售固定资产发生的净损失20万元（出售固定资产的原价1 000万元，累计折旧800万元，支付的清理费用30万元，收到的价款210万元）。

（9）“营业外收入”账户反映的为政府补助。

（10）货币资金2017年年初数为2 150万元，年末数为2 163万元，无其他现金等价物。

(11) 假定该公司本期未发生其他交易或事项。

要求：根据以上资料，采用分析填列的方法，编制北方股份有限公司2017年度的现金流量表。

1. 北方公司2017年度现金流量表各项目金额分析计算确定如下：

(1) 销售商品、提供劳务收到的现金=营业收入+应交税费(应交税费——销项税额)+(应收票据期初余额-应收票据期末余额)+(应收账款期初余额-应收账款期末余额)+(预收账款期末余额-预收账款期初余额)

=5 000+850+(300-100)+(500-700)+(200-150)

=5 900（万元）

(2) 购买商品、接受劳务支付的现金=营业成本+应交税费(应交增值税——进项税额)+(存货期末余额-存货期初余额)+(应付账款期初余额-应付账款期末余额)+(预付账款期末余额-预付账款期初余额)-计入存货的人工工资

=3 500+340+(600-500)+(300-200)+(550-100)-450

=4 040（万元）

(3) 支付给职工以及为职工支付的现金=应付职工薪酬本期借方发生额-应付职工薪酬中在建人员的工资-退休职工工资费用

=750-100-200

=450（万元）

(4) 支付的各项税费=当期实际支付的所得税费用+税金及附加+应交税费——应交增值税（已交税金）

=240+53+207

=500（万元）

(5) 支付其他与经营活动有关的现金=销售费用+管理费用-折旧

=300+500-200

=600（万元）

(6) 收回投资收到的现金=交易性金融资产贷方发生额

=400+20=420（万元）

(7) 取得投资收益所收到的现金=投资收益-与交易性金融资产一起收回的投资收益

=30-20=10（万元）

(8) 处置固定资产收回的现金净额=处置固定资产收到的资金-清理固定资产发生的清理费用

=210-30=180（万元）

(9) 购建固定资产支付的现金=用现金购买的固定资产+在建工程借方增加额-购建固定资产过程中资本化的利息

=400+（400-30）

=770（万元）

(10) 偿还利息支付的现金=财务费用+构建固定资产过程中资本化的利息

=20+30=50（万元）

2. 将净利润调节为经营活动现金流量各项目计算分析如下:

(1) 固定资产折旧=200(万元)

(2) 处置固定资产、无形资产和其他长期资产的损失(减:收益) =20(万元)

(3) 投资损失(减:收益) = -30(万元)

(4) 存货的减少=500-600= -100(万元)

(5) 经营性应收项目的减少=(500-700)+(300-100)+(200-150)=50(万元)

(6) 经营性应付项目的增加=(200-300)+(550-100)+(843-530)

= -237(万元)

编制的北方公司2017年度现金流量表见表11-12。

表11-12　现金流量表

编制单位:北方公司　　2017年　　单位:万元

项　　目	本期金额	上期金额
一、经营活动产生的现金流量		略
销售商品、提供劳务收到的现金	5 900.00	
收到的税费返还		
收到其他与经营活动有关的现金	363.00	
经营活动现金流入小计	6 263.00	
购买商品、接受劳务支付的现金	4 040.00	
支付给职工以及为职工支付的现金	450.00	
支付的各项税费	500.00	
支付其他与经营活动有关的现金	600.00	
经营活动现金流出小计	5 590.00	
经营活动产生的现金流量净额	673.00	
二、投资活动产生的现金流量		
收回投资收到的现金	420.00	
取得投资收益收到的现金	10.00	
处置固定资产、无形资产和其他长期资产收回的现金净额	180.00	
处置子公司及其他营业单位收到的现金净额		
收到其他与投资活动有关的现金		
投资活动现金流入小计	610.00	
购建固定资产、无形资产和其他长期资产支付的现金	770.00	
投资支付的现金	500.00	
取得子公司及其他营业单位支付的现金净额		
支付其他与投资活动有关的现金		
投资活动现金流出小计	1 270.00	
投资活动产生的现金流量净额	-660.00	
三、筹资活动产生的现金流量		
吸收投资收到的现金		
取得借款收到的现金	250.00	
收到其他与筹资活动有关的现金		

续表

项　　目	本期金额	上期金额
筹资活动现金流入小计	250.00	
偿还债务支付的现金	200.00	
分配股利、利润或偿付利息支付的现金	50.00	
支付其他与筹资活动有关的现金		
筹资活动现金流出小计	250.00	
筹资活动产生的现金流量净额		
四、汇率变动对现金及现金等价物的影响		
五、现金及现金等价物净增加额	13.00	
加：期初现金及现金等价物余额	2 150.00	
六、期末现金及现金等价物余额	2 163.00	
补充资料		
1. 将净利润调节为经营活动现金流量：		略
净利润	750.00	
加：资产减值准备		
固定资产折旧、油气资产折耗、生产性生物资产折旧	200.00	
无形资产摊销		
长期待摊费用摊销		
处置固定资产、无形资产和其他长期资产的损失（收益以“－”号填列）	20.00	
固定资产报废损失（收益以“－”号填列）		
公允价值变动损失（收益以“－”号填列）		
财务费用（收益以“－”号填列）	20.00	
投资损失（收益以“－”号填列）	－30.00	
递延所得税资产减少（增加以“－”号填列）		
递延所得税负债增加（减少以“－”号填列）		
存货的减少（增加以“－”号填列）	－100.00	
经营性应收项目的减少（增加以“－”号填列）	50.00	
经营性应付项目的增加（减少以“－”号填列）	－237.00	
其他		
经营活动产生的现金流量净额	673.00	
2. 不涉及现金收支的重大投资和筹资活动：		
债务转为资本		
一年内到期的可转换公司债券		
融资租入固定资产		
3. 现金及现金等价物净变动情况：		
现金的期末余额	2 163.00	
减：现金的期初余额	2 150.00	
加：现金等价物的期末余额		
减：现金等价物的期初余额		
现金及现金等价物净增加额	13.00	

学习子情境四
所有者权益变动表的编制

一、所有者权益变动表的原理

所有者权益变动，是投资者最关心的问题。而所有者权益（或股东权益）变动表，就是反映构成所有者权益的各组成部分当期增减变动情况的报表。所有者权益变动表不仅揭示所有者权益的变化，可以较为详细的展示在一定期间所有者权益的形成情况，更可以反映所有者权益的构成。在一张所有者权益变动表上，企业不仅要列示由与所有者本身有关的交易或事项所引起的所有者权益的变化，比如投资者投入资本，还需要反映企业生产经营形成的净利润所带来的所有者权益的变化，包括按照企业会计制度和准则的规定应该直接计入所有者权益的利得和损失，从而让报表的阅读者准确的知道所有者权益增减变动的根源，全面地展现企业综合收益的特点和构成的情况。

二、所有者权益变动表的作用

所有者权益变动表上所揭示的相关信息，能够展示企业的综合收益，这是所有者权益变动表最突出的特点。

所谓综合收益，是指企业在某一期间与所有者之外的其他方面进行交易或发生其他事项所引起的净资产的变动。综合收益的具体构成包括两个部分：净利润和直接计入所有者权益的利得和损失。即用公式表示为：

综合收益=净利润+直接计入所有者权益的利得和损失

其中，前者是企业已经实现并已确认的收益，后者是企业未实现但根据会计准则的规定已经确认的收益或损失。在一张所有者权益表中，净利润和直接计入所有者权益的利得和损失均单列项目反映，体现了企业综合收益的构成。

三、所有者权益变动表的编制

（一）所有者权益变动表的内容

所有者权益变动表包括实收资本、资本公积、库存股、盈余公积、未分配利润的期初余额、本期增减变动项目与金额，以及期末余额等。所有者权益变动表应至少单独列示反映下列信息：

（1）净利润；

（2）直接计入所有者权益的利得和损失项目及其总额；

（3）会计政策变更和差错更正的累积影响数；

（4）所有者投入资本和向所有者分配利润等；

（5）按照规定提取的盈余公积；

（6）实收资本、资本公积、盈余公积、未分配利润的期初和期末余额及其调节情况。

(二) 报表格式

1. 矩阵格式

为了清楚地表明构成所有者权益的各组成部分当期的增减变动情况，我国的所有者权益变动表是以矩阵的形式列示。一方面，列示导致所有者权益变动的交易或事项，另一方面，按照所有者权益各组成部分（包括实收资本、资本公积、盈余公积、未分配利润和库存股）及其总额列示交易或事项对所有者权益的影响。这种方式能够非常直观地反映所有者权益的变动，并同时能够清晰地揭示导致各种变动的原因。

2. 列示所有者权益变动表的比较信息

在矩阵式的基本格式下，同时，与资产负债表、利润表类似，所有者权益表中也列示了相关的比较信息。具体来讲，所有者权益变动表就各项目分别区分为“本年金额”和“上年金额”两栏填列，从而便于进行比较。

所有者权益变动表的格式见表 11 – 13。

(三) 所有者权益变动表的编制

1. 报表的数据的来源

所有者权益变动表包括表首、正表两部分。正表是所有者变动表的主体，其中横向的项目用于具体说明所有者权益增减变动的各内容，包括实收资本（或股本）、资本公积、其他综合收益、盈余公积、未分配利润等。纵向按照所反映的时间的不同又可分为上年期末余额、本年年初余额、本年增减变动额、本年期末余额四项，其中本年增减变动的部分，主要是反映发生变动的具体原因，如净利润带来的变动、直接计入所有者权益的利得和损失、所有者减少资本等。

所有者权益变动表中的数据根据“实收资本”“资本公积”“其他综合收益”“盈余公积”“未分配利润”等账户及其所属的明细账户的余额和发生额分析填列。

其中，“本年金额”来源于当期的相关账户的发生额，“上年金额”来源于上年度所有者权益变动表的“本年金额”栏数字。

2. 所有者权益变动表的编制

所有者权益变动表中的具体项目的填列方法：

(1) “上年期末余额”项目，反映企业上年资产负债表中实收资本（或股本）、资本公积、盈余公积、其他综合收益、未分配利润的期末余额。所有者权益变动表“上年金额”栏内各项数字，应根据上年度所有者权益变动表“本年金额”栏内所列数字填列。如果上年度所有者权益变动表规定的各个项目的名称和内容同本年度不相一致，应对上年度所有者权益变动表各项目的名称和数字按本年度的规定进行调整，填入所有者权益变动表“上年金额”栏内。

(2) “会计政策变更”和“前期差错更正”项目，分别反映企业采用追溯调整法处理的会计政策变更的累积影响金额和采用追溯重述法处理的会计差错更正的累积影响金额。

为了体现会计政策变更和前期差错更正的影响，企业应当在上期期末所有者权益余

表 11－13 **所有者权益变动表** 会企04表

编制单位： ________年度 单位：元

项目	本年金额											上年金额										
	实收资本（或股本）	其他权益工具			资本公积	减：库存股	其他综合收益	专项储备	盈余公积	未分配利润	所有者权益合计	实收资本（或股本）	其他权益工具			资本公积	减：库存股	其他综合收益	专项储备	盈余公积	未分配利润	所有者权益合计
		优先股	永续债	其他									优先股	永续债	其他							
一、上年年末余额																						
加：会计政策变更																						
前期差错更正																						
其他																						
二、本年年初余额																						
三、本年增减变动金额（减少以“-”号填列）																						
（一）综合收益总额																						
（二）所有者投入和减少资本																						
1. 所有者投入的普通股																						
2. 其他权益工具持有者投入资本																						
3. 股份支付计入所有者权益的金额																						
4. 其他																						
（三）利润分配																						
1. 提取盈余公积																						
2. 对所有者（或股东）的分配																						
3. 其他																						
（四）所有者权益内部结转																						
1. 资本公积转增资本（或股本）																						
2. 盈余公积转增资本（或股本）																						
3. 盈余公积弥补亏损																						
4. 设定受益计划变动额结转留存收益																						
5. 其他																						
四、本年年末余额																						

额的基础上进行调整得出本期期初所有者权益，根据“盈余公积”“利润分配”“以前年度损益调整”等科目的发生额分析填列。

（3）“本年增减变动额”项目栏内各项数字一般应根据“实收资本（或股本）”“资本公积”“其他综合收益”“盈余公积”“利润分配”“库存股”“以前年度损益调整”等科目的发生额分析填列。

企业的净利润及其分配情况作为所有者权益变动的组成部分，不需要单独设置利润分配表列示。

相关项目分别反映如下内容：

①“所有者投入和减少资本”项目，反映企业当年所有者投入的资本和减少的资本。

其中：“所有者投入和减少资本”项目，反映企业接受投资者投入形成的实收资本（或股本）和资本溢价或股本溢价，并对应列在“实收资本”和“资本公积”栏。该项目主要根据“实收资本”“资本公积”账户的发生额分析填列。

“股份支付计入所有者权益的金额”项目，反映企业处于等待期中的权益结算的股份支付当年计入资本公积的金额，并对应列在“资本公积”栏。

②“利润分配”下各项目，反映当年对所有者（或股东）分配的利润（或股利）金额和按照规定提取的盈余公积金额，并对应列在“未分配利润”和“盈余公积”栏。

其中：“提取盈余公积”项目，反映企业按照规定提取的盈余公积。

“对所有者（或股东）的分配”项目，反映对所有者（或股东）分配的利润（或股利）金额。

以上各项目应根据“利润分配”账户的发生额分析填列。

③“所有者权益内部结转”下各项目，反映不影响当年所有者权益总额的所有者权益各组成部分之间当年的增减变动，包括资本公积转增资本（或股本）、盈余公积转增资本（或股本）、盈余公积弥补亏损等项金额。为了全面反映所有者权益各组成部分的增减变动情况，所有者权益内部结转也是所有者权益变动表的重要组成部分，主要指不影响所有者权益总额、所有者权益的各组成部分当期的增减变动。

其中：“资本公积转增资本（或股本）”项目，反映企业以资本公积转增资本或股本的金额。

“盈余公积转增资本（或股本）”项目，反映企业以盈余公积转增资本或股本的金额。

“盈余公积弥补亏损”项目，反映企业以盈余公积弥补亏损的金额。

以上各项目的填列需根据“资本公积”“盈余公积”等项目的明细科目分析填列。

3. 所有者权益变动表的编制举例

［**例 11－4**］2019 年某企业所有者权益相关账户当期变化情况如下：

所有者权益类账户当期变动情况

借方	实收资本　贷方
	期初余额：10 000 000 新投资者投入 2 000 000
	期末余额：12 000 000

借方	资本公积　贷方
	期初余额：235 700 资本溢价：200 000
	期末余额：435 700

借方	盈余公积　贷方
	期初余额：185 430 提取法定盈余公积：17 504 提取任意盈余公积：8 752
	期末余额：211 686

借方	利润分配——提取法定盈余公积　贷方
提取法定盈余公积：17 504	转入未分配利润 17 504
期末余额：0	

借方	利润分配——提取任意盈余公积　贷方
提取任意盈余公积：8 752	转入未分配利润：8 752
期末余额：0	

借方	利润分配——未分配利润　贷方
转入提取盈余公积：26 256	期初余额：231 800 转入本年利润 175 040
	期末余额：380 584

企业上年期末相关资料已知，假设所有者权益项目除上述经济事项外无其他变化，编制该企业所有者权益变动表见表11－14。

表11－14　所有者权益变动表

编制单位：××公司　　2019年度　　单位：元

项目	本年金额								
	实收资本（或股本）	其他权益工具	资本公积	减：库存股	其他综合收益	专项储备	盈余公积	未分配利润	所有者权益合计
一、上年期末余额	10 000 000		235 700		0		185 430	231 800	10 652 930
加：会计政策变更							0	0	0
前期差错更正							0	0	0
二、本年年初余额	10 000 000		235 700		0		185 430	231 800	10 652 930
三、本年增减变动金额（减少以“－”号填列）									
（一）综合收益总额								175 040	175 040
（二）所有者投入和减少资本									
1. 所有者投入资本	2 000 000		200 000						2 200 000
2. 股份支付计入所有者权益的金额	0		0						0
3. 其他	0		0		0		0	0	0
（三）利润分配									
1. 提取盈余公积							26 256	－26 256	0

续表

项　　目	本年金额								
	实收资本（或股本）	其他权益工具	资本公积	减：库存股	其他综合收益	专项储备	盈余公积	未分配利润	所有者权益合计
2. 对所有者（或股东）的分配								0	0
3. 其他								0	0
（四）所有者权益内部结转									
1. 资本公积转增资本（或股本）	0		0						0
2. 盈余公积转增资本（或股本）	0						0		0
3. 盈余公积弥补亏损							0	0	0
4. 其他	0		0		0		0	0	0
四、本年期末余额	12 000 000		435 700				211 686	380 584	13 027 970

公司法定代表人：　　　　　　主管会计工作负责人：　　　　　　会计机构负责人：

学习子情境五
会计报表附注的编制

一、会计报表附注的原理

财务报表是企业会计核算的最终成果，是企业对外传递会计信息的主要渠道，而企业对外提供的会计信息中，除了资产负债表、利润表、现金流量表、所有者权益变动表以外，有些信息不便于或不能够在前四张报表中披露，而这些信息又是报表使用者所需要的，要求报表编制单位以其他的方式反映出来，所以就出现了会计报表附注。报表附注是财务报表不可或缺的组成部分，是为便于会计报表使用者理解会计报表的内容而对会计报表的编制基础、编制依据、编制原则和方法及主要事项等所作的解释，是对会计报表本身无法或难以充分表达的内容所作的补充说明。提供必要的报表附注对于使用者正确理解会计报表内容具有不可忽视的重要作用。

二、会计报表附注的作用

（一）能满足报表使用者对会计信息的需求

会计的主要目的是提供财务信息，由于会计报表有固定的格式，按大类设置项目，反映的是比较总括的情况，而各个项目背后的详细情况报表是无法反映的。如资产负债表的应收账款项目，在报表仅仅能够看出一个期初数和期末数，了解大致变动情况，至于应收账款的具体构成情况、欠款收回的可能性究竟有多大等信息是无法在表中体现的，而上述信息却是报表使用者必须研究和读懂的。正因为如此，就需要专门在报表附注相关项目中进行详细说明。

（二）有助于理解会计报表

由于企业对外提供的报表是按照规定的内容和格式进行编制的，是对企业发生的经济业务的高度简化和浓缩的数字，这种方式使得各个企业所编制的报表格式一致，便于比较，具有横向的可比性。这种方式的优点在于我们能够一目了然地获取相关的信息，但也正是因为这种方式使得报表本身所能够揭示的信息具有局限性，如果没有形成这些数字所使用的会计政策说明和理解这些数字所必需的其他信息披露，财务报表就不可能充分发挥效用。例如，同样是核算存货的发出，企业的核算方法可以是先进先出法，可以是加权平均的方式等，而针对同样的业务采用不同的方法所核算出的结果是不一样的。因此，如果不了解其核算方法的选择，也就无法对数据的变化做出解释，从而对报表的阅读带来困难。

（三）有助于进行分析比较

会计报表是依据会计准则编制的，而会计准则要求企业前后各期所采用的会计方法应当保持一致，不得随意变更。由于某些原因，企业可能需要改变原会计政策。而不同期间的会计报表对同一个会计事项采用了不同的会计政策进行处理，从而导致信息不具有可比性，为了帮助会计报表使用者及时掌握这种政策变化所带来的影响，也需要通过报表附注进行揭示，以便于报表使用者分析比较。

三、会计报表附注披露的基本要求

为了使附注真正起到辅助报表阅读的作用，对于报表附注应该揭示的内容应有以下要求：

（1）会计报表附注披露的信息应是定量、定性信息的结合，从而能从量和质两个角度对企业经济事项完整的进行反映，也才能满足信息使用者的决策需求。

（2）会计报表附注应当按照一定的结构进行系统、合理的排列和分类，有顺序地披露信息。由于附注的内容繁多，因此更应按逻辑顺序排列，分类披露，条理清晰，具有一定的组织结构，以便于使用者理解和掌握，也更好地实现财务报表的可比性。

（3）会计报表附注相关信息应当与资产负债表、利润表、现金流量表和所有者权益变动表等报表中列示的项目相互参照，以有助于使用者联系相关联的信息，并由此从整体上更好地理解财务报表。

四、会计报表附注的编制

（一）会计报表附注的编制内容

会计报表附注应当按照一定的方式披露，报表附注中的项目应当与报表中的相关信息互相对照。一般来讲，会计报表附注中一般至少披露以下几方面的内容：

1. 企业的基本情况介绍

通常在报表附注的第一项需要对企业基本情况进行介绍，一般应披露：

（1）企业的注册地、组织结构和总部地址；

（2）企业的性质和主要经营活动；

（3）母公司以及集团最终母公司的名字；

（4）财务报告的批准报出者和财务报告的批准报出日。

2. 会计报表的编制基础

一般来讲，报表的编制是建立在持续经营假设上的，很多报表项目的核算方法都会因为是否满足持续经营的前提而有所差异。因此，在编制基础的说明中，需要特别对企业持续经营的情况予以说明。首先，企业应当以持续经营为基础编制会计期间，进行清算或停止营业的则不应再以持续经营为基础编制会计报表及附注。其次，如果会计报表不是以持续经营为基础编制的，则企业在会计报表附注中对此应首先予以披露，并进一步披露会计报表的编制基础以及企业未能以持续经营为基础编制会计报表的原因。这能够帮助我们对其后的会计处理方法的选择提供依据。

3. 遵循《企业会计准则》的声明

企业应当声明编制的财务报表符合《企业会计准则》的要求，真实、完整地反映了企业的财务状况、经营成果和现金流量等有关信息。以此明确企业编制财务报表所依据的制度基础。

4. 企业的重要会计政策、会计估计及其变更的说明

会计所核算的经济业务是纷繁复杂的，会计人员在核算中需要根据企业自身经济业务的情况选择适合的会计政策，作出必要的会计估计，而这些选择和判断对于企业的报表资料会产生重大的影响。为此，会计报表附注需要对上述情况进行说明。以帮助信息使用者对报表数据的理解和在不同企业之间的比较。企业需要披露的会计政策和会计估计包括：执行的会计制度、记账原则、计价基础、各项资产的核算方法、收入确认原则、所得税会计处理方法、利润分配办法等内容。当会计政策和会计估计出现变更时，也需要在附注中注明会计政策变更的内容和理由、会计政策变更的影响数、累积影响数不能合理确定的理由、会计估计变更的内容和理由、变更的影响数、会计估计变更的影响数不能合理确定的理由、重大会计差错的内容和更正的金额等。

5. 会计报表重要项目的说明

对于资产负债表、利润表、现金流量表、所有者权益变动表中一些重要的项目，应尽可能在附注中采用列表的形式顺序表述各项目增减变化和明细构成情况。通常来讲重要的项目需根据相关制度的规定并结合企业自身的情况来选取。

6. 有助于理解企业财务状况和经营成果的其他信息

除了以上项目外，在报表附注中还需要对关系到报表使用者对报表理解和相关信息进行披露。通常包括：重要资产转让及其出售的说明、合并会计报表的说明、关联方关系及其交易的说明、或有事项说明（包括预计负债、或有负债）、资产负债表日后事项的说明、企业合并、分立的说明、重大投资、融资活动说明、有助于理解和分析会计报表需要说明的其他事项等。

（二）会计报表附注的编制

1. 编制的基础

会计报表附注中的各项信息从时间上来看主要限定在从本年年初开始至本期期末为止。重点对上年度资产负债表日之后所发生的，有助于理解企业财务状况、经营成果和

现金流量变化的重要事项或者交易进行披露。报表附注中的信息从来源上来看，不再限定于凭证、账簿、报表，可能还涉及企业的一些决议、合同、会计制度等等。

2. 重要附注项目的编制说明

由于行业之间、企业之间具有很大的差异性，所以会计报表附注的编制通常以文字和数字相结合的形式进行说明，而并非制式的表格的形式，因而比较灵活。因此，对于报表附注的编制，本教材仅选择了“会计报表重要项目的注释”一项，并就重要的、运用最为广泛的注释项目进行说明。

（1）交易性金融资产。应按表11－15格式披露。

表11－15

项　目	期末公允价值	期初公允价值
1. 交易性金融债券		
2. 交易性权益工具投资		
3. 指定为公允价值计量且其变动计入当期损益的金融资产		
4. 衍生金融资产		
5. 其他		
合　计		

（2）应收款项。按表11－16格式披露。

表11－16

账龄结构	期末账面余额	期初账面余额
1年以内（含1年）		
1至2年（含2年）		
2至3年（含3年）		
3年以上		
合　计		

注：应收票据、预付账款、长期应收款、其他应收款等，比照应收账款进行披露。

（3）存货。按表11－17格式披露。

表11－17

存货种类	期初账面余额	本期增加数	本期减少数	期末账面余额
1. 原材料				
2. 在产品				
3. 库存商品				
4. 周转材料				
5. …				
合　计				

存货跌价准备的披露格式见表11－18。

表 11－18

存货种类	期初账面余额	本期计提额	本期减少额		期末账面余额
			转回	转销	
1. 原材料					
2. 在产品					
3. 库存商品					
4. 周转材料					
5. …					
合　计					

（4）其他流动资产（略）。

（5）其他权益工具投资（略）。

（6）债权投资（略）。

（7）长期股权投资。按表 11－19 格式披露。

表 11－19

被投资单位	期末账面余额	期初账面余额
1.		
2. …		
合　计		

注：被投资单位由于所在国家或地区以及其他方面的影响，其向投资者转移资金的能力受到限制的，应当披露其受限制情况。

（8）投资性房地产（略）。

（9）固定资产。应按企业固定资产类别分类披露固定资产原值、累计折旧和固定资产净值情况，见表 11－20。

表 11－20

项　目	期初账面余额	本期增加数	本期减少数	期末账面余额
一、原价合计				
其中：房屋、建筑物				
机器设备				
运输工具				
其他				
二、累计折旧合计				
其中：房屋、建筑物				
机器设备				
运输工具				
其他				

续表

项　目	期初账面余额	本期增加数	本期减少数	期末账面余额
三、固定资产减值准备合计				
其中：房屋、建筑物				
机器设备				
运输工具				
其他				
四、固定资产账面价值合计				
其中：房屋、建筑物				
机器设备				
运输工具				
其他				

(10) 生产性生物资产和公益性生物资产（略）。

(11) 油气资产（略）。

(12) 无形资产。分项披露无形资产见表11-21。

表11-21

项　目	期初账面余额	本期增加数	本期减少数	期末账面余额
一、原价合计				
其中：1.				
2. …				
二、累计摊销额合计				
其中：1.				
2. …				
三、无形资产减值准备累计金额合计				
其中：1.				
2. …				
四、无形资产账面价值合计				
其中：1.				
2. …				

(13) 商誉的形成来源、账面价值的增减变动情况（略）。

(14) 递延所得税资产和递延所得税负债（略）。

(15) 资产减值准备。按表11-22格式披露。

表 11－22

项目	期初账面余额	本期计提数	本期减少数		期末账面余额
			转回	转销	
一、坏账准备					
二、存货跌价准备					
三、可供出售金融资产减值准备					
四、持有至到期投资					
五、长期股权投资减值准备					
六、投资性房地产减值准备					
七、固定资产减值准备					
八、工程物资减值准备					
九、在建工程减值准备					
十、生物性资产减值准备					
十一、油气资产减值准备					
十二、无形资产减值准备					
十三、商誉减值准备					
十四、其他					
合计					

（16）借款 。按表 11－23 格式披露。

表 11－23

项目	短期借款		长期借款	
	期末账面余额	期初账面余额	期末账面余额	期初账面余额
信用借款				
抵押借款				
质押借款				
保证借款				
合计				

（17）应付债券。按表 11－24 格式披露。

表 11－24

项目	期初账面余额	本期增加额	本期减少额	期末账面余额
1.				
…				
合计				

（18）长期应付款。按表 11－25 格式披露。

表 11-25

项　　目	期末账面余额	期初账面余额
1.		
…		
合　计		

(19) 营业收入表。按表 11-26 格式披露。

表 11-26

项　　目	本期发生额	上期发生额
1. 主营业务收入		
2. 其他业务收入		
合　　计		

(20) 投资收益表。按表 11-27 格式披露。

表 11-27

产生投资收益的来源	本期发生额	上期发生额
1.		
…		
合　　计		

(21) 资产减值损失表。按表 11-28 格式披露。

表 11-28

项　　目	本期发生额	上期发生额
一、坏账损失		
二、存货跌价损失		
三、可供出售金融资产减值损失		
四、持有至到期投资		
五、长期股权投资减值损失		
六、投资性房地产减值损失		
七、固定资产减值损失		
八、工程物资减值损失		
九、在建工程减值损失		
十、生物性资产减值损失		
十一、油气资产减值损失		
十二、无形资产减值损失		
十三、商誉减值损失		
十四、其他		
合　　计		

（22）营业外收入。按表 11－29 格式披露。

表 11－29

项　　目	本期发生额	上期发生额
1. 接受捐赠		
…		
合　　计		

（23）营业外支出。按表 11－30 格式披露。

表 11－30

项　　目	本期发生额	上期发生额
1. 对外捐赠		
…		
合　　计		

五、某企业财务报表附注举例（部分）

（一）四川中汇医药公司基本情况

四川中汇医药（集团）股份有限公司（以下简称“公司”）系原四川第一纺织股份有限公司，于 2004 年 6 月 10 日更名。营业执照注册号：5101001803193。

公司住所：成都高新区技术创新服务中心西部园区基地 A－215

法定代表人：封玮

注册资本：11 457 万元

注册经营范围：药品、保健品、食品、化妆品、医疗器械的投资及开发，相关技术研发、转让、服务，医药及其他项目的投资。

（二）公司主要会计政策、会计估计和前期差错

1. 遵循企业会计准则的声明

公司编制的财务报表符合企业会计准则的要求，真实、公允地反映了公司的财务状况、经营成果和现金流量。

2. 财务报表的编制基础

公司以持续经营为编制基础。

3. 会计年度

自公历 1 月 1 日至 12 月 31 日。

4. 记账本位币

以人民币为记账本位币。

5. 记账基础、计量基础和计价原则

以权责发生制为记账基础。主要会计计量属性包括历史成本、重置成本、可变现净值、现值和公允价值。

6. 外币业务核算方法

外币交易在初始确认时，采用交易发生日的即期市场汇率将外币金额折算为记账本位币金额。在资产负债表日，对于外币货币性项目，采用资产负债表日即期市场汇率折算。因资产负债表日即期市场汇率与初始确认时或者前一资产负债表日即期市场汇率不同而产生的汇兑差额，计入当期损益，属于与购建或生产符合资本化条件的资产相关的外币借款产生的汇兑损益，按照借款费用资本化的原则进行处理；对以历史成本计量的外币非货币性项目，仍采用交易发生日的即期市场汇率折算，不改变其记账本位币金额。

7. 现金等价物的确定标准

现金等价物是指企业持有时间短（一般是指从购买日起三个月内到期）、流动性强、易于转换为已知金额现金、且价值变动风险很小的投资。

8. 金融资产和金融负债的核算方法

（1）金融资产和金融负债的分类。

（2）金融资产和金融负债的确认依据和计量方法。

（3）金融资产转移的确认依据和计量方法。

（4）主要金融资产和金融负债的公允价值确定方法。

（5）金融资产的减值测试和减值准备计提方法。

9. 应收款项坏账准备的计提方法

（1）公司应收款项按下列标准确认坏账损失：

①债务人被依法宣告破产、撤销，依照法律清偿程序清偿后其剩余财产确实不足清偿的应收款项；

②债务人死亡或依法被宣告死亡、失踪，其财产或遗产不足清偿的应收款项；

③债务人遭受重大自然灾害或意外事故，损失巨大，以其财产确实无法清偿的应收款项；

④债务人逾期未履行偿债义务，经法院裁决，确定无法清偿的应收款项；当债务人无能力履行偿债义务时，经本公司董事局审核批准，将该等应收款项列为坏账损失。

（2）应收款项坏账准备的计提方法：备抵法。

坏账准备的计提方法、计提比例：公司采用余额百分比法计提坏账准备。计提的比例见表11－31：

表11－31

账　　龄	计提比例（%）
1年以内	5
1至2年	10
2至3年	30
3至5年	50
5年以上	80

10. 存货核算方法

（1）存货分类：存货分为原材料、包装物、低值易耗品、在产品、自制半成品、库存商品、发出商品等。

（2）存货盘存制度：存货实行永续盘存制。

（3）存货计价方法和摊销方法。存货采用实际成本核算，发出时按加权平均法结转成本；低值易耗品单项价值500元以内（含500元）采用一次摊销，500元以上采用五五摊销。

（4）存货跌价准备的确认标准和计提方法。期末时，存货以成本与可变现净值孰低计量，按单个存货项目的成本高于其可变现净值的差额计提存货跌价准备。与具有类似目的或最终用途并在同一地区生产和销售的产品系列相关，且难以将其与该产品系列的其他项目区别开来进行估价的存货，合并计提；对于数量繁多、单价较低的存货，按存货类别计提。

11. 长期投资核算方法

12. 投资性房地产

13. 固定资产计价和折旧方法

（1）固定资产确认：固定资产指本公司为生产商品、提供劳务、出租或经营管理而持有的使用寿命超过一年的房屋建筑物、机器设备、运输工具及其他与经营有关的工器具等。与该固定资产有关的经济利益很可能流入企业，以及该固定资产的成本能够可靠地计量时予以确认。

（2）固定资产计价：固定资产按成本进行初始计量。购买固定资产的价款超过正常信用条件延期支付，实质上具有融资性质的，固定资产的成本以购买价款的现值为基础确定。实际支付的价款与购买价款的现值之间的差额，除应予资本化的以外，在信用期间内计入当期损益。

（3）固定资产后续计量：本公司对所有固定资产计提折旧，除对已提足折旧仍继续使用的固定资产外。固定资产折旧采用直线法平均计算。本公司根据固定资产的性质和使用情况，确定固定资产的使用寿命和预计净残值。并在年度终了，对固定资产的使用寿命、预计净残值和折旧方法进行复核。公司的固定资产类别、预计使用寿命、预计净残值率和年折旧率见表11－32：

表11－32　　固定资产类别预计净残值率（%）

固定资产类别	估计经济使用年限	年折旧率（%）	预计净残值率（%）
房屋建筑物	25～40	3.8～2.375	5
专用设备	14	6.786	3
通用设备	10	8.125	5
运输设备	12	7.917	1
电子及办公设备	8	11.875	2

（4）固定资产的减值。期末时，对固定资产逐项进行检查，如果由于市价持续下跌，或技术陈旧、损坏、长期闲置等原因导致其可收回金额低于账面价值的，按单项固定资产可收回金额低于其账面价值的差额提取固定资产减值准备。

计提减值准备的固定资产在计提折旧时，按照该项固定资产的账面价值（即固定资产原价减去累计折旧和已计提的减值准备），以及尚可使用年限重新计算确定折旧率和折旧额。每年年度终了，对固定资产的使用寿命、预计净残值和折旧方法进行复核调整。固定资产使用寿命、预计净残值和折旧方法的改变作为会计估计变更处理。

14. 在建工程核算方法

在建工程指兴建中或安装中的资本性资产，以实际发生的支出作为工程成本入账。工程成本包括建筑费用、机器设备原价、安装费用及其他直接费用，以及在资产达到预定可使用状态之前为该项目专门借款所发生的借款费用。在建工程在达到预定可使用状态时，转入固定资产并自次月起开始计提折旧。

在建工程减值准备的核算参照资产减值相关会计政策。在建工程减值损失一经确认，在以后会计期间不得转回。

15. 借款费用的核算方法

16. 无形资产核算方法

（1）无形资产是指公司拥有或者控制的没有实物形态的可辨认非货币性长期资产，同时满足下列条件的确认为无形资产：与该无形资产有关的经济利益很可能流入公司；该无形资产的成本能够可靠地计量。

（2）按取得时以实际成本计价。

①外购的无形资产按照购买价款、相关税费及直接归属于使该资产达到预定用途所发生的实际成本入账。

②投资者投入的无形资产，按投资方签订的投资合同或协议价值入账。

内部研究开发项目研究阶段的支出，于发生时计入当期损益。内部研究开发项目开发阶段的支出，同时满足下列条件的，确认为无形资产：完成该无形资产以使其能够使用或出售在技术上具有可行性；具有完成该无形资产并使用或出售的意图；无形资产产生经济利益的方式，包括能够证明运用该无形资产生产的产品存在市场或无形资产自身存在市场，无形资产将在内部使用的，可证明其有用性；有足够的技术、财务资源和其他资源支持，以完成该无形资产的开发，并有能力使用或出售该无形资产；归属于该无形资产开发阶段的支出能够可靠地计量。

公司划分内部研究开发项目研究阶段支出和开发阶段支出的具体标准为：A 研究阶段指企业为获取新的技术和知识等进行的有计划的调查、探索阶段确认为研究阶段；B 开发阶段指企业在进行商业性生产或使用前，将研究成果用于某项计划或设计，以生产出新的或具有实质性改进的材料、装置、产品等，此阶段作为开发阶段。

（3）使用寿命有限的无形资产，在自取得当月起在预计使用年限内分期平均摊销；使用寿命不确定的无形资产，不进行摊销。公司的无形资产类别及摊销期限见表11－33：

表11－33

项　目	预计使用年限	摊销年限
土地使用权	50年	50年
专有技术及专利权	10年	10年
技术许可费	8年	8年
计算机软件	5年	5年

公司在每年年度终了时，对使用寿命有限的无形资产的使用寿命及摊销方法进行复核，使用寿命与摊销方法不同的，根据情况改变摊销期限和摊销方法。期末时，对无形资产账面价值进行检查，如发现下列情况，则对无形资产的可收回性进行估计，并对该项无形资产的账面价值超过可收回金额的部分，计提减值准备：某项无形资产已被其他新技术等所替代，使其为公司创造经济利益的能力受到重大不利影响；某项无形资产的市场价在当期大幅下跌，其跌幅明显高于因时间的推移或正常使用而预计的下跌。其他足以证明某项无形资产的账面价值超过可收回金额的情形。

17. 商誉

非同一控制下企业合并时，对合并成本大于合并中取得的被购买方可辨认净资产公允价值份额的差额，确认为商誉。初始确认后，商誉按照成本扣除累计减值准备后的金额计量。每期末，结合与商誉相关的资产组或者资产组组合进行商誉减值测试。资产减值损失一经确认，在以后会计期间不予转回。

18. 长期待摊费用核算方法（略）

19. 应付职工薪酬核算方法（略）

20. 应付债券核算方法（略）

21. 预计负债核算方法（略）

22. 政府补助（略）

23. 所得税的会计处理方法（略）

24. 利润分配

公司税后净利润按以下顺序及比例分配：

（1）弥补以前年度亏损；

（2）提取 10% 的法定盈余公积；

（3）提取任意盈余公积（提取比例由股东大会决定）；

（4）分配股利（由股东大会决定分配方案）。

25. 会计政策、会计估计变更及重大会计差错更正

（1）报告期内，本公司无重大会计政策变更。

（2）会计估计变更报告期内，本公司无重大会计估计变更。

（3）会计期间内未发生前期会计差错更正事项。

其余部分略。

练习题

学习情境一 货币资金的核算

一、单项选择题

1. 企业现金清查中，确实无法查明原因的现金短款，经批准后应计入（ ）。

A. 财务费用　　B. 管理费用

C. 销售费用　　D. 营业外支出

2. 下列支付结算方式中，只能用于同一票据交换区域结算的是（ ）。

A. 银行汇票　　B. 银行本票

C. 委托收款　　D. 托收承付

3. 对于银行已收款而企业未入账的未达账项，企业应作的处理是（ ）。

A. 以“银行对账单”为原始依据将该业务入账

B. 待有关结算凭证到达后入账

C. 在编制“银行存款余额调节表”的同时入账

D. 根据“银行存款余额调节表”和“银行对账单”自制原始凭证入账

4. 企业申请取得的银行汇票，应通过（ ）科目进行核算。

A. 应收票据　　B. 银行存款

C. 库存现金　　D. 其他货币资金

5. 企业现金清查中，确实无法查明原因的现金溢余，经批准后应计入（ ）。

A. 营业外收入　　B. 营业外支出

C. 主营业务收入　　D. 其他业务收入

6. 下列（ ）不属于货币资金。

A. 备用金　　B. 银行存款

C. 库存现金　　D. 其他货币资金

7. 库存现金的限额一般为（ ）。

A. 3～5天日常零星开支的需要　　B. 15天日常零星开支的需要

C. 1个月日常零星开支的需要　　D. 由企业根据需要自行确定

8. 期末银行对账单与银行存款日记账的核对属于（　　）。

A. 账账核对　　B. 账表核对

C. 账实核对　　D. 账证核对

9. 企业现金清查中，经查发现是尚未支付给个人的现金长款，经批准后应计入（　　）。

A. 其他应付款　　B. 管理费用

C. 财务费用　　D. 营业外收入

10. 企业现金清查中，发现有账实不符合情况的，在批准处理前应通过（　　）科目核算。

A. 其他应付款　　B. 待处理财产损溢

C. 财务费用　　D. 营业外收入

11. 企业收到承租方交来现金500元，系应收上月出租包装物租金，假定不考虑其他相关税费，会计分录正确的是（　　）。

A. 借：库存现金　500
　　贷：主营业务收入　500

B. 借：库存现金　500
　　贷：其他业务收入　500

C. 借：库存现金　500
　　贷：其他应收款　500

D. 借：库存现金　500
　　贷：其他应付款　500

12. 下列项目中，企业可以用现金支付的是（　　）。

A. 支付个人劳动报酬　　B. 偿还银行小额借款

C. 支付前欠某单位1 200元货款　　D. 退还某单位多付货款1 500元

13. 职员李四出差归来，报销差旅费1 500元，退回剩余现金500元，应编制的分录是（　　）。

A. 借：库存现金　2 000
　　贷：其他应收款　2 000

B. 借：管理费用　2 000
　　贷：其他应收款　2 000

C. 借：其他应收款　2 000
　　贷：库存现金　500
　　　　管理费用　1 500

D. 借：管理费用　1 500
　　　　库存现金　500
　　贷：其他应收款　2 000

14. 某企业在现金清查中发现库存现金较账面余额多出200元。经反复核查，长款原因仍然不明，经批准后应转入（　　）科目。

A. “库存现金”　　B. “营业外收入”

C. “待处理财产损溢”　　D. “其他应付款”

15. 经查明原因，经领导批准确认应由出纳员赔偿的现金短款200元，会计分录是（　　）。

A. 借：其他应收款　200
　　贷：库存现金　200

B. 借：其他应收款　200
　　贷：待处理财产损溢　200

C. 借：应收账款　200
　　贷：待处理财产损溢　200

D. 借：应收账款　200
　　贷：库存现金　200

16. 一个单位只能在一家金融机构开设一个（　　）。

A. 一般存款账户　　B. 专用存款账户

C. 临时存款账户　　D. 基本存款账户

17.（　　）是收款人或付款人（或承兑申请人）签发，由承兑人承兑，并于到期日向收款人或被背书人支付款项的票据。

A. 银行本票　　B. 银行汇票

C. 支票　　D. 商业汇票

18. 信用卡存款应在（　　）科目核算。

A. 其他应收款　　B. 银行存款

C. 其他货币资金　　D. 短期投资

19. 银行存款日记账由（　　）登记。

A. 会计负责人　　B. 会计人员

C. 出纳人员　　D. 业务经办人员

20. 支票的提示付款期限自出票日起（　　），但中国人民银行另有规定的除外。

A. 3天　　B. 5天

C. 10天　　D. 15天

21. 普通支票可以用于（　　）。

A. 转账　　B. 支取现金

C. 支取现金或转账　　D. 异地结算

22. 某企业收到面额为20 000元的转账支票一张，系东方公司归还的前欠货款。企业已将支票和填制的进账单送到银行办理收款手续，此时应当编制的会计分录是（　　）。

A. 借：银行存款　20 000
　　贷：应付账款　20 000

B. 借：应付账款　20 000
　　贷：银行存款　20 000

C. 借：银行存款　20 000
　　贷：应收账款　20 000

D. 借：应收账款　20 000
　　贷：银行存款　20 000

23. 现金支票可以用于（　　）。

A. 转账　　B. 支取现金

C. 异地结算　　D. 支取现金或转账

24. 存出投资款应在（　　）科目核算。

A. 其他应收款　　B. 银行存款

C. 其他货币资金　　D. 短期投资

25. 下列项目中，不属于货币资金的是（　　）。

A. 库存现金　　B. 银行存款

C. 其他货币资金　　D. 应收账款

二、多项选择题

1. 下列各项中，属于其他货币资金的有（　　）。

A. 外埠存款　　B. 存出投资款

C. 银行承兑汇票　　D. 银行汇票存款

2. 下列各项中，使得银行存款日记账余额小于银行对账单余额的有（　　）。

A. 企业开出支票，持票人未到银行兑现

B. 银行误将其他公司存款记入本企业银行存款账户

C. 银行代扣水电费，企业尚未接到通知

D. 银行收到委托收款的款项，企业尚未接到通知

3. 下列支付结算方式中，可用于异地结算的有（　　）。

A. 银行汇票　　B. 银行本票

C. 商业汇票　　D. 委托收款

4. 下列行为中，不符合现金管理制度的有（　　）。

A. 用现金支付出差人员预借的差旅费　　B. 未经批准"坐支现金"

C. 用现金购买一台设备 10 万元　　D. 用现金发放工资 3 万元

5. 根据中国人民银行规定，企业的银行存款账户可分为（　　）。

A. 基本存款账户　　B. 一般存款账户

C. 临时存款账户　　D. 专用存款账户

6. 未达账项包括（　　）。

A. 企业已收，银行未收的款项　　B. 企业已付，银行未付的款项

C. 银行已收，企业未收的款项　　D. 银行已付，企业未付的款项

7. 企业能够用于办理日常转账结算和存入现金业务的银行存款户有（　　）。

A. 临时存款户　　B. 一般存款户

C. 专用存款户　　D. 基本存款户

8. 下列业务中，可使企业其他货币资金增加的有（　　）。

A. 将银行存款汇往在外地银行开立的临时采购账户中

B. 以存出投资款购买债券

C. 企业申请取得一张银行汇票

D. 企业销售商品取得一张银行支票

9. 下列不属于单位、个人均可使用的支付结算办法的有（　　）。

A. 支票　　B. 商业汇票

C. 托收承付　　D. 汇兑

10. 下列各项，通过"其他货币资金"科目核算的有（　　）。

A. 备用金　　B. 存出投资款

C. 信用证保证金存款　　D. 银行本票存款

11. 下列项目中，可以使用现金的有（　　）。

A. 支付 500 元购货款　　B. 向个人收购农副产品支付 1 500 元

C. 李某出差借支差旅费 10 000 元　　D. 发放职工困难补助金 600 元

12. 下列各项中，违反现金收入管理规定的有（　　）。

A. 坐支现金

B. 收入的现金于当日送存银行

C. 将企业的现金收入按个人储蓄方式存入银行

D. “白条”抵库

13. 企业以外埠存款10 000元，购买需要安装设备一台，不考虑其他相关税费，会计分录由（　　）组成。

A. 借：固定资产　10 000　　B. 借：在建工程　10 000

C. 贷：其他货币资金　10 000　　D. 贷：银行存款　10 000

14. 银行存款的总分类核算，应当根据（　　）逐笔或分别定期汇总登记。

A. 银行存款收款凭证　　B. 银行存款付款凭证

C. 银行转账凭证　　D. 库存现金付款凭证

15. 银行存款日记账的核对，是指银行存款日记账（　　）。

A. 与银行存款余额调节表的核对　　B. 与银行存款收、付款凭证的核对

C. 与银行存款总账的核对　　D. 与银行存款对账单的核对

三、判断题

1. 银行存款余额调节表是调整银行存款账面余额的原始凭证。（　　）
2. 一个企业可开立多个基本存款账户。（　　）
3. 支票的提示付款期为自出票之日起1个月。（　　）
4. 企业在日常经营活动中取得的现金，一般情况下可直接用于支付企业的支出。（　　）
5. 出纳人员应登记现金总账和现金日记账。（　　）
6. 转账支票既可以用于转账，也可以用于提现。（　　）
7. 委托收款和托收承付结算方式，都受结算金额起点的限制。（　　）
8. 同城或异地的商品交易均可采用商业汇票进行结算。（　　）
9. 商业承兑汇票的承兑人是购货企业的开户银行。（　　）
10. 企业每月将“银行存款日记账”与“银行对账单”核对，是为了达到账账相符。（　　）
11. 现金清查，是以实地盘点法核对库存现金实有数与账存数的。（　　）
12. 盘点现金出现溢余，可以在“其他应付款”账户的贷方反映，待日后短缺时用于抵扣。（　　）
13. 无法查明原因的现金短缺，根据管理权限批准后记入“营业外支出”账户。（　　）
14. 对于银行已经入账而企业尚未入账的未达账项，企业应当根据“银行对账单”编制自制凭证予以入账。（　　）
15. 库存现金的清查包括出纳人员每日的清点核对和清查小组定期和不定期的清查。（　　）
16. “库存现金”账户反映企业的库存现金，包括企业内部各部门周转使用、由各部门保管的定额备用金。（　　）
17. 采用定额制核算备用金的企业，备用金使用部门日常凭单据报销差旅费时，会计部门应按报销金额冲减“其他应收款”科目。（　　）
18. 单位签发支票支付款项，应贷记“其他货币资金”科目。（　　）

19. 单位可以从一般存款账户中提取现金发放工资。（ ）

20. 银行本票的提示付款期是自出票之日起2个月，银行汇票的提示付款期是自出票之日起1个月。（ ）

四、不定项选择题

（一）兴发公司20××年9月发生如下货币资金业务：

（1）5日，开出现金支票一张，从银行提取现金8 000元备用。

（2）7日，张明去北京采购材料，不方便携带现款，故委托开户银行汇款100 000元到北京开立采购专户，并从财务预借差旅费5 000元，财务以现金支付。

（3）12日，在对现金的日常清查中，发现现金短缺235元。原因正在调查。

（4）18日，张明出差回来，交回采购有关的供应单位发票账单，共支付材料款项93 600元，其中，材料价款80 000元，增值税13 600元，余款退回，货物5天后才到达。

（5）25日张明出差回来报销差旅费4 830元，余款退回。

（6）30日，发现短缺的现金是由于出纳员刘建的工作失职造成的，应由其负责赔偿。

要求：根据上述材料，不考虑其他因素，分析回答下列第1~6小题。

1. 根据资料（1），应填制的记账凭证是（ ）。

A. 现金收款凭证　　B. 现金付款凭证

C. 银行存款收款凭证　　D. 银行存款付款凭证

2. 对资料（2）中经济业务的会计处理正确的是（ ）。

A. 借：其他应收款——张明　　5 000
　　贷：库存现金　　5 000

B. 借：其他货币资金——银行汇票存款　　100 000
　　贷：银行存款　　100 000

C. 借：管理费用——差旅费　　5 000
　　贷：库存现金　　5 000

D. 借：其他货币资金——外埠存款　　100 000
　　贷：银行存款　　100 000

3. 根据资料（3）中经济业务，编制的会计分录中借方和贷方正确的选择是（ ）。

A. 借：待处理财产损溢　235　　B. 贷：待处理财产损溢　235

C. 贷：库存现金　235　　D. 借：库存现金　235

4. 根据资料（4）中经济业务，编制的会计分录正确的是（ ）。

A. 借：原材料　　80 000
　　应交税费——应交增值税（进项税额）　　13 600
　　贷：银行存款　　93 600

B. 借：原材料　　80 000
　　应交税费——应交增值税（进项税额）　　13 600
　　银行存款　　6 400

贷：其他货币资金——外埠存款 100 000

C. 借：在途物资 80 000

应交税费——应交增值税（进项税额） 13 600

银行存款 6 400

贷：其他货币资金——外埠存款 100 000

D. 借：在途物资 80 000

应交税费——应交增值税（进项税额） 13 600

银行存款 6 400

贷：其他货币资金——银行汇票存款 100 000

5. 根据资料（5）中经济业务，编制的会计分录正确的是（ ）。

A. 借：管理费用 4 830

贷：库存现金 4 830

B. 借：管理费用 4 830

贷：其他应收款——张明 4 830

C. 借：管理费用 4 830

库存现金 170

贷：其他应收款——张明 5 000

D. 借：管理费用 4 830

银行存款 170

贷：其他应收款——张明 5 000

6. 对资料（6）中的经济业务的会计处理错误的是（ ）。

A. 若现金短缺无法查明原因，则应计入“管理费用”

B. 若现金短缺无法查明原因，则应计入“营业外支出”

C. 若现金短缺无法查明原因，则应冲减“营业外收入”

D. 由刘建工作失误造成的损失部分应计入“其他应收款”

（二）美芝源公司20××年3月发生下列与货币资金相关的经济业务：

（1）3月10日，提现10 800元，备发工资。

（2）3月10日，以现金发放本月职工工资10 800元。

（3）3月12日，经批准，将银行账户中的50 000元存入证券公司的证券专户，用于未来购买交易性金融资产。

（4）3月15日，用银行存款10 000元支付租入包装物的押金。

（5）3月20日，企业在现金清查中，发现库存现金短缺40元，原因待查。

（6）3月28日，经查，20日的现金短缺中，20元由出纳员刘立赔偿，其余部分经批准转作管理费用。

要求：根据上述材料，不考虑其他因素，分析回答下列第1~6小题。

1. 根据资料（1），企业能从（ ）提取用于发放工资的现金。

A. 基本存款账户　　B. 一般存款账户

C. 临时存款账户　　D. 专用存款账户

2. 对资料（2）中经济业务的会计处理正确的是（ ）。

A. 借：应付职工薪酬 10 800
　　贷：库存现金 10 800
B. 借：应付职工薪酬 10 800
　　贷：银行存款 10 800
C. 借：其他货币资金——存出投资款 10 800
　　贷：库存现金 10 800
D. 借：其他货币资金——外埠存款 10 800
　　贷：银行存款 10 800

3. 根据资料（3）中经济业务，进行账务处理时涉及的账户有（　　）。
A. 银行存款　　B. 交易性金融资产
C. 其他货币资金——外埠存款　　D. 其他货币资金——存出投资款

4. 根据资料（4）中经济业务，编制的会计分录正确的是（　　）。
A. 借：应付账款 10 000
　　贷：银行存款 10 000
B. 借：银行存款 10 000
　　贷：其他货币资金——外埠存款 10 000
C. 借：其他应收款 10 000
　　贷：银行存款 10 000
D. 借：其他货币资金——银行汇票存款 10 000
　　贷：银行存款 10 000

5. 根据资料（5）中经济业务，不属于现金实物清查方法的是（　　）。
A. 实地盘点法　　B. 核对法
C. 技术推算法　　D. 发函询证法

6. 对资料（6）中的经济业务，进行账务处理时涉及的账户有（　　）。
A. 库存现金　　B. 管理费用
C. 其他应收款　　D. 待处理财产损溢

学习情境二　往来业务的核算

一、单项选择题

1. 企业的应收票据是指销售商品或提供劳务时收到的（　　）。
A. 支票　　B. 银行本票
C. 银行汇票　　D. 商业汇票

2. 某企业20××年5月10日销售产品一批，销售收入40 000元，规定的现金折扣条件为2/10，1/20，n/30，增值税税率为17%，计算现金折扣时不考虑增值税。5月26日收到该笔款项时，应给予客户的现金折扣为（　　）。

A. 0　　B. 400

C. 468　　D. 800

3. 某企业××年初“坏账准备”账户的贷方余额为5 000元，该年7月转销应收款项10 000元。年末应收款项的余额为6 000 000元，估计的坏账损失率为5‰，该企业年末应补提的坏账准备为（　　）元。

A. 15 000　　B. 20 000

C. 30 000　　D. 35 000

4. 一张商业汇票的签发日为5月30日，期限2个月，则该票据的到期日为（　　）。

A. 7月29日　　B. 7月30日

C. 7月31日　　D. 8月1日

5. 某企业增值税税率17%。某月销售商品一批，商品标价10 000元，合同约定商业折扣20%。企业销售商品时代垫运杂费200元，则应收账款的入账金额为（　　）元。

A. 9 300　　B. 9 560

C. 9 700　　D. 9 900

6. 预付货款业务不多的企业，可以不设置“预付账款”账户，通过（　　）账户核算。

A. 应付账款　　B. 应收账款

C. 其他应付款　　D. 其他应收款

7. 下列交易或事项不属于“其他应收款”核算内容的是（　　）。

A. 存出的保证金　　B. 销售商品代垫的运杂费

C. 应收取出租资产的租金　　D. 向出差人员预付的差旅费

8. 某企业销售商品一批，增值税专用发票上注明的价款为100万元，适用的增值税税率17%，为购买方代垫包装费3万元，运杂费2万元，款项尚未收回。该企业确认的应收账款为（　　）万元。

A. 105　　B. 117

C. 119　　D. 122

9. 某企业根据对应收款项收回风险的估计，决定对应收账款和其他应收款按其余额的5%于每年年末计提坏账准备。20×6年12月1日，“坏账准备”科目借方余额为30 000元。20×6年12月31日，“应收账款”科目借方余额为700 000元，“应收票据”科目借方余额为200 000元，“其他应收款”科目借方余额为100 000元。则该企业20×6年12月31日应补提的坏账准备是（　　）元。

A. 10 000　　B. 65 000

C. 70 000　　D. 80 000

10. 某企业增值税税率17%，20××年10月8日销售商品100件，该商品标价150元/件，合同规定10%的商业折扣。购货方尚未支付货款，则该企业应收账款的入账价值是（　　）元。

A. 15 795　　B. 17 250

C. 17 400　　D. 17 550

11. 甲公司为增值税一般纳税企业，适用增值税税率17%。20××年8月8日甲公司向乙公司销售一批商品，产品标价200 000元，因属于批量销售，甲公司同意给予乙公司10%的商业折扣；同时为了鼓励乙公司及早还款，还规定了按含增值税的售价计算的现金折扣条件：2/10、1/20、n/30。假定甲公司8月15日收到该笔销售价款，则实际收到的价款为（　　）元。

A. 206 388　　B. 210 600

C. 229 320　　D. 234 000

12. 甲公司20×6年6月6日销售产品一批，货款为1 000万元，增值税税率17%。销售当日甲公司收到购货方一张已承兑的为期3个月的商业承兑汇票。则甲公司应收票据的入账金额是（　　）万元。

A. 830　　B. 1 000

C. 1 034　　D. 1 170

13. 企业在连续提取坏账准备的情况下，“坏账准备”科目期末余额如为贷方余额，其反映的内容是（　　）。

A. 已经发生的坏账损失

B. 本年提取的坏账准备

C. 企业已提取但尚未转销的坏账准备数额

D. 上年末坏账准备的余额小于本年确认的坏账损失部分

14. 2017年2月28日签发的为期1个月的票据，其到期日为（　　）。

A. 3月28日　　B. 3月29日

C. 3月30日　　D. 3月31日

15. 如果贴现未计提利息的带息应收票据并且不负有连带还款责任，应按实际收到的金额借记“银行存款”账户，按票据面值贷记“应收票据”账户，按其差额贷记“财务费用”账户，此差额指的是（　　）。

A. 票据的利息　　B. 票据的贴息

C. 票据的利息与票据的贴息之差　　D. 票据的面值与票据的贴息之差

16. 企业已贴现的不带息商业承兑汇票，由于承兑人的银行账户不足支付，企业收到银行退回的应收票据和支款通知时，企业应按支款通知单的金额，编制会计分录（　　）。

A. 借记“应收票据”科目，贷记“短期借款”科目

B. 借记“应收账款”科目，贷记“短期借款”科目

C. 借记“短期借款”科目，贷记“银行存款”科目

D. 借记“应收票据”科目，贷记“应付账款”科目

17. 企业已贴现的带息商业承兑汇票，由于承兑人到期未向贴现银行支付款项，贴现银行将商业承兑汇票退还企业，并从贴现企业的银行账户中扣款，银行扣款的金额是（　　）。

A. 票据面值　　B. 票据到期值

C. 票据贴现净值　　D. 票据面值加上贴现利息

18. 下列应收、暂付款项中，不通过“其他应收款”科目核算的是（　　）。

A. 预付给企业内部各单位备用金　　B. 应向购货方收取的代垫运杂费

C. 应向职工收取的各种垫付款项　　D. 应向运输部门索赔的材料短缺赔款

19. 某公司 20×6 年 10 月 1 日开出一张面值 100 000 万元、6 个月到期的不带息商业承兑汇票，则该应付票据 20×6 年 12 月 31 日的账面余额为（　　）元。

A. 100 000　　B. 101 500

C. 102 500　　D. 105 000

20. 开出并承兑的银行承兑汇票到期如果不能支付，则付款人应将应付票据到期值转入（　　）账户。

A. 应收账款　　B. 应付账款

C. 短期借款　　D. 其他应付款

二、多项选择题

1. 应收账款的核算内容包括（　　）。

A. 应收增值税款　　B. 应收代垫运杂费

C. 应收商品、劳务的价款　　D. 应收各种赔款、违约金

2. 非租赁公司的下列项目应由“其他应收款”账户核算的有（　　）。

A. 一次性备用金　　B. 提供劳务

C. 存出保证金　　D. 应收固定资产出租的租金

3. 下列项目按照会计准则规定应该提取坏账准备的债权有（　　）。

A. 应收票据　　B. 应收账款

C. 预付账款　　D. 其他应收款

4. 下列事项中，应记入“坏账准备”科目贷方的有（　　）。

A. 收回以前已确认的坏账　　B. 按规定补提的坏账准备

C. 转销无法收回的应收账款　　D. 转销无法支付的应付账款

5. 下列项目中应通过“其他应收款”核算的有（　　）。

A. 应收的各种罚款　　B. 收取的各种押金

C. 应向职工收取的各种垫付款项　　D. 实行定额备用金制的企业日常报销时

6. 某企业坏账损失采用备抵法核算，已作为坏账损失处理的应收账款 2 000 元，今又收回，正确的处理方法包括（　　）。

A. 借：银行存款　　2 000
　　贷：应收账款　　2 000

B. 借：应收账款　　2 000
　　贷：坏账准备　　2 000
　借：银行存款　　2 000
　　贷：应收账款　　2 000

C. 借：坏账准备　　2 000
　　贷：银行存款　　2 000

D. 借：银行存款　　2 000
　　贷：坏账准备　　2 000

7. 按现行制度规定，需要在“应收票据”或“应付票据”科目下核算的票据包括（　　）。

A. 银行汇票 B. 银行本票

C. 商业承兑汇票 D. 银行承兑汇票

8. 某企业持有一张 90 天期限，面值 45 000 元，利率 10% 的商业承兑汇票，45 天后到银行贴现，协议约定到期不负有付款责任，贴现率为 12%，该业务会导致贴现月末的资产负债表中（ ）。

A. 应收票据项目增加 B. 应收票据项目减少

C. 货币资金项目增加 45 433.125 元 D. 货币资金项目减少 45 433.125 元

9. 下列项目中，哪些可以作为计提坏账准备的依据（ ）。

A. 存出保证金 B. 应收的赔款

C. 代购货单垫付的运杂费 D. 预付给供货单位的购货款

10. 证明应收款项不能够收回或收回的可能性不大的确凿证据有（ ）。

A. 债务单位已撤销、破产

B. 逾期 3 年以上的应收款项

C. 债务单位资不抵债，现金流量严重不足

D. 发生严重自然灾害等导致停产而短时期无法偿债

11. 按现行企业会计制度规定，下列选项中正确的有（ ）。

A. 企业应当在期末分析各项应收款项的可收回性，并预计可能产生的坏账损失。对预计可能发生的坏账损失，计提坏账准备

B. 企业持有的未到期应收票据，如有确凿证据证明不能够收回或收回的可能性不大时，不应将其账面余额转入应收账款，但应计提相应的坏账准备

C. 企业计提坏账准备的方法由企业自行确定。企业应当制定计提坏账准备的政策，明确计提坏账准备的范围、提取方法、账龄的划分和提取比例，按照法律、行政法规的规定报有关方备案

D. 企业的预付账款，如有确凿证据表明其不符合预付账款性质，或者因供货单位破产、撤销等原因已无望再收到所购货物的，应当将原计入预付账款的金额转入其他应收款，并按规定计提坏账准备

12. 按现行企业会计制度规定，下列各项应收款项中，不能全额计提坏账准备的有（ ）。

A. 当年发生的应款项

B. 计划对应收款项进行重组

C. 与关联方发生的应款项

D. 其他已逾期，但无确凿证据表明不能收回的应收款项

13. 一般纳税企业会计核算上，可以作为确定购入货物或接受应税劳务支付的可以抵扣的增值税（进项税额）并作为记账依据的凭证有（ ）。

A. 增值税专用发票 B. 增值税普通发票

C. 进口货物的完税凭证 D. 收购免税农产品的收购凭证

14. 下列各项中，可计入“其他应付款”科目核算的有（ ）。

A. 存出保证金 B. 收到的包装物押金

C. 职工未按期领取的工资 D. 应付租入包装物的租金

15. 下列关于应付账款的处理中，正确的有（　　）。

A. 应付账款一般按到期应付金额的现值入账

B. 货物已到但发票账单未同时到达，待月份终了时暂估入账

C. 货物与发票账单同时到达，待货物验收入库后，按发票账单登记入账

D. 如果购入资产形成了一笔应付账款时是带有现金折扣的，则直接扣除现金折扣，冲减财务费用

16. 关于“预付账款”账户，下列说法正确的有（　　）。

A.“预付账款”属于资产性质的账户

B.“预付账款”账户核算企业因销售业务产生的往来款项

C.“预付账款”账户贷方余额反映的是应付供应单位的款项

D. 预付货款不多的企业，可以不单独设置“预付账款”账户，将预付的货款记入“应付账款”账户的借方

17. 下列各项，会引起期末“应收账款”账面价值发生变化的有（　　）。

A. 收回应收账款　　B. 收回已转销的坏账

C. 计提应收账款坏账准备　　D. 结转到期不能收回的应收票据

18. 计算带息商业汇票的到期值时，应考虑的因素有（　　）。

A. 票面利率　　B. 票面金额

C. 票据期限　　D. 贴现率

19. 下列各项中，可以作为坏账处理的有（　　）。

A. 到期的应收票据，付款单位无款支付

B. 因债务人破产，依照法律清偿后确实无法收回的应收账款

C. 债务人逾期未履行偿债义务超过3年，仍不能收回的应收账款

D. 债务人死亡，既无遗产可供清偿又无义务承担人，确实无法收回的应收账款

三、判断题

1. 应收账款属于金融资产。（　　）

2. 应收账款由于企业赊销活动所引起，其入账时间通常与销售收入的实现时间一致。（　　）

3. 应收账款账户核算企业因销售产品、提供劳务和职工借款等业务，应向购货单位或本单位职工个人收取的款项。（　　）

4. 存在商业折扣销售的情况下应按折扣后的金额作为应收账款的入账金额。（　　）

5. 在我国，应收账款入账金额应该采用总价（额）法确定。（　　）

6. 在存在现金折扣的条件下，应收账款应以发票账单的金额减去现金折扣的金额作为入账价值。（　　）

7. 2月28日（非闰月）开出期限为两个月的商业承兑汇票，到期日为4月28日。（　　）

8. 不带息票据贴现时，贴现所得与应收票据账面余额的差额一定记入“财务费用”账户的借方。（　　）

9. 不带息票据按面值入账，带息票据按现值入账。（　）

10. 贴现率就是票据的票面利率。（　）

11. 应收票据和其他应收款同样有发生坏账的风险，所以也对其计提坏账准备。（　）

12. 对于单项金额重大的应收款项，应单独进行减值测试。（　）

13. 应收款项计提坏账准备体现了谨慎性原则。（　）

14. "坏账准备"科目的余额平时可能在借方，也可能在贷方或无余额。（　）

15. "坏账准备"科目年末结账后的余额肯定在贷方或无余额。（　）

16. 对于企业确实无法收回的应收款项，经批准作为坏账损失，应借记"坏账准备"科目，贷记"应收票据""应收账款""其他应收款"等科目。（　）

17. 已确认并转销的应收款项以后又重新收回的，可以按实际收回的金额，借记"银行存款"，贷记"坏账准备"科目。（　）

18. 企业支付的包装物押金，应通过"其他应收款"科目核算，收取的包装物押金，应通过"其他应付款"核算。（　）

19. 预付账款和应收账款都是资产项目，他们可以互换使用。（　）

20. 预付货款可以在"应付账款"科目核算，因此，预付货款时可以减少企业的负债总额。（　）

21. 预付货款业务不多的企业，可以不单独设置"预付账款"账户，而将预付的货款直接记入"应收账款"账户的借方。（　）

22. 应收款项减值准备的提取使得资产负债表中的应收款项价值更真实、可靠。（　）

23. 在账龄分析法下，估计的坏账损失率是由国家规定的。（　）

四、不定项选择题

（一）大洋公司为增值税一般纳税人，适用的增值税税率为17%。每年年末采用应收款项余额百分比法对应收账款计提坏账准备，20×6年11月末，应收账款总额300万元，"坏账准备"账户贷方余额9万元，公司估计的坏账比例3%。20×6年12月发生如下经济业务：

（1）10日，向甲公司销售商品一批，增值税专用发票上注明价款100万元，增值税17万元，为购买方代垫包装费3万元，运费2万元，其他杂费1万元，商品已经发出，合同中规定的现金折扣条件为：2/10，1/20，n/30，款项尚未收回。计算现金折扣时不考虑增值税。

（2）10日，20×5年8月确认为坏账的2万元因乙公司财务状况好转收回存入银行。

（3）15日，收到甲公司支付的款项存入银行。

（4）18日，丙公司财务发生严重困难，短期内确认无法偿还所欠本公司欠款8万元，经董事会决议，将丙公司欠款确认为坏账。

（5）20日，预收乙公司购货款10万元存入银行。

（6）30日，向丁公司赊销商品一批，开出的增值税发票上注明售价60万元，增值税10.2万元。

要求：根据上述材料，不考虑其他因素，分析回答下列第1~6小题（金额单位：万元）。

1. 根据资料（1），应收账款的入账金额正确的是（ ）。

A. 应收账款应该确认123万元　　B. 应收账款应该确认120万元

C. 应收账款应该确认119.86万元　　D. 应收账款应该确认122.86万元

2. 根据资料（1），下列说法正确的是（ ）。

A. 若甲公司20×6年12月15日付清货款，大洋公司实际收款金额应为121.00万元

B. 若甲公司20×6年12月26日付清货款，大洋公司实际收款金额应为121.83万元

C. 若甲公司20×6年12月26日付清货款，大洋公司实际收款金额应为122.00万元

D. 若甲公司20×6年12月31日付清货款，大洋公司实际收款金额应为123.00万元

3. 根据资料（3），下列项目不正确的是（ ）。

A. 甲公司付款时享受的2万元现金折扣，借记"财务费用"

B. 甲公司付款时享受的2万元现金折扣，贷记"财务费用"

C. 大洋公司收款时产生的2万元现金折扣，借记"财务费用"

D. 大洋公司收款时产生的2万元现金折扣，贷记"财务费用"

4. 根据资料（5），下列说法正确的是（ ）。

A. 预收乙公司的10万元可记入"应收账款"的借方

B. 预收乙公司的10万元可记入"应收账款"的贷方

C. 预收乙公司的10万元可记入"预收账款"的借方

D. 预收乙公司的10万元可记入"预收账款"的贷方

5. 根据资料（2）和资料（4），编制的会计分录正确的是（ ）。

A. 借：银行存款　20 000
　　贷：坏账准备　20 000

B. 借：坏账准备　20 000
　　贷：银行存款　20 000

C. 借：坏账准备　80 000
　　贷：应收账款　80 000

D. 借：应收账款　80 000
　　贷：坏账准备　80 000

6. 根据上述资料，20×6年大洋公司应补提的坏账准备金额为（ ）万元。

A. 8　　B. 7.866

C. 8.106　　D. 10.866

（二）B公司为增值税一般纳税人，20××年发生的有关业务如下：

（1）1月4日，收到甲公司银行汇票一张，金额117 000元，支付上月所欠购货款。

（2）2月28日，出售商品一批，售价总额为200 000元，增值税税率17%，收到已承兑的不带息银行承兑汇票一张，期限2个月。

（3）3月11日，由于资金周转紧张，公司持上述银行承兑汇票到银行贴现，贴现率为5%。

（4）4月10日，出售商品一批，价税合计1 170 000元，收到已承兑的带息商业承兑汇票一张，票面利率3%，期限3个月。

（5）4月10日，收取出租包装物押金10 000元，存入银行。

要求：根据上述材料，不考虑其他因素，分析回答下列第1~6小题。

1. 根据资料（1），B公司收到银行汇票，应该借记（　　）科目。

A. 应收票据　　B. 应收账款

C. 其他应收款　　D. 银行存款

2. 根据资料（2），B公司应收票据的入账金额是（　　）。

A. 166 000　　B. 200 000

C. 203 400　　D. 234 000

3. 根据资料（2）和（3），下列说法正确的是（　　）。

A. 该商业汇票的贴现天数是50天　　B. 该商业汇票的到期日是4月29日

C. 该商业汇票的贴现利息是1 625元　　D. 该商业汇票的贴现金额是232 375元

4. 根据资料（3），下列说法正确的是（　　）。

A. 贴现时，按面值贷记“应收票据”

B. 贴现时，按面值贷记“短期借款”

C. 贴现金额和商业汇票面值的差额借记“财务费用”

D. 贴现金额和商业汇票面值的差额贷记“财务费用”

5. 根据资料（4）判断，计算带息商业汇票的到期值时，应考虑的因素有（　　）。

A. 贴现率　　B. 票面金额

C. 票据期限　　D. 票面利率

6. 根据资料（5），下列说法正确的是（　　）。

A. 收取的包装物押金记入“应付账款”

B. 收取的包装物押金记入“应收账款”

C. 收取的包装物押金记入“其他应付款”

D. 收取的包装物押金记入“其他应收款”

学习情境三　存货的核算

一、单项选择题

1. 下列项目不符合存货定义的是（　　）。

A. 包装材料　　B. 修理用备件

C. 工程用物资　　D. 低值易耗品

2. 存货的初始计量应采用（　　）。

A. 计划成本或定额成本　　B. 重置成本

C. 售价或可变现净值　　D. 历史成本

3. 下列项目不构成一般纳税人存货成本的是（　　）。

A. 买价　　B. 采购费用

C. 车间管理人员的薪酬　　D. 不属于为特定客户制造产品的设计费用

4. 按企业会计准则的规定，下列方法中不能作为发出存货计价方法的是（　　）。

A. 先进先出法　　B. 后进先出法

C. 全月一次加权平均法　　D. 个别计价法

5. 材料验收入库后，因意外事故造成的毁损，应借记（　　）账户。

A. 管理费用　　B. 待处理财产损溢

C. 营业外支出　　D. 其他应收款

6. 领用价值较低的或容易损坏的低值易耗品，最适宜采用的摊销方法是（　　）。

A. 一次摊销法　　B. 使用期限法

C. 五五摊销法　　D. 分次摊销法

7. 一次摊销法下，报废出借包装物回收的残料价值应当（　　）。

A. 冲减产品销售费用　　B. 计入营业外收入

C. 计入其他业务收入　　D. 冲减管理费用

8. 盘盈的存货，经批准予以转销时，应贷记（　　）账户。

A. 管理费用　　B. 制造费用

C. 营业外收入　　D. 销售费用

9. 某企业为一般纳税人，购入原材料一批，取得的增值税专用发票上注明：买价20 000元，增值税3 400元。供货方代垫运输费500元，增值税55元，杂费300元。验收入库时发现途中合理损耗材料价值200元。入库后发生挑选整理费800元。则该批原材料的采购成本为（　　）元。

A. 21 000　　B. 20 800

C. 20 600　　D. 20 500

10. 某企业甲材料7月4日结存100千克，单价20元。7月5日入库50千克，单价15元，同日发出甲材料70千克。7月6日入库200千克，单价22元，同日发出150千克。该企业发出存货成本采用移动加权平均法。7月6日结存甲材料成本为（　　）元。

A. 3 142.86　　B. 2 723.81

C. 2 655.71　　D. 2 638.69

11. A公司为增值税一般纳税人，原材料采用计划成本计价，甲材料的计划单位成本为每千克12元。20××年4月10日，A公司从C公司购入甲材料10 000千克，取得的增值税专用发票注明：买价100 000元，增值税17 000元。C公司代垫运输等费用，取得的运输行业增值税专用发票注明：运费2 000元，增值税220元，另代垫包装费、途中保险费500元。同月15日，甲材料验收入库，实收9 990千克，途中合理损耗10千克。该批入库甲材料的材料成本差异为（　　）元。

A. 节约17 500　　B. 超支17 500

C. 节约17 380　　D. 超支17 380

12. 某企业20××年12月31日，甲存货的实际成本为100万元，加工该存货至完工产成品估计还将发生成本为20万元，估计销售费用和相关税费为2万元，估计用该存货生产的产成品售价为110万元。假定甲存货月初“存货跌价准备”科目余额为0，20××年12月31日应计提的存货跌价准备为（　　）万元。

A. 12　　B. 10

C. 0　　D. －10

13. 某批发企业（小规模纳税人）从B公司购入甲商品，买价20万元，增值税3.4万元，C公司代垫运杂费0.5万元。甲商品的实际成本为（　　）万元。

A. 23.9　　B. 23.4

C. 20.5　　D. 20

14. A公司委托B公司将甲料加工成乙料（应税消费品），A、B公司均为一般纳税人。A公司发出甲料的计划成本10万元，甲料的材料成本差异率为2%。委托加工过程中A公司承担往返运杂费1万元，向B公司支付加工费用3万元、增值税0.51万元、消费税2万元。A公司将乙料收回后用于连续生产应税消费品。则乙料的实际成本为（　　）万元。

A. 16.71　　B. 16.2

C. 14.71　　D. 14.2

15. A公司7月末结存低值易耗品5万元，8月10日领用低值易耗品4万元（第一次领用），采用五五摊销法摊销。A公司8月份资产负债表中应反映低值易耗品的价值为（　　）万元。

A. 5　　B. 3

C. 1　　D. 0

16. 企业为小规模纳税人，20××年10月9日购入材料一批，注明价款为21 200元，增值税额为3 604元。材料入库前的挑选整理费为200元，材料已验收入库。则该材料入账价值应为（　　）元。

A. 25 004　　B. 23 804

C. 21 400　　D. 20 200

17. 某企业为增值税小规模纳税企业。该企业购入甲材料600千克，每千克含税单价为50元，发生运杂费2 000元，运输途中发生合理损耗10千克，入库前发生挑选整理费用200元。该批甲材料的入账价值为（　　）元。

A. 32 700　　B. 32 200

C. 32 000　　D. 30 000

18. 某企业计划成本核算。20××年12月1日，结存材料的计划成本为400万元，材料成本差异贷方余额为6万元；本月入库材料计划成本2 000万元，材料成本差异借方发生额为12万元；本月发出材料的计划成本为1 600万元。该企业2008年12月31日结存材料的实际成本为（　　）万元。

A. 1 604　　B. 802

C. 800　　D. 798

19. 某企业采用计划成本进行材料的日常核算。月初结存材料的计划成本为80万元，成本差异为超支20万元。当月购入材料一批，实际成本为110万元，计划成本为120万元。当月领用材料的计划成本为100万元，当月领用材料应负担的材料成本差异为（　）万元。

A. 超支15　　B. 节约15

C. 超支5　　D. 节约5

20. 盘亏的存货，经查需要保险公司赔偿，应记入（　　）账户。

A. 管理费用　　B. 制造费用

C. 营业外支出　　D. 其他应收款

二、多项选择题

1. 下列物资中属于存货的有（　　）。

A. 原材料　　B. 工程物资

C. 库存商品　　D. 包装物和低值易耗品

2. 小规模的工业企业，外购存货的采购成本应包括（　　）。

A. 买价　　B. 运杂费

C. 支付的增值税　　D. 入库前的挑选整理费用

3. 对于增值税一般纳税人企业，下列支出不应计入外购材料采购成本的有（　　）。

A. 采购员差旅费　　B. 入库后的挑选整理费

C. 购入材料应负担的消费税　　D. 购入材料应支付的增值税

4. 某企业采用实地盘存制，如果期末将已出售但购货方尚未提走的产成品列作本企业期末存货，则会导致（　　）。

A. 本期利润将被低估　　B. 本期利润将被高估

C. 下期利润将被低估　　D. 下期利润将被高估

5. 企业（一般纳税人）下列支出中构成存货采购成本的有（　　）。

A. 进口关税　　B. 发票中的买价

C. 支付给运输部门的运费　　D. 入库前的挑选整理费

6. 下列各项目，应计入其他业务成本的有（　　）。

A. 出借包装物成本的摊销额

B. 出租包装物成本的摊销额

C. 随同产品出售不单独计价的包装物成本

D. 随同产品出售并单独计价的包装物成本

7. 盘亏存货批转转销时，可能计入的账户有（　　）。

A. 管理费用　　B. 财务费用

C. 其他应收款　　D. 营业外支出

8. 下列事项中，应计入销售费用的有（　　）。

A. 出借包装物成本的摊销额

B. 出租包装物成本的摊销额

C. 随同产品出售不单独计价的包装物成本

D. 随同产品出售并单独计价的包装物成本

9. 下列事项影响存货成本的有（　　）。

A. 采购人员的差旅费

B. 车间设备的折旧费

C. 车间管理人员薪酬

D. 产品设计费用（非特定客户定制产品而发生）

10. 商品流通企业的进货费用，可以采用的处理方法有（　　）。

A. 直接计入当期损益

B. 直接计入商品成本

C. 直接计入主营业务成本

D. 先进行归集，期末采用规定的方法分别计入存货成本和主营业务成本

11. 下列各项，构成工业企业外购存货入账价值的有（　　）。

A. 买价　　B. 运杂费

C. 运输途中的合理损耗　　D. 入库前的挑选整理费

12. 下列项目中，一般纳税企业应计入存货成本的有（　　）。

A. 购入存货支付的关税　　B. 委托加工材料发生的增值税

C. 企业采购过程中发生的保险费　　D. 自制存货生产过程中发生的直接费用

13. 下列项目中，应计入存货成本的有（　　）。

A. 商品流通企业在采购商品过程中发生的运输费

B. 非正常消耗的直接材料、直接人工和制造费用

C. 在生产过程中为达到下一个生产阶段所必需的费用

D. 存货的加工成本

14. “材料成本差异”科目贷方核算的内容有（　　）。

A. 入库材料成本超支差异　　B. 入库材料成本节约差异

C. 结转发出材料应负担的超支差异　　D. 结转发出材料应负担的节约差异

15. 下列各项中，增值税一般纳税企业应计入收回委托加工物资成本的有（　　）。

A. 支付的加工费

B. 随同加工费支付的增值税

C. 支付的收回后直接销售的委托加工物资的消费税

D. 支付的收回后用于继续加工应税消费品的委托加工物资的消费税

16. 企业发生的下列与增值税相关的业务中，应计入相关资产或负债成本中的有（　　）。

A. 自产产品用于非应税项目

B. 自产产品用于职工个人消费

C. 一般纳税企业未取得增值税专用发票

D. 小规模纳税企业委托加工物资所支付的增值税

17. 企业购进货物发生的下列相关税金中，应计入相关资产成本的有（　　）。

A. 进口商品支付的关税

B. 收购未税矿产品代缴的资源税

C. 签订购买合同缴纳的印花税

D. 一般纳税企业购进用于建造办公楼的工程物资所支付的增值税

18. 小规模纳税企业委托其他单位加工材料收回后用于直接对外出售的，其发生的下列支出中，应计入委托加工物资成本的有（　　）。

A. 加工费　　B. 增值税

C. 发出材料的实际成本　　D. 受托方代收代交的消费税

19. 下列项目中，应计入商品流通企业存货入账价值的有（　　）。

A. 进口商品时支付的关税

B. 购入存货支付的运杂费

C. 购入存货时支付的包装费

D. 小规模纳税人购入存货时支付的增值税额

20. 下列各项中，关于企业存货的表述正确的有（　　）。

A. 存货应按照成本进行初始计量

B. 存货成本包括采购成本、加工成本和其他成本

C. 存货期末计价应按照成本与可变现净值孰低计量

D. 存货采用计划成本核算的，期末应将计划成本调整为实际成本

三、判断题

1. 存货发出的计价方法不同，直接影响着资产负债表中资产总额，而与利润表中净利润的大小无关。（　　）

2. 企业采购材料，在折扣期内取得的现金折扣，应冲减材料的采购成本。（　　）

3. 采购材料在运输途中发生的一切损耗，均应计入购进材料的采购成本。（　　）

4. 委托加工应税消费品由受托方代收代缴的消费税应计入委托加工物资成本。（　　）

5. 企业的各种包装材料和包装容器都应在“周转材料——包装物”账户中进行核算。（　　）

6. 原材料采用计划成本核算，原材料账户的借贷余反映了计划成本的增减变动以及结存。（　　）

7. 一般纳税人，委托加工材料过程中支付的增值税，应计入委托加工材料的成本。（　　）

8. 产品设计费一般应当计入“管理费用”，但为特定客户设计产品所发生的，可直接确定的设计费用应计入存货成本。（　　）

9. 商品流通企业在采购过程中发生的运杂费等采购费用只能计入商品的采购成本。（　　）

10. 材料采购明细账与材料成本差异明细账的设置口径应当一致，一般可按“原材料”“低值易耗品”“周转材料”等设置。（　　）

11. 采用预付货款方式购进材料预付货款时，应借记“材料采购”，贷记“银行存款”账户。（　　）

12. 出租、出借包装物，其价值摊销均应列作销售费用。（　　）

13. 存货清查，主要是总账和明细账核对，做到账账相符。 （ ）

14. 存货的可变现净值即是存货的市场价格扣除加工成本和相关税费后的余额。

（ ）

15. 商品流通企业在采购商品过程中发生的运输费、装卸费、保险费以及其他可归属于存货采购成本的费用等进货费用，应当计入存货采购成本，也可以先进行归集，期末根据所购商品的存销情况进行分摊。对于已售商品的进货费用，计入当期损益；对于未售商品的进货费用，计入期末存货成本。企业采购商品的进货费用金额较小的，可以在发生时直接计入当期损益。 （ ）

16. 企业应当采用先进先出法、加权平均法（包括移动加权平均法）或者个别计价法确定发出存货的实际成本。 （ ）

17. 入库材料时，“材料成本差异”科目借方登记超支额，贷方登记节约额；发出材料，结转材料成本差异时，一律从借方转出，转出超支额用蓝字，转出节约额用红字。 （ ）

18. 出租库存未用包装物时，应将其全部成本计入销售费用。 （ ）

19. 产成品、商品和用于出售的材料等直接用于出售的商品存货，其可变现净值为在估计售价减去估计的销售费用和相关税费后的金额。 （ ）

20. 企业一般情况下应按单项（品种）计提存货跌价准备金。 （ ）

四、不定项选择题

（一）甲企业为增值税一般纳税人，适用的增值税税率为17%。存货采用实际成本核算，原材料发出采用月末一次加权平均法计价。“原材料——A材料”科目余额20 000元（共2 000千克，其中含3月末已验收入库但因发票账单未到而以2 000元暂估入账的A材料200千克）。

20××年4月，与存货相关的资料如下：

（1）1日，冲销上月暂估入账的原材料。

（2）5日，行政部门领用清洁用具一批，实际成本125元，采用一次摊销法摊销。

（3）8日，企业将A材料1 000千克送至外厂加工成配件，A材料单位成本每千克10元。

（4）18日，持银行汇票80 000元购入A材料5 000千克，从销售公司取得的增值税专用发票上注明的货款为49 500元，增值税额为8 415元，从运输部门取得的增值税专用发票上注明运费2 000元，增值税220元。材料已验收入库，剩余票款退回并存入银行。

（5）30日，根据“发料凭证汇总表”的记录，4月份基本生产车间为生产产品领用A材料6 000千克，车间管理部门领用A材料1 000千克，企业管理部门领用A材料1 000千克。

（6）31日，对存货进行清查，发现B原材料盘盈50千克，重置成本每千克20元。

要求：根据上述材料，不考虑其他因素，分析回答下列第1～6小题。

1. 对于业务（1），下列处理正确的是（ ）。

A. 借记应付账款2 000，贷记原材料2 000

B. 借记原材料 2 000，贷记应付账款 2 000

C. 借记应付账款 2 000，贷记原材料 2 000，金额红字

D. 借记原材料 2 000，贷记应付账款 2 000，金额红字

2. 对于业务（2），下列项目中，编制的会计分录中应选择的有（　　）。

A. 借：管理费用　125　　B. 借：制造费用　125

C. 贷：周转材料——包装物　125　　D. 贷：周转材料——低值易耗品　125

3. 对于业务（3），下列各项中，应计入收回委托加工物资成本的有（　　）。

A. 支付的加工费

B. 随同加工费支付的增值税

C. 支付的收回后直接销售的委托加工物资的消费税

D. 支付的收回后用于继续加工应税消费品的委托加工物资的消费税

4. 对于业务（4），应编制的会计分录正确的是（　　）。

A. 借：原材料　51 500

应交税费——应交增值税（进项税额）　8 635

贷：银行存款　60 135

B. 借：原材料　51 720

应交税费——应交增值税（进项税额）　8 415

贷：应付票据——银行汇票　60 135

C. 借：银行存款　19 865

贷：其他货币资金——银行汇票存款　19 865

D. 借：原材料　51 500

应交税费——应交增值税（进项税额）　8 635

贷：其他货币资金——银行汇票存款　60 135

5. 对于业务（5），下列处理正确的是（　　）。

A. 管理费用增加 10 260 元　　B. 制造费用增加 10 930 元

C. 生产成本增加 61 560 元　　D. A 材料库存减少 82 080 元

6. 对于业务（6），盘盈的原材料价值最终记入（　　）科目。

A. 管理费用　　B. 营业外收入

C. 其他应付款　　D. 主营业务收入

（二）某企业属一般纳税人，增值税税率 17%，原材料采用计划成本计价。

20××年 3 月期初余额资料如下：

（1）原材料

——甲材料 26 600 元（7 吨，每吨计划成本 3 800 元）

——乙材料 20 000 元（10 吨，每吨计划成本 2 000 元）

——丙材料 16 000 元（5 吨，每吨计划成本 3 200 元）

（2）材料成本差异——原材料 2 907 元（借方）

本月发生下列经济业务：

（1）2 日，从红光厂购进甲材料 10 吨，共计买价 40 000 元，增值税 6 800 元，款项以支票支付，材料已验收入库。

（2）5 日，收到银行转来的托收承付通知以及相关单据，从光华厂购买的 15 吨乙材料价税共计 35 100 元，对方代垫运费 300 元，运输部门增值税 33 元，装卸费 100 元。企业当日承付全部款项，材料未到。

（3）8 日，从光华厂购买的 15 吨乙材料验收入库。

（4）10 日，企业开出支票 10 000 元，向红旗厂预付丙材料购料款项。

（5）12 日，从红旗厂购买的丙材料 3 吨已到验收入库，共计买价 9 000 元，增值税 1 530 元。红旗厂代垫运费 200 元，运输部门增值税 22 元。当天通过转账补付欠款。

（6）31 日，从华西厂购买的丁材料 200 千克运到验收入库，但发票账单未到，计划成本每千克 250 元。

（7）本月生产 A 产品耗用甲材料 7 吨，乙材料 10 吨，丙材料 1 吨；基本生产车间一般耗用甲材料 0.5 吨，丁材料 20 千克；在建工程耗用乙材料 3 吨。

要求：根据上述材料，不考虑其他因素，分析回答下列第 1 ~ 6 小题。

1. 采用计划成本核算存货，“材料成本差异”科目贷方核算的内容有（　　）。

A. 入库材料成本超支差异　　B. 入库材料成本节约差异

C. 结转发出材料应负担的超支差异　　D. 结转发出材料应负担的节约差异

2. 根据业务（1）（3）（5）（6），原材料总账中计入的金额是（　　）元。

A. 129 600　　B. 127 600

C. 79 600　　D. 77 600

3. 根据业务（1）（2）（3）（5），入库材料结转“材料成本差异——原材料”账户的金额是（　　）元。

A. 借方　2 400　　B. 借方　2 000

C. 借方　1 600　　D. 借方　400

4. 根据业务（4），编制的会计分录正确的有（　　）。

A. 借记预付账款 10 000，贷记银行存款 10 000

B. 借记应付账款 10 000，贷记银行存款 10 000

C. 借记材料采购 10 000，贷记银行存款 10 000

D. 借记预收账款 10 000，贷记银行存款 10 000

5. 根据业务（5），补付的欠款金额是（　　）。

A. 10 752　　B. 10 530

C. 752　　D. 530

6. 根据（7）资料，下列各项中，表述正确的是（　　）。

A. 在建工程账户增加 6 210 元　　B. 生产成本账户增加 51 543 元

C. 制造费用账户增加 6 900 元　　D. 月末材料成本差异率为 3.5%

学习情境四　固定资产和投资性房地产的核算

一、单项选择题

1. 下列固定资产中，应计提折旧的是（　　）。

A. 闲置的固定资产　　B. 过去单独估价入账的土地

C. 已提足折旧继续使用的房屋　　D. 经营租赁租入的固定资产

2. 某设备账面原价为80 000元，预计使用年限为5年，预计净残值为5 000元，按年数总和法计提折旧，则该设备第3年应计提的折旧额为（　　）。

A. 15 000　　B. 10 000

C. 3 000　　D. 5 000

3. 购入需要安装的生产设备类固定资产的增值税进项税额计入（　　）。

A. 固定资产　　B. 应交税费

C. 在建工程　　D. 营业外支出

4. 企业一次购进多项没有单独标价的固定资产，各项固定资产的原价应按（　　）确定。

A. 各项固定资产的重置价值

B. 各项同类固定资产的净值

C. 各项同类固定资产的历史成本

D. 各项固定资产的公允价值的比例对固定资产总成本进行分配后

5. 在建工程达到预定可使用状态前，试生产产品对外出售取得的收入应（　　）。

A. 冲减工程成本　　B. 计入营业外收入

C. 冲减营业外收入　　D. 计入其他业务收入

6. 固定资产报废清理后发生的净损失应计入（　　）。

A. 管理费用　　B. 在建工程

C. 资产处置损益　　D. 其他业务成本

7. 某企业为增值税一般纳税人，某月购入一台设备类固定资产，买价为50 000元，增值税8 500元；支付运费1 500元及增值税165元；安装时领用工程用材料1 000元，该工程材料进项税额170元；支付安装人员工资2 000元。该固定资产成本为（　　）元。

A. 54 835　　B. 54 670

C. 54 665　　D. 54 500

8. 某固定资产原值为21 000元，预计使用5年，预计净残值1 000元，采用双倍余额递减法计提折旧，则第二年末该固定资产账面价值为（　　）。

A. 13 000　　B. 8 560

C. 8 000　　D. 7 560

9. 自有固定资产改良过程中发生的变价收入应计入（　　）。

A. 在建工程　　B. 营业外收入

C. 固定资产清理　　D. 其他业务收入

10. 关于固定资产的使用寿命、预计净残值和折旧方法，下列说法正确的是（　　）。

A. 与固定资产有关的经济利益预期实现方式有重大改变的，应当调整预计净残值

B. 与固定资产有关的经济利益预期实现方式有重大改变的，应当调整固定资产使用寿命

C. 与固定资产有关的经济利益预期实现方式有重大改变的，应当改变固定资产折旧方法

D. 使用寿命预计数与原先估计数有差异的，应当调整固定资产使用寿命和折旧方法

11. 20××年1月1日，某公司决定对现有生产线进行改扩建，以提高其生产能力。原值240万元，已计提折旧75万元。经过3个月的改扩建，完成了对这条生产线的改扩建工程，共发生支出120万元，符合固定资产确认条件。被更换部件的原价为20万元，被更换部件的折旧为5万元。则对该项生产线进行更换后的原价为（　　）万元。

A. 360　　B. 345

C. 300　　D. 270

12. 某项固定资产原值为15 500元，预计使用年限为5年，预计净残值为500元，按双倍余额递减法计提折旧，则第二年末该固定资产的账面价值为（　　）元。

A. 6 500　　B. 6 320

C. 5 900　　D. 5 580

13. 某公司购进设备一台，该设备的入账价值为100万元，预计净残值为5.6万元，预计使用年限为5年。在采用双倍余额递减法计提折旧的情况下，该项设备第3年应提折旧额为（　　）万元。

A. 24　　B. 20

C. 14.4　　D. 8

14. 大方公司接受海外某公司捐赠的设备一台，同类设备的市价为200万元，估计新旧程度60%，预计尚可使用4年，预计净残值为零。大方公司为取得该设备已支付关税5万元，国内运杂费1万元，设备已安装完毕，支付安装调试费4万元，净残值为零。采用年限平均法计提折旧，三年后将这台设备进行处置，取得价款40万元，假设不考虑其他相关税费，企业处置该项资产所获得的相关损益金额为（　　）。

A. 32.5　　B. 40

C. 7.5　　D. −7.5

15. 某企业出售一栋办公楼，该办公楼账面原价370万元，累计折旧115万元，未计提减值准备。开出的增值税专用发票中注明销售价款360万元，增值税39.6万元。发生清理费用10万元。所有款项均已结算完毕，假定不考虑其他相关税费。企业出售该栋办公楼确认的净收益为（　　）万元。

A. 105　　B. 95

C. 77　　D. 10

16. 企业 20×6 年 3 月购入并投入使用不需要安装的设备一台，原值 840 万元，预计使用年限 5 年，预计净残值 2 万元，采用年数总和法计提折旧，则企业在 20×7 年应计提的折旧额为（　　）万元。

A. 238　　B. 237.43

C. 224　　D. 167.6

17. 甲企业对一项原值为 100 万元、已提折旧 50 万元的固定资产进行改建，发生改建支出 65 万元，取得变价收入 15 万元。则改建后该项固定资产的入账价值是（　　）万元。

A. 150　　B. 145

C. 110　　D. 100

18. 某企业购入需要安装的设备一台，价款 20 000 元，增值税 3 400 元；安装中领用生产用材料实际成本为 2 000 元；领用自产库存商品实际成本 1 800 元，售价为 2 500 元；安装完毕达到预定可使用状态。本企业为一般纳税人，适用增值税率 17%，不考虑其他因素，该固定资产的入账价值是（　　）元。

A. 28 325　　B. 28 240

C. 27 965　　D. 23 800

19. 企业出售固定资产应交的增值税，应借记的会计科目是（　　）。

A. 税金及附加　　B. 其他业务成本

C. 营业外支出　　D. 固定资产清理

20. 下列固定资产中，不应计提折旧的是（　　）。

A. 大修理的设备　　B. 融资租入设备

C. 经营租出设备　　D. 单独计价入账的土地

二、多项选择题

1. 下列各项中，会引起固定资产账面价值发生变化的有（　　）。

A. 计提固定资产折旧　　B. 计提固定资产减值准备

C. 固定资产改扩建　　D. 固定资产大修理

2. 下列固定资产中，应计提折旧的固定资产有（　　）。

A. 大修理停用的固定资产

B. 季节性停用的固定资产

C. 正在改扩建而停止使用的固定资产

D. 经营租赁方式租入的固定资产发生的改良支出

3. 采用自营方式建造固定资产的情况下，下列项目中应计入固定资产成本的有（　　）。

A. 工程耗用原材料

B. 工程人员工资

C. 工程领用本企业的商品实际成本

D. 企业行政管理部门为组织管理生产经营活动发生的管理费用

4. 购入的非生产设备类固定资产，其入账价值包括（　　）。

A. 买价　　B. 运杂费

C. 增值税　　D. 进口关税

5. “固定资产清理”账户贷方登记的项目有（　　）。

A. 变价收入　　B. 结转的清理净损失

C. 结转的清理净收益　　D. 转入清理的固定资产净值

6. 企业对固定资产计提折旧时，其折旧额应根据不同情况分别计入（　　）。

A. 管理费用　　B. 制造费用

C. 财务费用　　D. 其他业务成本

7. 下列各项中，应在固定资产购建时计入“在建工程”科目的有（　　）。

A. 不需安装的固定资产　　B. 需要安装的固定资产

C. 固定资产的改扩建　　D. 固定资产的修理费

8. 下列各项，企业应对固定资产计提折旧的有（　　）。

A. 经营租入的固定资产　　B. 大修理期间的固定资产

C. 融资租出的固定资产　　D. 融资租入的固定资产

9. 下列各项中，属于影响固定资产折旧的因素有（　　）。

A. 预计净残值　　B. 固定资产原价

C. 固定资产的类别　　D. 固定资产的使用寿命

10. 下列事项中，应通过“固定资产清理”账户核算的有（　　）。

A. 出售固定资产　　B. 盘盈固定资产

C. 盘亏固定资产　　D. 报废固定资产

11. 下列各项中，可能对固定资产处置损益产生影响的因素有（　　）。

A. 原价　　B. 累计折旧

C. 固定资产减值准备　　D. 清理费用

12. 下列各项中，属于加速折旧的方法有（　　）。

A. 工作量法　　B. 年数总和法

C. 平均年限法　　D. 双倍余额递减法

13. 下列关于计提固定资产折旧的说法中正确的有（　　）。

A. 公司当月减少的固定资产当月照提折旧

B. 公司当月增加的固定资产当月开始计提折旧

C. 提前报废但未提足折旧的固定资产不再补提折旧

D. 固定资产提足折旧后仍继续使用的仍需计提折旧

14. 某项设备原值为50 000元，净残值率为5%，预计可使用10年。该设备采用双倍余额递减法和年数总和法计算的第二个折旧年度的年折旧额分别为（　　）元。

A. 8 000　　B. 7 773

C. 7 695　　D. 1 727

15. 在固定资产使用前几年，提取固定资产折旧时，需要考虑固定资产净残值的折旧方法是（　　）。

A. 工作量法　　B. 年数总和法

C. 平均年限法　　D. 双倍余额递减法

16. 制造型企业结转出售固定资产的净损益时，不会涉及的会计科目有（　　）。

A. 管理费用　　B. 营业外收入

C. 营业外支出　　D. 资产处置损益

17. 下列事项中，不通过“固定资产清理”账户核算的有（　　）。

A. 出售固定资产　　B. 盘盈固定资产

C. 盘亏固定资产　　D. 报废固定资产

18. 企业计提折旧时，不可能计入的科目有（　　）。

A. 管理费用　　B. 营业外支出

C. 财务费用　　D. 其他业务成本

19. 下列各项中，关于企业固定资产折旧方法的表述正确的有（　　）。

A. 年限平均法需要考虑固定资产的预计净残值

B. 年数总和法计算的固定资产折旧额逐年递减

C. 双倍余额递减法不需要考虑固定资产的预计净残值

D. 年数总和法不需要考虑固定资产的预计净残值

20. 企业计提固定资产折旧时，下列会计分录正确的有（　　）。

A. 计提行政管理部门固定资产折旧：借记“管理费用”科目，贷记“累计折旧”科目

B. 计提生产车间固定资产折旧：借记“制造费用”科目，贷记“累计折旧”科目

C. 计提专设销售机构固定资产折旧：借记“销售费用”科目，贷记“累计折旧”科目

D. 计提自建工程使用的固定资产折旧：借记“在建工程”科目，贷记“累计折旧”科目

三、判断题

1. 固定资产改良支出和大修理支出均应计入固定资产账面价值。（　　）

2. 当月增加的固定资产当月不提折旧，当月减少的固定资产当月照提折旧。（　　）

3. 融资租入固定资产和经营租出固定资产均应计提折旧。（　　）

4. 企业未使用的机器设备和房屋建筑物均不计提折旧。（　　）

5. 企业将发生的固定资产后续支出计入固定资产成本的，应当终止确认被替换部分的账面价值。（　　）

6. 工作量法计提折旧的特点是每期提取的折旧额相等。（　　）

7. 租期满不购入的融资租入固定资产应当按租赁期与尚可使用年限两者中较短的一个期限计提折旧。（　　）

8. 按双倍余额递减法计提的折旧额在任何一个折旧期内都大于按平均年限法计提的折旧额。（　　）

9. 在建工程达到预定可使用状态前试运转所发生的净支出，应计入营业外支出。（　）

10. 企业应当根据税法的规定，合理选择固定资产折旧方法。（　）

11. 企业生产车间的固定资产修理费用应当计入制造费用。（　）

12. 固定资产盘盈先通过“待处理财产损溢”，批准后再转入“营业外收入”中。（　）

13. 已达到预定可使用状态但尚未办理竣工决算的固定资产不应计提折旧。（　）

14. 按照企业会计制度的规定，已提足折旧的固定资产，不再提折旧；未提足折旧提前报废的固定资产必须补提折旧，直至提足折旧为止。（　）

15. 平均年限法的折旧额一定比年数总和法少。（　）

16. 双倍余额递减法计算中，一直不需要考虑净残值的。（　）

17. 经营租入固定资产属于企业自有资产，应计提折旧。（　）

18. 融资租出固定资产属于出租资产，仍是企业自由资产，应计提折旧。（　）

19. 固定资产后续支出都属于资本化范畴。（　）

20. 固定资产减值准备一经计提，今后期间可以转回。（　）

四、不定项选择题

（一）甲公司为从事机械设备加工生产与销售的增值税一般纳税人，适用的增值税税率为17%，所得税税率为25%。20×6年度至20×7年度发生的有关固定资产业务如下：

（1）20×6年12月20日，甲公司向乙公司一次购进三台不同型号且具有不同生产能力的A设备、B设备和C设备，共支付价款4 000万元，增值税税额为680万元，包装费及运输费30万元，另支付A设备的安装费18万元，B、C设备不需安装。款项已由银行存款支付。

（2）20×6年12月28日三台设备均达到预定可使用状态，三台设备的公允价值分别为2 000万元、1 800万元和1 200万元。该公司按每台设备公允价值的比例对支付的价款进行分配，并分别确定其入账价值。

（3）三台设备预计的使用年限均为5年，预计净残值率为2%，采用双倍余额递减法计提折旧。

（4）20×7年3月份，支付A设备、B设备和C设备日常维修费分别为1.2万元，0.5万元和0.3万元。

（5）20×7年12月31日，对固定资产进行减值测试，发现B设备实际运行效率和生产能力验证以完全达到预计的状况，存在减值迹象，其预计可收回金额低于账面价值的差额为120万元。其他各项固定资产未发生减值迹象。

要求：根据上述资料，不考虑其他因素，分析回答下列第1~6小题。

1. 根据资料（1）（2），下列各项中，关于固定资产取得会计处理表述正确的是（　）。

A. 固定资产应按公允价值进行初始计量

B. 支付的相关增值税额不应计入固定资产的取得成本

C. 固定资产取得成本与其公允价值差额应计入当期损益

D. 购买价款、包装费、运输费、安装费等费用应计入固定资产的取得成本

2. 根据资料（1）(2)，下列各项中，计算结果正确的是（　　）。

A. A设备的入账价值为1 612万元

B. B设备的入账价值为1 450.8万元

C. C设备的入账价值为967.2万元

D. A设备分配购进固定资产总价款的比例为40%

3. 根据资料（1）(2)，固定资产购置业务引起下列科目增减变动正确的是（　　）。

A. “银行存款”减少4 048万元

B. “管理费用”增加2万元

C. “制造费用”增加2万元

D. “应交税费——应交增值税（进项税额）”增加680万元

4. 根据资料（3），下列各项中，关于甲公司固定资产折旧表述正确的是（　　）

A. 前3年计提折旧所使用的折旧率为40%

B. A设备20×7年度应计提折旧额为652万元

C. B设备20×7年度应计提折旧额为580.32万元

D. 计提前3年折旧额时不需要考虑残值的影响

5. 根据资料（4），甲公司支付设备日常维修费引起下列科目变动正确的是（　　）。

A. “固定资产”增加2万元　　B. “管理费用”增加2万元

C. “在建工程”增加2万元　　D. “营业外支出”增加2万元

6. 根据资料（5），甲公司计提资产减值准备对其利润表项目的影响是（　　）。

A. 资产减值损失增加120万元　　B. 营业利润减少120万元

C. 利润总额减少120万元　　D. 净利润减少120万元

（二）甲企业为增值税一般纳税人，增值税率为17%。××12年发生固定资产业务如下：

(1) 甲企业于××03年3月建造完工并交付使用的生产厂房总造价400万元，其中包含一部成本为60万元的电梯，该电梯与厂房作为一项固定资产管理。厂房预计使用寿命为30年，预计净残值率5%，采用直线法计提折旧。××12年3月10日，公司更换一部高效率电梯，新电梯购买价款60万元，增值税10.2万元，另以银行存款支付安装费2万元。旧电梯作价27万元处置，款项尚未收取。

(2) 3月20日，企业生产车间购入一台需要安装的A设备，取得增值税专用发票上注明的设备价款为60万元，增值税10.2万元，另发生保险费8万元，款项均以银行存款支付。

(3) 3月28日，A设备安装完毕，共支付安装费用3万元。设备达到预定可使用状态，并投入使用。该设备采用工作量法计提折旧，预计净残值5万元，预计总工时50 000小时。4月，A设备实际使用工时为720小时。

(4) 3月31日，生产厂房改建完毕，达到预定可使用状态。新厂房预计净残值为

18.3 万元，预计未来的使用寿命还有 30 年。

（5）8 月末，甲企业经管理层讨论决议，新购入的 A 设备因性能无法满足甲企业需要，故以 30 万元售价转让给乙企业，不考虑其他相关税费。至出售时，A 设备共完成工时 5 000 小时。

要求：根据上述资料，不考虑其他因素，分析回答下列第 1 ~ 6 小题。（答案中的金额单位用万元表示，计算结果保留两位小数）

1. 根据资料（2）（3），固定资产 A 设备的取得成本是（　　）万元。

A. 81.2　　B. 71

C. 68　　D. 60

2. 关于固定资产后续支出，下列说法正确的是（　　）。

A. 固定资产进行改扩建时要先将其账面价值转到固定资产清理科目

B. 如果固定资产装修费用符合资本化条件的，应当计入固定资产成本

C. 后续支出计入固定资产成本的，应当终止确认被替换部分的账面价值

D. 固定资产的大修理支出应资本化，计入固定资产成本；而日常修理费应费用化，在发生时直接计入当期损益

3. 根据资料（1）（4），× ×12 年 3 月生产厂房进行改建更换电梯，下列会计分录正确的是（　　）。

A. 借：在建工程　286
　　累计折旧　114
　　贷：固定资产　400

B. 借：在建工程　62
　　贷：工程物资　60
　　　　银行存款　2

C. 借：其他应收款　27
　　营业外支出　15.9
　　贷：在建工程　42.9

D. 借：固定资产　305.1
　　贷：在建工程　305.1

4. × ×12 年 4 月，A 设备及厂房计提折旧的金额应为（　　）万元。

A. 1.78　　B. 1.75

C. 1.69　　D. 1.67

5. 下列各项中，可能对固定资产处置损益产生影响的因素有（　　）。

A. 原价　　B. 累计折旧

C. 清理费用　　D. 固定资产减值准备

6. 根据资料（5），8 月末出售 A 设备，下列科目变动正确的是（　　）。

A. 累计折旧减少 6.6 万元　　B. 银行存款增加 30 万元

C. 固定资产减少 64.4 万元　　D. 资产处置损益 34.4 万元

学习情境五 无形资产及其他资产的核算

一、单项选择题

1. 企业出售无形资产的净损失应计入（　　）。

A. 销售费用　　B. 管理费用

C. 营业外支出　　D. 其他业务成本

2. 关于无形资产的后续计量，下列说法正确的是（　　）。

A. 无形资产的摊销方法只有直线法

B. 使用寿命不确定的无形资产应按10年摊销

C. 使用寿命不确定的无形资产应按系统合理的方法摊销

D. 企业无形资产的摊销方法应反映与该项无形资产有关的经济利益的预期实现方式

3. 下列情况，应作为无形资产的土地使用权的是（　　）。

A. 按期交纳的土地使用费

B. 通过行政划拨获得的土地使用权

C. 国有土地依法确定给国有企业使用

D. 将通过行政划拨获得的土地使用权有偿转让，按规定补交的土地出让价款

4. 按照现行会计制度规定，下列各项中应作为无形资产入账的是（　　）。

A. 开办费

B. 广告费

C. 研发新技术过程中发生的研究费

D. 为获得土地使用权支付的土地出让金

5. 会计期末，无形资产的账面价值高于其可收回金额的差额，应当计入（　　）。

A. 管理费用　　B. 营业外支出

C. 其他业务成本　　D. 资产减值损失

6. 下列项目中，应确认为无形资产的是（　　）。

A. 企业自创的商誉　　B. 企业内部产生的品牌

C. 企业购入的专利权　　D. 企业内部研究开发项目研究阶段的支出

7. 某企业研制一项新技术，研发过程中发生研究费用20 000元，开发费用50 000元（满足资本化条件），研发成功后申请获得专利权，发生专利登记费30 000元，律师费8 000元，该项专利权的入账价值为（　　）。

A. 108 000　　B. 88 000

C. 50 000　　D. 38 000

8. 企业出租无形资产取得的收入，应当计入（　　）。

A. 主营业务收入　　B. 其他业务收入

C. 投资收益　　D. 营业外收入

9. 某企业出售一项专利权，不含税售价 50 万元，适用增值税税率 6%。该专利权账面余额 30 万元（原价 70 万元，累计摊销 40 万元），已提减值准备金 4 万元。出售该项专利权影响当期损益为（　　）万元。

A. 24　　B. 21

C. −21　　D. −24

10. 某企业 20×6 年 1 月 1 日购入一项专利权，实际支付款项 100 万元，按 10 年的预计使用寿命采用直线法摊销。20×7 年末，该无形资产的可收回金额为 60 万元。20×8 年 1 月 1 日，对无形资产的使用寿命和摊销方法进行复核，该无形资产的尚可使用寿命为 5 年，摊销方法仍采用直线法。该专利权 20×8 年应摊销的金额为（　　）。

A. 16　　B. 15

C. 12　　D. 10

11. 无形资产是指企业拥有或控制的没有实物形态的可辨认非货币性资产。不属于无形资产包括的是（　　）。

A. 商誉　　B. 专利权

C. 土地使用权　　D. 非专利技术

12. 企业进行研究与开发无形资产过程中发生的各项支出，应记入的会计科目是（　　）。

A. 研发支出　　B. 管理费用

C. 无形资产　　D. 销售费用

13. 甲公司内部研究开发一项专利技术项目，20×7 年 1 月在研究开发中研究阶段的支出，实际发生有关研究费用 60 万元。20×7 年开发阶段的支出，包括实际发生材料费用 100 万元，参与研究的人员薪酬 50 万元，假定符合资本化条件。20×7 年 2 月依法申请注册取得专利权，发生注册费 3 万元，律师费 7 万元，则 20×7 年 2 月该无形资产的入账价值应为（　　）万元。

A. 210　　B. 160

C. 70　　D. 10

14. 企业购入或支付土地出让金取得的土地使用权，在开发或建造自用固定资产项目后，作为核算的会计科目是（　　）。

A. 固定资产　　B. 在建工程

C. 无形资产　　D. 长期待摊费用

15. 甲公司 20×5 年 1 月 6 日购入一项计算机软件程序，入账价值为 525 万元，预计使用年限为 5 年。20×6 年 12 月 31 日该无形资产的可收回金额为 320 万元，则 20×6 年 12 月 31 日账面价值为（　　）万元。

A. 375　　B. 320

C. 315　　D. 312.6

16. A 上市公司拟增发新股，甲公司以一项账面原值为 450 万元．已摊销 75 万元，公允价值为 420 万元的无形资产抵缴认购股款 420 万元，按照投资合同或协议约定的价值为 420 万元。20×7 年 8 月 6 日 A 公司收到该项无形资产，并办理完毕相关手续。A

公司预计使用年限为10年，净残值为零，采用直线法摊销，20×7年9月6日该项无形资产达到能够按管理层预定的方式运作所必需的状态并正式投入使用，则A公司20×7年末摊销记入的借方会计科目是（　　）。

A. 管理费用14万元　　B. 资本公积15万元

C. 管理费用12.5万元　　D. 其他业务成本10.50万元

17. 20×6年4月16日，A公司将一项专利权出售，取得价款30万元，不考虑相关税费。该专利权为20×4年1月18购入，实际支付的买价70万元，另付相关费用2万元。该专利权的摊销年限为5年，采用直线法摊销。转让该专利形成的净损益为（　　）万元。

A. 9.6　　B. 8.5

C. −8.5　　D. −9.6

18. 企业出售无形资产发生的净收益应记入（　　）。

A. 其他业务成本　　B. 主营业务成本

C. 投资收益　　D. 资产处置损益

19. 无形资产预期不能为企业带来经济利益的，应按已计提的累计摊销，借记“累计摊销”科目，原已计提减值准备的，借记“无形资产减值准备”科目，按其账面余额，贷记“无形资产”科目，按其差额借记的科目是（　　）。

A. 营业外支出　　B. 管理费用

C. 投资收益　　D. 营业外收入

20. A公司20×7年2月购买一项专利技术，未支付价款；20×7年3月支付全部价款；20×7年4月开始进行该项专利技术的测试，20×7年5月完成该专利技术测试任务，其达到能够按管理层预定的方式运作所必需的状态。则无形资产的摊销期开始的月份为（　　）。

A. 2月　　B. 3月

C. 4月　　D. 5月

二、多项选择题

1. 下列各项中，企业应确认为无形资产的有（　　）。

A. 商誉

B. 无偿划拨取得的土地使用权

C. 自行开发并按法律程序申请取得的专利权

D. 因转让土地使用权补交的土地出让金

2. 关于无形资产的确认，应同时满足的条件有（　　）。

A. 必须是企业外购的

B. 符合无形资产的定义

C. 该无形资产的成本能够可靠地计量

D. 与该项资产有关的经济利益很可能流入企业

3. 有关无形资产的摊销，下列说法正确的有（　　）。

A. 无形资产摊销期限应不超过10年

B. 使用寿命有限的无形资产一定无残值

C. 当月增加的无形资产当月开始摊销，当月减少的无形资产当月不摊销

D. 使用寿命有限的无形资产，其应摊销金额应当在使用寿命内合理摊销

4. 关于无形资产，下列说法正确的有（　　）。

A. 具有可辨认性　　B. 没有实物形态

C. 商誉属于无形资产　　D. 属于非货币性长期资产

5. 下列各项中，会引起无形资产账面价值发生增减变动的有（　　）。

A. 摊销无形资产成本

B. 无形资产计提减值准备

C. 企业内部研究开发项目研究阶段的支出

D. 企业内部研究开发项目开发阶段不符合资本化确认条件的支出

6. 下列各项中，属于无形资产的有（　　）。

A. 商誉　　B. 商标权

C. 专利权　　D. 土地使用权

7. 影响企业出售无形资产时产生净损益的因素有（　　）。

A. 原价　　B. 售价

C. 累计摊销　　D. 无形资产减值准备

8. 企业在自行开发并取得专利权的过程中所发生的下列支出，不计入该专利权入账价值的有（　　）。

A. 研究过程中领用的材料

B. 研究过程中发生的人工费

C. 开发过程中发生的符合资本化条件的开发支出

D. 依法取得专利权发生的聘请律师费用和注册费

9. 企业摊销无形资产可以计入的账户有（　　）。

A. 管理费用　　B. 制造费用

C. 其他业务成本　　D. 营业外支出

10. 出售无形资产的转让成本包括（　　）。

A. 无形资产的账面价值　　B. 出租无形资产取得的收入

C. 出售无形资产的洽谈费用　　D. 出售无形资产时应缴纳的税金

11. "研发支出"科目核算企业进行研究与开发无形资产过程中发生的各项支出，其正确的表述方法有（　　）。

A. 本科目应当按照研究开发项目，分别"费用化支出"与"资本化支出"进行明细核算

B. 企业自行开发无形资产发生的研发支出，满足资本化条件的，借记"研发支出——资本化支出"科目

C. 期末，企业应将该科目归集的费用化支出金额，借记"管理费用"科目，贷记"研发支出——资本化支出"科目

D. 研究开发项目达到预定用途形成无形资产的，应按"研发支出——资本化支出"的余额，借记"无形资产"科目，贷记"研发支出——资本化支出"科目

12. 下列各项中，关于无形资产摊销表述正确的有（　　）。

A. 使用寿命不确定的无形资产不应摊销

B. 出租无形资产的摊销额应计入管理费用

C. 使用寿命有限的无形资产处置当月不再摊销

D. 无形资产的摊销方法主要有直接法和生产总量法

13. 下列各项中，关于无形资产会计处理的表述正确的有（　　）。

A. 预期不能给企业带来经济利益的专利权应终止确认无形资产

B. 无形资产减值损失确认后不能转回

C. 处置无形资产形成的净损失应计入营业外支出

D. 使用寿命不确定无形资产不应摊销

14. 有关无形资产的摊销方法其正确表述有（　　）。

A. 企业摊销无形资产，应当自无形资产可供使用时起，至不再作为无形资产确认时止

B. 无法预见无形资产为企业带来经济利益期限的，应当视为使用寿命不确定的无形资产，应按照10年摊销

C. 无形资产的使用寿命为有限的，应当估计该使用寿命的年限或者构成使用寿命的产量等类似计量单位数量，其应摊销金额应当在使用寿命内系统合理摊销

D. 企业选择的无形资产摊销方法，应当反映与该项无形资产有关的经济利益的预期实现方式。无法可靠确定预期实现方式的，应当采用直线法摊销

15. 企业内部开发项目发生的开发支出，在同时满足下列条件的，应当确认为无形资产的有（　　）。

A. 具有完成该无形资产并使用或出售的意图

B. 完成该无形资产以使其能够使用或出售在技术上具有可行性

C. 无形资产能够为企业带来未来经济利益，应当对运用该无形资产生产的产品市场情况进行可靠预计，以证明所生产的产品存在市场并能够带来经济利益的流入

D. 有足够的技术．财务资源和其他资源支持，以完成该无形资产的开发，并有能力使用或出售该无形资产

16. 企业确定无形资产的使用寿命，应当考虑的因素有（　　）。

A. 现在或潜在的竞争者预期采取的行动

B. 以该资产生产的产品或服务的市场需求情况

C. 技术、工艺等方面的现实情况及对未来发展的估计

D. 该资产通常的产品寿命周期．可获得的类似资产使用寿命的信息

17. 下列有关无形资产表述正确的有（　　）。

A. 使用寿命不确定的无形资产不应摊销

B. 任何情况下，使用寿命有限的无形资产，其残值应当视为零

C. 如果可以根据活跃市场得到预计残值信息，并且该市场在无形资产使用寿命结束时很可能存在，应预计残值

D. 如果有第三方承诺在无形资产使用寿命结束时购买该无形资产，应预计其有残值

18. 企业至少应当于每年年度终了，对使用寿命有限．使用寿命不确定的无形资产的进行复核，其不正确的会计处理方法有（　　）。

A. 使用寿命有限的无形资产，其摊销方法不得变更，只能采用直线法摊销

B. 使用寿命有限的无形资产，其使用寿命与以前估计不同的，应当改变摊销期限，按照会计政策变更方法进行处理

C. 使用寿命有限的无形资产，其摊销方法与以前估计不同的，应当改变摊销方法，按照会计估价变更方法进行处理

D. 使用寿命有限的无形资产，其使用寿命与以前估计不同的，应当改变摊销期限，按照会计估价变更方法进行处理

19. 下列有关无形资产会计处理的表述中，正确的有（　　）。

A. 企业出售无形资产，应当将取得的价款与该无形资产账面价值的差额计入当期损益

B. 无形资产预期不能为企业带来经济利益的，应当将该无形资产的账面价值计入管理费用

C. 企业摊销无形资产，应当自无形资产可供使用时起，至不再作为无形资产确认时止

D. 只有很可能为企业带来经济利益且其成本能够可靠计量的无形资产才能予以确认

20. 下列有关无形资产摊销的核算处理，不正确的有（　　）。

A. 使用寿命有限的无形资产，其残值一定为零

B. 企业的无形资产摊销方法，只能采用直线法摊销，不允许采用其他方法摊销

C. 企业对使用寿命有限的无形资产进行摊销，摊销金额一般应当计入当期损益，同时贷记“无形资产”科目

D. 企业对使用寿命有限的无形资产进行摊销，摊销金额一般应当计入当期损益，同时贷记“累计摊销”科目

三、判断题

1. 无形资产包括可辨认非货币性无形资产和不可辨认无形资产。（　　）
2. 企业取得的使用寿命有限的无形资产均应按直线法摊销。（　　）
3. 企业开发阶段发生的全部支出应全部资本化，计入无形资产成本。（　　）
4. 企业内部研究开发项目的支出，应当区分研究阶段支出与开发阶段支出。（　　）
5. 使用寿命有限的无形资产一定无残值。（　　）
6. 使用寿命不确定的无形资产，其摊销年限不应超过 10 年。（　　）
7. 企业出租、出售无形资产取得的收入，均应作为资产处置损益来处理。（　　）
8. 投资者投入的无形资产的成本，都应按照投资合同或协议约定的价值入账。（　　）
9. 购入无形资产超过正常信用条件延期支付价款，实质上具有融资性质的，应按所购无形资产购买价款的现值入账。（　　）

10. 用于出租或增值后出售的土地使用权属于投资性房地产，不属于无形资产。（　）

11. 企业取得的土地使用权通常应确认为无形资产。土地使用权用于自行开发建造厂房等地上建筑物时，土地使用权与地上建筑物分别进行摊销和提取折旧。（　）

12. 采用公允价值相对比例确定与其他资产一同购入的无形资产的成本，无论无形资产的相对价值是否较大，还是相对价值较小，均应作为无形资产和其他资产分别核算。（　）

13. 房地产开发企业取得的土地使用权用于建造对外出售的房屋建筑物，相关的土地使用权应当计入所建造的房屋建筑物成本。（　）

14. 企业外购的房屋建筑物支付的价款无法在地上建筑物与土地使用权之间分配的，应当按照《企业会计准则第4号——固定资产》规定，确认为固定资产原价。（　）

15. 使用寿命有限的无形资产应当摊销，使用寿命不确定的无形资产不予摊销。（　）

16. 由于出售无形资产属于企业的日常活动，因此出售无形资产所取得的收入应通过"其他业务收入"科目核算。（　）

17. 专门用于生产某产品的无形资产，其所包含的经济利益通过所生产的产品实现的，该无形资产的摊销额应计入产品成本。（　）

18. 商誉是企业合并成本大于合并取得被购买方各项可辨认资产，负债公允价值份额的差额，属于《企业会计准则第6号——无形资产》所规范的无形资产。（　）

19. 无形资产作为能为企业带来经济利益的一种长期资产，应在一定期限内平均摊销，其摊销金额计入管理费用，同时冲减无形资产的账面余额；报废时无残值。（　）

20. 企业自行开发无形资产发生的研发支出，不满足资本化条件的，借记"管理费用"，满足资本化条件的，借记"无形资产"科目。（　）

四、不定项选择题

（一）甲公司为增值税一般纳税人，适用的增值税税率为17%，2×09年至2×13年公司无形资产业务有关资料如下：

（1）2×09年1月1日，以银行存款480万元购入一项专利技术，另支付相关费用20万元，该无形资产预计使用年限为10年，按直线法摊销。

（2）2×11年12月31日，预计该无形资产的可收回金额为300万元，该无形资产发生减值后，预计该无形资产尚可使用5年。

（3）2×13年4月1日，将该无形资产对外出售，增值税专用发票注明不含税价款250万元，增值税税额15万元，价款收存银行，不考虑增值税以外的税费。

要求：根据上述材料，不考虑其他因素，分析回答下列第1~6小题（金额单位万元）。

1. 根据资料（1），购入该无形资产时，编制的会计分录中正确的选项是（　）。

A. 借：应交税费　200 000　　B. 借：无形资产　5 000 000

C. 借：无形资产　　4 800 000　　　　D. 贷：银行存款　　5 000 000

2. 对于该无形资产，下列说法正确的是（　　）。

A. 2×09 年摊销金额为 50 万元

B. 该项无形资产摊销金额借记管理费用

C. 应当自 2009 年 2 月开始计提无形资产摊销

D. 应当自 2009 年 1 月开始计提无形资产摊销

3. 20×11 年 12 月 31 日该无形资产计提减值前的账面价值为（　　）万元。

A. 350　　　　B. 142

C. 400　　　　D. 500

4. 2×11 年 12 月 31 日，对该项无形资产下列处理正确的是（　　）。

A. 不做账务处理

B. 借记资产减值损失 50 万元，贷记无形资产减值准备 50 万元

C. 如果以后会计期间无形资产减值因素消失，已计提的无形资产减值可以转回

D. 期末，将无形资产账面价值与可收回金额进行比较，如果账面价值大于可收回金额，则无形资产发生了减值，应计提减值准备

5. 2×12 年，对该项无形资产下列处理正确的是（　　）。

A. 借记管理费用 60 万元，贷记累计摊销 60 万元

B. 无形资产减值后，应当重新估计其使用寿命和净残值

C. 截至 2×12 年 12 月 31 日无形资产的账面价值为 240 万元

D. 截至 2×12 年 12 月 31 日无形资产的账面价值为 300 万元

6. 该无形资产出售时，下列处理正确的是（　　）。

A. 确认银行存款科目增加 250 万元

B. 出售时无形资产的账面价值为 225 万元

C. 该项无形资产出售应交增值税为 15 万元

D. 出售该项无形资产获得营业外收入 12.5 万元

（二）A 公司为增值税一般纳税人，适用的增值税税率为 17%。A 公司自行研究开发一项专利技术，有关资料如下：

（1）2×10 年 5 月 1 日以银行存款支付研究费用 20 万元。

（2）2×11 年 6 月 1 日进入正式开发阶段，共发生开发支出 105 万元，其中符合资本化条件的为 95 万元。

（3）2×12 年 1 月 1 日该项无形资产研发成功，以银行存款支付律师咨询费．专利权申请费共计 5 万元。2012 年 1 月 1 日开始使用，估计使用年限为 8 年。

（4）2×12 年 12 月 31 日该专利权可收回金额为 80 万元，减值后，无形资产预计还可以使用 5 年。

（5）2×13 年 7 月 1 日，企业以 75 万元的不含税价格将此专利权出售给丙公司，款项已收存银行，出售该专利权按 6% 计算增值税（不考虑其他相关税费）。

要求：根据上述材料，不考虑其他因素，分析回答下列第 1～6 小题。（金额单位为万元）

1. 根据资料（1），2×10 年 5 月末编制的会计分录正确的是（　　）。

A. 借：管理费用　　200 000
　　贷：研发支出——费用化支出　　200 000
B. 借：管理费用　　200 000
　　贷：银行存款　　200 000
C. 借：研发支出——费用化支出　　200 000
　　贷：管理费用　　200 000
D. 借：管理费用　　200 000
　　贷：研发支出——资本化支出　　200 000

2. 根据资料（2），下列会计处理正确的选项是（　　）。
A. 借：管理费用　　1 050 000
　　贷：银行存款　　1 050 000
B. 借：研发支出——资本化支出　　950 000
　　贷：银行存款　　950 000
C. 借：无形资产　　950 000
　　贷：银行存款　　950 000
D. 借：研发支出——费用化支出　　1 050 000
　　贷：银行存款　　1 050 000

3. 根据资料（3），开发成功后无形资产的入账金额为（　　）万元。
A. 110　　B. 105
C. 95　　D. 100

4. 根据资料（4），对经济业务处理说法正确的是（　　）。
A. 计提无形资产减值准备7.5万元
B. 2×12年12月31日减值前，无形资产账面价值为80万元
C. 2×12年12月31日减值前，无形资产账面价值为87.5万元
D. 不用计提无形资产减值准备，因为该项无形资产没有发生减值

5. 根据资料（5），对经济业务处理描述正确的是（　　）。
A. 银行存款增加75万元　　B. 银行存款增加79.5万元
C. 无形资产出售净损失0.75万元　　D. 出售时确认应交增值税4.5万元

6. 根据上述资料，2×12年1月1日至2×13年6月30日，无形资产的摊销额是（　　）万元。
A. 20.5　　B. 15
C. 12.5　　D. 8

学习情境六　对外投资的核算

一、单项选择题

1. 下列关于交易性金融资产的“成本”，说法正确的是（　　）。

A. 购买时支付的交易费用

B. 购买时支付的买价和交易费用

C. 购买时支付的买价，含已到期而未领取的利息或已宣告而未领取的现金股利

D. 购买时支付的买价，不含已到期而未领取的利息或已宣告而未领取的现金股利

2. 资产负债表日，交易性金融资产的公允价值大于交易性金融资产的账面余额的差额，应计入（　　）。

A. "投资收益"账户的贷方　　B. "投资收益"账户的借方

C. "公允价值变动损益"账户的贷方　　D. "公允价值变动损益"账户的借方

3. 下列关于"交易性金融资产"账户，说法正确的是（　　）。

A. 交易性金融资产的账面余额一定大于"交易性金融资产——成本"明细账的余额

B. "交易性金融资产——公允价值变动"明细账的余额可能在借方，也可能在贷方或余额为零

C. 交易性金融资产的账面余额是指交易性金融资产总账余额扣除资产负债表日公允价值变动额

D. "交易性金融资产"账户的核算内容包括买价、交易费用、赚取的现金股利、公允价值变动额

4. M公司5月3日购入甲公司债券，买价20 000元，购入A公司股票，买价115 000元，作为交易性金融资产。6月30日，所购入甲公司债券市价为20 100元，所购A公司股票市价为105 000元。则M公司期末计入"公允价值变动损益"科目的金额为（　　）元。

A. 借记　100　　B. 借记　9 900

C. 贷记　10 000　　D. 贷记　10 100

5. 企业购买股票作为交易性金融资产，买价中含有的已宣告而未领取的现金股利，下列处理方法正确的是（　　）。

A. 计入交易性金融资产的成本　　B. 作为一项债权，计入"应收利息"

C. 作为一项债权，计入"应收股利"　　D. 作为一项债权，计入"其他应收款"

6. 20××年10月18日，某公司从证券市场购入一笔债券作为交易性金融资产。该笔债券面值80 000元，票面年利率6%，买价82 000元（含已到期半年利息），另付交易费用300元。则该项交易性金融资产的成本为（　　）元。

A. 79 600　　B. 79 900

C. 80 300　　D. 82 300

7. 企业出售交易性金融资产，售价30万元，交易费用0.2万元，交易性金融资产的成本22万元，交易性金融资产的累计公允价值变动收益为3万元。则影响出售当期损益的金额为（　　）万元。

A. 4.8　　B. 5

C. 7.8　　D. 8

8. A公司拥有B公司80%的普通股，C公司拥有B公司20%的普通股，A公司能够控制B公司的生产经营活动，C公司对B公司的生产经营活动有重大影响，A、C公

司对B公司的投资均划分为长期股权投资，则A、C对B公司的长期股权投资的后续计量应分别采用的方法是（　　）。

A. 成本法和成本法　　B. 成本法和权益法

C. 权益法和成本法　　D. 权益法和权益法

9. 在长期股权投资采用权益法核算时，下列各项中，投资方在期末应当确认投资收益的是（　　）。

A. 被投资企业实现净利润

B. 被投资企业提取盈余公积

C. 收到被投资企业分派的股票股利

D. 被投资企业除实现净损益外的其他因素导致的所有者权益发生变动

10. 以发行权益性证券取得的长期股权投资（非企业合并），其初始投资成本应当按照（　　）确定。

A. 发行权益性证券的公允价值

B. 发行权益性证券的账面价值

C. 发行权益性证券的面值总额

D. 取得的长期股权投资原投资单位的账面价值

11. 某企业2019年1月1日购入B公司60%的有表决权股份作为长期股权投资，实际支付价款300万元。4月1日B公司宣告派发2008年现金股利100万元，当年B公司净利润120万元，2019年年末企业的长期股权投资账面余额为（　　）万元。

A. 240　　B. 300

C. 354　　D. 372

12. 关于投资者投入的长期股权投资，下列说法正确的是（　　）。

A. 按协议签订日的市价作为初始投资成本

B. 按原投资者持有投资的账面价值作为初始投资成本

C. 应当按照投资合同或协议约定的价值作为初始投资成本，但合同或协议约定价值不公允的除外

D. 无论合同或协议约定价值是否公允，都应当按照投资合同或协议约定的价值作为初始投资成本

13. 采用权益法核算时，下列各项不会引起投资企业长期股权投资账面价值发生增减变动的是（　　）。

A. 被投资单位接受现金捐赠　　B. 被投资单位接受实物捐赠

C. 被投资单位宣告分派股票股利　　D. 被投资单位宣告分派现金股利

14. 按照会计准则规定，下列说法中正确的是（　　）。

A. 投资企业对子公司的长期股权投资的后续计量，应当采用成本法

B. 投资企业对子公司的长期股权投资的后续计量，应当采用权益法

C. 投资企业对子公司的长期股权投资，初始计量采用成本法，后续计量采用权益法核算

D. 投资企业对子公司的长期股权投资的后续计量，既可以采用成本法，也可以采用权益法

15. A 公司于 2018 年 1 月 1 日用货币资金从证券市场上购入 B 公司发行在外的股份的 25%，实际支付价款 500 万元，另支付相关税费 5 万元，A 公司将该项投资划分为长期股权投资。同日，B 公司可辨认净资产的公允价值为 2 200 万元。A 公司 2018 年 1 月 1 日取得确认的长期股权投资的初始投资成本为（　　）万元。

A. 500　　　　B. 505

C. 550　　　　D. 555

16. 2020 年 4 月 20 日，A 公司从证券市场购入 E 公司普通股 20 万股，买价 4 元/股（含已宣告而未发放的现金股利 0.2 元），另付相关税费 0.2 万元，拥有 E 公司 51% 的股份，A 公司将其作为长期股权投资，采用成本法核算。则该项投资的初始成本为（　　）万元。

A. 76　　　　B. 76.2

C. 80　　　　D. 80.2

17. 乙公司 2017 年 1 月 10 日购买甲公司发行的股票 1 000 万股并准备长期持有，占甲公司股份的 25%，每股买入价为 6 元，另外购买该股票时发生相关税费 40 万元，2016 年 12 月 31 日，甲公司的所有者权益的公允价值 30 000 万元，则乙公司长期股权投资的入账价值为（　　）万元。

A. 6 000　　　　B. 6 040

C. 7 500　　　　D. 7 540

18. 根据《企业会计准则第 2 号——长期股权投资》的规定，长期股权投资采用权益法核算时，下列各项最终不会引起长期股权投资账面价值变动的是（　　）。

A. 被投资单位发生净亏损

B. 被投资单位宣告发放现金股利

C. 被投资单位计提盈余公积

D. 被投资单位持有的可供出售权益工具的公允价值上升

二、多项选择题

1. 企业持有交易性金融资产期间，计入“投资收益”的事项不包括（　　）。

A. 购买时支付的交易费用

B. 持有期间赚取的现金股利或利息

C. 出售所得与交易性金融资产账面余额的差额以及公允价值变动损益转入额

D. 取得的购买时已记入应收项目的现金股利和利息

2. 根据《企业会计准则》，以公允价值计量且其变动计入当期损益的金融资产包括（　　）。

A. 交易性金融资产

B. 可供出售金融资产

C. 债权投资

D. 直接指定为以公允价值计量且其变动计入当期损益的金融资产

3. 下列属于交易性金融资产的有（　　）。

A. 以赚取差价为目的从二级市场购入的股票

B. 以赚取差价为目的从二级市场购入的债券

C. 以赚取差价为目的从二级市场购入的基金

D. 不具有控制、共同控制或重大影响，并且在活跃市场中没有报价、公允价值不能可靠计量的权益性投资

4. 下列项目中，投资企业不应确认为投资收益的有（　　）。

A. 权益法核算的被投资单位实现净利润

B. 成本法核算的被投资单位宣告发放的现金股利

C. 权益法核算的被投资单位宣告发放股票股利

D. 成本法核算的被投资单位接受实物资产捐赠

5. 采用权益法核算时，下列各项中，会引起长期股权投资账面价值发生变动的有（　　）。

A. 被投资单位实现净利润　　B. 计提长期股权投资减值准备

C. 被投资单位以资本公积转增资本　　D. 收到被投资单位分派的股票股利

6. 下列条件可判定投资企业对被投资单位具有重大影响的有（　　）。

A. 向被投资单位派出管理人员

B. 参与被投资单位的政策制定过程

C. 在被投资单位的董事会或类似的权力机构中派有代表

D. 直接持有被投资单位20%或以上至50%的有表决权资本

7. 投资企业与被投资企业存在（　　）关系时，投资方应采用权益法核算该长期股权投资。

A. 控制　　B. 重大影响

C. 共同控制　　D. 无重大影响

8. 按长期股权投资准则规定，下列事项中，投资企业不应采用成本法核算的有（　　）。

A. 投资企业能够对被投资单位实施控制的股权投资

B. 投资企业对被投资单位具有共同控制的股权投资

C. 投资企业对被投资单位不具有共同控制或重大影响，公允价值能够可靠计量的股权投资

D. 投资企业对被投资单位不具有共同控制或重大影响，并且在活跃市场中没有报价，公允价值不能可靠计量的股权投资

9. 下列各项中，应采用权益法核算的有（　　）。

A. 对子公司投资　　B. 对合营企业投资

C. 对联营企业投资　　D. 持股比例5%的股权投资

10. 采用成本法核算长期股权投资，下列各项中不会导致长期股权投资账面价值发生增减变动的有（　　）。

A. 长期股权投资发生减值损失

B. 持有期间被投资单位宣告发放的现金股利

C. 持有长期股权投资期间被投资企业实现净利润

D. 收到取得长期股权投资时包含在价款中的已宣告但尚未发放的现金股利

11. 权益法下，下列各项中，不会引起投资企业资本公积增减变动的有（　　）。

A. 被投资企业接受现金捐赠

B. 被投资企业增资产生的资本溢价

C. 被投资企业用盈余公积弥补以前年度亏损

D. 被投资企业处置交易性金融资产产生收益

12. 权益法下，下列事项中可能影响长期股权投资账面价值的有（　　）。

A. 被投资单位实现净损益

B. 被投资单位派发股票股利

C. 被投资单位宣告派发现金股利

D. 长期股权投资发生减值，按规定计提减值准备金

13. 企业处置长期股权投资时，正确的处理方法有（　　）。

A. 处置长期股权投资时，持有期间计提的减值准备也应一并结转

B. 处置长期股权投资，其账面价值与实际取得价款的差额，应当计入投资收益

C. 采用权益法核算的长期股权投资，因被投资单位除净损益以外所有者权益的其他变动而计入所有者权益的，处置该项投资时应当将原计入所有者权益的部分按相应比例转入投资收益

D. 采用权益法核算的长期股权投资，因被投资单位除净损益以外所有者权益的其他变动而计入所有者权益的，处置该项投资时应当将原计入所有者权益的部分按相应比例转入营业外收入

14. 下列有关甲公司对乙公司的长期股权投资，应采用成本法进行核算的有（　　）。

A. 甲公司拥有乙公司 40% 的表决权资本，甲公司的子公司拥有乙公司 30% 的表决权资本

B. 甲公司拥有乙公司 40% 的表决权资本，同时根据协议，乙公司的生产经营决策由甲公司控制

C. 甲公司拥有乙公司 15% 的表决权资本，同时根据协议规定，由甲公司负责向乙公司提供生产经营所必需的关键技术资料

D. 公司拥有乙公司 20% 的表决权资本，但对乙公司不具有共同控制或重大影响

15. 根据《企业会计准则第 2 号——长期股权投资》的规定，长期股权投资采用成本法核算时，下列各项可能会引起长期股权投资账面价值变动的有（　　）。

A. 追加投资　　B. 减少投资

C. 被投资企业实现净利润　　D. 被投资企业宣告发放现金股利

16. 对长期股权投资采用权益法核算时，当被投资企业发生的下列事项（　　），投资企业应该调整长期股权投资账面价值。

A. 实现净利润　　B. 计提盈余公积

C. 购买固定资产　　D. 宣告分配现金股利

三、判断题

1. 以公允价值计量且其变动计入当期损益的金融资产，只包括交易性金融资产。（　　）

2. 取得交易性金融资产时所发生的相关交易费用应记入“投资收益”账户的贷方。( )

3. “交易性金融资产——公允价值变动”科目与“公允价值变动损益”科目的性质、作用相同。( )

4. 交易性金融资产在资产负债表日也可以计提交易性金融资产跌价准备。( )

5. 某公司于 2010 年 4 月 16 日从证券市场购入 A 公司发行在外的股票 100 万股作为交易性金融资产，每股买价为 8 元（含已宣告未发放现金股利 0.5 元），另支付交易费用 10 万元。则购买时该项交易性金融资产的成本为 740 万元。( )

6. 长期股权投资在成本法核算下，持有期只要被投资单位宣告发放现金股利就应确认投资收益。( )

7. 股权投资时买价中含有的已宣告但尚未领取的现金股利应作为应收股利处理。( )

8. 投资企业对被投资单位具有共同控制或重大影响的长期股权投资，应采用权益法核算。( )

9. 投资者投入的长期股权投资，一律应按照投资合同或协议约定的价值作为初始投资成本。( )

10. 投资企业对于被投资单位除净损益以外所有者权益的其他变动，应当调整长期股权投资的账面价值并计入当期损益。( )

11. 权益法核算长期股权投资，“长期股权投资——损益调整”明细账的余额可能在借方也可能在贷方或无余额。( )

12. 按会计准则规定，对子公司的长期股权投资应采用权益法核算。( )

13. 长期股权投资采用权益法核算，长期股权投资的初始投资成本小于投资时应享有被投资单位可辨认净资产公允价值份额的，其差额应当确认为资本公积，同时调整长期股权投资的成本。( )

14. 采用权益法核算的长期股权投资的初始投资成本大于投资时应享有被投资单位可辨认净资产公允价值份额的，其差额不调整长期股权投资的成本。( )

四、不定项选择题

(一) 乙公司 2018 年 1 月 1 日购买甲公司发行的股票 1 500 万股并准备长期持有，占甲公司股份的 25%，采用权益法核算，每股买入价为 8 元，另外购买该股票时发生相关税费 40 万元，2017 年 12 月 31 日，甲公司的所有者权益的账面价值和公允价值均为 50 000 万元（各项可辨认资产、负债的公允价值与账面价值相同）。2018 年甲公司实现净利润 1 000 万元，因可供出售金融资产的公允价值增加确认其他综合收益增加 200 万元。2019 年 4 月 30 日甲公司宣告发放现金股利，每 10 股派发 0.5 元，2019 年 6 月 5 日，乙公司收到甲公司分派的现金股利。2019 年 8 月 5 日，乙公司出售所持有的甲公司的股票 1 500 万股，每股出售价格为 12 元，款项已存入银行。

要求：根据上述资料，不考虑其他因素，分析回答下列第 1 ~ 6 小题。

1. 乙公司取得的长期股权投资的入账价值为（ ）万元。

A. 1 500　　B. 12 000

C. 12 040　　D. 12 500

2. 2018 年 12 月 31 日确认投资收益为（　　）万元。

A. 75　　B. 250

C. 750　　D. 1 000

3. 甲公司宣告发放现金股利时，乙公司编制的会计分录涉及的会计科目为（　　）。

A. 银行存款　　B. 应收股利

C. 投资收益　　D. 长期股权投资

4. 下列各项中，能引起乙公司的长期股权投资账面价值发生变动的有（　　）。

A. 被投资单位实现净利润

B. 被投资单位宣告发放股票股利

C. 被投资单位宣告发放现金股利

D. 被投资单位除净损益外的其他所有者权益变动

5. 2018 年甲公司因可供出售金融资产的公允价值增加确认资本公积增加 200 万元，乙公司需调整长期股权投资的账面价值，分录正确的是（　　）。

A. 借：长期股权投资——损益调整——甲公司　50
　　贷：投资收益——甲公司　50

B. 借：长期股权投资——损益调整——甲公司　50
　　贷：资本公积——其他资本公积——甲公司　50

C. 借：长期股权投资——其他综合收益——甲公司　50
　　贷：投资收益——甲公司　50

D. 借：长期股权投资——其他综合收益——甲公司　50
　　贷：其他综合收益——甲公司　50

6. 2019 年 8 月，乙公司出售所持有的甲公司的股票 1 500 万股时，确认的投资收益金额为（　　）万元。

A. 5 325　　B. 5 375

C. 5 500　　D. 18 000

（二）甲公司为一家上市公司，2018 年对外投资有关资料如下：

（1）1 月 20 日，甲公司以银行存款购买 A 公司发行的股票 400 万股准备长期持有，实际支付价款 22 000 万元，另支付相关税费 20 万元，占 A 公司有表决权股份的 60%，能够对 A 公司施加控制。A 公司 1 月 1 日可辨认净资产账面价值与公允价值均为 40 000 万元。

（2）4 月 17 日，甲公司委托证券公司从二级市场购入 B 公司股票，并将其划分为交易性金融资产。支付价款 500 万元（其中包含宣告但尚未发放的现金股利 40 万元），另支付相关交易费用 4 万元。

（3）5 月 5 日，甲公司收到 B 公司发放的现金股利存入银行。

（4）6 月 30 日，甲公司持有 B 公司股票的公允价值为 480 万元。

（5）7 月 15 日，甲公司持有的 B 公司股票全部出售，售价 730 万元，款项存入银行，不考虑相关税费。

（6）A 公司 2018 年年末宣告发放现金股利 900 万元。

要求：根据上述资料，不考虑其他因素，分析回答下列第1~6小题。

1. “交易性金融资产”账户的借方登记（　　）。
A. 交易性金融资产的取得成本
B. 资产负债表日其公允价值高于账面余额的差额;
C. 资产负债表日其公允价值低于账面余额的差额
D. 企业出售交易性金融资产时结转的成本

2. 关于长期股权投资的核算，下列说法中正确的是（　　）。
A. 对被投资单位具有重大影响的长期股权投资，应采用权益法核算
B. 对被投资单位能够实施控制的长期股权投资，应采用权益法核算
C. 采用成本法核算的长期股权投资，被投资单位实现净利润时应确认投资收益
D. 用权益法核算的长期股权投资，收到被投资单位发放的现金股利应确认为投资收益

3. 根据资料（1），下列各项中，会计处理正确的是（　　）。
A. 应确认营业外收入1 980万元
B. 长期股权投资初始投资成本为22 020万元
C. 长期股权投资初始投资成本为22 000万元
D. 长期股权投资初始投资成本为24 000万元

4. 根据资料（2）至资料（4），下列各项中，会计处理正确的是（　　）。
A. 交易性金融资产初始确认金额为460万元
B. 6月30日交易性金融资产的账面价值为480万元
C. 6月30日应确认交易性金融资产公允价值变动收益20万元
D. 5月5日，收到B公司发放的现金股利应确认为投资收益

5. 关于2018年长期股权投资业务，下列各项中，会计处理正确的是（　　）。
A. 2018年应确认投资收益540万元
B. 2018年应确认资本公积540万元
C. 2018年12月31日长期股权投资账面价值为22 020万元
D. 2018年12月31日长期股权投资业务账面价值24 000万元

6. 下列各项中，会计处理正确的是（　　）。
A. 2018年上述业务应确认投资收益806万元
B. 2018年末长期股权投资账面余额为21 480万元
C. 2018年上述业务影响营业利润的金额为540万元
D. 甲公司2018年因B公司股票获取投资收益实际为266万元

学习情境七　职工薪酬的核算

一、单项选择题

1. 下列项目中，不属于职工薪酬的是（　　）。

A. 职工工资　　B. 职工福利费

C. 医疗保险费　　D. 职工出差报销的差旅费

2. 企业在无形资产研究阶段发生的职工薪酬，应当计入（　　）。

A. 当期损益　　B. 在建工程成本

C. 无形资产成本　　D. 固定资产成本

3. 以银行存款缴纳职工医疗保险费，应借记的会计科目是（　　）。

A. 管理费用　　B. 银行存款

C. 其他应收款　　D. 应付职工薪酬

4. 下列项目中，不属于职工薪酬范畴的是（　　）。

A. 工会经费　　B. 业务招待费

C. 医疗保险费　　D. 辞退职工经济补偿

5. 对以经营租赁方式租入的生产线进行改良，应付企业内部改良工程人员的工资，借记的会计科目是（　　）。

A. 固定资产　　B. 在建工程

C. 长期待摊费用　　D. 应付职工薪酬

6. 下列职工薪酬中，不应当根据职工提供服务的受益对象计入成本费用的是（　　）。

A. 社会保险费　　B. 构成工资的各组成部分

C. 工会经费和职工教育经费　　D. 因解除与职工作劳务关系给予的补偿

7. 应由生产产品、提供劳务负担的职工薪酬，处理正确的是（　　）。

A. 计入管理费用　　B. 计入销售费用

C. 确认为当期费用　　D. 计入存货成本或劳务成本

8. 企业因解除与职工的劳动合同关系而给予职工补偿的职工薪酬，应借记的会计科目是（　　）。

A. 管理费用　　B. 销售费用

C. 生产成本　　D. 营业外支出

9. 企业将一批自产的产品用于职工个人福利，该批产品的成本为30万元，售价50万元，适用增值税率为13%。该事项应确认应付职工薪酬（　　）万元。

A. 30　　B. 36.5

C. 50　　D. 56.5

10. A公司为增值税一般纳税人，适用的增值税率为13%，2020年1月A公司董事会决定将本公司生的500件产品作为福利发放给公司职工，其中公司管理人员200人。该批产品的单件成本为1.2万元，市场销售价格为每件2万元（不含增值税），不考虑其他税费，A公司2020年因该项业务应计入“管理费用”的金额为（　　）万元。

A. 271.2　　B. 452

C. 678　　D. 1 130

11. 企业作为福利为高管人员配备汽车，计提这些汽车折旧时，应编制的会计分录是（　　）。

A. 借记“累计折旧”科目，贷记“固定资产”科目

B. 借记“管理费用”科目，贷记“固定资产”科目

C. 借记“管理费用”科目，贷记“固定资产”科目和借记“应付职工薪酬”科目，贷记“累计折旧”科目

D. 借记“管理费用”科目，贷记“应付职工薪酬”科目和借记“应付职工薪酬”科目，贷记“累计折旧”科目

12. 某公司购买加湿器向每位职工发放作为福利，该商品每台购价200元，增值税税率13%，取得增值税专用发票，开出支票支付款项。公司共有职工500人（其中行政管理人员100人），上述业务计入该公司应付职工薪酬的金额为（　　）元。

A. 22 600　　B. 90 400

C. 100 000　　D. 113 000

13. 企业从职工工资中扣除代垫的职工房租，应贷记的会计科目是（　　）。

A. 银行存款　　B. 其他应付款

C. 其他应收款　　D. 应付职工薪酬

14. 下列各项中，不属于职工薪酬核算内容的是（　　）。

A. 失业保险　　B. 辞退福利

C. 董事会费　　D. 职工教育经费

15. 某饮料生产企业为增值税一般纳税人，年末将本企业生产的一批饮料发放给100位职工（其中生产工人80人，管理人员20人）作为福利。该饮料市场售价为12万元（不含增值税），增值税适用税率为13%，实际成本为8万元。假定不考虑其他因素，上述业务对当期营业利润的影响额为（　　）元。

A. 2 712　　B. 37 288

C. 40 000　　D. 120 000

16. 企业代扣职工个人缴纳的五险一金，应借记的会计科目是（　　）。

A. 银行存款　　B. 其他应付款

C. 其他应收款　　D. 应付职工薪酬

17. 企业计提分配单位缴纳的五险一金，应借记的科目类型不包括（　　）。

A. 资产类　　B. 损益类

C. 成本类　　D. 所有者权益类

18. 下列各项职工薪酬中，不会在“管理费用”中列支的是（　　）。

A. 车间主任的薪酬　　B. 行政人员的薪酬

C. 财务人员的薪酬　　D. 科研人员的薪酬

19. 企业为在建工程人员支付的职工薪酬，应当计入（　　）。

A. 当期损益　　B. 在建工程

C. 无形资产　　D. 固定资产

20. 企业为监事会成员支付的职工薪酬，应当计入（　　）。

A. 管理费用　　B. 在建工程

C. 无形资产　　D. 固定资产

二、多项选择题

1. 下列各项中，属于货币性职工薪酬的有（　　）。

A. 辞退福利　　B. 为职工垫付的医疗费

C. 工会经费和职工教育经费　　D. 为职工缴纳的各种社会保险和住房公积金

2. 应付职工薪酬中的非货币性福利包括（　　）。

A. 为职工购买的商业保险

B. 为职工无偿提供医疗保健服务

C. 企业以自产产品发放给职工作为福利

D. 将企业拥有的资产无偿提供给职工使用

3. 下列各项中，应纳入职工薪酬核算的有（　　）。

A. 工会经费　　B. 职工养老保险

C. 职工住房公积金　　D. 辞退职工经济补偿

4. 下列项目中，属于职工薪酬的有（　　）。

A. 职工奖金　　B. 职工福利费

C. 医疗保险费　　D. 职工出差报销的差旅费

5. 下列项目中，属于职工薪酬范畴的有（　　）。

A. 业务招待费　　B. 职工教育经费

C. 职工养老保险　　D. 职工津贴和补贴

6. 下列各项职工薪酬中，不能直接在“管理费用”中列支的有（　　）。

A. 生产人员的薪酬　　B. 行政人员的薪酬

C. 研发人员的薪酬　　D. 车间管理人员的薪酬

7. 下列各项中，属于企业应付职工薪酬核算的有（　　）。

A. 住房公积金　　B. 非货币性福利

C. 职工教育经费　　D. 企业医务人员的工资

8. 下列各项中，应作为应付职工薪酬核算的有（　　）。

A. 支付的工会经费　　B. 支付的职工教育经费

C. 为职工支付的住房公积金　　D. 为职工无偿提供的医疗保健服务

9. 下列属于企业职工的有（　　）。

A. 临时职工　　B. 全职和兼职职工

C. 劳务用工合同人员　　D. 内部审计委员会成员

10. 企业应当在职工为其提供服务的会计期间，将应付的职工薪酬确认为负债，并根据职工提供服务的受益对象，分别按下列情况处理（　　）。

A. 应由生产产品、提供劳务负担的职工薪酬，计入产品成本或劳务成本

B. 应由在建工程、无形资产开发成本负担的职工薪酬，计入建造固定资产或无形资产的开发成本

C. AB两项之外的其他职工薪酬，计入当期损益

D. 企业应当严格按照辞退计划条款的规定，合理预计并确认辞退福利产生的应付职工薪酬，并确认管理费用

11. 关于非货币性职工薪酬，下列说法正确的有（　　）。

A. 难以认定受益对象的非货币性福利，直接计入当期损益

B. 企业租赁住房等资产供职工无偿使用的，应当根据受益对象，将每期应付的租金计入相关资产成本或当期损益，并确认应付职工薪酬

C. 企业将拥有的房屋等资产无偿提供给职工使用的，应当根据受益对象，按照该住房的公允价值计入相关资产成本或当期损益，同时确认应付职工薪酬

D. 企业以其自产产品作为非货币性福利发放给职工的，应当根据受益对象，按照产品的账面价值，计入相关资产成本或当期损益，同时确认应付职工薪酬

12. 下列关于职工薪酬计量的表述，正确的有（　　）。

A. 国家规定了计提基础和计提比例的，应当按照国家规定的标准计提

B. 对于企业应付的职工薪酬，企业应当选择恰当的折现率，以应付职工薪酬折现后的金额计入相关资产成本或当期损益

C. 租赁住房等资产供职工无偿使用的，应当根据受益对象，将每期应付的租金计入相关资产成本或当期损益，并确认应付职工薪酬

D. 企业以其自产产品作为非货币性福利发放给职工的，只将产品的公允价值，计入相关资产成本或当期损益，同时确认应付职工薪酬

13. 职工福利费，主要包括（　　）。

A. 防暑降温费

B. 生活困难补助

C. 职工因公负伤赴外地就医路费

D. 按照国家规定发生的其他职工福利支出

14. 下列各项中，属于企业应付职工薪酬核算的有（　　）。

A. 生产工人工资　　B. 财务人员工资

C. 非货币性福利　　D. 职工失业保险费

15. 职工薪酬中的“五险”包括（　　）。

A. 医疗保险费　　B. 养老保险费

C. 工伤保险费　　D. 生育保险费

16. 下列职工薪酬中，应当根据职工提供服务的受益对象计入成本费用的是（　　）。

A. 工会经费　　B. 社会保险费

C. 职工教育经费　　D. 因解除与职工作劳务关系给予的补偿

三、判断题

1. 工会经费和职工教育经费不属于职工薪酬的范围，不通过“应付职工薪酬”核算。（　　）

2. 企业将自产或委托加工的货物用于职工个人福利，应将货物成本以及增值税额计入“应付职工薪酬”。（　　）

3. 企业向职工食堂、职工医院、生活困难职工等支付款项，应借记“应付职工薪酬——职工福利”科目。（　　）

4. 公司员工因公负伤而赴外地就医，其中的路费应计入管理费用，在当期损益中列支。（ ）

5. 将企业拥有的房屋无偿提供给职工使用的，应当根据受益对象，将该住房每期应计提的折旧计入相关资产成本或当期损益，借记“管理费用”“生产成本”“制造费用”等科目，贷记“累计折旧”科目。（ ）

6. 企业因解除与职工的劳务关系给予的补偿不应通过“应付职工薪酬”科目核算。（ ）

7. 企业为职工缴纳的基本养老保险金、补充养老保险费，以及为职工购买的商业养老保险，均属于企业提供的职工薪酬。（ ）

8. 某企业生产多种产品，生产车间管理人员的工资应该直接计入生产成本科目核算。（ ）

9. 公司向职工发放自产产品作为福利，同时要根据相关税收规定，视同销售计算增值税销项税额。（ ）

10. 临时工不属于职工薪酬中职工的范畴。（ ）

11. 董事会成员属于职工薪酬中职工所包含的范畴。（ ）

12. 企业以低于以成本的价格向职工出售住房属于企业给职工提供的非货币性福利。（ ）

13. 为职工学习先进技术支付的培训费应在职工薪酬中核算。（ ）

14. 生产过程中废品损失中的生产人员职工薪酬，应当在发生时确认为当期损益。（ ）

15. 由在建工程负担的职工薪酬，计入建造固定资产成本。（ ）

16. 按照《工会法》规定，工会经费按全部职工工资总额的2%计提。（ ）

17. 按照《关于企业职工教育经费提取与使用管理的意见》的通知规定，教育经费计提比例为2.5%。（ ）

18. 以自产产品发放给职工作为福利，应按生产产品的成本记入“应付职工薪酬”。（ ）

19. 以自产产品发放给职工作为福利，应按产品的公允价值确认收入。（ ）

20. 企业无偿提供自有资产给职工使用，应将相关支出直接计入当期损益。（ ）

四、不定项选择题

（一）A公司20××年8～9月与职工薪酬有关的经济业务如下：

（1）8月31日，计算分配本月应付职工工资，总额45万元，其中：生产工人12万元，车间管理人员6万元，行政管理人员11万元，销售人员9万元，在建工程人员7万元。

（2）8月31日，按上年度月平均工资总额的8%计提9月份基本医疗保险，0.7%计提生育保险，2%计提失业保险，12%计提基本养老保险，1%计提工伤保险，8%计提住房公积金，2%计提工会经费和1.5%计提职工教育经费。上年度月平均工资总额40万元，其中生产工人12万元，车间管理人员4万元，行政管理人员10万元，销售人员9万元，在建工程人员5万元。

(4) 9月8日，通过银行转账向职工实际发放工资372 200元。代扣代缴职工个人承担的基本养老保险金32 000元、基本医疗保险金8 000元、失业保险800元、住房公积金32 000元，代扣个人所得税5 000元。

(5) 9月10日，通过转账方式向社会保险管理处和住房金管理处交纳五险一金；向税务部门代缴个人所得税。

(6) 9月18日，申请报销会计人员继续教育费用1 000元，以现金付讫。

(7) 9月25日，工会组织秋季职工运动会，购买运动会用品以银行存款支付8万元。

要求：根据以上资料，不考虑其他因素的影响，分析完成下列1～6题。

1. 20××年9月A公司计提的五险一金的总额是（　　）元。

A. 80 000　　B. 102 137.4

C. 126 800　　D. 142 650

2. 发放工资业务处理的会计分录正确的有（　　）。

A. 借：应付职工薪酬——工资　372 200
　　贷：银行存款　372 200

B. 借：应付职工薪酬——工资　5 000
　　贷：应交税费——应交个人所得税　5 000

C. 借：应付职工薪酬——工资　450 000
　　贷：银行存款　372 200
　　　　其他应付款——应付个人五险一金　72 800
　　　　应交税费——应交个人所得税　5 000

D. 借：应付职工薪酬——工资　450 000
　　贷：银行存款　450 000

3. 计提住房公积金业务处理的会计分录正确的是（　　）。

A. 借：生产成本——基本生产成本　9 600
　　　制造费用　3 200
　　　管理费用　8 000
　　　销售费用　7 200
　　　在建工程　4 000
　　贷：应付职工薪酬——住房公积金　32 000

B. 借：应付职工薪酬——住房公积金　32 000
　　贷：生产成本——基本生产成本　9 600
　　　　制造费用　3 200
　　　　管理费用　8 000
　　　　销售费用　7 200
　　　　在建工程　4 000

C. 借：生产成本——基本生产成本　9 600
　　　制造费用　3 200
　　　管理费用　8 000

销售费用 7 200
在建工程 4 000
贷：应付职工薪酬——工资 32 000

D. 借：应付职工薪酬——工资 32 000
贷：生产成本——基本生产成本 9 600
制造费用 3 200
管理费用 8 000
销售费用 7 200
在建工程 4 000

4. 资料 5 中业务处理的会计分录正确的有（　　）。

A. 借：应交税费——应交个人所得税 5 000
贷：银行存款 5 000

B. 借：应付职工薪酬——社会保险费 94 800
贷：银行存款 94 800

C. 借：应付职工薪酬——住房公积金 32 000
贷：银行存款 32 000

D. 借：其他应付款——应付个人五险一金 72 800
贷：银行存款 72 800

5. 资料 6 和资料 7 中业务处理的分录正确的是（　　）。

A. 借：应付职工薪酬——职工教育经费 1 000
贷：库存现金 1 000

B. 借：应付职工薪酬——职工教育经费 1 000
贷：银行存款 1 000

C. 借：应付职工薪酬——工会经费 80 000
贷：银行存款 80 000

D. 借：其他应收款——工会经费 80 000
贷：库存现金 80 000

6. 9 月份实际发放的 372 200 元工资在现金流量表中应列示的项目有（　　）。

A. 投资支付的现金
B. 支付给职工及为职工支付的现
C. 购买商品、接受劳务支付的现金
D. 购建固定资产、无形资产和其他长期资产支付的现金

（二）X 公司有职工 300 人，其中生产工人 160 人，车间管理人员 40 人，行政管理人员 100 人。20××年 12 月，X 公司与职工薪酬相关的部分业务如下：

（1）4 日，车间生产工人于威报销因公负伤外地就医的路费 2 630 元，以现金付讫。

（2）20 日，公司董事会决定将自产的电风扇作为福利，每人发放一台。电风扇市价每台 200 元，适用增值税税率为 13%，每台电风扇成本位 150 元。28 日将电风扇发放到职工。

(3) 31 日，公司对为三位高管配备的三台轿车计提折旧，每台轿车计提折旧 2 500 元。

(4) 31 日公司确认无偿提供给生产工人居住的租入的三套住房本月应付租金 6 900 元。

(5) 31 日 X 公司对本月归集的职工福利和非货币性职工福利按受益对象进行分配。

要求：根据以上资料，不考虑其他因素的影响，分析完成下列 1 ~ 6 题。

1. 非货币性福利的形式有（　　）。

A. 租赁住房提供职工无偿使用　　B. 购买商品发放给职工作为福利

C. 将拥有的房屋提供职工无偿使用　　D. 以生产的产品发放给职工作为福利

2. 根据资料（2）（3）（4），X 公司应确认的非货币性职工薪酬的金额是（　　）元。

A. 54 400　　B. 59 400

C. 77 200　　D. 82 200

3. 资料（1）中的业务处理的会计分录正确的是（　　）。

A. 借：应付职工薪酬——工资　　2 630
　　贷：库存现金　　2 630

B. 借：应付职工薪酬——职工福利　　2 630
　　贷：库存现金　　2 630

C. 借：生产成本——基本生产成本　　2 630
　　贷：库存现金　　2 630

D. 借：管理费用　　2 630
　　贷：库存现金　　2 630

4. 资料（2）中业务处理的会计分录正确的有（　　）。

A. 借：应付职工薪酬——非货币性福利　　67 800
　　贷：主营业务收入　　60 000
　　　　应交税费——应交增值税（销项税额）　　7 800

B. 借：应付职工薪酬——非货币性福利　　50 850
　　贷：主营业务收入　　45 000
　　　　应交税费——应交增值税（销项税额）　　5 850

C. 借：主营业成本——电风扇　　45 000
　　贷：库存商品——电风扇　　45 000

D. 借：主营业成本——电风扇　　60 000
　　贷：库存商品——电风扇　　60 000

5. 资料（5）中业务处理的会计分录正确的是（　　）。

A. 借：生产成本——基本生产成本　　2 630
　　贷：应付职工薪酬——职工福利　　2 630

B. 借：管理费用　　2 630
　　贷：应付职工薪酬——非货币性福利　　2 630

C. 借：生产成本——基本生产成本　　43 840

制造费用 10 960

管理费用 27 400

贷：应付职工薪酬——非货币性福利 82 200

D. 借：生产成本——基本生产成本 43 060

制造费用 9 040

管理费用 30 100

贷：应付职工薪酬——非货币性福利 82 200

6. 根据上述资料，对 X 公司 12 月份营业利润的影响额为（　　）元。

A. 减少 12 400　　B. 减少 15 030

C. 减少 15 100　　D. 减少 17 730

学习情境八　税费的核算

一、单项选择题

1. 企业建造办公大楼领用生产用原材料时，应借记的科目是（　　）。

A. 管理费用　　B. 生产成本

C. 在建工程　　D. 其他业务成本

2. 企业购进货物用于不动产工程项目时，该货物负担的增值税额应当计入（　　）。

A. 工程物资　　B. 管理费用

C. 营业外支出　　D. 应交税费——应交增值税

3. 委托加工的应税消费品材料收回后用于连续生产应税消费品的，由受托方代收代交的消费税，委托方应借记的会计科目是（　　）。

A. 在途物资　　B. 税金及附加

C. 委托加工物资　　D. 应交税费——应交消费税

4. 企业销售应税矿产品应交资源税，应计入（　　）。

A. 制造费用　　B. 生产成本

C. 税金及附加　　D. 主营业务成本

5. 按规定计算代扣代交职工个人所得税，应贷记的会计科目是（　　）。

A. 应交税费　　B. 银行存款

C. 其他应付款　　D. 应付职工薪酬

6. 委托加工的应税消费品材料收回后直接用于销售的商品，由受托方代收代交的消费税，委托方应借记的会计科目是（　　）。

A. 在途物资　　B. 税金及附加

C. 委托加工物资　　D. 应交税费——应交消费税

7. 我国企业所得税会计的核算方法是（　　）。

A. 递延法　　B. 应付税款法

C. 纳税影响会计法　　D. 资产负债表债务法

8. 下列项目中，产生可抵扣暂时性差异的是（　　）。

A. 固定资产会计折旧小于税法折旧

B. 税法折旧大于会计折旧形成的差额部分

C. 对固定资产，企业根据期末公允价值大于账面价值的部分进行了调整

D. 对无形资产，企业根据期末可收回金额小于账面价值计提减值准备的部分

9. 下列负债项目中，其账面价值与计税基础会产生差异的是（　　）。

A. 短期借款　　B. 应付票据

C. 应付账款　　D. 预计负债

10. 某小规模纳税企业月初欠交增值税1 000元，本月购进材料成本为10 000元，支付的增值税为1 300元，产品含税销售收入为1 060 000元，增值税征收率为3%，则企业本月月末应交增值税账户的余额为（　　）。

A. 29 173.79元　　B. 30 173.79元

C. 30 873.79元　　D. 31 873.79元

11. A企业为增值税一般纳税人，2019年应交的各种税金为：增值税300万元，消费税200万元，城市维护建设税35万元，房产税10万元，车船使用税5万元，企业所得税150万元。上述各项税金中应计入“税金及附加”的金额为（　　）万元。

A. 5　　B. 10

C. 15　　D. 400

12. A公司为一般纳税人，月初应交税费——未交增值税明细账有贷方余额10万元。当月购进存货增值税进项税20万元，销售商品增值税销项税40万元，因存货非正常损失不予抵扣的增值税3万元，当月交纳前期增值税5万元。月末，应交税费——未交增值税明细账余额为（　　）万元。

A. 13　　B. 20

C. 28　　D. 38

13. 企业（一般纳税人）收购一批免税农产品，收购价26万元，运杂费4万元。税法规定按收购价的9%计算增值税抵扣税额。该批农产品的采购成本为（　　）万元。

A. 23.66　　B. 26

C. 25.26　　D. 30

14. 资产负债表日，企业的某项固定资产账面价值为1 000万元，计税基础为800万元，两者之间的差额形成（　　）。

A. 应纳税暂时性差异200万元　　B. 可抵扣暂时性差异200万元

C. 应纳税暂时性差异1 800万元　　D. 可抵扣暂时性差异1 800万元

15. 甲公司2019年度因无标的物的亏损合同计提了“预计负债”，金额为113万元，假设此事项计提的预计负债在相关产品生产完成后可以抵扣，2019年期初递延所得税资产的余额为50万元（均为预计负债产生），所得税税率为25%。假定除此事项外再无其他纳税调整事项，则2019年12月31日递延所得税资产的余额为（　　）。

A. 借方 25 万元　　　　B. 贷方 21.75 万元

C. 借方 28.25 万元　　　　D. 借方 78.25 万元

16. 某企业对外转让一栋厂房，根据税法规定计算的应交土地增值税，应借记的会计科目是（　　）。

A. 销售费用　　　　B. 管理费用

C. 税金及附加　　　　D. 固定资产清理

17. 企业当月交纳上月欠交的增值税，应该通过（　　）科目核算。

A. 应交税费——未交增值税

B. 应交税费——应交增值税（已交税金）

C. 应交税费——应交增值税（销项税额）

D. 应交税费——应交增值税（进项税额）

18. 企业交纳当月的增值税时，应借记的科目是（　　）。

A. 银行存款　　　　B. 管理费用

C. 税金及附加　　　　D. 应交税费——应交增值税（已交税金）

19. 小规模纳税企业购入原材料取得的增值税专用发票上注明货款 40 000 元，增值税 5 200 元，在购入材料的过程中销售方代垫运杂费 600 元，发生采购人员差旅费 500 元。则该企业原材料的入账价值为（　　）元。

A. 40 000　　　　B. 40 600

C. 45 800　　　　D. 46 300

20. 甲、乙公司均为增值税一般纳税人，甲公司委托乙公司加工一批应交消费税的半成品，收回后用于连续生产应税消费品。甲公司发出原材料实际成本 210 万元，支付加工费 6 万元、增值税 1.02 万元、消费税 24 万元。假定不考虑其他相关税费，甲公司收回该半成品的入账价值为（　　）万元。

A. 216　　　　B. 217.02

C. 240　　　　D. 241.02

21. 某增值税一般纳税企业因管理不善失火毁损库存材料一批，该批原材料实际成本为 20 000 元，收回残料价值 800 元，保险公司赔偿 11 600 元。该企业购入材料的增值税税率为 13%，该批毁损原材料造成的非常损失净额是（　　）元。

A. 10 200　　　　B. 11 000

C. 20 000　　　　D. 22 600

22. 某工业企业 2020 年 3 月份发生的费用有：发生生产车间管理人员工资 80 万元，发生行政管理部门人员工资 60 万元，支付广告费用 40 万元，计提短期借款利息 40 万元，支付固定资产维修费 30 万元。则该企业当期的期间费用总额为（　　）万元。

A. 100　　　　B. 140

C. 170　　　　D. 250

23. 甲企业 2020 年 3 月份发生的费用有：计提车间管理人员工资费用 50 万元，发生管理部门人员工资 30 万元，支付广告宣传费用 40 万元，筹集外币资金发生汇兑损失 10 万元，支付固定资产维修费用 15 万元。则该企业当期的期间费用总额为（　　）万元。

A. 95　　B. 130

C. 140　　D. 145

24. 下列各项中，不属于期间费用的是（　　）。

A. 汇兑损益　　B. 因违约支付的赔偿款

C. 预计产品质量保证损失　　D. 管理部门固定资产维修费

25. 下列各项中，应计入管理费用的是（　　）。

A. 广告费　　B. 公益性捐赠支出

C. 固定资产处置净收益　　D. 筹建期间内发生的开办费

26. 某企业某月销售商品发生商业折扣 40 万元、现金折扣 30 万元、销售折让 50 万元。该企业上述业务计入当月财务费用的金额为（　　）万元。

A. 30　　B. 40

C. 70　　D. 90

27. 乙企业为增值税一般纳税人，2019 年实际应交纳税金情况如下：增值税 1 500 万元，契税 80 万元，资源税 1 万元，印花税 1.5 万元，所得税 200 万元。上述各项税金应记入“应交税费”科目贷方的金额是（　　）万元。

A. 1 500　　B. 1 700

C. 1 701　　D. 1 782.5

28. 某企业本期实际应上交增值税 200 000 元，消费税 300 000 元，土地增值税 100 000 元。该企业适用的城市维护建设税税率为 7%，则该企业应交的城市维护建设税为（　　）元。

A. 21 000　　B. 35 000

C. 28 000　　D. 42 000

二、多项选择题

1. 下列税金中，应计入存货成本的有（　　）。

A. 进口原材料交纳的进口关税

B. 小规模纳税企业购买材料交纳和增值税

C. 由受托方代收代交的委托加工直接用于对外销售的商品负担的消费税

D. 由受托方代收代交的委托加工直接继续用于生产应纳消费税的商品负担的消费税

2. 下列税金中，应计入企业固定资产价值的有（　　）。

A. 房产税

B. 耕地占用税

C. 车辆购置税

D. 购入非生产经营用固定资产交纳的增值税

3. 下列各项税金，一般不通过“应交税费”科目核算的有（　　）。

A. 契税　　B. 印花税

C. 房产税　　D. 车辆购置税

4. 企业下列（　　）行为属于增值税的视同销售行为。

A. 销售代销货物　　　　　　　　B. 将货物对外投资
C. 将货物对外捐赠　　　　　　　D. 委托他人保管货物
5. 下列税金可能影响资产成本的有（　　）。
A. 印花税　　　　　　　　　　　B. 增值税
C. 消费税　　　　　　　　　　　D. 车船税
6. 企业按规定交纳增值税的项目有（　　）。
A. 提供运输劳务　　　　　　　　B. 销售商品取得的收入
C. 出租无形资产取得收入　　　　D. 销售不动产取得的收入
7. 下列税费中，应计入“管理费用”科目的有（　　）。
A. 房产税　　　　　　　　　　　B. 车船税
C. 土地使用税　　　　　　　　　D. 矿产资源补偿费
8. 企业按规定交纳消费税的项目有（　　）。
A. 提供运输劳务　　　　　　　　B. 销售消费品取得的收入
C. 出租无形资产取得收入　　　　D. 委托加工属于消费的物资
9. 下列税金中，可能计入“税金及附加”科目的有（　　）。
A. 消费税　　　　　　　　　　　B. 增值税
C. 土地增值税　　　　　　　　　D. 城市维护建设税
10. 对小规模纳税企业，下列说法正确的有（　　）。
A. 小规模纳税企业的销售额不包括其应纳增值税额
B. 小规模纳税企业销售货物或者提供应税劳务，一般情况下，只能开具普通发票，不能开具增值税专用发票
C. 小规模纳税企业销售货物或者提供应税劳务，实行简易办法计算应纳税额，按照销售额的一定比例计算征收
D. 小规模纳税企业购入货物取得增值税专用发票，其支付的增值税额可计入进项税额，并由销项税额抵扣，而不计入购入货物的成本
11. 下列各种情形中，会产生可抵扣暂时性差异的有（　　）。
A. 资产的账面价值大于其计税基础　　B. 资产的账面价值小于其计税基础
C. 负债的账面价值大于其计税基础　　D. 负债的账面价值小于其计税基础
12. 下列各事项中，计税基础等于账面价值的有（　　）。
A. 支付的各项赞助费　　　　　　B. 购买国债确认的利息收入
C. 支付的违反税收规定的罚款　　D. 支付的工资超过计税工资的部分
13. 不考虑其他因素，下列各项目产生可抵扣暂时性差异的有（　　）。
A. 因产品质量保证确认预计负债
B. 对债权投资计提减值准备
C. 本期购入的可供出售金融资产在期末公允价值下降
D. 本期发生净亏损，按税法规定可于未来 5 年内税前补亏
14. 按现行会计准则规定，“递延所得税负债”科目贷方登记的内容有（　　）。
A. 资产的账面价值大于计税基础产生的暂时性差异影响所得税费用的金额
B. 资产的账面价值小于计税基础产生的暂时性差异影响所得税费用的金额

C. 负债的账面价值大于计税基础产生的暂时性差异影响所得税费用的金额

D. 负债的账面价值小于计税基础产生的暂时性差异影响所得税费用的金额

15. 采用资产负债表债务法核算所得税的情况下，影响当期所得税费用的因素有（　　）。

A. 本期应交的所得税

B. 本期发生的暂时性差异所产生的递延所得税负债

C. 本期转回的暂时性差异所产生的递延所得税资产

D. 本期发生的暂时性差异所产生的递延所得税资产

16. 企业不记入“管理费用”的税金有（　　）。

A. 房产税　　B. 印花税

C. 土地增值税　　D. 耕地占用税

17. 企业自产自用的应税矿产品应交资源税，应计入（　　）。

A. 制造费用　　B. 生产成本

C. 税金及附加　　D. 主营业务成本

18. 下列各项中，需要按照增值税、消费税税额的一定比例计算的税金有（　　）。

A. 资源税　　B. 土地增值税

C. 教育费附加　　D. 城市维护建设税

19. 下列各项费用，最终计入“管理费用”科目的有（　　）。

A. 诉讼费　　B. 业务招待费

C. 无形资产开发的研究费用　　D. 日常经营活动聘请中介机构费

20. 一般纳税企业发生的下列经济业务需要计算增值税销项税额的有（　　）。

A. 以自产产品对外投资　　B. 将自产产品用于对外捐赠

C. 外购原材料由于管理不善被盗　　D. 将自产产品用于集体福利设施建设

21. 下列各项税金中，通常影响企业损益的有（　　）。

A. 增值税　　B. 印花税

C. 房产税　　D. 城市维护建设税

22. 下列各项，增值税一般纳税人计算增值税销项的有（　　）。

A. 自制产成品用于职工福利

B. 自制产成品用于对外投资

C. 外购的生产用原材料改用于自建厂房

D. 外购的生产用原材料发生非正常损失（管理不善导致）

23. 长期借款所发生的利息支出，可能借记的科目有（　　）。

A. 销售费用　　B. 财务费用

C. 在建工程　　D. 管理费用

24. 下列各项职工薪酬中，不能直接在“管理费用”中列支的有（　　）。

A. 生产人员的薪酬　　B. 行政人员的薪酬

C. 研发人员的薪酬　　D. 车间管理人员的薪酬

25. 下列各项中，不应计入“管理费用”的有（　　）。

A. 计提坏账准备　　B. 支付离退休人员工资

C. 摊销管理部门用无形资产　　　　D. 生产车间管理人员的工资

26. 下列各项费用，应计入“销售费用”的有（　　）。

A. 广告费　　　　B. 展览费

C. 业务招待费　　　　D. 费用化的利息支出

27. 下列各项中，属于企业“销售费用”核算范围的有（　　）。

A. 广告费　　　　B. 预计产品质量保证费

C. 行政管理部门业务招待费　　　　D. 专设销售机构发生的固定资产修理费

28. 下列各项中，属于期间费用的有（　　）。

A. 董事会会费　　　　B. 销售人员工资

C. 季节性停工损失　　　　D. 管理部门的劳动保险费

29. 下列各项中，属于费用核算范围的有（　　）。

A. 因违约支付的赔偿款　　　　B. 销售商品结转的商品成本

C. 出租固定资产计提的折旧费　　　　D. 出售固定资产产生的净损失

三、判断题

1. 增值税是与企业损益无直接关系的税金。（　　）

2. 购入固定资产所支付的增值税额，应单独在“应交税费——应交增值税（进项税额）”中反映。（　　）

3. 企业用应税消费品对外投资，按规定缴纳的消费税，应计入“税金及附加”科目。（　　）

4. 企业只有在对外销售消费税应税产品时才应交消费税。（　　）

5. 委托加工的应税消费品材料收回后用于连续生产应税消费品的，由受托方代收代交的消费税应计入“应交税费”科目。（　　）

6. 企业应缴纳的车船税应入购置车辆的成本。（　　）

7. 企业销售不动产时所计算的应交增值税应计入“固定资产清理”科目。（　　）

8. 购进货物发生非常损失后其承担的进项税额可以抵扣。（　　）

9. 小规模纳税企业销售货物或者提供应税劳务，一般情况下，只能开具普通发票，不能开具增值税专用发票。（　　）

10. 委托加工的应税消费品材料收回后用于连续生产应税消费品的，由受托方代收代交的消费税应计入存货的成本。（　　）

11. 企业将自产的货物对外投资，应借记“长期股权投资”科目，贷记“库存商品”“应交税费——应交增值税（进项税额转出）”等科目。（　　）

12. 企业应交的各种税金，都通过“应交税费”科目核算。（　　）

13. 企业在折扣期内付款享受的现金折扣应增加当期的财务费用。（　　）

14. 工业企业出售产品应交的增值税销项税额，应计入营业成本。（　　）

15. 企业出售投资性房地产应交的印花税，应列入利润表的税金及附加项目。（　　）

16. 企业向银行或其他金融机构借入的各种款项所发生的利息均应计入财务费用。（　　）

17. 现金折扣和销售折让，均应在实际发生时计入当期财务费用。 ( )

18. 公司向职工发放自产产品作为福利，同时要根据相关税收规定，视同销售计算增值税销项税额。 ( )

19. 销售无形资产和出租无形资产应交纳的增值税均计入“税金及附加”。 ( )

20. 资产的账面价值大于资产的计税基础产生的暂时性差异是应纳税暂时性差异。 ( )

四、不定项选择题

(一) 长江公司2019年度利润总额2 400万元，所得税率25%。2019年发生的有关交易和事项中，会计处理与税收处理存在差别的有以下事项：

(1) 2019年1月开始计提折旧的一项固定资产，成本1 200万元，年限10年，会计按双倍余额递减法折旧，税法按年限平均法扣除折旧费，其他规定相同。

(2) 捐赠现金400万元，税法规定不允许税前扣除。

(3) 期末交易性金融资产成本600万元，公允价值1 200万元。税法规定，持有期间市价变动不计入应纳税所得额。

(4) 违反环保规定应支付罚款200万元。

(5) 期末存货账面余额1 660万元，计提60万元存货跌价准备。

要求：根据以上资料，不考虑其他因素的影响，分析完成下列1~6小题。

1. 该公司上述固定资产在2019年度的会计折旧与税法折旧分别是 ( ) 万元。

A. 240　　B. 120

C. 100　　D. 60

2. 该公司上述固定资产在2019年末的账面价值与计税基础分别是 ( ) 万元。

A. 1 080　　B. 1 000

C. 960　　D. 850

3. 该公司全年应纳税额为 ( ) 万元。

A. 3 500　　B. 3 300

C. 3 205　　D. 645

4. 该公司当年产生的应纳税暂时性差异和递延所得税负债的发生额分别为 ( ) 万元。

A. 600　　B. 150

C. 5　　D. 1.25

5. 该公司当年产生的可抵扣暂时性差异和递延所得税资产的发生额分别为 ( ) 万元。

A. 180　　B. 45

C. 5　　D. 1.25

6. 该公司全年应确认的所得税费用是 ( ) 万元。

A. 826.25　　B. 825

C. 801.25　　D. 750

(二) 华通公司为增值税一般纳税企业，存货采用实际成本计价核算。该企业2019

年 12 月发生下列经济业务：

（1）一般纳税企业购入一批原材料，原材料价款 100 万元，增值税 13 万元，支付运费 1 万元及运费增值税 900 元，款项均已支付并取得了增值税专用发票，材料已经到达并验收入库。

（2）将一批材料用于建造办公楼，材料成本为 1 万元（未计提跌价准备），该材料购进时确认的进项税为 0.13 万元。

（3）为购建厂房购入工程物资一批，其价款 20 万元，增值税 2.6 万元，用银行存款支付。

（4）出售一项专利权，收入 10.6 万元存入银行（含增值税 0.6 万元），该专利权成本 12 万元，转让时已经累计摊销 6 万元，未计提减值准备。

（5）企业用银行存款支付购买印花税票 0.13 万元。

（6）向甲公司销售一批应税消费品 10 万元（主营业务），增值税 1.3 万元，收到款项存入银行。该批产品的实际成本为 8 万元。消费税税率 10%。

要求：根据以上资料，不考虑其他因素的影响，分析完成下列 1 ~ 6 小题。

1. 业务（1）中可抵扣的进项税额为（　　）万元。

A. 0.09　　B. 12.91

C. 13　　D. 13.09

2. 根据业务（2），会计处理正确的是（　　）。

A. 借：在建工程　10 000
　　贷：原材料　10 000

B. 借：固定资产　10 000
　　贷：原材料　10 000

C. 借：在建工程　11 300
　　贷：原材料　10 000
　　　　应交税费——应交增值税（进项税额）　1 300

D. 借：在建工程　11 300
　　贷：原材料　10 000
　　　　应交税费——应交增值税（进项税额转出）　1 300

3. 根据业务（3），编制的会计分录正确的选项是（　　）。

A. 借：工程物资　200 000

B. 借：工程物资　234 000

C. 借：应交税费——应交增值税（进项税额）　26 000

D. 贷：银行存款　234 000

4. 根据业务（4）会计处理正确的是（　　）。

A. 借：银行存款　106 000
　　累计摊销　60 000
　　贷：无形资产　120 000
　　　　应交税费——应交增值税（销项税额）　6 000
　　　　营业外收入　40 000

B. 借：银行存款　　106 000
　　累计摊销　　60 000
　　贷：无形资产　　120 000
　　　　应交税费——应交增值税（销项税额）　　6 000
　　　　其他业务收入　　40 000

C. 借：银行存款　　106 000
　　累计摊销　　60 000
　　贷：无形资产　　120 000
　　　　应交税费——应交增值税（销项税额）　　6 000
　　　　主营业务收入　　40 000

D. 借：银行存款　　106 000
　　累计摊销　　60 000
　　贷：无形资产　　120 000
　　　　应交税费——应交增值税（销项税额）　　6 000
　　　　资产处置损益　　40 000

5. 根据业务（5），下列处理正确的是（　　）。

A. 销售费用　　B. 财务费用

C. 管理费用　　D. 税金及附加

6. 根据业务（6），会计处理正确的是（　　）。

A. 借：银行存款　　113 000
　　贷：主营业务收入　　100 000
　　　　应交税费——应交增值税（销项税额）　　13 000

B. 借：主营业务成本　　80 000
　　贷：库存商品　　80 000

C. 借：税金及附加　　10 000
　　贷：应交税费——应交消费税　　10 000

D. 借：销售费用　　10 000
　　贷：应交税费——应交消费税　　10 000

学习情境九　销售的核算

一、单项选择题

1. 下列交易不符合收入定义的是（　　）。

A. 无形资产出租取得的收益

B. 出售多余原材料产生的收益

C. 出售固定资产产生的净收益

D. 企业辅助生产部门对外提供劳务产生的收益

2. 2019 年 5 月 20 日，A 公司向 C 公司销售一批商品，专用发票注明：售价 30 万元，增值税 3.9 万元。该批商品的成本 20 万元。合同约定：2/10，N/30。2019 年 5 月 29 日，A 公司收到 C 公司支付的价税款。现金折扣时不考虑增值税。上述交易对当期营业利润的影响额为（　　）万元。

A. -0.6　　B. 9.4

C. 10　　D. 29.4

3. 2019 年 7 月 20 日，A 公司向 E 公司销售一批商品，专用发票注明：售价 50 万元，增值税 6.5 万元。该批商品的成本 40 万元。2019 年 8 月 29 日，A 公司发现商品质量与合同规定不符，要求给予价格减让，同日，A 公司同意给予 10% 的折让并办妥相关折让手续。上述交易对 2019 年 8 月营业利润的影响额为（　　）万元。

A. -1　　B. -1.85

C. -5　　D. -5.85

4. 企业上年度销售的商品在本年度发生退回时（非资产负债表日后事项的销售退回），应在退回当期按售价冲减（　　）。

A. 营业外支出　　B. 营业外收入

C. 主营业务收入　　D. 以前年度损益调整

5. 下列项目中，按照现行会计制度的规定，销售企业应作为财务费用处理的是（　　）。

A. 购货方获得的现金折扣　　B. 购货方获得的商业折扣

C. 购货方获得的销售折让　　D. 购货方放弃的现金折扣

6. 下列各项中，属于工业企业其他业务收入的是（　　）。

A. 罚没收入　　B. 材料销售收入

C. 出售固定资产收入　　D. 出售无形资产收入

7. 企业委托代销商品，受托方按合同约定扣收的手续费，委托方应计入（　　）账户。

A. 财务费用　　B. 销售费用

C. 管理费用　　D. 其他业务成本

8. 企业委托其他单位代销商品，在收取手续费代销方式下，商品销售收入确认的时间是（　　）。

A. 发出商品日期　　B. 收到全部款项

C. 受托方发出商品日期　　D. 收到代销单位开具的代销清单

9. 企业采用预收货款方式销售商品，确认收入的时间是（　　）。

A. 发出商品时　　B. 货款全部收回时

C. 实际收到货款时　　D. 合同约定的收款日期

10. 企业会计准则规定，存在现金折扣的商品销售应采用总价法核算，现金折扣应于实际发生时计入（　　）。

A. 管理费用　　B. 财务费用

C. 营业外支出　　D. 其他业务支出

11. 企业一定期间的净利润是指（　　）。

A. 营业利润加投资收益
B. 利润总额减所得税费用
C. 营业利润加营业外收支净额
D. 营业利润加公允价值变动净收益

12. 下列事项不会影响企业本期营业利润的是（　　）。

A. 固定资产减值计提减值准备
B. 转销确实无法支付的应付款项
C. 企业办理银行承兑汇票支付的手续费
D. 交易性金融资产公允价值发生变动

13. 某公司于2019年年初将其所拥有的一座桥梁的收费权出租给B公司10年，10年后由A公司收回收费权，一次性取得收入80万元，款项已收存银行。租出10年期间，桥梁的维护由B公司负责。则A公司2019年该项业务应确认的收入为（　　）万元。

A. 0.67
B. 8
C. 10
D. 80

14. 企业对于已经发出但不符合收入确认条件的商品，其成本应借记的科目是（　　）。

A. 在途物资
B. 发出商品
C. 库存商品
D. 主营业务成本

15. 按照会计准则的规定，下列项目中不应确认为收入的是（　　）。

A. 收取的违约金
B. 收取的设备出租租金
C. 收取的原材料出售价款
D. 收取的商品销售的价款

16. 委托方采用支付手续费的方式委托代销商品，受托方在商品销售后应按（　　）确认收入。

A. 商品售价
B. 收取的手续费
C. 销售价款和增值税之和
D. 销售价款和手续费之和

17. 甲企业11月份销售商品收入为1 000万元，其他业务收入30万元，发生销售退回15万元、现金折扣20万元、销售折让25万元。该企业11月份的营业收入为（　　）万元。

A. 940
B. 990
C. 1 000
D. 1 030

18. 企业对于已经发出但不符合收入确认条件的商品，如果纳税义务已经发生但未收到款项，确认“应交税费——应交增值税”时，应该借记的科目是（　　）。

A. 应收账款
B. 其他应收款
C. 其他业务成本
D. 主营业务成本

19. 以下事项不影响本期利润额的是（　　）。

A. 销售商品发生的销售折让
B. 销售商品发生的现金折扣
C. 销售商品发生的销售退回
D. 销售商品发生的商业折扣

20. 甲企业与乙企业签订一项电梯销售合同，其中一个重要的条款就是负责电梯的安装工作，则甲企业确认商品销售收入的时点是（　　）。

A. 发出商品时　　　　　　　　　　B. 收到商品销售货款时
C. 商品运抵并开始安装时　　　　　D. 商品安装完毕并检验合格时

21. 2019 年 9 月 1 日，东大公司与客户签订一项安装劳务合同，预计 2020 年 7 月 31 日完工。合同总金额 800 万元，预计总成本 500 万元。截至 2019 年 12 月 31 日。该公司实际发生成本 150 万元，预计还将发生成本 350 万元。假定该合同的履约进度能够合理估计，按已经发生的成本占估计总成本的比例确认履约进度。2019 年度对该项合同确认的收入为（　　）万元。

A. 150　　　　　　　　　　B. 240
C. 350　　　　　　　　　　D. 500

22. 甲企业 2019 年 8 月 10 日收到乙企业因质量问题而退回的商品 10 件，每件商品成本为 100 元。该批商品是甲企业 2019 年 8 月 1 日出售给乙企业的，每件商品售价 200 元，适用的增值税税率为 13%，货款尚未收到，甲企业尚未确认销售商品收入。因乙企业提出的退货要求符合销售合同约定，甲企业同意退货。甲企业应在退货入库时做的会计处理为（　　）。

A. 借：库存商品　　　　　　　　1 000
　　　贷：主营业务成本　　　　　　　1 000
B. 借：主营业务收入　　　　　　2 260
　　　贷：应收账款　　　　　　　　　2 260
C. 借：库存商品　　　　　　　　1 000
　　　贷：发出商品　　　　　　　　　1 000
D. 借：主营业务收入　　　　　　2 000
　　　应交税费——应交增值税（销项税额）　260
　　　贷：应收账款　　　　　　　　　2 260

23. 甲企业委托乙企业代销一批商品 6 000 件，代销价款为 100 元/件。该商品成本为 60 元/件，甲企业适用增值税税率为 13%，2019 年 5 月，甲企业收到乙企业开来的代销清单上列明已销售代销商品的 50%，甲企业向乙企业开具增值税专用发票。甲企业按售价的 3% 支付给乙企业手续费。甲企业 5 月应确认的销售收入为（　　）元。

A. 120 000　　　　　　　　B. 180 000
C. 300 000　　　　　　　　D. 339 000

二、多项选择题

1. 下列各账户的余额，期末应结转到“本年利润”账户的有（　　）。

A. 投资收益　　　　　　　　B. 营业外支出
C. 营业外收入　　　　　　　D. 以前年度损益调整

2. 按我国企业会计准则规定，下列项目中不应确认为收入的有（　　）。

A. 销售商品收取的增值税
B. 销售商品代垫的运杂费
C. 出售飞机票时代收的保险费
D. 旅行社代客户购买景点门票收取的款项

3. 下列各项中，应确认为期间费用的有（　　）。

A. 给予购货方的销售折让

B. 分配专设销售机构的职工工资

C. 向会计师事务所支付的会计报表审计费

D. 按规定计算的应交城建税和教育费附加

4. 下列项目中，应计入销售费用的有（　　）。

A. 广告费

B. 销售商品应承担的运杂费

C. 专设销售机构固定资产的折旧费

D. 生产车间经营租入固定资产的租赁费

5. 下列项目中，应计入财务费用的有（　　）。

A. 预提的产品保修费用

B. 不带息商业汇票办理贴现产生的贴息

C. 办理银行承兑汇票向银行支付的手续费

D. 经营期间按规定应予费用化的长期借款利息

6. 下列各项中，影响营业利润的有（　　）。

A. 结转完工产品成本　　B. 结转出售多余材料成本

C. 转销盘亏固定资产的净损失　　D. 销售应税消费品按规定计算的消费税

7. 关于费用的特点，下列说法中正确的有（　　）。

A. 费用与向所有者分配利润有关

B. 费用与向所有者分配利润无关

C. 费用会导致企业所有者权益的减少

D. 费用是企业在日常活动中发生的经济利益的总流出

8. 企业下列活动形成的经济利益流入中，属于营业外收入的有（　　）。

A. 出售原材料　　B. 盘盈固定资产

C. 出售固定资产　　D. 接受现金捐赠

9. 下列各项中，制造业应确认为其他业务收入的有（　　）。

A. 对外销售材料收入　　B. 出售专利所有权收入

C. 处置营业用房净收益　　D. 转让商标使用权收入

10. 下列各科目中，能够反映已经发出但尚未确认销售收入的商品成本的有（　　）。

A. 生产成本　　B. 库存商品

C. 发出商品　　D. 委托代销商品

11. 企业取得的下列款项中，符合“收入”会计要素定义的有（　　）。

A. 出售固定资产收取的价款　　B. 出售原材料收取的价款

C. 出售自制半成品收取的价款　　D. 转让无形资产使用权取得的款项

12. 企业对于已经发出但尚未确认销售收入的商品成本的核算，可能涉及的会计科目有（　　）。

A. 在途物资　　B. 库存商品

C. 发出商品　　D. 主营业务成本

13. 下列交易和事项中，不能确认营业收入的有（　　）。

A. 收到的销货定金　　B. 签订不可撤销销售合同

C. 委托代销收到代销清单　　D. 委托代销发出代销商品

14. 收入是企业在日常活动中形成的，下列各项中属于收入的有（　　）。

A. 销售商品收入　　B. 提供劳务收入

C. 销售原材料收入　　D. 出售固定资产收入

15. 下列各项中，不形成收入的有（　　）。

A. 接受捐赠　　B. 出售无形资产

C. 接受投资者投资　　D. 短期租出固定资产

16. 甲企业 2019 年 10 月售出产品一批，并确认了收入，2019 年 12 月由于质量问题被退回时，在退回当期不应计入（　　）科目的借方。

A. 库存商品　　B. 利润分配

C. 营业外支出　　D. 主营业务收入

三、判断题

1. 企业发生收入往往表现为货币资产的流入，但是并非所有货币资产的流入都是企业的收入。（　　）

2. 企业提供跨期劳务时，如果资产负债表日履约进度不能合理估计，应按已经发生并预计能够补偿的劳务成本确认收入，并按相同金额结转成本。（　　）

3. 企业实际发放的工资超过计税工资标准时，应将超过计税工资标准发放的工资计入营业外支出。（　　）

4. 按企业会计制度规定，企业发生的销售折让应作为财务费用处理。（　　）

5. 企业发生的销售折让，按规定抵减当期增值税销项税额，应用“红字”在“应交税费——应交增值税（销项税额）”专栏中记录。（　　）

6. 企业发生的所有借款利息都应作为财务费用处理。（　　）

7. 企业采用预收款销售商品，应在收到第一笔款项时确认收入。（　　）

8. 根据企业会计准则对收入的定义，收入不仅包括主营业务收入和其他业务收入，还包括营业外收入。（　　）

9. 企业让渡资产使用权，如果合同或协议规定一次性收取使用费，且不提供后续服务的，应当视同销售该资产一次性确认收入。（　　）

10. 企业对于发出的商品，不符合收入确认条件的，应按其实际成本编制会计分录：借记“发出商品”科目，贷记“库存商品”科目。（　　）

11. 企业劳务的开始和完成分属于不同的会计期间，且在资产负债表日提供劳务交易的结果能够可靠估计的，应采用完工百分比法确认劳务收入。（　　）

12. 企业出售原材料取得的款项扣除其成本及相关费用后的净额，应当计入“营业外收入”或“营业外支出”。（　　）

13. 企业为客户提供的现金折扣应在实际发生时冲减当期收入。（　　）

14. 企业在确定商品销售收入金额时，应该考虑各种可能发生的现金折扣和销售折让。（　　）

15. 企业销售单独计价的包装物实现的收入通过“主营业务收入”科目进行核算。 ( )

16. 企业在确认商品销售收入后发生的销售折让，应在实际发生时计入“财务费用”。 ( )

17. 企业只要发出商品，无论是否已确认销售收入，期末均不应作为企业的存货。 ( )

18. 收入不一定表现为企业资产的增加。 ( )

19. 在采用预收货款方式销售产品的情况下，应当在发出商品时确认收入的实现。 ( )

20. 委托代销商品应在收到代销单位汇来的货款时确认收入。 ( )

21. 企业本期发生的货币资产的流入，均确认为企业本期的收入。 ( )

22. 作为六大会计要素之一的收入，通常不包括处置固定资产净收益、转让无形资产使用权取得的款项等。 ( )

23. 企业在销售商品时，如果估计价款收回的可能性不大，即使收入确认的其他条件：均已满足，也不应当确认收入。 ( )

四、不定项选择题

(一) 华兴公司为增值税一般纳税企业，增值税税率为13%。销售商品的同时结转成本。2020年3月份发生下列销售业务：

(1) 3日，向A公司销售商品1 000件，每件商品的标价为80元。为了鼓励多购商品华兴公司同意给予A公司10%的商业折扣。开出的增值税专用发票上注明的售价总额72 000元，增值税额为9 360元。该商品成本为55元/件。商品已发出，货款已收存银行。

(2) 5日，向B公司销售商品一批，开出的增值税专用发票上注明的售价总额60 000元，增值税额为7 800元，销售成本为40 000元，商品已经发出。华兴公司为了及早收回货款，在合同中规定的现金折扣件为：2/10，1/20，n/30。

(3) 13日，收到B公司的扣除享受现金折扣后的全部款项，并存入银行。

(4) 20日，A公司发现所购商品不符合合同规定的质量标准，要求华兴公司在价格上再给予5%的销售折让。华兴公司经查明后，同意给予折让并取得了索取折让证明单，开具了增值税专用发票（红字）。

要求：根据以上资料，不考虑其他因素的影响，分析回答下列1~5小题。

1. 根据事项（1），华兴公司应确认的主营业务收入是（ ）元。

A. 72 000　　B. 84 240

C. 80 000　　D. 93 600

2. 根据事项（2），华兴公司应做的会计处理为（ ）。

A. 借：应收账款——B公司　66 600

　　贷：主营业务收入　58 800

　　　　应交税费——应交增值税（销项税额）　7 800

B. 借：应收账款——B公司　67 800

贷：主营业务收入 60 000

应交税费——应交增值税（销项税额） 7 800

C. 借：主营业务成本 40 000

贷：库存商品 40 000

D. 借：发出商品 40 000

贷：库存商品 40 000

3. 根据事项（3），现金折扣应于实际发生时计入（ ）。

A. 管理费用 B. 财务费用

C. 销售费用 D. 营业外支出

4. 根据事项（3），华兴公司产生的现金折扣金额为（ ）元。

A. 600 B. 702

C. 1 200 D. 1 404

5. 根据题中事项，华兴公司 2014 年 3 月份的营业收入为（ ）元。

A. 127 200 B. 128 400

C. 130 800 D. 140 000

（二）顺达公司为增值税一般纳税人，适用的增值税税率为 13%，商品、原材料售价中不含增值税。假定销售商品、原材料和提供劳务均符合收入确认条件，其成本在确认收入时逐笔结转，不考虑其他因素。2020 年 4 月，顺达公司发生如下交易或事项：

（1）销售商品一批，按商品标价计算的金额为 2 000 000 元，由于是成批销售，公司给予客户 10% 的商业折扣并开具了增值税专用发票，款项尚未收回。该批商品实际成本为 1500 000 元。

（2）向本公司行政管理人员发放自产产品作为福利，该批产品的实际成本为 80 000 元，市场售价为 100 000 元。

（3）向乙公司转让一项为期 2 年的专利权使用权，一次性收取使用费 192 000 元存入银行（不考虑增值税），且不再提供后续服务。该专利权本月应摊销成本 20 000 元。

（4）销售一批原材料，增值税专用发票注明售价 800 000 元，款项收到并存入银行。该批材料的实际成本为 590 000 元。

（5）某设备安装劳务合同总收入 1 000 000 元，预计合同总成本 700 000 元，在签订合时合同价款已收取。截至本月末，该劳务履约进度正常，累计履约进度 60%，前期已累计确认劳务收入 500 000 元、劳务成本 350 000 元。

（6）本月发生管理费用 200 000 元，财务费用 100 000 元，营业外支出 50 000 元。

要求：根据以上资料，不考虑其他因素的影响，分析回答下列 1 ~ 6 小题。

1. 根据事项（1），顺达公司应做的会计处理为（ ）。

A. 借：应收账款 2 260 000

贷：主营业务收入 2 000 000

应交税费——应交增值税（销项税额） 260 000

B. 借：应收账款 2 034 000

贷：主营业务收入 1 800 000

应交税费——应交增值税（销项税额） 234 000

C. 借：主营业务成本　　1 500 000
　　贷：库存商品　　150 000
D. 借：发出商品　　150 000
　　贷：库存商品　　150 000

2. 根据事项（2），顺达公司应确认的主营业务收入是（　　）元。

A. 80 000　　B. 93 600
C. 100 000　　D. 117 000

3. 根据资料（3），顺达公司应确认的收入为（　　）元。

A. 8 000　　B. 7 200
C. 96 000　　D. 192 000

4. 根据事项（5），顺达公司4月应确认的劳务收入和应结转的劳务成本分别为（　　）元。

A. 1 000 000、700 000　　B. 500 000、350 000
C. 600 000、420 000　　D. 100 000、70 000

5. 根据资料（1）至（6），顺达公司4月份的营业利润为（　　）元。

A. 882 000　　B. 852 000
C. 732 000　　D. 615 000

6. 根据资料（1）至（6），4月份的利润总额为（　　）元。

A. 265 000　　B. 293 000
C. 532 000　　D. 735 000

学习情境十　筹集资金的核算

一、单项选择题

1. 按公司法规定，法定盈余公积可不再提取时，意味着法定盈余公积累计额已达到注册资本的（　　）。

A. 10%　　B. 20%
C. 25%　　D. 50%

2. 按规定，资本公积的主要用途是（　　）。

A. 转增资本　　B. 派发现金股利
C. 职工集体福利　　D. 弥补以前年度亏损

3. 下列各项，能够引起企业所有权益减少的是（　　）。

A. 以资本公积转增资本
B. 用盈余公积弥补以前年度亏损
C. 从净利润中提取法定盈余公积
D. 股东大会审议通过利润分配方案宣告派发现金股利

4. 下列各项中，会引起留存收益总额发生增减变动的是（　　）。

A. 盈余公积补亏

B. 用税后利润补亏

C. 资本公积转增资本

D. 盈余公积转增资本

5. 对有限责任公司而言，如有新投资者介入，新介入的投资者缴纳的出资额大于其按约定比例计算的其在注册资本中所占的份额部分，应计入（　　）科目。

A. 实收资本

B. 盈余公积

C. 资本公积

D. 营业外收入

6. 上市公司发生的下列交易或事项中，会引起上市公司所有权益总额发生增减变动的有（　　）。

A. 注销库存股

B. 发放股票股利

C. 回购本公司股票

D. 以本年利润弥补以前年度亏损

7. 股份有限公司以银行存款回购本公司股票时，应借记（　　）。

A. 股本

B. 库存股

C. 资本公积

D. 银行存款

8. 某企业年初未分配利润为100万元，本年净利润为1 000万元，按10%计提法定盈余公积，按5%计提任意盈余公积，宣告发放现金股利为80万元，经过上述分配后该企业未分配利润为（　　）万元。

A. 855

B. 867

C. 870

D. 874

9. 某企业2019年1月1日所有者权益情况如下：实收资本200万元，资本公积17万元，盈余公积38万元，未分配利润32万元。则该企业2019年1月1日留存收益为（　　）万元。

A. 32

B. 38

C. 70

D. 87

10. 企业接受B公司投入一批原材料，投资合同约定该批材料的价值为100万元，B公司在本企业注册资本中享有的份额为80万元。增值税专用发票注明该批材料的增值税为13万元，企业以银行存款支付该批材料的运杂费5万元。企业接受B公司投入原材料产生的资本公积为（　　）万元。

A. 20

B. 25

C. 33

D. 38

11. 核算短期借款利息时，不会涉及的会计科目是（　　）。

A. 应付利息

B. 财务费用

C. 银行存款

D. 短期借款

12. A公司2019年7月1日向银行借入资金60万元，期限为6个月，年利率为6%，到期还本，按月计提利息，按季付息。该企业2019年7月31日应计的利息是（　　）万元。

A. 0.3

B. 0.6

C. 0.9

D. 3.6

13. 2018年7月1日，A企业按面值发行3年期、到期一次还本付息、年利率6%

(不计复利)、面值为 5 000 万元的债券。2019 年 12 月 31 日“应付债券”科目的账面余额为（　　）万元。

A. 5 000　　B. 5 150

C. 5 450　　D. 5 600

14. A 公司于 2009 年 1 月 1 日从银行借入资金 800 万元，借款期限为 2 年，年利率为 6%，利息从 2009 年开始每年年初支付，到期时归还本金及最后一年利息。所借款项已存入银行。2009 年 12 月 31 日该长期借款的账面价值为（　　）万元。

A. 48　　B. 800

C. 848　　D. 896

15. 某公司年初所有者权益总额 160 万元，当年以其中的资本公积转增资本 50 万元，当年实现净利润 300 万元，提取盈余公积 30 万元，向投资者分配利润 20 万元，该公司年末所有者权益总额为（　　）万元。

A. 360　　B. 410

C. 440　　D. 460

16. 某上市公司发行普通股 1 000 万股，每股面值 1 元，每股发行价格 5 元，支付手续费 30 万元，支付咨询费 50 万元。该公司发行普通股计入股本的金额（　　）万元。

A. 1 000　　B. 4 920

C. 4 980　　D. 5 000

17. 某公司 2019 年 7 月 1 日按面值发行 5 年期债券 200 万元用于经营资金，该债券到期一次还本付息，票面年利率 5%，实际利率也为 5%，该公司 2019 年应确认的财务费用为（　　）万元。

A. 0　　B. 5

C. 10　　D. 50

18. 乙股份有限公司委托甲证券公司发行普通股，股票面值总额 4 000 万元，发行总额 16 000 万元，发行费按发行总额的 2% 计算（不考虑其他因素），股票发行净收入全部收到。乙股份有限公司该笔业务记入“资本公积”科目的金额为（　　）万元。

A. 4 000　　B. 11 680

C. 11 760　　D. 12 000

19. 企业用当年实现的利润弥补亏损时，应作的会计处理是（　　）。

A. 无需专门作会计处理

B. 借记“利润分配——未分配利润”科目，贷记“本年利润”科目

C. 借记“本年利润”科目，贷记“利润分配——未分配利润”科目

D. 借记“利润分配——未分配利润”科目，贷记“利润分配——未分配利润”科目

二、多项选择题

1. 下列各项，属于企业留存收益的有（　　）。

A. 资本公积　　B. 未分配利润

C. 法定盈余公积　　D. 任意盈余公积

2. 下列事项中，不会引起股份有限公司所有者权益总额发生增减变动的有（　　）。

A. 分配股票股利　　B. 宣告派发现金股利

C. 用盈余公积弥补亏损　　D. 用资本公积转增资本

3. 下列事项中，可能引起资本公积发生变动的有（　　）。

A. 宣告发放现金股利

B. 经批准将资本公积转增资本

C. 直接计入所有者权益的利得

D. 投资者投入的资金大于其按约定比例在注册资本中享有的份额

4. 留存收益的用途，包括（　　）。

A. 转增资本　　B. 派发现金股利

C. 职工集体福利　　D. 弥补以前年度亏损

5. 企业吸收投资者出资时，下列会计科目的余额可能发生变化的有（　　）。

A. 盈余公积　　B. 利润分配

C. 实收资本　　D. 资本公积

6. 下列事项中，可引起"实收资本（或股本）"账户发生增减变动的有（　　）。

A. 按法定程序减资　　B. 用盈余公积弥补亏损

C. 接受投资者投入固定资产　　D. 经批准将资本公积转增资本

7. 下列各项中，属于所有者权益类科目的有（　　）。

A. 库存股　　B. 坏账准备

C. 资本公积　　D. 盈余公积

8. 下列各项，可能引起资本公积发生变动的有（　　）。

A. 注销库存股

B. 接受固定资产捐赠

C. 用盈余公积转增资本

D. 长期股权投资采用权益法核算，被投资单位除实现净损益外所有者权益的其他变动

9. 下列各项中，能引起资产和所有者权益发生增减变化的有（　　）。

A. 接受现金捐赠　　B. 实际发放现金股利

C. 用盈余公积弥补亏损　　D. 接受投资者投入资本

10. 影响可供分配利润项目的因素有（　　）。

A. 盈余公积转入　　B. 当年实现的净利润

C. 年初未分配利润　　D. 提取法定盈余公积

11. "应付债券"账户的贷方反映的内容有（　　）。

A. 债券的面值　　B. 债券发行时产生的债券折价

C. 债券发行时产生的债券溢价　　D. 期末计提的到期一次还本付息债券利息

12. "应付债券"账户的借方反映的内容有（　　）。

A. 归还的债券本金　　B. 债券溢价的摊销

C. 债券折价的摊销　　D. 期末计提的债券利息

13. 企业生产经营期间按面值发行债券，按期计提利息时，可能涉及的会计科目有（　　）。

A. 财务费用　　B. 在建工程

C. 应付债券　　D. 长期待摊费用

14. 企业发生的下列各项利息支出，应该计入财务费用的有（　　）。

A. 应付债券的利息　　B. 短期借款的利息

C. 长期借款的利息　　D. 带息商业汇票的利息

15. 下列各项中，能够引起企业留存收益总额发生变动的有（　　）。

A. 提取法定盈余公积　　B. 本年度实现的净利润

C. 用盈余公积转增资本　　D. 向投资者宣告分配现金股利

16. 股份有限公司采用收购本公司股票方式减资的，下列说法中正确的有（　　）。

A. 按所注销库存股的账面余额减少库存股

B. 按股票面值和注销股数计算的股票面值总额减少股本

C. 按股票面值和注销股数计算的股票面值总额减少库存股

D. 回购股票的价款低于面值总额的，应按股票面值总额，借记“股本”科目，按所注销库存股的账面余额，贷记“库存股”科目，按其差额，贷记“资本公积——股本溢价”科目

17. 下列项目中，仅引起所有者权益结构发生变动的有（　　）。

A. 分配股票股利　　B. 宣告分配现金股利

C. 用盈余公积弥补亏损　　D. 用盈余公积转增资本

三、判断题

1. 由于所有者权益和负债都是对企业资产的要求权，因此它们的性质是一样的。（　　）

2. 用法定公盈余公积转增资本或弥补亏损时，均不会导致所有者权益总额发生变动。（　　）

3. 用盈余公积转增资本不影响所有者权益总额的变化，但会使企业净资产减少。（　　）

4. 当企业投资者投入的资金高于其享有的注册资本份额时，应当将高出部分计入营业外收入。（　　）

5. 企业接受非现金资产投资时，非现金资产应按投资合同约定的价值入账（合同约定的价值不公允的除外）。（　　）

6. 企业不能用盈余公积分配现金股利。（　　）

7. 企业资本公积金的唯一用途是转增资本。（　　）

8. “库存股”属于所有者权益性质的账户，回购本公司股份时，表明企业的所有者权益减少。（　　）

9. 企业注销库存股时，若库存股金额大于注销的股本金额，其差额应先冲减“资本公积——资本溢价”，“资本公积——资本溢价”不足冲减的依次冲减“盈余公积”

和“未分配利润”。（　　）

10. 企业利润分配账户有年初借方余额10万元，当年实现净利润30万元，按10%的比例计提法定盈余公积金，则当年应计提法定盈余公积金3万元。（　　）

11. 短期借款利息在预提或实际支付时均应通过“短期借款”科目核算。（　　）

12. 企业在计算长期借款利息时，应该按照实际利率确认应该支付的利息。（　　）

13. 处置采用权益法核算的长期股权投资，还应结转原记入“资本公积”的相关金额，借记或贷记“资本公积——其他资本公积”科目，贷记或借记“投资收益”科目。（　　）

14. 企业不能用盈余公积扩大生产经营。（　　）

15. 企业接受的原材料投资，其增值税额不能计入实收资本。（　　）

16. 收入能导致企业所有者权益增加，但导致所有者权益增加的不一定都是收入。（　　）

17. 企业以盈余公积向投资者分配现金股利，不会引起留存收益总额的变动。（　　）

18. 未分配利润的数额等于企业当年实现的税后利润加上年初未分配利润。（　　）

19. 企业董事会或类似机构通过的利润分配方案中拟分配的现金股利或利润，应确认为应付股利。（　　）

20. 利润分配是指企业根据国家有关规定和投资者的决议，对企业当年可供分配的利润所进行的分配。企业本年实现的净利润加上年初未分配利润（或减年初未弥补亏损）和其他转入后的余额，为可供分配的利润。（　　）

四、不定项选择题

（一）兴华公司原由甲投资者和乙投资者共同出资成立，注册资本200 000元，各占50%的股份。经营两年后，甲投资者和乙投资者决定增加公司资本，新的投资者丙要求加入该公司。经有关部门批准后，该公司实施增资，将注册资本增加到300 000元。经三方协商，完成增资后，三方投资者各拥有华兴公司100 000元资本金份额。各投资者的出资情况如下：

（1）甲投资者在公司设立时以一台设备投入该公司作，该设备原价180 000元，已提折旧85 000元，经评估的价值为126 000元。

（2）乙投资者在公司设立时以一批原材料投入该公司，该批材料原账面价值105 000元，投资评估的价值为110 000元，税务部门认定的增值税额为18 700元。乙投资者开具了增值税专用发票给该公司。

（3）投资者丙在公司增资时以银行存款190 000元投入该公司。

要求：根据上述资料，不考虑其他因素，分析回答下列第1~6小题。（答案中的金额单位用万元表示，计算结果保留两位小数）

1. 兴华公司接受甲投资者投入的设备的入账价值是（　　）元。

A. 41 000　　B. 95 000

C. 126 000　　D. 180 000

2. 兴华公司接受乙公司投入的原材料入账价值是（　　）元。

A. 91 300　　B. 105 000

C. 110 000　　D. 128 700

3. 兴华公司接受丙公司投资以下处理正确的是（　　）。

A. 增加资本公积 90 000 元　　B. 增加银行存款 190 000 元

C. 增加实收资本 190 000 元　　D. 增加实收资本 100 000 元

4. 兴华公司接受投资，以下说法正确的是（　　）。

A. 接受甲投资者投入的设备时应增加实收资本 100 000 元

B. 接受乙投资者投入的原材料时增加实收资本 110 000 元

C. 接受甲公司投资投入的设备入账价值应考虑计提的折旧

D. 接受乙投资者投入的原材料增加增值税进项税额 18 700 元

5. 下列关于接受投资者投资，以下说法正确的是（　　）。

A. 投资者初始投资比例决定追加投资比例

B. 投资者初始投资比例决定投资分红比例

C. 投资者初始投资比例与追加投资比例无关

D. 投资者初始投资比例与投资分红比例无关

6. 按规定，资本公积的用途是（　　）。

A. 弥补亏损　　B. 转增资本

C. 派发现金股利　　D. 职工集体福利

（二）B 公司 2018 年 1 月 1 日的所有者权益为 2 000 万元（其中：股本为 1 500 万元，资本公积为 100 万元，盈余公积为 100 万元，未分配利润为 300 万元）。B 公司 2018 年实现净利润为 200 万元，按实现净利润的 10% 提取法定盈余公积。2019 年 B 公司发生亏损 50 万元，用以前年度的未分配利润每股分派现金股利 0.1 元，每 10 股分派股票股利 1 股。

要求：根据上述资料，不考虑其他因素，分析回答下列第 1 ~6 小题。(答案中金额单位用万元表示)

1. 针对 2018 年的业务，下列各项中，会计处理正确的是（　　）。

A. 结转 2018 年实现净利润的会计分录：

借：本年利润　　2 000 000

　　贷：利润分配——未分配利润　　2 000 000

B. 2018 年提取盈余公积：

借：利润分配——提取法定盈余公积　　200 000

　　贷：盈余公积——法定盈余公积　　200 000

C. 2018 年 12 月 31 日未分配利润余额为 500 万元

D. 2018 年 12 月 31 日所有者权益总额为 2 200 万元

2. 对于 2019 年的业务，下列各项中，会计处理正确的是（　　）。

A. 结转 2019 年发生亏损的会计分录：

借：利润分配——未分配利润　　50

　　贷：本年利润　　50

B. 2019 年宣告分配现金股利的会计分录：

借：利润分配——应付现金股利　150
　　贷：应付股利　150

C. 2019 年宣告分配股票股利时的会计分录：

借：利润分配——转作股本的股利　150
　　贷：股本　150

D. 结转利润分配的会计分录：

借：利润分配——未分配利润　150
　　贷：利润分配——应付现金股利　150

3. 2019 年 12 月 31 日，下列各项目金额正确的是（　　）。

A. 股本为 1 500 万元　　B. 盈余公积为 120 万元

C. 未分配利润为 130 万元　　D. 所有者权益总额为 2 000 万元

4. 留存收益是指（　　）。

A. 股本　　B. 盈余公积

C. 未分配利润　　D. 所有者权益总额

5. 下列不会影响所有者权益总额发生变化的是（　　）。

A. 盈余公积补亏　　B. 盈余公积转增资本

C. 资本公积转增资本　　D. 提取法定盈余公积

6. 下列各项中，属于所有者权益的有（　　）。

A. 库存股　　B. 盈余公积

C. 资本公积　　D. 未分配利润

学习情境十一　会计报表的编制

一、单项选择题

1. 会计报表的基本结构组成中不包括（　　）。

A. 表头　　B. 主表

C. 附表　　D. 尾注

2. 财务报表某项目的省略或错报会影响使用者据此做出经济决策的，是指该项目具有（　　）。

A. 一致性　　B. 重要性

C. 可比性　　D. 及时性

3. 中期财务报告，是指以中期为基础编制的财务报告。以下项目中不属于中期财务报告的是（　　）。

A. 月报　　B. 季报

C. 年报　　D. 半年报

4. 下列关于资产负债表的表述中，正确的是（　　）。

A. 是内部报表

B. 属于动态报表

C. 反映企业某一特定时期财务状况的报表

D. 资产负债表是反映企业某一特定日期（如月末、季末、年末等）财务状况的报表

5. 下列关于利润表的表述中，正确的是（　　）。

A. 是内部报表

B. 属于静态报表

C. 反映企业某一特定时期财务状况的报表

D. 利润表是反映企业在一定时期的经营成果及其分配情况的会计报表

6. “预付账款”明细账中若有贷方余额，应将其计入资产负债表中的（　　）项目。

A. 应收账款　　B. 预收账款

C. 应付账款　　D. 预付账款

7. 资产负债表中的“未分配利润”项目，应根据（　　）填列。

A.“利润分配”科目余额

B.“本年利润”科目余额

C.“未分配利润”明细科目余额

D.“本年利润”和“利润分配”科目的余额计算后

8. 甲公司2010年1月29日购入一项无形资产，该无形资产的实际成本为1 500万元，摊销年限为10年，无残值。2014年12月31日，该无形资产发生减值，预计可收回金额540万元，计提减值准备后，该无形资产原摊销年限不变。2015年12月31日资产负债表中的“无形资产”项目填列的金额为（　　）万元。

A. 432　　B. 540

C. 600　　D. 642

9. 某企业“应付账款”总账月末贷方余额40 000元，其中：“甲公司”明细账贷方余额35 000元，“乙公司”明细账贷方余额5 000元；“预付账款”总账月末借方余额30 000元，其中：“A厂”明细账借方余额50 000元，“B厂”明细账贷方余额20 000元。该企业月末资产负债表中“应付账款”项目的金额为（　　）元。

A. 30 000　　B. 40 000

C. 60 000　　D. 70 000

10. 某企业2015年12月31日固定资产总账余额2 000万元，累计折旧总账余额800万元，固定资产减值准备总账余额100万元。该企业2015年12月31日资产负债表中固定资产项目填列的金额为（　　）万元。

A. 1 100　　B. 1 900

C. 1 200　　D. 2 000

11. 某月末企业“应收账款”总账借方余额400万元，其中：“甲公司”明细账借方余额450万元，“乙公司”明细账贷方余额50万元；“预收账款”总账贷方余额300万元，其中：“A厂”明细账贷方余额500万元，“B厂”明细账借方余额200万元。

“坏账准备——应收账款”明细账贷方余额20万元，“坏账准备——其他应收款”明细账贷方余额10万元。该企业月末资产负债表中“应收账款”项目应填列的金额为（ ）万元。

A. 380　　B. 430

C. 570　　D. 630

12. 编制资产负债表时，应根据总账科目和明细科目余额分析计算填列的项目是（ ）。

A. 存货　　B. 长期借款

C. 应收账款　　D. 短期借款

13. 资产负债表中资产的排列顺序是（ ）。

A. 项目收益性　　B. 项目重要性

C. 项目流动性　　D. 项目时间性

14. 以下项目中，属于资产负债表中流动负债项目的是（ ）。

A. 长期借款　　B. 应付债券

C. 应付股利　　D. 长期应付款

15. 下列项目在资产负债表中只需要根据某一个总分类账户就能填列的项目是（ ）。

A. 应收账款　　B. 短期借款

C. 预付账款　　D. 预收账款

16. 下列资产负债表项目中，应根据多个总账余额计算填列的是（ ）。

A. 存货　　B. 盈余公积

C. 应付账款　　D. 长期借款

17. 乙企业“原材料”科目借方余额150万元，“生产成本”科目借方余额200万元，“材料采购”科目借方余额50万元，“材料成本差异”科目贷方余额30万元，该企业期末资产负债表中“存货”项目应填列的金额为（ ）万元。

A. 370　　B. 390

C. 420　　D. 520

18. 某企业期末“工程物资”科目借方余额100万元，“发出商品”科目借方余额80万元，“原材料”科目借方余额100万元，“材料成本差异”科目借方余额10万元。该企业资产负债表中“存货”项目的金额为（ ）万元。

A. 180　　B. 190

C. 280　　D. 290

19. 某企业2013年4月1日从银行借入期限为3年的长期借款400万元，编制2015年12月31日资产负债表时，此项借款应填入的报表项目是（ ）。

A. 短期借款　　B. 长期借款

C. 其他长期负债　　D. 一年内到期的非流动负债

20. 下列科目的期末余额，不影响企业资产负债表中“固定资产”项目填列金额的是（ ）。

A. 固定资产　　B. 累计折旧

C. 在建工程　　D. 固定资产减值准备

21. 下列项目属于资产负债表中非流动负债的是（　　）。

A. 预收账款　　B. 应付债券

C. 应付职工薪酬　　D. 一年内到期的非流动负债

22. 下列项目中，应按减去其备抵科目后的余额填列的是（　　）。

A. 货币资金　　B. 应付票据

C. 无形资产　　D. 交易性金融资产

23. 下列项目中不属于资产类项目中的是（　　）。

A. 预收账款　　B. 预付账款

C. 长期待摊费用　　D. 递延所得税资产

24. 公司20××主营业务收入6 000万元，主营业务成本4 000万元，税金及附加60万元，销售费用200万元，管理费用300万元，财务费用70万元，资产减值损失20万元，公允价值变动收益10万元，投资收益40万元，营业外收入5万元，营业外支出3万元。则该公司20××年营业利润为（　　）万元。

A. 1 370　　B. 1 360

C. 1 400　　D. 1 402

25. 我国企业利润表采用的结构是（　　）利润表。

A. 单步式　　B. 多步式

C. 报告式　　D. 账户式

26. 下列各项中，不在利润表“税金及附加”中反映的是（　　）。

A. 消费税　　B. 资源税

C. 增值税　　D. 城市维护建设税

27. 下列属于静态报表的是（　　）。

A. 利润表　　B. 资产负债表

C. 现金流量表　　D. 所有者权益变动表

28. 利润表是根据损益类账户的（　　）填列的。

A. 期初余额　　B. 期末余额

C. 账面价值　　D. 累计发生额

29. 下列经济业务所产生的现金流量中，属于“经营活动产生的现金流量”的是（　　）。

A. 偿还债务所产生的现金流量

B. 变卖固定资产所产生的现金流量

C. 支付经营租赁费用所产生的现金流量

D. 取得债券利息收入所产生的现金流量

30. 引起现金流量净额变动的项目是（　　）。

A. 将现金存入银行　　B. 用固定资产抵偿债务

C. 用银行存款购买的国债　　D. 用银行存款清偿20万元的债务

31. 某企业当期净利润为600万元，投资收益为100万元，与筹资活动有关的财务费用为50万元，经营性应收项目增加75万元，经营性应付项目减少25万元，固定资产折旧为40万元，无形资产摊销为10万元。假设没有其他影响经营活动现金流量的项目，该企业当期经营活动产生的现金流量净额为（　　）万元。

A. 400　　B. 450

C. 500　　D. 650

32. 甲企业本期支付离退休人员工资30万元，支付离退休人员活动费5万元，支付在建工程人员工资6万元；支付广告费200万元，支付生产车间经营租金25万元，支付本企业财产保险费60万元；支付业务招待费2万元；执行法院判决，支付购买商品的欠款500万元，支付合同违约金8万元；发生坏账10万元；支付利息56万元；支付购买股票款90万元。上述支出中，现金流量表“支付的其他与经营活动有关的现金”项目列示的金额是（　　）万元。

A. 330　　B. 340

C. 430　　D. 830

33. 企业购买股票所支付价款中包含的已经宣告但尚未领取的现金股利，在现金流量表中应计入的项目是（　　）。

A. 投资所支付的现金

B. 支付的其他与经营活动有关的现金

C. 支付的其他与投资活动有关的现金

D. 分配股利、利润或偿付利息所支付的现金

34. 以下不属于投资活动的现金流量的是（　　）。

A. 支付长期借款的利息

B. 支付无形资产购买款

C. 收回作为交易性金融资产核算的股票投资时已宣告分配未领取的现金股利

D. 收回作为交易性金融资产核算的债券投资时已到付息期但尚未领取的债券利息

35. 处置固定资产收到的现金属于（　　）。

A. 经营活动的现金流量　　B. 投资活动的现金流量

C. 筹资活动的现金流量　　D. 不影响现金流量增减

36. 企业编制现金流量表将净利润调节为经营活动现金流量时，在净利润基础上调整减少的项目是（　　）。

A. 存货的减少　　B. 无形资产摊销

C. 应收账款的增加　　D. 经营性应付项目的增加

37. A公司应付职工薪酬年初余额100万元，本年计入生产成本、制造费用、管理费用中职工薪酬为160万元，应付职工薪酬期末余额150万元，则“支付给职工以及为职工支付的现金”项目的金额为（　　）万元。

A. 100　　B. 110

C. 150　　D. 160

38. 甲公司2008年度发生的管理费用为3 300万元，其中：以现金支付购买办公用品支出525万元．管理人员薪酬1 425万元，存货盘亏损失37.5万元，计提固定资产折旧630万元，计提无形资产摊销525万元，其余均以现金支付。假定不考虑其他因素，甲公司2008年度现金流量表中“支付的其他与经营活动有关的现金”项目的金额为

(　　) 万元。

A. 682.5　　B. 722.7

C. 2 147.7　　D. 3 300

39. 支付的在建工程人员的工资属于(　　)产生的现金流量。

A. 筹资活动　　B. 经营活动

C. 汇率变动　　D. 投资活动

40. 编制现金流量表时，企业的罚款收入应在(　　)项目反映。

A. 销售商品、提供劳务收到的现金

B. 购买商品、接受劳务支付的现金

C. 支付的其他与经营活动有关的现金

D. 收到的其他与经营活动有关的现金

41. 在下列事项中，(　　)不影响企业的现金流量。

A. 取得短期借款　　B. 支付现金股利

C. 偿还长期借款　　D. 以固定资产对外投资

42. 企业偿还的长期借款利息，在编制现金流量表时，应作为(　　)项目填列。

A. 偿还债务所支付的现金

B. 偿还借款所支付的现金

C. 支付其他与筹资活动有关的现金

D. 分配股利、利润或偿付利息所支付的现金

43. 某企业20××年主营业务收入为1 000万元，增值税销项税额为170万元，应收账款的年初数是150万元，期末数是120万元，预收账款的年初数为50万元，期末数为30万元。根据上述资料，不考虑坏账准备的情况下，该企业20××年“销售商品、提供劳务收到的现金”项目应填列的金额为(　　)万元。

A. 1 010　　B. 1 030

C. 1 170　　D. 1 180

44. 下列经济业务所产生的现金流量中，属于“投资活动产生的现金流量”的是(　　)。

A. 支付的各项税费　　B. 吸收投资收到的现金

C. 当期收到的现金股利　　D. 取得借款收到的现金

45. 下列对会计报表进行详细解释和补充说明的是(　　)。

A. 利润表　　B. 资产负债表

C. 现金流量表　　D. 会计报表附注

46. 一般情况下，正常经营的企业编制财务报表的基础是(　　)。

A. 清算基础　　B. 持续经营

C. 破产基础　　D. 重组基础

47. 下列项目中不属于会计报表附注的编制内容的是(　　)。

A. 企业的基本情况介绍　　B. 会计报表的编制基础

C. 会计报表重要项目的说明　　D. 资产负债表各项目的具体金额

48. 报表附注是对会计报表的编制基础、(　　)、编制原则和方法及主要事项所进

行的解释和说明。

A. 编制依据　　B. 编制技巧

C. 编制目的　　D. 编制要求

49. 以下不属于会计报表附注反映的内容的是（　　）。

A. 或有事项　　B. 报表所有项目的说明

C. 关联方关系及其交易　　D. 重要会计政策和会计估计

二、多项选择题

1. 会计报表的作用主要有以下几个方面（　　）。

A. 为财务人员核对账目

B. 为投资人做投资决策提供必要的信息资料

C. 为国家有关部门进行宏观经济调控提供必要的信息资料

D. 为债权人了解企业资金运转情况，短期偿债能力和支付能力提供必要的信息资料

2. 会计报表是对企业（　　）的总结性书面文件。

A. 资产状况　　B. 经营成果

C. 现金流量　　D. 财务状况

3. 动态报表，是综合反映企业在一定时期经营成果、所有者权益以及现金流量情况的报表，包括（　　）。

A. 利润表　　B. 资产负债表

C. 现金流量表　　D. 所有者权益变动表

4. 按照会计报表报送时间的不同，可以分为（　　）。

A. 年报　　B. 月报

C. 季报　　D. 半年报

5. 会计报表编制的基本要求包括（　　）。

A. 重要性　　B. 一致性

C. 及时性　　D. 以持续经营为编制基础

6. 应披露内容要求，企业应当在会计报表的显著位置披露（　　）内容。

A. 编报企业的名称

B. 人民币金额单位

C. 资产负债表日或财务报表涵盖的会计期间

D. 财务报表是合并财务报表的，应当予以标明

7. 企业编制的会计报表必须满足下列要求（　　）。

A. 数字真实　　B. 计算准确

C. 内容完整　　D. 编报及时

8. 资产负债表的作用主要表现为（　　）。

A. 反映企业所有者权益的构成情况

B. 使报表使用者了解企业财务状况的全貌

C. 反映企业某一特定日期的负债总额及其结构

D. 反映企业某一特定日期的资产总额及其构成情况

9. 资产负债表中“应收账款”项目应根据（　　）填列。

A. 应收账款总账科目借方余额

B. 预收账款所属明细账借方余额合计

C. 应收账款所属明细账借方余额合计

D. 与应收账款有关的坏账准备的贷方余额

10. 资产负债表中“存货”项目的金额，应根据（　　）账户的余额分析填列。

A. 材料采购　　B. 生产成本

C. 发出商品　　D. 材料成本差异

11. 资产负债表中的应付账款项目应根据（　　）填列。

A. 应付账款总账余额　　B. 应付账款所属明细账借方余额合计

C. 应付账款所属明细账贷方余额合计　　D. 预付账款所属明细账贷方余额合计

12. 下列资产负债表项目中，根据总账科目余额直接填列的有（　　）。

A. 存货　　B. 实收资本

C. 短期借款　　D. 应收账款

13. 资产负债表中“一年内到期的非流动负债”项目应当根据下列科目贷方余额分析填列的是（　　）。

A. 长期借款　　B. 应付债券

C. 应付账款　　D. 长期应付款

14. 资产负债表的格式有（　　）。

A. 单步式　　B. 报告式

C. 多步式　　D. 账户式

15. 下列项目中，属于资产负债表中“流动资产”项目的有（　　）。

A. 存货　　B. 应收票据

C. 预收款项　　D. 预付款项

16. 资产负债表的资料来源有（　　）。

A. 总账余额　　B. 明细账余额

C. 银行对账单　　D. 备查登记簿记录

17. 填列资产负债表中项目时，需要考虑“坏账准备”科目明细余额的是（　　）。

A. 应收账款　　B. 应收票据

C. 应收利息　　D. 其他应收款

18. 利润表项目中，需要根据报表项目金额计算填列的有（　　）。

A. 营业收入　　B. 营业成本

C. 营业利润　　D. 利润总额

19. 以下属于利润表特征的有（　　）。

A. 反映经营成果　　B. 反映财务状况

C. 反映某特定一时期情况　　D. 反映某一特定时点情况

20. 利润分配表是（　　）。

A. 利润表的附表　　B. 资产负债表的附表

C. 现金流量表的附表　　D. 反映经营成果的附表

21. 以下不是以“收入－费用＝利润”这一会计等式作为编制基础的会计报表有（　　）。

A. 利润表　　B. 资产负债表

C. 现金流量表　　D. 所有者权益增减变动表

22. 下列各项，符合现金流量表中现金及现金等价物规定的有（　　）。

A. 库存现金　　B. 其他货币资金

C. 3个月内到期的债券投资　　D. 随时用于支付的银行存款

23. 下列各项中，属于筹资活动产生的现金流量的有（　　）。

A. 取得短期借款　　B. 支付的现金股利

C. 增发股票收到的现金　　D. 偿还公司债券支付的现金

24. 下列交易和事项中，不影响当期经营活动产生的现金流量的有（　　）。

A. 支付各项税费　　B. 支付管理人员工资

C. 收到被投资单位红利　　D. 用产品偿还短期借款

25. 现金流量表中的“支付给职工以及为职工支付的现金”项目包括（　　）。

A. 支付的生产工人工资　　B. 支付给退休人员的补贴

C. 支付的在建工程人员工资　　D. 支付的行政管理人员工资

26. 下列经济业务应填列在现金流量表中“投资支付的现金”项目的有（　　）。

A. 购买子公司

B. 取得债权投资支付的交易费用

C. 取得交易性金融资产时发生的交易费用

D. 取得债权投资按其公允价值支付的款项

27. 某企业20××年度发生的下列交易或事项中，会引起投资活动产生的现金流量发生变化的有（　　）。

A. 向投资者派发现金股利20万元

B. 转让一项专利权，取得价款800万元

C. 购入一项专有技术用于日常经营，支付价款80万元

D. 采用权益法核算的长期股权投资，实现投资收益700万元

28. 下列各项中，影响经营活动现金流量的项目有（　　）。

A. 支付所得税　　B. 偿还应付购货款

C. 支付生产工人工资　　D. 发行长期债券收到的现金

29.“不涉及现金收支的投资活动和筹资活动”需列示（　　）。

A. 债务转为资本　　B. 从银行提取现金

C. 融资租入固定资产　　D. 一年内到期的可转换公司债券

30. 采用间接法列报经营活动产生的现金流量时，需要调整的项目有（　　）。

A. 不属于经营活动的损益　　B. 实际没有收到现金的收益

C. 实际没有支付现金的费用　　D. 经营性应收应付项目的增减变动

31. 下列各项中，应在现金流量表“偿还债务所支付的现金”项目中填列的有（　　）。

A. 偿还银行借款的本金　　B. 偿还银行借款的利息
C. 偿还企业债券的本金　　D. 偿还企业债券的利息

32. 在现金流量表补充资料中将净利润调整为经营活动的现金流量时，需要调增的项目有（　　）。
A. 存货的增加　　B. 固定资产折旧
C. 无形资产的摊销　　D. 公允价值变动损失

33. 所有者权益变动表中反映的综合收益具体包括（　　）。
A. 收入　　B. 净利润
C. 直接计入所有者权益的利得　　D. 直接计入所有者权益的损失

34. 所有者权益变动表上列示了两个时期的金额，分别是（　　）。
A. 本期数　　B. 上期数
C. 本年金额　　D. 上年金额

35. 以下形成企业的资本公积的原因可能有（　　）。
A. 接受投资
B. 盘盈存货
C. 交易性金融资产公允价值变动额
D. 权益法下被投资单位所有者权益变动的影响

36. 下列项目属于所有者权益变动表纵向顺序所要揭示的内容的有（　　）。
A. 上年年末余额　　B. 本年年初余额
C. 本年年末余额　　D. 本年增减变动额

37. 关于会计政策变更，企业应该在附注中披露的内容包括（　　）。
A. 变更的性质　　B. 变更的目的
C. 变更的原因　　D. 变更的内容

38. 企业在会计报表附注中应该披露的或有事项包括（　　）。
A. 或有资产　　B. 或有负债
C. 预计负债　　D. 预计很可能获得的资产

39. 以下属于会计差错的包括（　　）。
A. 计算错误　　B. 固定资产盘盈
C. 疏忽或曲解事实　　D. 应用会计政策错误

40. 对于报表附注的作用，下列说法正确的有（　　）。
A. 有助于进行分析比较　　B. 有助于理解会计报表
C. 有助于进行报表的编制　　D. 有助于报表使用者对会计信息的需求

41. 以下属于会计报表附注反映的内容的有（　　）。
A. 或有事项　　B. 资产负债表日后事项
C. 关联方关系及其交易　　D. 重要会计政策和会计估计

三、判断题

1. 编制财务报表时，企业可以以附注披露代替确认和计量。（　　）
2. 一致性，是指财务报表项目的列报应当在各个会计期间保持一致，不得随意变更，但下列情况除外：会计准则要求改变财务报表项目的列报；企业经营业务的性质发生重大变化后，变更财务报表项目的列报能够提供更可靠，更相关的会计信息。（ ）

3. 会计工作的目的，是向企业的管理者和与企业有关的外部各利害关系集团提供决策有用的会计信息。（ ）

4. 会计报表作为集中．概括反映企业经济活动情况及其结果的会计载体，是财政、工商、税务各部门对企业实施管理和监督的重要资料。（ ）

5. 现金流量表是以现金为基础编制的反映企业财务状况变动情况的一张静态报表。（ ）

6. 反映企业财务状况的会计报表是用来总括反映企业在某一特定日期的财务状况的会计报表。（ ）

7. 反映企业现金流入和流出情况的现金流量表是以现金的流入和流出来反映企业在一定时期内的经营活动、投资活动和筹资活动的会计报表。（ ）

8. 个别会计报表是指仅仅反映一个会计主体的财务状况、经营成果以及现金流量等的会计报表，包括对内和对外会计报表。（ ）

9. 按照我国现行会计准则和会计制度的规定，企业对外报送的会计报表包括“资产负债表”“利润表”“利润分配表”和“现金流量表”四种会计报表。（ ）

10. 资产负债表中的“固定资产”项目中包括融资租入固定资产的成本。（ ）

11. “开发支出”项目应当根据“研发支出”科目中所属的“费用化支出”明细科目期末余额填列。（ ）

12. “长期借款”项目，根据“长期借款”总账科目余额填列。（ ）

13. 资产负债表中的应收账款项目应根据“应收账款”所属明细账借方余额合计数和“预收账款”所属明细账借方余额合计数和“坏账准备”总账的贷方余额计算填列。（ ）

14. “应付职工薪酬”项目，反映企业根据有关规定应付给职工的工资、职工福利、社会保险费、住房公积金等，但不包括非货币性福利、辞退福利等薪酬。（ ）

15. “预收款项”项目应根据“预收账款”和“应收账款”科目所属各明细科目的期末贷方余额合计数填列。如“预收账款”科目所属各明细科目期末有借方余额，应在资产负债表“应付账款”项目内填列。（ ）

16. 资产负债表中确认的资产都是企业拥有的。（ ）

17. 如果固定资产清理科目出现借方余额，应在资产负债表“固定资产清理”项目中以负数填列。（ ）

18. 利润表中的利润总额一定等于企业的应纳税所得额。（ ）

19. 营业外收入、营业外支出、投资收益、以前年度损益调整等科目的余额，期末均应结转到“本年利润”科目。（ ）

20. 根据企业会计准则对收入的定义，收入不仅包括主营业务收入和其他业务收入，还包括营业外收入。（ ）

21. 管理人员工资支出、广告费支出、固定资产安装工人工资支出均应在发生时直接确认为期间费用。（ ）

22. 利润表是反映企业在一定会计期间经营成果的报表。 ( )

23. 现金流量表除了反映企业与现金有关的经营活动、投资活动和筹资活动外，还能够反映不涉及现金的投资和筹资活动。 ( )

24. 企业在编制现金流量表时，对企业为职工支付的住房公积金、为职工缴纳的商业保险金、社会保障基金等，应按照职工的工作性质和服务对象分别在经营活动和投资活动产生的现金流量有关项目中反映。 ( )

25. 现金流量表补充资料中的固定资产折旧项目反映的是企业本期计提的固定资产折旧费。 ( )

26. 销售商品或提供劳务、处置固定资产、分配利润产生的现金流量均应包括在经营活动的现金流量之中。 ( )

27. 编制现金流量表时，经营活动的现金流量、筹资活动的现金流量和投资活动的现金流量的列报均可以使用直接法和间接法。 ( )

28. "本期销售商品、提供劳务本期收到的现金""前期销售商品、提供劳务本期收到的现金""本期预收的销货款"均在"销售商品、提供劳务收到的现金"中反映。 ( )

29. 采用间接法将净利润调节为经营活动产生的现金流量时，递延税款贷项和固定资产报废损失会减少净利润，属于调减项目。 ( )

30. 编制现金流量表时，本期退回的增值税应在"收到的税费返还"项目中反映。 ( )

31. 企业收回购买股票时实际支付的价款中包含的已宣告但尚未领取的现金股利时，应在"收到的其他与投资活动有关的现金"项目反映。 ( )

32. 我国所有者权益变动表采用矩阵式的格式。 ( )

33. 所有者权益变动表上仅反映了与所有者本身有关的交易或事项所引起的所有者权益的变化。 ( )

34. "净利润"项目，反映企业当年实现的净利润（或净亏损）金额，并对应列在"盈余公积"栏。 ( )

35. 平时资产负债表中的未分配利润的金额是由"本年利润"及"利润分配"科目的余额合计填入；年末，由于"本年利润"已转入"利润分配"，所以资产负债表的未分配利润的金额只有"利润分配"科目的余额。 ( )

36. 收入能够导致企业所有者权益增加，但导致所有者权益增加的不一定是收入。 ( )

37. 所有者权益变动表中的"本年金额"来源于当期的相关科目的发生额，"上年金额"来源于上年度相关科目的发生额。 ( )

38. 会计报表附注是会计报表的重要组成部分，是对会计报表的详细解释和说明。 ( )

39. 企业通常不应当披露或有负债。 ( )

40. 企业采用的会计政策，在每一会计期间和前后各期应当保持一致，不得随意变更。 ( )

41. 会计报表附注披露的信息既有定量信息也有定性信息。 ( )

42. 会计报表附注上披露的信息与资产负债表、利润表、现金流量表等报表上的项目一一对应。（ ）

四、不定项选择题

某企业为增值税一般纳税人，适用17%的增值税税率，所得税税率25%。2017年度有关资料如下：

一、有关账户2017年年初余额（金额单位：万元）：

1. 库存现金 3
2. 银行存款 500
3. 其他货币资金 180
   ——银行汇票存款 100
   ——存出投资款 80
4. 原材料——213 460
5. 库存商品——37 250
6. 生产成本——基本生产成本 63 750
7. 工程物资 800
8. 应收账款 45 000
   ——A公司 30 000（贷方）
   ——B公司 95 000（借方）
   ——C公司 20 000（贷方）
9. 预付账款 400
   ——甲公司 300（借方）
   ——乙公司 100（借方）
10. 应付账款 60 000
   ——D公司
   90 000（贷方）
   ——E公司
   10 000（借方）
   ——F公司 20 000（借方）
11. 预收账款 70
   ——丙公司 80（借方）
   ——丁公司 150（贷方）

二、本年度发生的部分业务：

（1）本年销售商品收到现金2 223万元，包括销售产品款1 900万元，增值税323万元；收到上一年销售商品款234万元；预收销货定金130万元；本年销售退回（非资产负债表日后事项）商品支付现金81.9万元；收回企业2015年确认的坏账损失25万元。

（2）本年购买商品支付现金770万元；偿还上一年购买商品款85万元；预付购货定金78万元；购货退回收到现金50万元。

(3) 本年度应付职工薪酬总额400万元，以现金支付的各种职工薪酬共计320万元，其中：生产经营人员的职工薪酬为280万元，在建工程人员的职工薪酬40万元。

(4) 本年度计提各项固定资产折旧200万元。

(5) 本年度购入甲公司股票作为长期股权投资核算，共支付现金1 500万元，包括购买股票款1 400万元，交易费及税费100万元。

(6) 本年度偿还一笔为期5年的到期借款630万元，包括本金600万元，利息30万元。

(7) 本年度因应纳税暂时性差异确认递延所得税负债贷方发生额1 000元。

(8) 本年度支付产品广告费400万元。

根据以上资料，不考虑其他因素，分析回答下列第1~5小题（金额单位：万元）。

1. 2016年资产负债表年度报表中，本年数有关项目填列数据正确的有（　　）。

A. 存货　314 460　　　　B. 货币资金　503

C. 应收账款　95 080　　　　D. 预收账款　50 150

2. 本年度现金流量表正表中“销售商品、提供劳务收到的现金”项目应填列的金额为（　　）。

A. 2 289　　　　B. 2 375.1

C. 2 530.1　　　　D. 2 612

3. 本年度现金流量表正表中“购买商品、接受劳务支付的现金”项目应填列的金额为（　　）。

A. 848　　　　B. 855

C. 883　　　　D. 933

4. 本年度现金流量表正表中“支付的其他与经营活动有关的现金”和“投资支付的现金”两项应填列的金额分别为（　　）。

A. 400　　　　B. 1 400

C. 1 283　　　　D. 1 500

5. 本年度现金流量表补充资料中应调加的金额为（　　）。

A. 200　　　　B. 800

C. 1 000　　　　D. 1 200